Romans Payot

Franco Ferrucc

La création
Autobiographie de Dieu

Traduit de l'italien
par Alain Sarrabayrouse

Titre original :

IL MONDO CREATO

Ouvrage publié avec le
concours du Centre National des Lettres

Aux Jumeaux

Première partie

Pendant de longues périodes j'oublie que je suis Dieu. La mémoire n'est pas mon fort et je dois lui venir en aide. A tout prix.

La dernière fois que le souvenir est revenu, j'étais dans une phase de tristesse et d'ennui. Puis un soir, à la télévision, une série d'événements défila devant mes yeux : un volcan en éruption, une épreuve de ski dans les Alpes, un film sur le Paris d'il y a quarante ans, la vie des enfants indiens, la chasse en Équateur, une opération à cœur ouvert, un documentaire sur les poissons de la mer du Nord. Les scènes qui passèrent devant moi me plongèrent dans un état d'hypnose propre à faire resurgir la mémoire. La caméra tourna autour d'une fleur du fond des mers, et je me souvins d'avoir créé tout cela; depuis lors, je me sens comme à l'origine, avide de printemps et d'horizons partout dégagés.

Le lendemain matin, à mon réveil, je me rappelai mon enfance et la chaleur des saisons lointaines. Je m'aperçus que l'hiver craquait telle une écorce qui se fend; comme moi, le monde se métamorphosait.

Mon âme se réchauffe à la pensée de l'enfance. La création de l'hiver a peut-être été une sottise, mais elle fut inévitable. Il frappait à ma porte, voulait entrer dans le monde : il était en moi et tenait à se faire reconnaître. Moi, depuis le commencement, j'étais un caractère contradictoire et saugrenu et, malgré tout mon amour pour la lumière, j'ai gardé quelque chose d'ombrageux.

L'hiver n'est pas ma seule trouvaille bizarre. Les journées lourdes et humides de demi-saison me déplaisent aussi. Quelle obstination dans la pluie qui tombe comme si tout devait se transformer en eau, comme s'il n'y avait au monde que la chape grise des nuages et l'asphalte mouillé! Mais, quand je pense au soleil, la pluie elle-même paraît étrangement belle. Le soleil est mon grand ami de toujours. Quand il pénètre le matin dans ma chambre, je me flatte de n'avoir rien fait de plus noble et fort.

Au nombre de mes héros il y a les astronomes et autres spécialistes du ciel, et j'admire leur insensibilité au froid. Moi aussi, au début, je me promenais à travers l'espace équipé de mètres à ruban, de compas, de règles : dans un élan d'ivresse, je traçais des figures géométriques, des cercles, des pyramides, quadrilatères, spirales. Lorsque j'étais tout jeune, ma passion pour les mathématiques dépassait le reste, et le firmament est là pour me le rappeler. Ce fut l'époque de ma plus grande sérénité : je regardais les choses de haut et avec clairvoyance. Jusqu'à ce que le froid me saisisse et que je me réfugie sur terre. Mais les astronomes, ces nordiques de la pensée, ne craignent pas le gel sidéral.

Je répète leurs noms avec admiration : je les vois comme une dynastie d'explorateurs polaires équipés de fourrures et de traîneaux, et, chaque fois que je les retrouve, quelque chose d'oublié me revient à la mémoire. Avec Galilée, je me suis revu enfant, occupé à dessiner sur une feuille grande comme le ciel; et Einstein m'a ramené à la fabrication de l'esprit humain, telle une carte du cosmos, ces allées et venues compliquées dans les couloirs et les chambres de l'esprit, ces fenêtres donnant sur le vide ou sur des jardins inconnus; et mon éternel retard, avec des horloges dans toutes les pièces donnant des heures différentes; et moi qui vieillissais et rajeunissais à chaque instant.

Chez un dieu encore jeune le sentiment de puissance est illimité : la vie se présente à lui aux couleurs de la joie. Au seul fait d'exister, un bonheur sans objet l'habite. Le matin, je passe en revue mon enfance. Je suis allongé dans mon lit, mon corps s'agite sous les draps, avec des gestes lents puis vifs. L'état de grâce, c'est cela : fondre énergie et paresse. Mon corps est dans le lit, et mes pieds sont pointés vers l'hémisphère Nord, au-delà du Canada, au-delà des glaces : mon bras droit envahit la Californie et les îles du Pacifique, tandis que le gauche s'étend vers l'Europe, et mes mains se rejoignent en Extrême-Orient; mon dos et ma tête s'enfoncent dans le centre de la terre et dans les mers les plus chaudes.

Ma mémoire n'est pas différente de celle des hommes. Une stimulation externe déchaîne en moi un vacarme, dans les coins où se cachent les souvenirs, pareils à des cerfs endormis. Le réservoir est immense, car je suis vieux comme le monde. Si les hommes se remémorent les origines des systèmes stellaires, c'est que, par mon intermédiaire, ils en ont été une partie. Leurs livres et leurs découvertes me fournissent des indices. Le monde est à la fois tourné vers l'avant et vers l'arrière; il est bourré d'archéologues, d'architectes, d'astronomes et d'anthropologues qui tous s'acharnent à comprendre d'où vient l'univers et où il va. Moi aussi, je reviens sur mes pas pour progresser.

Au début, j'étais prisonnier de quelque chose qu'on ne peut définir comme un espace. J'ouvrais les yeux dans le vide et m'apercevais de sa nudité; j'étais reclus en lui comme l'air est dans l'air. Je pris conscience de moi-même au moment où je m'aperçus que j'étais enveloppé dans le néant, et c'est pour cette raison que je sentis le froid envahir mon cœur. Ce fut l'origine de l'univers et de la vie : mon désir impérieux de ne plus être seul.

L'impatience qui me gagna fut assortie d'un désir de fuite; j'y pense encore comme à quelque chose de comique, étant donné la situation. Je commençai à marcher étourdiment à quatre pattes, allant dans toutes les directions, puisque dans ce néant compact elles se ressemblaient toutes : sans savoir où je voulais aller, obéissant à un besoin d'agir qui me poussait au-delà de ce qui parvenait à mon entendement, car, dans le néant, je ne pouvais rien comprendre.

Les portraits qu'on a faits de moi me représentent sous les traits d'un vieillard à la barbe blanche qui, à un certain moment, se met à construire le monde. En réalité, j'étais un enfant malheureux d'être abandonné, qui se décidait à agir pour retrouver le chemin de la maison. J'ai tout oublié des années de ma prime jeunesse. Elles durent être opaques, si j'en juge par ce que je vis quand j'atteignis l'âge de porter un jugement sur les choses. L'instant de la création a été décrit de mille façons, dans un tourbillon d'hypothèses fantastiques. Curieux racontars, absurdes histoires d'incestes, pères qui dévorent leurs fils, dieux qui luttent contre des Titans : en vérité, le monde commença avec la perception de ma solitude, et avec mes tentatives d'y remédier.

La suite a été la conséquence de ce moment : du grand frisson qui a tout mis en mouvement et a dispersé dans l'espace et dans le temps la forme qui s'était coagulée en moi, un poing qui s'ouvre enfin, une graine qui explose et lance des feuilles dans toutes les directions ; jusqu'à ce que l'une d'elles arrive à concevoir et à créer d'autres feuilles qui pensent et, parmi elles, une qui – feuille ô combien miraculeuse – arrive à imaginer la graine, puis à se la représenter avec les efforts que cela implique, là-haut, au sommet, si loin des origines de l'arbre, exposée comme elle l'était aux vents et aux périls du froid et de la chaleur, et pourtant en mesure d'arriver à concevoir la semence initiale, et son développement. Mais cette graine qui pense est l'homme, et j'étais très loin encore de cet avènement.

Je ne saurais dire combien de temps dura cette errance au petit bonheur dans la nuit aveugle du temps, avec des désirs incandescents qui peu à peu se refroidissaient et devenaient des pierres dans le ciel. Las de trébucher dans l'ombre, je me décidai à créer la lumière.

J'avais marché pendant des milles et des milles, tremblant de solitude ; soudain je m'arrêtai dans la grande nuit, et poussai un cri. Je vis ce cri s'élever, telle une flèche, pour arriver au milieu du ciel et exploser en projetant des éclats qui devinrent des étoiles ; sur le lieu de l'explosion était restée une boule incandescente que je ne réussissais pas à fixer des yeux. Je regardai autour de moi et vis bien peu de choses : ce fut la lumière qui me montra la monotonie de mon univers. Ma déception fut telle que je voulus éteindre la lampe, et revenir dans l'ombre.

Pour la première fois je me rendis compte qu'il ne m'était pas donné de défaire ce qui avait été fait. Si je créais une chose, je ne pouvais la détruire. Le soleil était là-haut pour toujours.

Maintenant qu'il y avait la lumière, j'observais les corps en fuite dans tous les sens. Leur cécité était irrémédiable; ils ne voyaient pas la clarté qui provenait de moi et se perdaient en divers points de la cité céleste. Lorsque je crée une chose, elle va se reproduire à la ronde, semblable à une multitude de miroirs qui réfractent ce que je fais, ou à une série de messagers qui courent répandre la nouvelle de mes inventions; alors que c'est bien de moi, avec mon talent inné de la multiplication, mystérieux pour moi aussi. Une fois mises en marche, mes créatures évoluent d'elles-mêmes, et se déplacent en des lieux imprévus : comme ce cri, qui rebondit parmi mille miroirs et créa d'infinis points lumineux.

Dans mon souvenir, le monde est à l'origine un point resté nébuleux et indistinct qui s'est brisé. Il se disperse en une myriade d'éléments et d'unités partielles : les cellules, les plantes, les animaux, autant d'individus produisant d'autres individus au travers d'une partie d'eux-mêmes – de telle sorte que l'univers se fixe et se dégrade continuellement en des lieux différents.

Je voulais savoir ce qu'avait été ce point d'origine, et je continuais à comparer les fragments entre eux, espérant remonter jusqu'à la source. Mais comme ils étaient différents! Pour mieux comprendre, je m'employai à faire coexister tout et le contraire de tout; l'alternative la plus difficile qui continue à se proposer à moi est celle entre la permanence et le changement. Mais il y a aussi celles entre plantes et animaux, lumière et ténèbres, chaud et froid, avec tous les états intermédiaires et les saisons tempérées.

En peu de temps, j'appris à être une chose et son

contraire. Je commençais une histoire, puis une autre tout à fait différente, l'étoile et le nuage; mais en tout lieu, c'était moi, et ces destins se rencontraient et se combinaient. Dans le monde c'est le jour et la nuit en même temps – j'ai un ami en Californie – été et hiver – j'en ai un autre en Australie – hiver et été. Les rêves pénètrent dans le sommeil, et la veille est envahie de visions.

Mes points de lumière créèrent une gigantesque métropole spatiale. C'était comme si, après un bombardement qui aurait détruit ma demeure, la ville s'était étendue, et comme si je cherchais où habiter. Le lieu existait déjà : j'avais placé mes fondations à l'endroit où j'avais lancé mon cri de lumière. C'était ma galaxie.

Longtemps on a cru que le soleil tournait autour de la terre, et non l'inverse. Pour moi, en revanche, ce fut tout de suite clair; il est vrai que j'avais un poste d'observation différent, et tout l'événement, vu d'en bas, peut conduire à des conclusions opposées. Je conçus le soleil comme la chaudière et la dynamo de ma demeure, le point d'où partent des fils qui s'enchevêtrent, des écheveaux électriques se dévidant comme des ficelles tirées dans l'espace : ou plutôt des pelotes multicolores car, dans la joie de ma découverte de la lumière, une poignée de couleurs était sortie de mes mains, et, ne sachant pas encore les utiliser, je les mis dans la pièce qui me servait d'atelier : et le soleil se mit à fonctionner tout seul, comme cela arrive à mes tentatives de création. J'allume un feu, il se met à flamber pour son propre compte : très vite le soleil devint inhabitable. Je ne réussissais pas moi-même à m'approcher de lui, car les vents solaires et les explosions rendaient tout mouvement difficile.

Le soleil était beau à admirer à distance. Mon observatoire préféré fut la planète qu'on appela plus tard Mercure; j'en fis ma fenêtre sur le soleil. De là, je regardais les spectacles qui animaient le ciel, la boule enflammée qui remplissait la moitié de l'horizon et ne cessait de s'agiter. J'assistais à un ballet de lumière sans musique ni paroles, avec des mouvements rapides, des sauts acrobatiques, des costumes fantasmagoriques et des épées qui étincelaient entre les mains des danseurs. Mercure fut ma terrasse au soleil et la loge de mon théâtre : et c'est à cela qu'est dû mon teint bronzé, mais aussi ce trouble oculaire qui s'est accentué avec le temps, et qui me contraint à porter des lunettes noires les jours d'été. J'ai renoncé depuis longtemps à visiter Mercure, balcon de mes rêves infantiles.

De Vénus je fis ma résidence. Je voulus sortir de l'état d'hébétude solaire auquel je m'étais abandonné, et je me déplaçai vers des régions plus nordiques et plus tempérées. Vénus était une demeure tapissée de rideaux de nuages, qui la voilent aujourd'hui aux yeux des télescopes et font supposer la présence d'on ne sait quelles nudités en son sein. Tout au contraire, il n'y avait personne, si ce n'est moi qui pratiquais des ouvertures entre les rideaux pour regarder à l'extérieur, comme un gamin épie les rues de son quartier. C'est sur Vénus que je fis ma première découverte astronomique : celle qui a trait à la parabole des planètes autour du soleil, dans cette maison bizarre où les chambres tournent autour du chauffage central.

Je m'en aperçus en voyant le soleil naître et se coucher du côté opposé à Mercure. J'en conclus que si le soleil semblait avoir deux trajectoires différentes, c'était parce que Mercure et Vénus se déplaçaient toutes les deux autour de lui, mais Vénus – seule de toutes les demeures de la galaxie – faisait le tour en sens inverse. Farouche Vénus, enveloppée dans ses oripeaux de nuages, traversée d'éclairs et de coups de tonnerre comme l'âme d'une jeune fille solitaire. Je me revois, enfermé dans ma chambre, aux prises avec les rudiments de la mathématique, calculant l'est, et l'ouest, et la trajectoire de Vénus; et, de ma fenêtre, j'apercevais les éclairs et le tonnerre à l'horizon. Le soleil naissait et se couchait plus loin qu'auparavant, et j'entendais un bruit confus qui m'appelait au-dehors. Je me mettais à la fenêtre et n'arrivais pas à voir : où était-ce, et d'où cela provenait-il? J'étais entouré d'un désert de pierres impénétrables : pire qu'un dimanche à Wall Street.

A la recherche d'un logement à l'intérieur de ma propre habitation, je commençai à voyager dans la demeure où le sort m'avait conduit. On peut encore voir les véhicules que j'utilisai pour mes déplacements : les comètes qui m'emmenaient d'un point à un autre de la galaxie, et retour, dans la maison solaire. Je me déplaçais dans la métropole stellaire, au milieu de gratte-ciel et de cabanes, passant près de maisons bien éclairées et d'obscures demeures désertiques. Certaines étoiles semblaient vouloir s'éteindre : elles se repliaient sur elles-mêmes, comme si elles avaient avalé un poison, et disparaissaient en laissant un trou noir dans le vide. D'autres, plus violentes, se faisaient sauter la cervelle, explosant dans une lueur qui subsistait à l'horizon.

Plus je voyageais, plus j'étais certain du choix de mon logis ; à la fin, j'y revins pour m'établir dans ses limites. Il s'agissait d'un vrai château, avec des quartiers intérieurs énormément éloignés les uns des autres, et des couloirs sans fin ; il fallait des comètes, et pas des astéroïdes pour aller d'une planète à une autre. Il fallait deviner la bonne pièce, car chacune était grande comme une place.

Le choix ne fut pas immédiat. Je me rendis d'abord dans les salles les plus éloignées du soleil : Saturne, Uranus et Neptune, qui furent aussi les premières à être abandonnées.

Les anneaux qui les entourent aujourd'hui encore témoignent de mon passage : une traînée rapide, c'est tout. Je ne descendis même pas sur leur sol quand je me rendis compte du froid qu'il faisait là-bas. Depuis lors, je n'ai plus fréquenté cette zone et me suis contenté des relations que me transmettent les astronomes. Je me souviens du rire qui me prit à la lecture d'une phrase de Galilée (« Saturne a des oreilles »), lequel ne réussissait pas à voir clairement les anneaux autour de la très froide planète. Pour ne pas parler de ce qui advint, il y a deux siècles, quand un Anglais découvrit Uranus tout à fait par hasard, puis passa le reste de sa vie à jurer que c'était une découverte attendue ; il fut moins humble que moi qui suis un produit du hasard – et je sais donc que tout ce que je fais et ne fais pas l'est aussi. Quelque temps après, en deux endroits différents, un mathématicien anglais et un français calculèrent l'existence de Neptune et de son très proche satellite Triton. Ils m'apparurent comme deux jumeaux assis à des bureaux éloignés, imaginant des fraternités dans l'espace céleste. Pluton a été une surprise ; je n'avais pas poussé jusque-là ; j'ignorais que certaines pièces de mon château fussent si éloignées qu'il était impossible qu'un filet de chaleur les atteignît. Comme il arrive aux aristocrates déchus, ma demeure me reste en partie inconnue.

Ma tentative la plus ambitieuse fut de transformer Jupiter en une salle de séjour immense et aérée. Pour mieux l'observer, je façonnai des roches volantes qui tournaient autour de la planète et, impressionné par ses couleurs, je planai vers le bas, rencontrant tout de suite l'une des plus grosses surprises qui m'aient été réservées : impossible de me poser. J'étais perdu dans un ciel traversé de décharges : ballotté d'un côté à l'autre comme une plume ou un fétu dans les courants aériens d'un océan déchaîné, je me sentais devenir fou dans la violence de cette atmosphère au-delà de laquelle je voyais se lever une plaine liquide et menaçante. C'était un lieu surchauffé plein de courants d'air, aussi me décidai-je à le quitter.

Je portai alors mon attention sur Mars ; elle semblait beaucoup plus calme que Jupiter, mais était sûrement plus petite. Je me trouvais à bord des deux satellites, faisant des comptes toujours plus précis pour savoir où je placerais telle chose et telle autre, révélant une autre de mes angoisses permanentes – celle de ne pas avoir assez d'espace à ma disposition. Cette même angoisse me fait maintenant éprouver un malaise dans les ascenseurs, au creux des couloirs, ou dans les pièces sans fenêtres. Je finis par abandonner aussi Mars ; à bord d'une comète, je me rendis sur la lune, et fis mon premier tour de la terre. Ce fut un circuit qui dura près d'un mois, et, à la fin, j'en fus content, comme si j'avais enfin trouvé ce que je cherchais.

De toutes les planètes, c'était la plus agréable ; d'en haut, je voyais la forme de ses continents au milieu d'un élément inconnu qui projetait des lueurs brillantes, reflétant la lumière du soleil. Toute la grande sphère tournait, majestueuse et me conviant à la regarder, comme pour me demander de me rapprocher d'elle. J'amorçai la descente et planai doucement; je parcourus légèrement les marches veloutées portant des noms que je me répète encore avec une douce nostalgie : magnétosphère, exosphère, thermosphère, mésosphère, stratosphère, troposphère, puis l'air, l'air de chez moi.

Partout où j'ai habité, j'ai toujours eu des plantes. Dans les moments de bonheur, un jardin entier; une fois, j'eus même une serre. Si j'entre dans une nouvelle maison, je regarde autour de moi et pense à l'endroit où je mettrai les plantes.

C'est ce que je fis dès mon premier aperçu de la terre. Je la trouvai nue, ayant besoin de tapis sur son sol et ses roches. A présent que mon point de vue s'était abaissé du niveau des astres à celui de la terre, ce qui me semblait auparavant la pièce d'un château était devenu en soi une habitation; tel un jeu de poupées russes qui se répéterait à l'infini, dans ma navette entre les insectes et les étoiles.

La terre se révéla être un labyrinthe : des mers, des rivières, des volcans, des marais et des lieux tournés vers la chaleur solaire, tandis qu'au contraire certains étaient distants et enfermés dans des calottes glacées. Je circulais des uns aux autres sous forme de nuage ou de vent, je me répandais sur eux sous forme de pluie : je me glissais dans tout ce que je faisais. Je ne pouvais pas dire : « Je veux maintenant une plante, une forêt, cent forêts »; désirer était ma façon de parler. Je n'étais pas exactement le monde que je créais. J'étais son âme, j'étais le désir qui l'habitait. Le monde s'éloignait ensuite de moi, choisissant ses propres directions.

A l'origine, je ne pouvais pas imaginer qu'il y eût un état différent de celui de la solitude. Au cours de mes voyages astraux, je circulais seul, la tête remplie de pensées non formulées, car il n'y avait personne à qui les dire. Arrivé sur terre, non seulement je la recouvris de plantes, mais je m'identifiai à elles. Je transférai là-dedans les récits de mes pérégrinations. Chaque feuille est une étoile, chaque fleur est un soleil; la force de gravité se voit dans les branches, dans le tronc, dans l'enchevêtrement des racines. Chaque arbre est une galaxie, et le tournesol parle au nom de tous.

Les plantes fleurissaient sous mes yeux. Je les multipliais, dans l'espoir de les faire communiquer entre elles. L'arbre qui s'élève dans un majestueux recueillement contient le secret de la sagesse : être seul, se suffire, avec ses racines bien en terre. Dès l'origine, j'eus cette conviction, mais un doute m'envahit qui y fit obstacle; pourquoi tant de plantes, après tout? Pourquoi cette infinie variété de fleurs qui poussaient sur les arbres et dans les prés, parmi les rochers et à proximité de l'eau, comme des pensées tombées d'un autre système ou les perles dispersées d'un diadème?

Maintenant, je mets les plantes dehors pour qu'elles reçoivent l'eau de pluie. Autrefois, je les arrosais avec mon corps devenu liquide et immensément diffus; sensation enivrante, car on est en tous les points du ciel en même temps, puis on est dans les plantes, dans les rivières, et la mer – eau dans l'eau – et plus bas, vers le désert, avec des gouttes malchanceuses et dispersées. L'eau qui termine sa course sur les plantes est pleine de riches pensées, fière de son désir; aspirée dans l'air, elle retombe dans les rivières, coule vers la mer puis monte vers les nuages. Dans l'eau, je faisais des voyages inutiles mais exaltants. Le plus terrible était de s'abattre sur le sable et sur les roches; toute une partie de moi était condamnée à cet obscur destin d'exilé : aucune goutte ne revenait plus en arrière. Mes pensées devenaient des choses, comme mes sentiments; il advint ainsi que les gouttes dispersées – mes pointes de douleur continuelles – se transformèrent en insectes.

Ah! les insectes! mon âme séparée de moi par la distance d'un océan! Rien de semblable ne nous plaît. Un insecte est à proprement parler infâme dans sa conception. Il existe des animaux non rachetables; parmi ceux-là, les habitants des fissures, des interstices, des canaux filamenteux, des dessous d'escalier obscurs : ils profitèrent de ma mélancolie. Chacun d'entre eux naquit d'un de mes accès de mauvaise humeur, et ce sont eux qui me les rappellent. Quand je lus, il y a quelques temps, que non contents d'être les plus anciens animaux du monde les insectes en sont probablement aussi les futurs maîtres, une préoccupation fâcheuse m'envahit. Leur pouvoir est-il donc si grand? Et pourtant, ils sont en tous points inférieurs aux plantes, voués à la persécution de toutes les choses vivantes, telle une névrose qui blesse le monde dans chaque coin de terre ou de ciment. Si je vois une blatte chez moi, je l'écrase, ou je lui fais cadeau de la vie par mépris. Puis je m'éloigne, mécontent. D'où sortaient les poux et les punaises? Avais-je des insectes dans l'âme?

Les plantes, au contraire, je les disséminais avec plaisir, en ordre dispersé, comme une armée tournée vers la conquête de la terre, dans une grande variété d'espèces et de familles, et dans une perfection de finitions. C'est aujourd'hui plus clair qu'autrefois, car les cellules dont est composé tout être vivant n'échappent pas à l'œil du microscope : et, saisis d'admiration, beaucoup se sont exclamés : « Dieu soigne le détail ! » Je voudrais corriger cette affirmation. Je n'ai jamais eu de patience pour le travail de précision, et mes mains, très habiles pour équarrir, donner forme et direction aux choses, sont gourdes quand il s'agit de travailler sur de petits objets. Pour moi, passer un fil dans le chas d'une aiguille demande déjà un effort, on imagine ce qu'il m'en coûte pour les ingrédients d'une cellule, ou la spirale délicate de l'ADN.

Je dois en conclure que j'avais au fond de moi un monde immense qui sortait spontanément de mon être et se répandait librement. Peut-être de minuscules et laborieux artisans tissaient-ils le treillis et la ruche des corps. Je n'avais pas le temps de choisir mes ouvriers : je faisais le plus gros, avec beaucoup de recul; comme si j'écrivais un livre, le passais à je ne sais quel dactylographe, puis à des typographes inconnus. Il y avait une telle force dans mon geste que je pouvais mettre au travail une légion de fibres microscopiques.

Je n'avais aucune expérience de la vie avant l'arbre, si ce

n'est le souvenir obsédant de mon être perdu au milieu des astres : ainsi s'explique mon besoin de racines. C'était une réponse à l'antique angoisse d'être orphelin, et de n'appartenir à rien. Chaque plante, séparée comme elle l'est des autres, appartient à la terre : le palmier et le chêne, les conifères et les robiniers, le hêtre et le bouleau, le saule et le sassafras, tous enfoncent dans le sol des doigts plus crochus que ceux d'un naufragé. Avec les plantes, je m'agrippais à la terre. Mais, en même temps, j'étais le vent qui les fouettait, les laissant incrédules devant tant de férocité. Un arbre sous la fureur du vent illustre ma nature contradictoire : le besoin d'être en sûreté et le désir d'être libre et sans frontières. La vie était une surabondance d'hypothèses, chacune s'avançant pour son propre compte. Le monde était mon esprit et mon cahier ouvert, rempli de notes et de corrections – c'était mon théâtre infini et changeant.

Bref, si je créais, c'était pour entrer dans la vie et pour la continuer après d'incertains et tourbillonnants débuts. Je faisais un arbre et crac, je me retrouvais à cet endroit, racines, tronc et branches, feuilles et sève, écorce, enfoncé dans la terre et mes larges bras en l'air : et après? Il doit y avoir quelque chose d'autre, me disais-je, tandis que je demeurais debout, comme dans l'attente de quelqu'un, et je faisais un autre arbre pour qu'il me tînt compagnie. Mon désir de famille me portait à regrouper des plantes identiques, si bien que naissaient des bois de châtaigniers et d'aulnes, loin des araucarias, et très loin des bananiers ; car je ne me contentais pas d'une seule famille, puisque je ne savais pas d'où je venais et que, pour ainsi dire, je m'interrogeais sur ma nature. Suis-je épineux et sauvage ou large et hospitalier? Suis-je attiré par la proximité de la mer et des sables brûlants, comme les explorateurs portant casque et suivis de serviteurs noirs? A chaque hypothèse naissait une plante différente.

Le résultat était toujours le même car, bien que j'eusse multiplié les espèces et les genres, chaque plante restait enfermée dans une solitude implacable. Après s'être ouverte en l'air, enfonçant ses pieds dans la terre, elle était condamnée à s'arrêter. Son destin était fixé. L'effort durait des saisons entières, avant de retomber à chaque fois. L'espoir revenait avec le beau temps et la renaissance du printemps. Seuls les semper virens et les plantes épineuses comme l'agave et le chardon semblaient considérer le renouveau comme une illusion et, inaccessibles, elles se refermaient sur leur absence d'attente. En les touchant on s'y piquait, tant elles s'étaient refermées sur elles-mêmes.

Quelque chose de profond animait les plantes. Si je passe à côté d'un magnolia, je sais ce qu'il ressent en ces jours de fin mars, avec ses boutons qui se gonflent sur ses maigres bras. Il répète l'immémorial, l'impérissable vœu : « J'y arriverai, je réussirai à me transformer en quelque chose d'autre, de plus vaste, de plus grand ! A présent j'essaie » – et voici une cascade de fleurs pâles qui pourraient difficilement être plus magnolias... La même chose arrive à l'eucalyptus, au cèdre, à l'érable, à tous les arbres encore habités par l'espoir et par l'attente. A tous ces arbres si parfaits tels qu'ils sont, et si désireux de devenir autres.

Je posais des questions par l'intermédiaire des fleurs et des fruits, et n'obtenais pas beaucoup de réponses. L'illusion qui renaissait au printemps devenait grandiose au cours de l'été : un monde mûr et triomphal – un monde immobile dans l'ardeur de l'après-midi – un monde ainsi fait ne pouvait pas ne pas changer ! Il y avait partout l'attente d'un tressaillement ; l'air tremblait jusqu'à l'horizon, tout se figeait comme on dit que cela arrive avant un tremblement de terre – et rien ne survenait.

L'automne venu, une fois retombé l'espoir du grand changement, j'enregistrais ma déception : dans le tronc de chaque arbre un cercle supplémentaire marquait l'année qui s'était écoulée.

Ma demeure était tout à fait bien décorée quand je songeai à m'en aller. Certains installent leur maison et, au moment précis où il n'y a plus rien à ajouter, ils vendent tout et déménagent. Cela arrive aux gens qui ne sont pas attachés à leur demeure, comme une huître à son rocher; en Amérique, on les voit transporter leur logis d'une ville à une autre, et personne, dans la ville d'origine, ne sait plus rien d'eux.

Je plongeai dans l'eau. J'avais tout fait pour ne vivre que de végétation et n'y étais pas arrivé. Je crois désormais que la solitude, idéal orgueilleux de ceux qui ont eu une enfance sans beaucoup d'affection, n'est pas ce dont j'ai besoin en réalité. Autrement pourquoi, dès le début, me serais-je entouré d'une telle variété de choses – et pourquoi écrirais-je un livre?

Je commençai à avoir des doutes quand je ressentis de l'antipathie pour les arbres : sentiment inconnu jusqu'alors, et tout à fait surprenant. Je pourrais le comparer à une invasion d'insectes voraces et douloureux, ou à une tempête de neige. Je rudoyais les plantes de haut en bas, me faisant souffrir moi-même. Jusqu'à ce que je comprenne ce que j'étais en train de chercher, de la manière dont je comprenais les choses: les mettant en vie, remplissant de notes et d'esquisses le journal universel. Souvent une idée en dissimulait une autre, et une ébauche évoluait vers une forme inattendue : il n'y avait pas moyen de prévoir le développement de mes gestes, l'artiste prévalait toujours plus en moi, et sommeillait le géomètre.

C'est ainsi que j'aboutis à l'idée du mâle et de la femelle : ce fut un labyrinthe de circonvolutions et de rebuts, si bien qu'à la fin je me rappelais à peine du projet initial. Tout commença par une grande volonté de me déplacer, marque d'un esprit nomade. Dans le monde que j'avais créé, il n'y avait alors que deux formes de mouvement : d'un côté celui des comètes et des planètes, de l'autre celui du monde infinitésimal, rempli de cellules et d'êtres presque invisibles, à mi-chemin entre les végétaux et quelque chose d'encore inachevé – avortons d'idées, pensées de demi-sommeil qui se dissolvaient dans des jeux d'eaux. Au milieu de cette sphère sans repos ourlée de lumière, qui rutilait à ses extrémités, s'étendait un terrain de roches, d'eaux courantes, de plantes enchaînées à leurs racines. Je me mêlais aux rivières en crue, aux courants marins, au vent qui traversait les continents, les montagnes et les déserts ; et finalement, il fut évident que toute cette agitation exprimait le désir de quelque nouvel être qui se déplacerait d'un point à l'autre de ma carte en formation. Doucement naissait l'espoir qu'un être solide (et donc, pas dispersé comme les être liquides ou venteux) puisse mieux comparer et confronter les différentes parties de la création entre elles ; et, mon expérience étant ce qu'elle était, ma première tentative fut de faire marcher les plantes.

Je constatai bien vite qu'il y avait des limites à mes possibilités créatives ; et aujourd'hui encore, je lis les signes de ma faillite dans les organes sexuels dont j'ai pourvu tant de végétaux sans défense – tels des ermites ou des naufragés volontaires – avec leurs inutiles appendices de reproduction. Mais la plante ne se déplace pas – et je crois que c'est trop lui demander.

Cette tentative renfermait l'idée qui me guida vers la lente invention des animaux. C'est la conclusion à laquelle j'arrivai à force d'observer comme tout réfléchissait mon caractère changeant et combinatoire. Car je voulais vivre et ne pas vivre – ainsi s'expliquent l'hiver et le sommeil, la nuit, le froid et la mort enfin, enveloppant les plantes et les rivières. Ma plus grande contradiction était de passer d'un état à un autre, au travers d'états intermédiaires qui, de temps en temps, se révélaient poétiques et pleins d'une anxieuse attente. Je privilégiais les réveils et les crépuscules. Le printemps me conduisait au royaume estival, triomphal domaine de mon instinct de vie; et l'automne était un doux voyage vers mon désir de mort chargé de germes de réveils nouveaux. Chaque jour, je répétais la succession entre le matin et la nuit, entre le midi et le soir des crépuscules – dans l'enfance, la jeunesse, l'âge mûr et la vieillesse que je revivais comme inspiration, création, épuisement et correction de l'œuvre, et comme passion, indifférence et tendresse.

Sous certains climats, proche comme je l'étais du soleil, je ne connaissais que l'été et des journées très longues, et sous d'autres, je m'enfonçais dans les glaces, semblable et différent : je me dis alors que, si j'étais ainsi fait, c'était parce que je voulais maintenir la vie, alors que la vie se maintient toute seule et se mêle à son contraire, si bien que la mort m'apparut comme le réservoir de la vie elle-même; et mes divisions et mes incohérences me parurent justes. Je voulais sauver le miracle dont j'avais été l'artisan – et de cette succession d'éclairs visionnaires naquit l'idée d'un être double qui, pour se reproduire, devait entrer dans un autre pareil à lui, lequel à son tour se dédoublerait dans ses enfants, et le jour, la nuit, l'hiver et l'été se répéteraient en eux dans l'apogée de l'acte d'amour et dans le printemps de la fécondation.

Enflammé par cette nouvelle idée je la diffusai partout – dans les bois que je survolais entre les nuages et le vent, dans l'eau où je plongeais; et le monde se remplit de plantes qui nageaient et de plantes qui couraient, se poursuivant pour se pénétrer et se dédoubler.

J'eus des moments de méchanceté. D'ailleurs j'en ai toujours, quoique moins violents et plus espacés dans le temps. Je créais et déchaînais ma fureur sur les éléments.

Mon pouvoir se montrait là aussi, car la colère que je créais devenait une partie du monde; elle se déchargeait et s'éloignait, mais n'était jamais détruite, et finissait toujours par réapparaître. C'étaient des explosions volcaniques qui transformaient la terre en une fournaise; des glaciations qui transformaient le globe en une prison de glace où toute chose restait ensevelie, retenant sa respiration, dans l'espoir de continuer à se mouvoir. Aujourd'hui, en ce décembre à New York, ce froid-là me revient à l'esprit, une grande mort blanche dont je cherche à m'abriter dans mon appartement-cellule, en protégeant les plantes.

Pour échapper à ma mélancolie je me promenais près de l'eau, comme aiment le faire les solitaires, à proximité des rivières, sur les plages de bord de mer, autour des lacs de montagne : mais jamais rien ne sortait de l'eau. Je plongeais, pour aller voir. Au fond grouillait une existence multiforme que je ne pus observer, car dans l'eau je respirais mal, et je devais revenir tout de suite à la surface. La vie aquatique devint un grand mystère, comme la pièce secrète d'un château où personne ne peut entrer, pas même le propriétaire, qui se souvient d'y avoir été comme dans un rêve, ou tel un somnambule; et qui pense à un trésor caché, ou à quelque chose d'effrayant dissimulé à cet endroit, peut-être à un délit qu'il a lui-même commis dans un lointain passé; et de ce fait il n'entre pas, et laisse libre cours à ses rêveries. Je rêvais au bord de la mer. Mais je ne commençai à l'explorer vraiment que lorsque je voulus mourir.

Ce fut la première et la dernière fois que je tentai de me supprimer. J'eus une grave crise au cours de ce triste automne, au milieu des plantes jaunies et des fleurs sans espoir. Après un été d'inutiles excursions, je m'étais persuadé que rien ne changerait et que le va-et-vient des saisons et des feuilles était tout ce qu'il me serait donné de voir. Je décidai alors d'en finir. Je grimpai sur un rocher qui surplombait la mer et me laissait tomber, certain de ne pas survivre.

Quelle chute! Aujourd'hui, je souffre encore de vertiges, je n'aime pas marcher en montagne, je crains le vide, et je garde en moi l'horreur de ce détachement volontaire de la vie que j'avais moi-même créée. Je poussai un hurlement en tombant dans l'étendue bleue. Je regrettai déjà mon geste et voulus revenir en arrière, mais cela me fut impossible :

j'avais désiré mourir, c'était comme un geste de création – je créais ma propre fin. Quand j'atteignis le seuil liquide je m'enfonçai dans un tourbillon d'oubli et de froid.

Je restai inconscient, et je ne garde aucun souvenir de cette période. Je repris conscience par degrés et bonds, par une série d'étapes, petites et gigantesques, comme quand on flotte dans le réveil après un évanouissement. Ce fut un mouvement indistinct et sans direction au milieu d'ombres qui apparaissaient et disparaissaient, dans une lumière qui n'était pas de la lumière ; jusqu'à ce que mes yeux, à la fin, se rouvrissent – et voilà, ici, présent et omniprésent, immédiatement englouti par l'eau, un espadon. Je revois ce réveil au fond de la mer où mon désespoir m'avait poussé. La vie tenait certainement à moi et avait empêché que je meure – gratitude filiale que la sienne – mais elle me punit durement par cet exil.

Je repris connaissance, mais je ne savais plus qui j'étais ni ce que je faisais là : j'avais un souvenir confus de la façon dont tout était arrivé, une lueur intérieure. Je voyais ce qui remuait dans le fond, si bien que, pendant un moment, je crus être une paire d'yeux qui circulaient en toute liberté. Je sais maintenant ce qui m'est arrivé, tandis qu'alors je le devinais de façon souterraine et résolument aquatique. Je ne pouvais renaître que de cette manière : j'étais devenu une partie de ma propre création, et je me déplaçais dans la mer sans savoir qui j'étais, sans pouvoir me regarder, car l'eau ne se reflète pas dans l'eau. Le silence était assourdissant.

C'était comme dans un rêve : les bruits de l'extérieur ne me parvenaient plus. Je repense spontanément à ce séjour comme au purgatoire dans lequel devrait être entraîné plus tard un si grand nombre de vivants. Certes le purgatoire suppose qu'il y a eu péché, et le péché veut dire qu'on n'était pas content de la façon dont allaient les choses. Certes, mon péché fut de vouloir mourir, mais si j'avais voulu mourir, c'est parce que je me sentais malheureux.

Au paradis des poissons les anges sont d'ozone. Au cours du long vagabondage auquel je fus condamné, je dus apprendre à respirer d'une façon toute différente, et à suivre des directions qui me semblèrent absurdement obligatoires, comparées aux libres voies du monde et du ciel.

Je fis cependant la joyeuse expérience de ne pas avoir de racines, et une trace en est restée dans les grandes migrations des poissons. La nature faisait de jolis progrès en bondissant vers une espèce nouvelle et très bariolée. Moi, je fus comme rejeté en arrière, en regard de mon indépendance effrénée au milieu du vent et des nuages. Et, comme cela arrive aux dormeurs prisonniers d'un rêve, et aux exilés relégués sur une île par un pouvoir tyrannique, je finis moi aussi par être dominé par une pensée obsessionnelle et habité par une idée qui ne m'abandonnait pas un instant.

L'idée était celle-ci : je veux voir comment je suis fait. Il se peut que cette idée soit la conséquence fatale du fait d'avoir des yeux dans un corps qui s'allonge vers l'arrière, si bien qu'il est impossible de donner ne fût-ce qu'un seul coup d'œil à la queue. Je commençai à courir après moi-même, sans jamais parvenir à me rejoindre.

Je me souviens de la tiédeur de l'eau vers le terme des migrations, et de la saveur des algues et des poissons, et du fourmillement des œufs se détachant de moi, et des bancs de poissons qui se déplaçaient dans les goulots de lumière et dans les roches d'ombre; et de l'inépuisable variété de vies que je suivais au milieu des pierres et de la boue, cherchant qui pouvait me ressembler. Je devais être un poisson solitaire, car je ne me retrouvai jamais dans aucun des groupes que j'admirai à distance; et je continuai donc mes promenades au milieu des labyrinthes de la mer.

Eaux très profondes, hautes plantes de ma prison dans le vent muet des courants! La soudaine embardée de la lamproie et de l'anguille fuyant le squale; et le merlan qui disparaissait dans la gueule du requin-marteau; et l'ombre soudaine au-dessus de moi, comme un ciel de plomb, au moment du passage lent et royal des cachalots et des baleines : et l'oursin dans le filet funeste tendu par la torpille; et les hippocampes, pareils à de petites statues au milieu de l'eau; et l'araignée, et le chien de mer, et l'incroyable langouste qui ne rit jamais d'elle-même de peur de s'étouffer, comme un gamin qui se cacherait dans une armure de musée; et la chimère stupéfaite des cabrioles du dauphin. Partout il y avait cirque et théâtre, ce qui n'était pas si mal pour un curieux comme moi. Un spectacle sans pause, animé par le désir que tous avaient de se manger les uns les autres. Dévorer, déposer des œufs incompréhensibles, émigrer, se faire avaler par un poisson lanterne qui va de nuit tous feux éteints, ou par un barracuda dans le plus romantique récif de corail.

Je percevais partout des tentatives d'évasion. Dans la vie aquatique – des rivières aux océans – chaque idée est inversée par rapport à nos paramètres. Nous sommes ici, nous traversons les mers ou circulons par voie de terre et, si nous voulons nous évader, il n'y a que deux directions possibles : le ciel, pour voler, et le sous-sol pour nous y enfoncer. Le monde aquatique vit au contraire dans l'espoir de remonter à la surface – car tous ont le souvenir très lointain d'être tombés là-dedans, comme cela s'était produit pour moi ; et ils voudraient revoir ce qu'ils ont quitté. Ils ne savent absolument pas comment s'y prendre et s'exténuent en d'innombrables vagabondages, jusqu'à ce que les assaille le froid effarement de l'immobilité. S'ils finissent dans un étang, où l'eau ne mène nulle part, tout espoir tombe et tout est immobile; comme est immobile la vieillesse, malgré la folie des cellules : vie qui ne rêve pas, vie qui ne débouche sur rien!

Je frôlais ainsi le toit mouvant plein d'entrelacs et de tourbillons de lumière, j'observais les dauphins et les poissons volants s'élancer pour redescendre immédiatement, sans dire jamais ce qu'ils avaient vu. Les êtres comme moi, incapables de trouer la couverture magique, les considéraient comme des espèces de sorciers et les regardaient comme on regarderait aujourd'hui un astronaute revenant muet d'un voyage dans le cosmos – ne révélant jamais s'il avait vu Dieu. Dans les eaux douces j'allais admirer les saumons; aux embouchures des fleuves je courais voir les anguilles, dont les rêves aériens duraient plus longtemps. Mais elles aussi retombaient, comme les autres.

A force de contempler ces acrobates je finis par trouver une ouverture pour mes tentatives de fugue. Il y avait un coin de plage que les flots recouvraient pendant la journée pour se retirer ensuite la nuit : je ne savais pas que j'avais un allié en la pleine lune qui, de là-haut, contrôlait les marées de l'Atlantique. Cela me sembla le passage idéal pour mon évasion : là, je pouvais ouvrir une brèche dans la muraille d'eau. Mais ce n'était pas si simple : je dus me fabriquer les instruments adaptés à mon entreprise. La première fois que j'avais réussi à mettre la tête hors de l'eau, j'étais resté hébété par la violence de ce qu'il y avait à l'extérieur : la chose aride et brûlante qui me pulvérisa l'estomac et me repoussa, à demi évanoui, dans l'eau.

Je dus agir avec méthode. Chaque jour je faisais un petit saut puis restais à me débattre sur le sable, attentif à ce que seulement une petite bouffée d'air pénètre dans ma gorge, jusqu'au moment où le flot revenait, et où je me laissais entraîner. Cela allait de mieux en mieux et, petit à petit, je sentais là, au-dessus de mon estomac, dans l'obscure cloison de mon secret, se former quelque chose qui battait et s'agrandisssait au contact de l'air, toujours plus fort et sûr, comme un frémissement imprévu : un poumon!

Dans l'eau, en revanche, je travaillais à un autre instrument indispensable à ma fugue. Puisque j'avais cessé d'émigrer d'un océan à l'autre, je savais que me déplacer ainsi ne me conduirait pas là où je voulais aller. Je passais beaucoup de temps dans les basses eaux, proches de la rive. Depuis un moment, j'avais commencé à modifier les nageoires que, me frottant aux pierres de la grève, j'avais senties sur mes flancs. Je passais mes après-midi à les tendre vers ce qui passait près de moi, tel un athlète qui fait des exercices pour renforcer ses muscles abdominaux. J'avais trouvé un confident, le premier ami que j'aie jamais eu : il venait me voir travailler de cette manière insensée, obstinée. Je me souviens de lui chaque fois que je vais à la mer et le trouve devant moi, étrange au plus haut point parmi les poissons, toujours accueilli par la frayeur des femmes et la risée des gamins qui font tout leur possible pour le traîner sur la rive et le transpercer à l'aide de bâtons pointus : la tendre et silencieuse méduse, flottant à fleur d'eau.

Sans aucune indécision, confiant dans mon poumon salvateur, j'organisai mon évasion de la prison qui m'était destinée. J'attendis une nuit de pleine lune et m'élançai sur la plage pour ne plus revenir, comme si je franchissais une frontière. Quand je passai la limite, respirant avec excès l'air de la liberté, j'avais même oublié mon désir de me voir comme j'étais : le besoin ne s'en faisait plus sentir, le purgatoire était fini, et j'avais la certitude que j'étais Dieu.

Je ne voulais rien prouver en créant les amphibiens. A la vérité, je ne savais même pas que c'étaient des amphibiens, car il me manquait un point de repère dans le futur. Il est désormais clair que je ne suis pas quelqu'un de prévoyant. J'agissais comme si chaque pas en avant était un point final. Ayant réussi à m'évader de ma prison aquatique, je traînais sur mes pattes mal assurées, je rampais sur ma peau nue ; et je compris alors que mon évasion était à moitié réussie. Enfermé dans les espaces marins, et tourné vers des projets de fugue, j'étais assailli par des souvenirs qui ressemblaient à des rêves – planant libre dans le ciel dégagé, plus semblable au vent qu'au squale ou au dauphin ; et je pensais que, une fois délivré, je redeviendrais le même qu'auparavant, l'être fabuleux que j'avais l'impression de retrouver, et qui avait été enseveli dans les écailles, et dans la queue des poissons que j'avais abandonnés. Je ne tardai pas à me rendre compte que les choses n'étaient pas si simples.

Je me brisais sans cesse. Mais la pensée d'être Dieu ne pouvait pas rester longtemps effacée, et elle revenait pour m'aider. La certitude réapparaissait dans les moments les plus inattendus.

L'univers s'était emballé. Mon débarquement sur terre engendra une grande nervosité. Chacune de mes pensées se transformait en un reptile qui frétillait pour aller se cacher dans l'herbe. Certaines de ces pensées étaient inoffensives, d'autres venimeuses ; certaines tombaient dans une mélancolie qui les transformait en crapauds, d'autres devenaient paresseuses comme des tortues. Quelquefois la télévision, ou un livre illustré, me rappellent la grandeur de cette période passée. Des crocodiles ou des tortues géantes se présentent à moi, stupéfaits d'avoir été accoutrés de cette façon ; et, chaque fois, j'ai le sentiment que si l'on se rencontrait, nous aurions peu de choses à nous dire. Ce sont des êtres qui restent attachés à des habitudes d'un autre temps, jusque dans leur façon de se vêtir : une élégance monumentale et tape-à-l'œil, avec des écailles qui évoquent leurs ancêtres restés dans l'eau.

Je fis à cette époque mes premières expériences à propos de la mémoire, encore rudimentaires, mais touchantes si je repense à l'esprit qui les animait. Je traversais le cosmos, au milieu des incarnations de moi-même, au cours de l'immense période des reptiles, parmi les glaciations et les vagues de chaleur qui se chevauchaient, détruisant des espèces entières et d'entières forêts. Si je pensais au passé, je le voyais semblable à un puits sans fond, constellé de lueurs. Cela se passait des millions d'années avant l'apparition du langage humain, et les animaux étaient encore très primitifs, semblables à des plantes mouvantes : je dus me débrouiller avec les instruments que j'avais sous la main.

J'avais trouvé un moyen ingénieux de laisser des traces, en déposant des squelettes dans le sable et la roche. Je les semais un peu partout, quand j'étais pris de tristesse en pensant à la façon dont tout passait implacablement, et que l'univers autour de moi disparaîtrait un jour avant que j'aie pu y comprendre quoi que ce soit. Il m'arrivait de pleurer d'exaspération, au milieu d'éclairs de colère et de sifflements de tempête. Des explosions de mélancolie irascible recouvraient la terre de glace, puis de feu ; on passait d'une ère à l'autre par des exterminations de jouets, par des tortures de créatures sans défense. Puis je prenais des résolutions sérieuses et cherchais à mettre un peu d'ordre, comme quand je tente de regrouper mes idées et que celles-ci, irrépressibles, continuent à danser toutes seules, au milieu des glaciations et de nouvelles laves torrides. Plein d'espoir, j'avais fabriqué des roches, en construisant des décors de mémoire naturelle. J'avais destiné à cette fin d'entières chaînes alpines, et les montagnes devenaient une espèce de bibliothèque, remplie de manuscrits qui attendaient le géologue qui saurait fouiller et rapporter les messages cachés dans les plis des strates de roches et de terre.

Dans un désir intense de ne pas négliger un seul de mes devoirs, ou une seule page de mon journal, je m'étais mis à décorer mes manuscrits de pierres. Entre deux chapitres de la longue histoire, j'insérai des silhouettes de reptiles. Je les mis un peu partout, selon l'endroit où me conduisaient les intempéries et mon besoin de voyager : et je vouai à l'une d'entre elles un soin particulier. C'était une grande étendue de mer et de côtes, au milieu d'une baie où je restai pendant toute une saison à travailler. Je voulais écrire le livre des reptiles pour le transmettre à la mystérieuse postérité.

Je travaillai avec application, dans l'exaltation qui m'envahit chaque fois que je fais une chose destinée à durer. Matinées interminables et dorées, le midi n'existait pas ; tout arrivait de manière familière et rassurante, au cours des longues vacances du trias et du jurassique ; et moi, dans ma baie, j'écrivais, j'écrivais.

Les reptiles sont une espèce curieuse : un mélange de supériorité et d'inadaptation. Au fond de leur âme se trouve la conviction qu'ils sont imparfaits ; en même temps, dans chacun de leurs actes, transparaît une arrogance sans merci à l'égard des autres être vivants. Cela est dû à leur ancienne domination sur la planète terre. Plus longtemps que les monarchies chinoises ou égyptiennes, plus obstinément qu'une race de fakirs ou de rabbins, ils s'étaient emparés de tout : des poissons reptiles terrorisaient les mers, des reptiles amphibiens contrôlaient les frontières entre la terre et l'eau. Sur la terre ferme des reptiles guerriers circulaient, forts de leurs longs cous et de leurs longues queues. Ils étaient peu inventifs et extrêmement conservateurs, pareils à ces commerçant de certaines villes de province qui se transmettent leur profession de génération en génération, ou encore une ressemblance physique inquiétante.

Je m'étais retiré dans la baie avec mon livre, ne fût-ce que pour fuir l'ennui qui était en train de m'envahir. Je passais d'un reptile à l'autre, évitant ceux des eaux profondes qui me rappelaient mon temps d'incarcération chez les poissons : mais je les trouvais limités et dépourvus d'esprit, comme les boulangers et les épiciers dont je parlais plus haut. C'était un monde sans divertissement, et je me dis que, sûrement, c'était aussi de ma faute.

J'étais obsédé par l'idée de conserver la vie. Tout ce que je faisais l'était dans cet esprit; et c'était compréhensible, au fond, si l'on pense que je n'ai jamais rien eu d'autre sur quoi compter. Les hommes peuvent au moins s'en remettre à moi, mais moi, je n'ai que moi et la vie justement, et, avant tout, il fallait maintenir la vie en vie. Je savais qu'il y avait une autre chose, importante elle aussi : comprendre comment tout cela était arrivé, et pourquoi. Tel était le dessein qui justifiait mes gestes de survie. Les animaux s'activaient beaucoup, se nourrissant et se reproduisant de la manière que j'avais établie; et, dans la tête des reptiles, dut entrer l'idée que, moins l'on changerait, plus l'on durerait dans le monde.

La stabilité était leur grand désir. Passant de l'un à l'autre, j'en acquis la certitude : les reptiles voulaient vivre le plus longtemps possible. Ils étaient l'écailleuse incarnation du besoin que je répandais partout, à cette différence près que, beaucoup plus que les insectes semi-immortels, beaucoup plus que les herbes cachées et impérissables, l'entière famille des reptiles se dressait majestueusement dans une visible ostentation.

L'autre besoin que j'avais transmis à mes créatures restait insatisfait : le désir de connaissance. Il me possédait plus que tout et se manifestait de façon bizarre. J'avais des accès de nervosité dévastateurs : la conscience de mon impuissance me poussait, dans la nuit orageuse, à interroger les astres et à m'immerger dans la lave des volcans qui expriment la douleur de la terre de ne rien savoir sur elle-même.

Puis je trouvais des moments de calme et d'espoir, presque absorbé dans le futur : la partie la plus profonde et la plus ancienne de moi-même renaissait, et j'étais de nouveau un enfant surpris et confiant. J'édifiais le monde différemment, devenais un artiste visionnaire et redoutable au lieu d'être un menuisier affairé.

Je ne savais pas pourquoi je travaillais avec autant d'acharnement, ni à qui étaient destinées mes inventions : un instinct me guidait, auquel je ne pouvais me soustraire, sinon au prix de me transformer en animal mélancolique et bilieux, à l'instar des reptiles sans jambes qui sont parvenus jusqu'à nos jours. Je trimais sur les monts, construisant des roches scintillantes, décorées à leur base par les plantes amies, tapis et tapisseries de mon univers : je m'exerçais jusqu'à l'invraisemblance à modifier les nuances de la lumière sur les feuilles ou sur le sable de la mer.

J'atteignais des délicatesses de contraste entre une heure et l'autre du coucher du soleil ; je sculptais la peau des animaux et créais des fleurs par milliers – des nuées de fleurs sur la terre étonnée d'une telle munificence. Je travaillais sur les corolles et dressais les troncs des arbres comme des colonnes vivantes ; je répandais des nymphéas sur les étangs et ciselais des ailes élaborées de papillon. La neige qui tombait pendant les nuits d'hiver ressemblait aux constellations, des millénaires avant qu'elle ne soit pénétrée par le regard du microscope ; et chaque cellule était la carte géographique d'un pays imaginaire que je dessinais, en rêvant à des terres lointaines. Mon univers respirait plus profondément : il inhalait en disant : « Je reste en vie » ; il exhalait en s'exclamant : « Je crée la beauté. » Jusqu'à ce que, plus tard, la fleur s'assèche, la neige fonde, le papillon meure ; et le monde, dans ses plus petits détails, devait reprendre de l'air, la vie renaissait, au même endroit et partout où cela lui était permis. Chaque chose était le souvenir d'elle-même, et, dès qu'elle en avait le loisir, elle cherchait à devenir plus belle. C'est ainsi que certaines fleurs cachées et protégées ont créé un maquillage compliqué et surabondant, telles des femmes enfermées dans un harem.

En parant de beauté le monde que j'avais créé, j'exprimais la joie de vivre qui ne m'a jamais abandonné ; et aussi le secret espoir de résoudre l'énigme sur laquelle j'avais ouvert les yeux après une enfance des plus obscures. De ma naissance même je n'aurais rien su dire. Quelquefois, je regarde les femmes et je pense : « Si nous nous étions éveillés tous ensemble, et que personne n'ait été là pour nous expliquer comment nous sommes nés de leur ventre, qui donc, parmi nous, réussirait à le deviner? » De la même manière, je ne puis comprendre ni le début, ni ma propre finalité, ni même l'idée du monde que j'ai créé : née en même temps que moi, celle-ci reste au fond de moi, comme une devinette à laquelle je voudrais trouver réponse. La beauté était là pour me rappeler mon espoir de comprendre : comme un sourire promet le plaisir, comme le parfum d'un fruit donne un avant-goût de sa saveur. C'était ma façon d'assurer au monde qu'un jour nous saurions!

A qui parler de tout cela? Je commençais à me sentir frustré. J'étais seul, vraiment seul au monde. On ne peut pas imaginer d'êtres plus ennuyeux que l'ichtyosaure ou le mésosaure. Même quand ils devinrent agressifs et carnivores ou végétariens, les reptiles restèrent pour moi des animaux étrangers. Je me demandais à quoi m'avait servi la liberté si longtemps désirée; aucune pensée n'effleurait les méninges de mes compagnons. Je finis par m'isoler et devins le premier artiste incompris qui ait jamais existé, le premier créateur conscient de n'avoir travaillé que pour soi et pour une postérité qu'il n'arrive même pas à imaginer. Je travaillais à un animal inconnu et encore à venir : je me le représentais beau et intelligent, même si, curieusement, je le voyais semblable à un caïman. J'œuvrais à créer l'homme, sans m'attendre à ce qu'il fût bipède et en mesure de lire mon ouvrage sur les reptiles.

Dans la solitude où je m'enfermai, il y avait un bonheur inouï. Je le retrouve après des périodes de dispersion, quand j'ai fréquenté trop de gens qui m'ont distrait de moi-même et de ma mission. Je cherche alors la solitude pour me rappeler qui je suis : et, petit à petit, je recommence à me parler, comme le fait Dieu avec Dieu. Quelquefois il me suffit de marcher longtemps seul. Les hommes me parlent de loin, dans un vaste bourdonnement de chœurs qui se superposent, dans une mélodie particulière et forte. Je sens alors passer le temps de manière fluide et souveraine, sans tic-tac d'horloge – et c'est une sensation vraiment divine. Je m'isole de la foule pour retrouver cette manière ancienne de percevoir les heures, qui fut longtemps pour moi un souffle plus qu'un battement de cœur. Quelquefois, enfin, j'écris enfermé dans ma chambre, mais je suis plus heureux si je peux le faire là où l'eau a un goût salé, et où je peux rester pieds nus.

C'est ce que je fis dans la baie. Une barrière de coraux la fermait sur trois côtés, endiguant les vagues de l'océan. La force des courants était telle que les animaux se trouvaient soulevés et projetés outre la barrière naturelle – et, une fois dans la baie, ils ne pouvaient plus en sortir. Enfermés là, les reptiles mouraient et tombaient au fond : dans le calme parfait des eaux, qu'aucun mouvement ne venait troubler, ils se libéraient de leur dépouille mortelle et, peu à peu, devenaient des silhouettes dans le livre auquel je travaillais au cours de mes étés. J'avais découvert une façon de m'exprimer pour l'espèce encore imaginaire qui admirerait mon livre.

J'imprimais des fossiles sur les roches et transformais les cavernes en décors d'une baroque virtuosité, avec des colonnes en spirales et des bas-reliefs dessinés au ciseau. Je ne finis pas tout en même temps, je revins à plusieurs reprises au même endroit, et à chaque fois, l'inspiration revenait. Du reste je travaille toujours ainsi : je commence plusieurs choses, sautant de l'une à l'autre, les laissant inachevées, me lassant, me distrayant, utilisant pour un projet une idée qui m'était venue dans un autre but, et surtout oubliant. L'oubli est mon allié le plus puissant : si je n'oubliais pas les idées que j'ai eues, je ne pourrais pas les retrouver plus tard dans un tiroir de l'univers.

L'ennui des reptiles était décourageant. Pour le combattre, je dessinais partout, mais il me manquait la confiance nécessaire pour mener mon travail à terme, et je me souvenais avec nostalgie de la ferveur qui m'avait entraîné dans l'été lumineux de la baie. Le crétacé fut l'hiver obscur de mon mécontentement : quand janvier revient, il me rappelle le lourd désespoir de cette époque.

Ainsi les reptiles étaient-ils plus malheureux que les poissons, car l'air libre jouait d'étranges tours à une imagination primitive et limitée comme la leur. Le reptile était insatisfait ; mais il ne savait pas de quoi, et il n'aurait peut-être même pas su qu'il était insatisfait si je ne m'étais pas décidé à intervenir. Je devins moi-même un reptile, comme on l'a vu : je me glissai dans ma propre création, cherchant à l'améliorer et à la réveiller.

Je raisonnai de la manière suivante : ici et aux alentours, il n'y a rien de mieux, et l'on ne peut revenir en arrière ; inutile de se lamenter dans un coin pour écrire des livres que personne ne lira. Il faudrait instiller chez ces créatures quelque idée de changement.

Je me comportai comme un jeune poète d'avant-garde de retour de la capitale, après une brève période d'enthousiasme et de liberté effrénée. Au contact retrouvé du monde provincial et bourgeois il sent naître un sentiment de sécurité. « Je vais créer un théâtre nouveau » se dit-il toutefois ; « J'organiserai des concerts de musique sérielle et électronique. » Mais, plus tard, on le voit aller de plus en plus souvent à la messe et, entre-temps, il grossit, devient paresseux et chauve. Il ne sort pas volontiers de chez lui et, s'il sort, il marche lentement, le tête un peu rentrée dans les épaules. C'est désormais une tortue.

Quand je m'aperçus de ce qui était en train de m'arriver, il était déjà tard. Les reptiles m'avaient emprisonné, ne retirant en échange que le mécontentement de leur prisonnier. Ils fumaient en groupe, étendus sur les rochers, et ne regardaient rien : retraités, anciens boutiquiers, c'était pour eux que j'avais abandonné mes excursions dans l'espace! Je les insultais en silence, enfermé dans ma carapace. Je devenais méchant, m'isolais, l'avarice me gagnait : je remplissais ma tanière de brins d'herbe, les comptais, me barricadais dans de très longs rêves en pensant à eux. Mon esprit s'obscurcissait.

Un jour, levant les yeux, j'aperçus les oiseaux. Ce fut un moment magique, que le temps n'a pas altéré. Je me vois toujours dans l'acte si peu reptilien de lever le regard vers le ciel – événement fatidique – et de voir pour la première fois un animal en vol. Et ceux-là? Qui les avait créés?

J'eus un choc, comparable à celui que j'aurais si, maintenant, pendant que j'écris, j'apprenais la sortie d'un livre écrit par Dieu et contenant les mémoires du monde. Comme le poète vieillissant qui, un jour, au cours de ses allées et venues oisives dans sa maison, découvre des cahiers remplis de poèsies oubliées et les relis avec frayeur; ainsi, je me mis à contempler ces nouvelles créatures.

Il ne me semblait pas croyable de les avoir créées moi-même, et je ne comprenais pas pourquoi, jusqu'à ce moment, je ne m'étais pas aperçu de leur présence. J'aurais voulu savoir si les oiseaux, regardant par hasard vers le bas et voyant ces gros animaux rampants qui se comportaient en propriétaires de la terre, ne se demandaient pas eux aussi, étonnés, qui ils étaient et quand et par qui ils avaient été créés. Curiosité inutile, car entrer dans la tête d'un oiseau n'est pas entreprise facile : les oiseaux ne restent jamais en place et les attraper est chose ardue. La glu et le fusil de chasse ne mènent à rien, car l'oiseau capturé de cette façon n'est plus lui-même et ne parle plus de lui : un être qui vole doit être en vol pour être lui-même. Je fus cependant certain d'une chose : s'ils ne restaient pas immobiles, c'était parce qu'eux aussi cherchaient quelque chose, et pas seulement à engloutir des vers et des insectes.

Quand j'expliquai cela à Dédale, bien plus tard, je lui dis : « Regarde la rivière qui vient de jaillir de sa source, plus impétueuse qu'un jeune taureau; regarde-la et dis-moi si cette force ne cherche pas quelque chose. Si, elle cherche une rivière plus étendue et plus vaste pour s'y laisser absorber et transporter vers la mer. Mais, si tu veux comprendre cette rivière, il faut retourner à la source, non parce que la source est meilleure ou plus importante que la rivière, mais parce que c'est la première qui explique la seconde, et non le contraire. Aussi, Dédale, si tu veux savoir pourquoi tu t'entêtes à coller des ailes sur le dos d'Icare – qui nous regarde à présent avec un air surpris – tu dois revenir en arrière, à ce besoin d'avoir des ailes, et chercher à l'expliquer. »

C'était un dialogue assez insolite. Dédale, vieil ingénieur angoissé, hanté par l'idée d'avoir passé sa vie au service des puissants à construire des palais et des labyrinthes, et moi, le Dieu persuadé d'avoir fait un monde inhabitable – deux génies malchanceux! Certes, chez Dédale œuvrait une passion ardente qui le rendait un peu sinistre. Il avait construit des palais et des jardins exemplaires, et son célèbre labyrinthe, où se perdaient des personnages importants. Et pourtant, devant moi, je voyais un vieillard asséché par l'insatisfaction. Je n'arrêtais pas de lui parler, cherchant à conjurer le sort d'Icare fasciné par la beauté des ailes que son père était en train de construire.

C'étaient deux ailes superbes : jamais main d'artisan n'avait donné de meilleures preuves de sa dextérité. On eût dit que le vieux en était à son chant du cygne, et qu'il voulait exprimer quelque chose de définitif. On avait alors beaucoup avancé dans le temps : l'artiste était déjà né, avec ses exaltations et ses rancœurs. Plus Dédale vieillissait, plus il devenait habile et malheureux : il ne mangeait plus, ne dormait plus, il parlait sans douceur de ses œuvres achevées. Un démon le consumait : il devait créer un oiseau, sous peine d'être damné.

J'avais pris les apparences de Mercure pour me faire entendre. Je feignais d'être envoyé par Jupiter avec le consentement de tous les autres dieux, qui jouissaient alors de crédibilité. J'étais arrivé dans son atelier tandis qu'il confectionnait les ailes, les essayant de temps en temps sur Icare, comme un tailleur prend les mesures d'un vêtement sur son client : et, puisqu'il ne m'adressa jamais la parole, je me retrouvai à faire une véritable conférence, assis sur un tabouret, les petites ailes de mes talons au repos. Celles-ci étaient un cadeau que Jupiter avait fait à Mercure pour qu'il puisse porter plus vite ses messages. « Comprends-tu, lui dis-je, pourquoi tu t'obstines avec les oiseaux, et comprends-tu pourquoi tu veux utiliser Icare pour satisfaire ce besoin ? Tu es en train de revenir en arrière, à l'époque où chaque reptile, en couvant ses œufs, rêvait à une progéniture ailée. Tu ne connais donc pas la frustration du crocodile et de la salamandre, du cobra et de l'iguane ? ou celle du dinosaure, qui a été à l'origine de sa mort ? Fais attention, Dédale, on ne peut changer la nature à sa guise, si ce n'est au risque de finir comme les grands reptiles ailés et dentés qui disparurent du globe avec leurs cousinsà quatre pattes, et qui pensaient pouvoir sortir d'eux-mêmes en grandissant démesurément. Le dinosaure se gonfle d'orgueil, en vient même à faire la loi sur terre : un frère est végétarien, l'autre est carnivore, et leur cousin commun vole en montrant ses dents brillantes ; mais l'entière famille a été dispersée. Sûrement par la faute d'un dinosaure qui te ressemblait, présomptueux jusqu'à en étouffer, et qui accrochait des ailes aux enfants des reptiles, ailes dangereuses, si belles fussent-elles. »

La vision de l'œuvre enfin achevée fit cesser sur-le-champ mon discours affecté et inutile. Resplendissantes de matière cireuse, tissées de décorations, faites d'un enchevêtrement méticuleux d'os et de plumes, teintées d'une couleur bleutée, les ailes étaient déployées entre les mains du créateur. Je les fixai admirativement et je ressentis la petitesse de mes appendices aériens ; je cachai mes pieds sous le tabouret, comme pour dissimuler une paire de chaussures usées. Icare courait vers ses ailes.

De la même façon, des millénaires plus tôt, tourmenté par l'ennui fatigué du bourgeois, cherchant à prendre son essor, le monde des reptiles avait produit d'immenses volatiles qui retombaient lourdement sur terre. Ils traînaient leurs grandes ailes comme un habit de soirée après un bal, nostalgiques des écailles familières : ils commençaient à mourir couchés sur le dos, agitant leurs pattes et lacérant leurs ailes. Au-dessus d'eux, imprenables, les oiseaux voletaient.

Il s'ensuivit un sentiment d'impuissance qui détermina le dernier acte de ce drame. Du sein de la bourgeoisie aux pattes sur terre se leva la condamnation de ces fils inquiets et décadents qui refusaient d'être ce qu'ils étaient, et se perdaient en folles chimères. La réaction prit un tour autoritaire et violent : pour saisir les reptiles ailés et les reconduire à terre, les nouveaux chefs se dressèrent sur leurs pattes et se mirent à terroriser la surface des continents. Enfermé dans ma carapace de tortue ou m'échappant telle une couleuvre entre un fleuve et son affluent, je les épiais à distance.

Je pensai me faire l'historien de cette guerre intestine. Je racontais à voix très basse comment les truculents paladins de l'ordre ancien avaient oublié à quel point cet ordre avait été ennuyeux, et pourquoi ils devaient aux dégénérés volants de leur race l'idée que la vie peut être une recherche aventureuse et héroïque. Engagés au sein d'une ligue arrogante, les brontosaures s'allièrent aux iguanes gigantesques, en escadrons semant la terreur. Il était fatal que tôt ou tard la lutte se déplaçât au sein même des escadrons de la mort : une course au pouvoir eut lieu, qui amplifia la violence. Les paladins rivalisaient désormais pour la cuirasse la plus forte, pour l'arme la plus pénétrante ; et le moment décisif fut atteint quand le premier reptile – je me souviens de la stupéfaction qui accompagna son geste – enfonça ses dents dans le cou de son rival, lui coupant le souffle. De là à manger sa chair, il n'y avait qu'un pas : et l'idée qu'un être vivant puisse se nourrir d'un autre être vivant rebondit dans l'univers comme une balle bourrée d'explosifs.

Jusqu'alors le massacre s'était limité aux esclaves – les végétaux – et aux sous-animaux – les insectes et assimilés. Ce qui par ailleurs se produisait en mer ne comptait pas, car la mer était considérée comme le monde des barbares. Dévorer un semblable était un événement impensable, et cela changea la façon d'être et de voir les choses. Tout parut devenir possible et en même temps tout sembla étrangement plausible, comme si les animaux abrutis avaient développé à l'extrême un germe de violence qui attendait de croître et de se répandre. « Tu es le créateur » – me disais-je avec ressentiment et sarcasme – « que fais-tu à te lamenter ? » Et, en attendant, j'observais cette guerre qui se conclut par le triomphe du despote démesuré et carnivore. Le désir d'ordre et de violence qui avait poussé les reptiles à persécuter leurs compagnons ailés devint une lutte pour établir la suprématie du plus fort. Eux-mêmes finirent par croire à ce qu'ils s'étaient imaginés : qu'il y avait vraiment un grand besoin d'ordre. L'univers entier s'inclina devant le tyrannosaure : moi, je m'enfermais dans ma carapace.

Marsupial ! Si je racontais l'histoire seulement pour toi, je serais près de m'arrêter : et, après avoir encore évoqué le besoin de sang chaud, de poils sur le corps, d'organes génitaux externes et de seins remplis de lait, nous chanterions ensemble la gloire du kangourou et de l'opossum, des nouveau-nés qui grimpent dans la bourse ventrale et jusqu'aux mamelles. Mais je n'écris pas pour toi, pas plus que pour la chauve-souris, la taupe ou le tatou : ni pour le sérieux castor ou l'écureuil plaisantin, pas même pour le méfiant porc-épic ou pour le rat rongeur et criard qui court sous mes pieds dans le ventre de New York, en même temps que les crocodiles aveugles qui sont nés là-bas, et défendent leur vie comme si c'était celle d'un cygne. Si je racontais l'histoire pour ceux-là, je n'irais pas loin, et finirais par me demander qui sont les bêtes déchaînées qui nous tombent dessus de tout côté, avec des mains à la place des pieds, sans plumes, et si rapides. Le carnivore est à nos portes, pareil à une invasion stellaire. Un accord controversé se conclut alors avec les primates assoiffés de sang.

Je m'obstinai encore à vouloir comprendre les oiseaux. Ils étaient l'événement mystérieux du monde ainsi créé. J'eus le soupçon qu'un autre dieu était à l'œuvre, qui construisait à mon insu, un artisan d'une grande dextérité. Ce doute reviendrait; à cette époque, tiraillé entre les reptiles et les oiseaux, je dus chercher un moyen de sortir de cette tyrannie sans espoir. Je m'étais lassé de faire la tortue ou la couleuvre. Et, comme ma manière d'avoir une idée neuve était de faire une chose nouvelle, j'en essayai une toute à fait inouïe. Je me souviens de ce moment avec orgueil – comme une pensée profonde de la matière.

Je voulais que la vie se ramasse sur elle-même pour mieux comprendre. Je pensai alors qu'on devrait porter les enfants à l'intérieur de soi, avec des œufs qui s'ouvriraient dans l'obscurité du ventre, au lieu d'être couvés à l'extérieur. C'était comme dire à voix haute que la vie naît de nous, et que nous en sommes le dépositaire et l'agent de transmission. Ce fut la déclaration des droits du troisième état émergent : le mammifère, différencié et industrieux, vif dans ses déplacements et ses échanges, infatigable chasseur. Mais ce ne fut pas que cela. Accoucher devint un acte philosophique. Je cherchais l'âme et je trouvai le placenta.

Je revois les animaux courant partout avec leurs dents effilées et leur queue inutile qui était là pour rappeler que, parmi les ancêtres communs, il y avait les reptiles et les poissons. Mais on n'avait pas le temps de penser aux grands-parents. En raison de ma drôle de noblesse d'esprit je ne m'étais pas préoccupé d'assurer la subsistance à mes créatures, et chacun se consacrait à l'incessante recherche d'aliments. Le soir venu, ils étaient tous abrutis et remplis de sommeil; et moi, je travaillais dans le ventre des femelles, suivant une partition réalisée depuis longtemps. A l'intérieur du ventre des mammifères, je mis une pensée achevée sur le monde. Je me dis : « Cherche à t'imaginer, Dieu que tu es, au sein du cosmos. N'es-tu pas comparable, peut-être, à ce petit morceau de chair qui s'agite et qui pousse? Toi non plus, tu ne sais pas comment tu y es arrivé, toi non plus, tu ne sais pas qui t'y a mis. » Je retrouvais mon histoire dans chaque fœtus qui voyait le jour. J'avais choisi la femelle pour porter ce poids, car elle est la partie la plus généreuse et patiente. Agité et brouillon, le mâle se dépensait en allant à la chasse, montrant ses griffes à ses ennemis, répandant une semence que sa compagne recueillait paisiblement jusqu'à ce qu'elle présente une œuvre parfaite et sans erreurs : une portée entière!

Les nouveaux venus prenaient confiance en eux. Il n'y avait plus seulement des rats et des rongeurs : on voyait des animaux plutôt grands dans tous les coins de la terre. Ils formaient vraiment une espèce différente des reptiles, et leur ingéniosité était sans bornes. Je me déplaçais de l'ours au singe à l'ancêtre éléphantin, heureux que la vie continue par à-coups. Je me concentrais sur des détails dont je ne mesurerais l'importance que bien plus tard. Pourquoi m'obstiner à perfectionner l'estomac? Au début, cela ne sembla pas un curieux passe-temps, et cela provoqua le besoin de mieux guider le sang des ventricules aux artères. Et le cerveau que je façonnai me sembla sur le moment disproportionné et encombré d'outils, mais je ne pouvais pas le démonter. Mes créations dégringolaient dans le monde, surpassant les reptiles par leur habileté. Mais oui, je continuais à ne trouver beaux que les oiseaux. Quelquefois je rêvais que je volais et me liais d'amitié avec l'aigle et la cigogne; puis je me réveillais et voyais autour de moi le taureau et le zèbre. Je hochais la tête, me disais que la vie est ainsi faite.

J'étais injuste. Je ne trouvais pas suffisante la beauté d'une antilope, et je retenais mon souffle quand passait un hibou – qui, toutefois, vu de près, n'est vraiment pas grand-chose, et rappelle un masque de carnaval usagé. Il se peut que mon comportement envers les nouveaux venus leur ait mis le diable au corps et les ait poussés à occuper la première place. Restait mon préjugé à leur égard. Si je voyais un quadrupède ou un bipède terrien, ma première comparaison se faisait avec les oiseaux. Je pensais : « Un tel est fort comme un aigle, tel autre est blanc comme une colombe. » Leur langage me fascinait, pour lequel j'éprouvais un sentiment proche de l'envie. Il était impossible de dire si les oiseaux chantaient ou parlaient, parce que personne n'avait le vocabulaire ou la grammaire de leur idiome étranger. Ce qu'il y avait de sûr, c'est que les oiseaux volaient, et il n'en fut que plus facile de tomber dans le piège : s'ils volaient, c'était parce qu'ils savaient parler.

De là à vouloir créer le langage, il n'y eut qu'un pas. Il était surprenant que je puisse donner le langage, et non les ailes, aux nouveaux habitants de la terre. Ce fut justement ce qui eut lieu, et je ne sais comment l'expliquer. Quelquefois, avant de parvenir à un résultat longuement recherché, je parcours un itinéraire labyrinthique ; et, à la fin, il m'arrive de trouver une chose dont j'avais perdu le désir. Dans le cas des oiseaux, j'avais essayé de m'approprier leurs ailes pour donner les rênes du monde aux mammifères : et le résultat avait été la chauve-souris.

Je ne me souviens pas d'une seule parole sympathique prononcée au sujet de ce malheureux rejeton. Son nom évoque les vampires et les monstres nocturnes. Déjà, à cette époque, il volait dans l'obscurité, et la raison en est simple : il avait été conçu comme un espion entre les deux mondes. D'autres tentatives du même ordre avortèrent vite, avec des résultats curieux et quelque peu dignes du cirque, comme les lémuriens et les poissons volants. Pendant longtemps la chauve-souris s'employa à faire passer messages et informations entre les deux espèces. Ce fut un travail inutile, car les mammifères s'obstinaient à ne pas regarder en l'air, et l'espion n'avait personne à qui rapporter ce que les oiseaux se disaient. Jusqu'à ce qu'il arrive la pire des choses qui puisse survenir à un agent secret : elle fut démasquée, au milieu de vastes frémissements de ses membres ailés et couverts de plumes. Les oiseaux l'évitèrent, les mammifères la mirent au ban : et elle erra dans l'ombre lamentablement. Avant la catastrophe, la chauve-souris s'était munie de la radio la plus perfectionnée qui eût été construite : avec ses radars dans les oreilles, il n'y avait pas moyen de l'approcher. En cela aussi on voyait sa différence avec les autres oiseaux qui lisaient les étoiles et s'orientaient en suivant la course du soleil.

Je voulais acquérir la maîtrise du chant, et ne savais pas par où commencer. Jusqu'alors, j'avais parlé au travers des vents, des flots des mers et des rivières, des violentes expulsions volcaniques. C'était un orchestre naturel qui entonnait des mélodies puissantes mais fatalement répétitives. Quand je décidai que les mammifères devraient égaler les oiseaux, j'imaginai un orchestre terrestre qui rappellerait celui du ciel. Ainsi naquit l'idée du cor, celle du basson, celle des instruments à corde à côté de ceux à vent et de ceux à percussion. Une forêt devint un parterre d'exécutants. C'est alors que naquirent les voix qui, plus tard, domineraient les scènes de l'opéra lyrique : les sopranos, les contraltos, les basses, les barytons, les ténors, qui envahirent les corps des maîtres de la terre. Quand un troupeau traversait une plaine, j'entendais se lever chacune des voix dans un chœur solennel. C'était pour moi, à la fois public et compositeur, et pour moi seul, qu'ils se produisaient.

Je n'atteignis pas le résultat voulu. Bien que désormais pourvus de voix aussi variées que celles des oiseaux, les mammifères ne prirent pas leur envol. Ils couraient, sautaient, grimpaient, certains même nageaient ; mais voler, non. Ce n'était donc pas le langage qui produisait le vol. Je me remis à étudier les oiseaux, lesquels semblaient se déplacer selon des schémas éprouvés, seuls comme en groupes, ou deux par deux dans les colloques amoureux. Je dressai les mammifères pour les mêmes exécutions, et les élèves dépasseraient leurs maîtres. Ce fut le début d'un jeu que je suggérais à tous ceux qui me tombaient sous la main, les ancêtres du chat, de l'ours, du chevreuil. Il m'était plus facile de les surprendre quand ils étaient sur le point de faire l'amour – alors ils ne se sauvaient ni ne s'irritaient, mais ils restaient calmes et un peu stupéfaits, comme s'ils changeaient de peau. Je profitais de ces moments pour diffuser quelques notions importantes.

Le monde se remplissait de tentatives d'envol, avec des écarts, des virages, des vols planés, des élans et des roulades : minuscules et multiples accords de la symphonie qui, en haut, se déployait sans effort ni fléchissement, jusqu'aux nuages, jusqu'à l'endroit où se perdait l'azur.

J'écris en avion, et une sensation d'enfance m'envahit, sillonnée de vols et de désirs de vol. Je sirote mon whisky, et mon whisky s'insinue en moi : je volette aussi à l'intérieur de moi-même, avec des ailes à demi engourdies. A côté de moi un jeune homme barbu est occupé à dessiner sur une carte – une carte géologique – d'une main parcimonieuse et attentive. Ma calligraphie, en revanche, est en plein désordre de vol ; j'écris librement dans le langage édénique. J'ai eu besoin de gens comme lui ; je faisais toujours tout avec désinvolture, puis les ingénieurs devaient arriver, et les agronomes, les astronautes, pour arpenter les parcours de mon extravagance, avec des crayons prudents, des nombres et des appareils de mesure. Voyager me renvoie aux origines. Dès le second verre je m'enfonce dans le sommeil, tandis que l'avion entre dans un amas de nuages.

Alors passent devant moi les espèce éteintes au cours des millénaires de ma prime adolescence. Elles arrivent pêle-mêle, comme les hôtes d'une fête à laquelle on invite des gens qu'on n'a pas le temps de voir autrement; les plus étranges rencontres se font et se défont. Les multituberculaires dressent leurs grandes oreilles sur leur corps trop maladroit pour leur gueule pointue de lévriers, et ils écoutent ceux qui se lamentent de leur double nature d'ours et de singe, laquelle ne les a conduits nulle part, comme cela arrive à un danseur ventru ou à un acteur bègue. Ils tiennent les propos qu'on entend aux réceptions d'acteurs et d'artistes qui commencent à désespérer du succès et en rendent coupable le monde entier. Dans un autre coin de la pièce se trouve le chat au croc effilé qui enfile des biscuits salés et des rondelles de saucisson avec le couteau qui dépasse de sa gueule : il est en train de discuter avec le serpent carnivore qui néglige les broccolis et les choux-fleurs et va tout droit vers les morceaux de viande en ragoût. Ils disparaîtront ensemble dans l'ascenseur nocturne qui accompagne les espèces défuntes vers des métros sans retour. Près de la fenêtre, quelques protongulés se lamentent de leurs chaussures neuves et regrettent le temps où ils passaient pieds nus sur les plages et sur l'herbe. Le mammouth est si grand qu'il réussit à lire les titres des livres sur les étagères les plus proches du plafond : l'un de ceux-ci est un recueil d'histoires d'animaux fantastiques, chevaux ailés, serpents à deux têtes, aigles avec des faces de lions, licornes. Le mammouth commente les illustrations avec de nouveaux arrivants : une famille d'équidés dont la race s'est éteinte, tandis que le vrai cheval ne s'est pas présenté car il est allé à une fête avec des gens qui ont eu du succès, et il parade au milieu des lions, des tigres, des tourterelles, et même des mulets. Les chiens-chevaux, les crapauds-chevaux, les chevreaux-chevaux écoutent l'histoire de l'hippogriffe qui monte au ciel avec ses grandes ailes. Un couple de dinosaures est resté dans le jardin, en partie à cause de leur grandeur, en partie par sentiment de supériorité ; là, ils s'entretiennent avec l'homme de Neandertal et le Cro-Magnon, ce dernier plus arrogant que l'autre. Ils ont l'air de vieux propriétaires terriens, et les femmes se taisent, comme si elles étaient gênées.

Je me réveille soudain tandis que l'avion survole le blanc désert du Nevada. Le dessinateur dort maintenant à mes côtés, dans le ventre du même oiseau.

Le tournant décisif de mon histoire eut lieu quand je m'aperçus de l'existence de la douleur. Au début, je la sentais peut-être mais ne la voyais pas, comme lorsqu'un enfant tourmente inconsciemment les animaux ou quand lui-même pleure et ne saurait dire : je souffre.

Beauté et souffrance étaient deux sœurs siamoises qui se tournaient le dos. Il est impossible que la pie semble belle pour le lombric qu'elle dévore. Il fut un temps où je cherchais à oublier que je suis Dieu, je voulais enseigner la philosophie à Harvard ou à la Sorbonne, et mettre au clair l'esthétique de qui mange et qui est mangé. Pour le lombric, la pie est sûrement un sale oiseau, obscur et mal bâti, elle n'est que bec et serres. Le lombric est alors contraint d'abandonner le sévère art classique, et il s'immerge dans la forêt épineuse de l'art décadent, alexandrin ou impressionniste, et les couleurs ne sont plus couleurs, mais taches de sang dans les yeux. A un centimètre du bec, Raphaël ne dessine plus de la même manière, et Goya et Picasso voient mieux que lui. Il n'est pas dit qu'un lombric, tout près de devenir une fibre du corps d'une pie inconnue, fasse de gros progrès dans la perception de la vie. Sans doute pour la peinture vaudrait-il mieux passer une journée heureuse avec à ses côtés la femme aimée, et, pourquoi pas? être Dieu, ou rêver de l'être, comme cela arrivait à Léonard.

Je divague, je divague. J'ai toujours divagué. Dans une même journée, j'avais fait le rhinocéros et le palmier au beau milieu du sable et des collines. Je regardai le monstre courir tête basse, avec une corne sur la tête, que je n'avais pas réussi à ôter; et je ressentis le besoin de me rassurer, comme on ressent le désir d'acheter un petit bouquet de fleurs, en revenant chez soi après une journée difficile. Je créai le palmier, image de jeunesse. Je pris un bain dans la plus belle des mers, et, partout dans l'eau, je vis des palmiers marins et des rhinocéros écailleux. L'enfant qui construit un château de sable, et se retrouve avec un crabe entre les mains, sursaute comme moi.

Je ne pouvais pas créer d'espèce nouvelle! Je me trouvais dans un monde où rien ne naissait plus de rien. Du moins avais-je perdu cette illusion, et je savais que je devais me débrouiller avec le matériel préexistant. A partir du moment où l'on se rend compte de cela, la souffrance du monde paraît évidente. Devenir adulte présente certains désavantages. Je vois l'enfant qui vole dans le vent et je cherche à imaginer comment je le reverrai des années plus tard : presque éteint et craignant de bouger, le corps plus volumineux et l'âme d'autant plus étriquée, imprégné de l'idée d'un monde refermé autour de lui – content de survivre, sans jamais connaître le pourquoi de sa tristesse. Moi, au contraire, je le sais : cela a quelque chose à voir avec la création de l'homme.

Je revois cette journée dominicale, inondée d'un soleil qui glissait sur les feuilles et sur les rivières, dans une lumière liquide qui m'effleurait les joues et les cheveux. Du sommet d'une colline plantée d'arbres je regardais ce que j'avais fait et j'étais gonflé d'orgueil. Aujourd'hui, c'est dimanche, décidai-je; le jour de repos où je célèbre mes efforts. Je passai une journée inoubliable, qui précéda un lundi très amer, où tout sembla se retourner en son contraire. Le vent se mit à souffler sans retenue et un ouragan s'abattit sur la terre. Je vis les plantes arrachées du sol et abandonnées aux flots chargés de boue; je vis les animaux terrifiés cherchant à se sauver et ne trouvant que déchirement et mort. Mes nuages étaient méconnaissables: ils étaient devenus noirs et sinistres, menaçants à voir, et ils versaient de l'eau sur la terre. Cela me consternait. Pourquoi tant de violence? Ils semblaient animés d'une rancœur incompréhensible, comme les autres éléments, chacun en proie à la colère, tous ennemis.

J'étais comme un père qui assiste impuissant à une querelle de famille. Je voulus comprendre où je m'étais trompé, mais cela ne me fut pas possible; et, entre-temps, avait eu lieu l'événement fatal, celui qui prouvait la possibilité d'une erreur venant de moi. La tempête apaisée – c'était un placide coucher de soleil, de couleur pourpre, et ma création avait une beauté languide comme un visage après un paroxysme de pleurs – je restai absorbé dans la considération de ce qui était arrivé. Je passai une nuit blanche dans laquelle je traversai une profonde crise mettant en cause toute la création. A l'approche de l'aube je décidai de faire un tour de reconnaissance de mon univers.

Je me mis en chemin suivant le parcours du soleil. Pendant un instant, je me sentis presque consolé; après les excès de la veille, la nature semblait faire de son mieux pour présenter un visage riant. Mais l'illusion fut brève. Au milieu de la matinée, je perçus quelque chose dans l'air, un présage de malheur. Je vis soudain un faucon se jeter tel un éclair de haine sur un minuscule oiseau qui sautillait devant moi; puis il disparut, laissant un nuage de plumes derrière lui. Un calme absolu revint, au cours duquel je me sentai comme pris au piège, les yeux enfin dessilés.

La violence du faucon n'était pas un acte isolé ou une aberration; c'était ce qui arrivait à chaque instant, à chaque échelon de la vie. Je vis les lions et les autres fauves que j'avais créés presque exclusivement pour leur beauté (je me souviens encore ma joie quand le lion et le tigre, la panthère et le léopard s'échappèrent de mes mains et se dispersèrent dans la forêt) se jeter sur d'autres animaux et les déchirer. Je vis l'araignée capturer la mouche, la mouche suivre des insectes microscopiques que j'avais répandus dans l'air dans un moment d'oisiveté somnolente, en même temps que les orties, la poussière, et d'autres inventions secondaires. Rien ne semblait pouvoir y échapper.

Je m'enfonçai dans les terres, allant par monts et par vaux. J'étais si déprimé par la révélation des défauts de ma création que je décidai de voyager incognito. Aucune créature ne savait qui j'étais, je me dissimulais par honte de moi-même. Peu après, pour aller plus vite, je me servis du mesohippus, une créature très belle, et fière, qui m'était très chère et avait été le résultat d'un moment de grand bonheur. Un après-midi ensoleillé, j'avais eu une idée qui, pendant longtemps, resterait sans application, faute d'occasions : l'idée de la liberté, de l'absence absolue de contraintes. C'était une idée encore vague mais déjà irrésistible, que m'avait inspiré le faucon, là-haut. Je décidai alors de prendre le cheval comme compagnon de voyage et comme vivant moyen de transport. Avec soulagement, je remarquai qu'il se nourrissait d'herbe et laissait en paix les autres animaux.

Ce fut une compensation partielle au mécontentement et à l'animosité qui s'emparaient de moi. La faim, la peur et l'angoisse semblaient les éléments dominants de l'univers. Mes créations du temps et du mouvement avaient pour pendants la maladie, la déchéance et la mort qui frappaient toute chose, la désagrégeant sans la détruire, la transformant. C'était un mécanisme monstrueux et désormais incapable de s'arrêter, sous l'œil lointain et distrait des étoiles et du soleil, sous les nuages, témoins de toutes les métamorphoses.

Après l'inconfort et la paralysie, je me réveillai et décrétai que je passerais à l'action. Un désir m'assaillit de mettre un frein à de telles imperfections. J'avais devant moi un monde qui se dévorait sans cesse; je ne pouvais le détruire ou le modifier, mais je pouvais au moins chercher à mettre en œuvre des corrections et des remèdes. C'était un théâtre de chasses et de guerres. Les poissons se poursuivaient dans les flots des torrents, les grottes, que j'avais conçues comme des refuges, devenaient des pièges mortels pour ceux qui étaient poursuivis. Les chevaux finissaient souvent déchiquetés par les sangliers, bêtes que j'avais déjà regretté, par le passé, d'avoir mises au monde – laides, difformes, et féroces de surcroît. Je me persuadai que je ne pouvais pas concevoir de remèdes puisqu'il m'était impossible de contrôler l'effet de ce que je produisais; dans mon activité même était écrit le destin de mes créatures.

Mon ultime tentative fut de prolonger le sommeil; et je vis des animaux assaillis pendant qu'ils dormaient, et poursuivis par des rêves de destruction et de mort. Le sommeil finit par ressembler tellement à la mort que les animaux y trouvaient refuge comme pour devancer leur fuite de la prison où je les avais jetés. Je renonçai à les aider et m'assis dans un recoin de mon univers désormais énigmatique et inhabitable.

Le moment le plus fort de ma crise arriva. En raison de mon inconfort je me réfugiai dans le froid des glaces polaires, m'éloignant le plus possible du soleil, dont je ressentais la tiédeur comme un reproche. Je me punis avec le froid, et je tremblais au sommet de la terre, sans trace de présence vivante aux alentours, si ce n'est les poissons pris dans les glaces, les phoques et les pingouins qui sautaient dans l'eau dès qu'apparaissait le moindre ours blanc. Ce fut alors la plus longue glaciation de l'histoire du monde; j'en sortis avec de nouveaux projets de remèdes. J'avais vu un ours dévorer un pingouin sur une plaque de glace, prisonnier de son étroitesse d'esprit d'animal affamé, et soudain je me demandai : mais pourquoi a-t-il si faim? Ne pourrait-il pas s'occuper d'autre chose que de nourriture et de sexe, une fois par an – opérations monotones qui le maintenaient en vie et donnaient le jour à d'autres ours occupés exactement aux mêmes choses? Surgit alors, aussi irrésistible qu'un instinct, le désir d'un animal qui puisse regarder le monde de manière différente – une bête gracieuse, amie de la création, sans appétits violents et monotones. Je passai une nuit dans le blanc de l'aurore boréale, en proie à une nouvelle agitation. Le matin venu, je m'envolai vers des lieux plus chauds, car je ne voulais pas que mon nouvel animal naisse dans ce froid. J'étais impatient de le voir à l'œuvre et déjà je le sentais s'agiter en moi.

A la fin de ce vol j'eus la certitude de ne plus pouvoir créer. Peut-être à cause du froid que j'avais enduré, peut-être à cause d'une inévitable évolution de mon organisme, ou peut-être était-ce le prix à payer pour la dure prise de conscience – le fait est que j'avais perdu mon antique pouvoir. Je ne réussissais plus à créer à partir de rien, et j'eus même la crainte de m'être trompé jusqu'alors en croyant le faire – si grand fut le sentiment d'impuissance qui m'envahit. Une fois la frayeur disparue, après une saison passée à hurler à la lune comme un loup, je refusai avec colère ces doutes absurdes et empoisonnés : je savais qui j'étais! Aujourd'hui encore, quand je vois les adolescents vieillir d'un seul coup et cesser d'écrire des poésies, je me souviens de cet instant de ténèbres où l'on a l'impression que tout est joué et sans issue.

Il ne me restait plus qu'à transformer ce qui existait déjà. Cela, je découvris que je pouvais le faire, et avec une facilité insoupçonnée. Je fis un nouveau tour de reconnaissance à la recherche d'un animal à transformer en l'être le plus splendide. J'étais comme le visiteur d'un énorme zoo, ou comme un archiviste étonné de la richesse de ses propres archives. Dans chaque bête, je voyais quelque chose de précieux, mais je devais me concentrer sur une seule créature : il fallait choisir parmi toutes les qualités celle qui serait la plus utile pour remettre de l'ordre dans mon théâtre de misères.

D'emblée j'ai écarté les habitants féroces de la nature : le crocodile, le tigre, les rapaces. Les oiseaux avaient le grand avantage de savoir voler, et j'ai longtemps hésité avant de les exclure. Je passai du temps avec eux, j'appris leurs dialectes incroyablement variés – et j'en vins à les connaître en bien et en mal. Il y avait chez les oiseaux quelque chose de profondément médiocre, d'étonnamment terre à terre : ils étaient cancaniers et d'assez courte vue. Après toutes leurs randonnées à travers ciel, ils revenaient à leurs nids pleins d'histoires niaises, de vers et de victuailles. Ils ne réussissaient pas à penser à autre chose et, même en faisant l'amour, ils parlaient de nourriture à l'aide de petits mots brefs que j'avais réussi à déchiffrer.

J'essayai de suivre ceux qui migraient, mais pas les très gracieuses hirondelles que je connaissais déjà comme une des familles d'oiseaux les plus médiocres. Je pensai qu'un animal qui voyage – et qui vole, de surcroît – serait infiniment supérieur à un moineau de province. Je me trompais : l'élargissement de l'horizon n'était pas utile à la race volatile. Ils ne regardaient pas vers le bas, et ne regardaient pas non plus dans le ciel : ils ressemblaient à ces instruments que les hommes envoient maintenant dans l'espace, bornés et presque infaillibles (quand ils se trompent, le désastre est total). Une fois mis en marche, ils fonctionnaient indépendamment de moi. C'était comme si on avait remonté un ressort : ils voyageaient stupidement, la tête vide de toute notion, engins inhabités et inéluctablement dirigés vers un but qu'ils atteignaient sans joie. La même chose m'arriva avec d'autres migrateurs : jusqu'à ce que j'abandonne l'idée de me servir des oiseaux pour créer l'homme. Les oiseaux n'étaient pas à la hauteur, même si cela peut sembler paradoxal. Je me replongeai dans la recherche.

L'une après l'autre, je dus éliminer toute tentative de rendre les animaux semblables à celui à qui je rêvais, sans pourtant l'avoir jamais rencontré. J'étais comme le sculpteur qui a dans l'esprit la statue encore à naître de la pierre informe. Les animaux avaient tous quelque défaut qui ne m'était pas paru irrémédiable, jusqu'au moment où l'idée de créer un homme m'avait effleuré – de là on comprend à quel point l'homme est la mesure de toutes les choses. Je comparais le castor et le serpent à un animal encore inexistant, mais virtuel, car (je commençais à en être certain) était en jeu la survivance de ce monde que j'avais créé, et que j'étais incapable de redresser, et qui finirait par se détruire dans sa violence contradictoire et vorace. Mon espoir était de le modifier de l'intérieur, comme font les médecins des corps et des âmes : je dus m'habituer au fait que le monde fût un organisme vivant qui ne pouvait pas être changé ou violenté comme une machine construite pour rester sans vie.

Le monde était mon enfant : si je cherchais à l'opprimer, il tapait du pied et se rebellait, ou bien s'enfermait dans le silence et la folie. Il ne réagissait jamais comme un mécanisme. Il fallait le convaincre d'accoucher de l'homme, je lui donnais des conseils, encourageant son talent.

J'enregistrai une série de désillusions. Le chat était trop paresseux, le marsupial se perdait toujours, le castor travaillait à l'aveuglette, et hésitait entre terrain sec et milieu humide, le serpent était faux et incapable de construire quoi que ce soit. Quelque chose chez chacun d'eux était destiné à rester comme une trace de mes expérimentations chez les hommes qui arrivèrent ensuite : le souvenir est un espoir qu'on a eu par le passé, et chez les hommes est resté le souvenir de l'espoir que les animaux deviennent des hommes. Tout le monde le sait, il suffit de regarder ses collègues de bureau ou les gens qui passent : voilà un chien, tiens, un hibou, voilà un rat, un tapir, un fourmilier. Puis il y avait les lions et les chevaux, mes animaux préférés ; mais le cheval avait tendance à se distraire, à faire des écarts à droite et à gauche, il ne respectait pas les horaires, pas plus que toute forme d'ordre ; le lion, une fois repu et à l'abri de toute menace, avait tendance à s'étendre au soleil et à fermer les yeux dans une somnolence souveraine et olympienne, de laquelle je ne réussissais pas à le tirer. Je n'avais pas besoin d'un souverain mais d'un homme – un homme semblable au Dieu que j'étais, curieux et infatigable.

Je fis aussi un grand plongeon dans les mers et les explorai à fond. J'avais oublié l'immensité de ma créativité sousmarine. Il y avait des poissons de toutes les formes, extravagants comme des personnes qu'on voit en rêve, de vrais oiseaux aquatiques, auxquels ils ressemblaient d'ailleurs avec leurs courtes ailes sur le dos et leur étroitesse d'esprit innée. Les squales eux-mêmes ne faisaient pas exception, terribles et mécaniques, semblables à des submersibles qui ne penseraient qu'à avaler tout ce qu'ils rencontrent. Même un amphibien n'aurait pas fait l'affaire, je voulais un animal sans problèmes d'identité. Mais la beauté de la mer! Aujourd'hui, je plonge au fond de l'eau avec la douceur d'alors, et avec la même absence d'espoir; et je vois les scaphandriers explorer les sables des profondeurs avec la même stupéfaction que moi.

Les poissons ne pouvaient faire l'affaire, c'est ce que je me répète chaque fois que je visite un aquarium. Chose que je fais volontiers, car les aquariums et les zoos, les bibliothèques, les musées et les encyclopédies sont des reflets de mon ancienne façon d'œuvrer : mettre les choses ensemble, malgré les difformités et les différences. Les zoos et les encyclopédies suivent au moins un schéma – les subdivisions des espèces animales, l'ordre alphabétique, la succession des siècles, la distinction des disciplines – à partir de quoi il est visible que l'homme est arrivé pour mettre de l'ordre. Moi, j'avais grandement besoin d'un comptable, d'un administrateur, d'un arpenteur de mes terres : je ne savais plus si j'étais riche ou pauvre.

Je regardais mélancoliquement la création. J'avais cherché refuge dans une île des mers chaudes, regorgeant de palmiers et d'animaux rendus anormalement tranquilles par l'opulence et de la variété des fruits. Je les observais comme je regarde un retraité en Floride ou en Californie : ces vieillards heureux qui jouent au golf et emmènent au parc leurs petits-enfants. Je suis content que vous alliez bien, murmurai-je entre les dents, en marchant – mais ne voulez-vous pas m'aider? Que racontez-vous à vos petits-enfants? Vous pensez que tout va bien comme ça? A cette époque-là, ces mots se dispersaient au vent.

C'est alors que je vis le singe. J'avais oublié que je l'avais fait; la mémoire est depuis toujours l'un de mes points faibles, et souvent je ne sais pas associer les noms et les visages, si bien qu'il m'arrive de revoir quelqu'un et de ne pas le reconnaître malgré ses signes d'intérêt ou d'affection – jusqu'à ce que la personne me dise son nom, et je me souviens alors d'elle, ou tout au moins je sais que pour moi, ce nom existe. Quelquefois, c'est le contraire qui arrive, et j'ai l'impression de reconnaître quelqu'un ; mais dès que la personne se présente, nous sombrons l'un et l'autre dans l'oubli réciproque. C'est ainsi que je poursuis mes rêves : noms, visages, fragments.

La chose qui me frappa – me contraignant à un effort d'attention – fut que le singe lui-même m'avait reconnu. Il m'observait avec le regard de camarades d'école qui se rencontrent dans un train. Ce n'était pas un singe d'une valeur particulière : je me souvenais d'en avoir fait de mieux. De stature moyenne, avec un gros nez, des jambes courtes, un crâne oblong, couvert de poils sur tout le corps – ce n'était pas un bel animal. Mais ses yeux étaient impressionnants. Des yeux pareils ne se trouvent pas dans les zoos, si ce n'est dans les cages des singes ; des yeux qui me fixent maintenant comme ils me regardèrent alors, des yeux qui s'accrochent à vous comme des doigts. A cet instant je remarquai aussi les mains, qui fouillaient par terre, rassemblant cailloux et brindilles, sans que cela dérangeât son attention fixée sur moi. Je me souvins alors tout à fait, je fis même un sourire dans la direction de cette vieille connaissance, ce qui équivalait au : « Ah ! C'est toi ! », qui éclate dans le train après un quart d'heure de contemplation réciproque. « Ah ! C'est toi ! » projeta dans mon esprit la pensée devenue verbe. « Je te reconnais, c'est toi : tu es le bouffon. »

Je fus certain de ne pas m'être trompé en raison de l'immédiate et surprenante réaction de la bête à cet éclair de reconnaissance. Comme si elle avait lu dans mes pensées, elle se mit debout – ses extrémités inférieures ressemblaient à des mains mais reposaient par terre – tel un acrobate ou un gymnaste qui s'apprête à faire son numéro. Il y eut un moment d'arrêt dans le silence – la plage était très blanche, sous un ciel d'un bleu presque noir. Je retins mon souffle dans une attente anxieuse : jusqu'à ce que le singe se replie sur lui-même, son corps semblable à un ressort remonté qui se libère telle une flèche dans l'air. Un instant après il était à terre et me regardait de ses yeux malins : il avait fait un saut périlleux.

J'eus alors l'impression de comprendre beaucoup de choses dans l'espace d'une seconde. Dieu, le singe, et l'homme comme résultat des deux. Tout me revenait avec l'insolence de la pensée qui surgit des profondeurs. Nous marchâmes le long de la plage, tels un chien et son maître.

Oui, maintenant cela me revient. Le singe, à l'origine, n'avait pas d'autre destination. Dans le vaste monde que j'avais mis en mouvement, son rôle était marginal. Un jour, j'avais travaillé comme un fou, en proie à une agitation pour le moins maniaque. Je venais d'achever l'aigle et le lion, transformant des ébauches malheureuses de bêtes errantes du ciel et de la terre. C'était le soir, je me reposai, admirant le lion qui descendait vers la rivière, majestueux, l'aigle qui faisait de larges cercles, parfaits, puis s'élevait au-dessus de la clairière et des eaux. Je me sentais hilare, satisfait, enclin au jeu, à quelque chose de léger et de flottant.

C'est alors que naquit l'idée du singe, fruit, elle aussi, de réflexions multiples, puis engendrée dans un élan décisif, dans l'ultime efflorescence de cette journée magique : après le roi et le poète, je créai le bouffon. Il exécuta immédiatement un mime parfait du lion et de l'aigle, se baignant puis tombant bruyamment à terre, provoquant dans le cercle du public des grimaces incertaines qui, dans les milliards d'années à venir, allaient beaucoup se transformer. Le singe, à peine créé, était capable d'un rictus prodigieux qui découvrait ses dents démesurées et brillantes : ses descendants sauraient rire, mais lui était déjà plutôt en avance.

Je ne pensai pas même un instant que ce pouvait être une qualité. Une idée religieuse de la vie œuvre fortement en moi : un roi est un roi, un bouffon est un bouffon, et les propos sérieux sont plus importants que les propos futiles, de la même façon qu'un singe n'est ni un aigle ni un lion.

Aujourd'hui encore, les clowns de profession se peignent des lèvres ricanantes sur d'imaginaires rateliers, au-dessus desquels étincellent des yeux curieusement tristes comme ceux de l'orang-outan. Le contraste se révélait comique, ou au moins me sembla-t-il ainsi au moment où je m'ingéniai à écrire un *Ars Poetica* du monde. Yeux en larmes au-dessus de dents éclatantes – telle me sembla la formule juste.

Au début le singe fut donc conçu comme une décoration vivante pour la fête en l'honneur du lion et de l'aigle. Puis tout le monde alla dormir et, au réveil, je considérai calmement mes œuvres récentes. Je constatai que le singe, même comme clown, avait de nombreux défauts : et puisque je ne pouvais pas effacer ce qui était déjà fait, j'opérai certains changements. Les yeux, par exemple, n'étaient pas assez tristes, l'effet comique en était insuffisant. Je voulus les rendre plus mélancoliques, mais comment y parvenir si ce n'est en les rendant conscients de ce qu'ils voyaient? Mieux on regarde et plus on a tendance à être mélancolique. Pour perfectionner mon clown je devais obtenir des yeux très intenses, de manière qu'ils expriment une plus grande tristesse. Il était inutile de l'effrayer ou de lui faire du mal, cela ne rend pas le regard plus triste mais seulement plus torve. Inutile par ailleurs de lui expliquer comment il devait être, car il ne comprenait rien de ce que je lui disais : c'était un acteur spontané, et c'est de l'intérieur qu'on devait le modifier. Puis je compris : il fallait que ses yeux voient plus, car plus on voit, moins il y a de raisons de se réjouir.

Pour cela, il était nécessaire d'agrandir le dépôt où les images s'entassent : cet espèce de magasin qui se trouve derrière les yeux, et dans lequel aboutit tout ce qu'on voit. Pendant une journée entière je travaillai à la tête du singe qui se débattait pour fuir : je finis par laisser le travail à moitié fait, tant la résistance de mon patient était grande. A la fin j'eus toutefois une autre idée que j'exécutai en un éclair. Je m'étais rendu compte qu'un vrai clown doit savoir faire des jeux avec ses mains, et mon bouffon s'était montré piètrement apte à cet exercice. Je lui allongeai les doigts, les rendis agiles et mobiles, sans me soucier de ses cris ni de ses protestations. Dès que je relâchai prise, il grimpa dans les arbres. Au bout d'un moment, je le vis planant dans les airs, en équilibre sur une liane, son immense bouche ouverte sous des yeux soudain très tristes, sa queue enroulée en un grand point d'interrogation. « Zita! » criai-je. « Je t'appellerai Zita. »

Il disparut au cœur de la forêt, et, pendant très longtemps, j'oubliai son existence. Et maintenant voilà que je le retrouvais devant moi, et je pouvais me rendre compte de l'importance de ses progrès. Il était devenu un jongleur confirmé. Non seulement il courait et sautait comme un acrobate, mais il saisissait les objets avec des mains comme je n'en avais jamais vu chez nul autre animal. En plus, il y avait cette tristesse jamais éteinte, et cette capacité de passer d'une fixité stupéfaite à une mine bouillonnante d'obscurité, qui provoquait sur son corps des mouvements frénétiques. Sur la plage, il courait dans tous les sens, évitant la mer avec de grands cris de peur – je n'arrivais pas à savoir si cette peur était vraie ou feinte –; et, quand une langue d'eau effleurait son pied, il allait se pendre à un palmier pour s'y réfugier, et me regardait fixement.

Seule de toutes mes créatures, il se souvenait de moi. Ceci me détermina à opérer une nouvelle tentative. La manière dont Zita m'avait regardé avait fait naître mon intérêt pour lui, un peu comme quand une femme regarde un homme, et qu'il la suit : qui peut dire lequel des deux choisit vraiment? Peut-être – mais on aborde là des questions philosophiques –, peut-être était-ce Zita qui m'avait créé en reconnaissant ma présence! Et de fait, que serais-je sans ce regard? Je serais en train de voleter dans le cosmos comme une ombre sans nom, à la recherche de qui pourrait me voir, et je ne serais certainement pas en train d'écrire. Seul l'avènement de l'homme pouvait rendre possible un livre. A cette époque, mon livre était le cosmos : un livre fait essentiellement d'illustrations dans un alphabet encore inconnu.

A partir de ce moment, je me vouai complètement à la métamorphose du singe. Il faut rappeler quel avait été son rôle dans le monde : un clown et un acteur comique – un personnage mineur, décidément. Je n'aurais pas imaginé, au début, que ces caractéristiques seraient essentielles pour arriver à un emploi tout à fait différent. Sa tête plus grosse, et ses mains conçues pour mieux jouer le rôle du funambule triste, se révélèrent des instruments nécesssaires à sa fonction dominatrice imprévue et inévitable. Ce fut une autre de mes opérations curieusement manquées, avec pourtant des résultats inouïs : dans un tonnerre de métamorphoses qui s'abattit sur le monde à partir de ces doigts souples et de ce regard dense et triste.

Ce fut une grande surprise de constater quel effet avait eu l'idée ancienne de créer le jeu qui, au début, m'avait semblé une chose oubliée dans un débarras de la mémoire où elle continue à opérer pour son propre compte. En plus de survivre et de procréer comme les autres, le singe avait une autre fonction enracinée dans son être – même si c'était en cette manière sommaire et primaire, toute faite de grimaces. Ainsi, comme le savent tous les comiques du monde, une des manières de faire rire est d'imiter quelqu'un d'autre, et le singe avait incarné l'aigle et le lion dans l'amphithéâtre de la forêt, abasourdi. Depuis lors, il s'était mis à imiter tout et rien : non seulement les animaux, mais les feuilles qui tombaient, l'eau qui coulait, les formes changeantes des arbres et des nuages. On avait presque l'impression que Zita n'avait pas de personnalité propre : semblable à un miroir, il reflétait ce qui était autour de lui ; et, semblable à un bouffon, il commentait le monde.

Là se trouvait la brèche à élargir, le passage pour mon espoir de métamorphose. En un instant de vision illimitée, l'espoir m'atteignit à nouveau, qui déjà me guidait : le singe devait se rendre compte de ce qu'il faisait et voyait, et j'eus le sentiment d'avoir compris comment procéder.

Je n'eus de cesse de le pousser à jouer : je devins un maniaque de la performance, car j'étais son entraîneur ; et je développai, à son égard, le sentiment paternel qu'ont les entraîneurs pour leurs poulains. Même pour les champions reconnus, on n'éprouve pas une telle passion. Dans mon espoir de voir Zita devenir un as, j'inventai toutes sortes d'exercices. Le matin, nous courions sur la plage et dans les bois, sans but, comme un nuage dans le ciel. Je voyais Zita rempli d'une sorte d'ivresse. Courir pour le plaisir de courir : faire une chose pour elle-même, pas pour capturer une proie ou pour éviter un danger! De ces courses, il avait un grand besoin; nous imitions les animaux résistants et véloces, et la fatigue nous enivrait. Dans la course comme dans l'escalade, je trouvai mon élève toujours disposé à s'engager, le poil luisant de sueur, les yeux brillants de joie physique, content de faire du sport avec moi.

« Saute, Zita! », et il n'y avait pas besoin d'encouragements. Comme il sautait, Zita! Et comme il escaladait, comme il saisissait les branches à partir de la terre, avec ses doigts incomparables. Il y avait la même opiniâtreté que chez le tigre qui saisit sa proie entre ses dents sans la laisser s'enfuir. En repensant au tigre, Zita riait avec des éclairs d'angoisse dans les yeux. Zita volait! Suspendu à une branche d'arbre ou à une liane – jusqu'à se soutenir d'une main ou d'un pied à vingt mètres du sol et à donner ainsi la parfaite illusion du vol, poussant des cris suraigus qui faisaient fuir et se disperser les oiseaux, terrorisés par cet être gigantesque planant, là-haut, sans but apparent. Zita commençait à troubler le sommeil des autres animaux, pour la plupart très sérieux, maintenant que je pouvais les comparer au singe toujours prêt à me suivre dans chacun de mes nouveaux jeux. Il n'est qu'une chose que, pendant très longtemps, je ne réussis pas à lui faire faire : se jeter à l'eau, que ce soit celle des rivières, des lacs, des puits ou de la mer. De l'eau, Zita ne voulait pas entendre parler. La chose m'énervait car je n'arrivais pas à le comprendre.

« A l'eau, Zita! » l'enjoignais-je de mon air le plus autoritaire, « jette-toi à l'eau et apprends à nager! » Il n'y avait pas moyen, et je me trouvai ainsi devant un problème insoluble : les poissons, personne ne voulait les imiter? C'était comme s'ils n'existaient pas, les poissons?

Avec Zita, nous découvrions le divertissement le plus grand, celui qui consiste à comparer une chose à une autre puis à une autre encore, et ainsi de suite, sans fin. La route de la métamorphose consciente du monde que j'avais créé était tracée. Nous faisions partout des roulades, ivres de découverte. C'était une façon de crier notre joie. Zita, très futé, se comparait à toutes les bêtes qu'il voyait, mais également aux plantes et aux roches, avec sa capacité à s'arrêter dans sa course et à mimer la parfaite immobilité des plantes et des collines.

Je voulais être sûr du caractère extraordinaire de l'événement, et je me mis à étudier. Les plantes et les autres animaux jouaient aussi à se transformer. Par exemple, je découvris une fleur qui, pour pouvoir être butinée par les abeilles, devenait couleur chair et répandait une odeur de putréfaction; dans le même but, d'autres fleurs se remplissaient de taches surprenantes. Les serpents changeaient de couleur de façon que leurs assaillants ne puissent pas les distinguer de l'herbe où ils se cachaient; certains oiseaux mâles se faisaient passer pour des femelles afin d'être reçus sans soupçon à l'intérieur des harems bien gardés; les chenilles se transformaient en papillons, et se perdaient à l'intérieur d'une autre vie, sans le moindre souvenir de la vie précédente, comme un homme peut devenir un ange.

Le transformisme régnait partout, mais ce qui arrivait à Zita n'était pas la même chose. Les maquillages des plantes et des animaux étaient des efforts pour survivre et pour trouver de la nourriture, ou pour propager l'espèce : aucun d'entre eux ne jouait. Zita, à l'inverse, imitait pour imiter, dans une joie sans motivations, se comparant à tout ce qui était comparable au monde.

Quelle belle époque que celle-là! L'espoir renaissait en moi après une longue période de glaciale dépression. Même le climat s'était fait plus doux, et rendait plus faciles les entraînements de Zita. On sentait qu'une date importante approchait : celle du spectacle que Zita donnerait encore à son public, une fois arrivé au sommet de son art de jongleur. On travaillait d'un commun accord pour s'approcher du premier jour de la nouvelle ère.

Pendant la période de préparation et de répétition, je n'avais pas perdu de vue mon but : réussir, si ce n'est à créer, au moins à dresser un animal qui puisse porter remède à mes erreurs dans la construction du monde. Il était nécessaire que cet animal puisse penser et, pour penser, il était vital qu'il joue; et le jeu était composé d'imitations et d'analogies. Ce que j'étais en train de mettre en œuvre était un modèle simple et ingénieux, et je commençais à avoir espoir dans le résultat de mes efforts.

En attendant, je m'apercevais que Zita, dans son comportement à mon égard, passait par différents stades. Certains jours il courait à ma rencontre comme au-devant de son meilleur et plus fidèle ami, poussant de grands cris de joie. D'autres il était irritable et inattentif, comme s'il voulait s'échapper; ces jours-là il était à l'origine de désastres, faisant preuve d'une insurmontable maladresse. Une ou deux fois, il poussa cette attitude jusqu'à l'insubordination et au refus de participer au jeu, jusqu'à la tentative de m'agresser, ce qui se conclut immédiatement par une sincère démonstration de repentir dans la clairière d'un bois. Une des caractéristiques de Zita était sa lâcheté profonde et spontanée. D'autres fois encore il m'ignorait, faisant semblant d'être plongé dans la recherche de la nourriture et de l'accouplement, et dédaignant mes conseils comme des démonstrations de futilité. Cela ne lui réussissait guère, car je le surprenais immédiatement après à siffloter, à s'amuser, transformant l'amour en un bavardage joyeux et sauvage, et le repas en une espèce de danse. J'aurais préféré une plus grande stabilité de caractère, mais Zita avait été conçu pour être un bouffon, et peut-être ne me le pardonnait-il pas.

Puis survint l'imprévu. Une région entière du firmament s'écroula soudain, ouvrant un tourbillon au milieu du ciel. Le soleil s'obscurcit, un voile tomba sur la terre. Les animaux coururent se cacher, les oiseaux se blottirent parmi les plantes, au milieu desquelles j'entendais battre leurs cœurs minuscules et voyais scintiller leurs plumes. Dans le regard de Zita apparut une ombre torve qui gagna son corps rigide.

Personne n'avait la moindre idée de ce qui s'était passé. Aucun animal n'avait connaissance du ciel et de l'existence des corps stellaires; pas même Zita qui, avec l'eau, refusait également la vision de l'azur au-delà de la cime des arbres. Le monde terrestre attirait tout vers le bas, y compris les yeux des oiseaux. Mais moi, migrateur et pionnier de la vie, j'avais oublié mes racines spatiales. Je passai ce jour-là à regarder le ciel, et la nuit suivante je scrutai le firmament, cherchant à retrouver le lieu du cataclysme.

J'eus finalement l'impression de l'avoir trouvé en un point de la région qu'on appelle aujourd'hui Andromède. Un coin du cosmos où j'avais entassé un peu de tout : nébuleuses, vieilles comètes, planètes inutilisables, satellites cassés, mais aussi d'excellentes étoiles que je n'avais su où placer. Je résolus de retourner voir ces possessions lointaines. Ce fut peut-être le remords, le sens de la propriété, la responsabilité du maître de maison depuis trop longtemps hors de chez lui, ou encore le désir de savoir ce qui avait été perdu. Je quittai la terre en jetant un coup d'œil à Zita; je te verrai bientôt, me dis-je. Un moment, et je reviens.

Je n'avais pas prévu que j'aurais autant de difficultés à m'orienter là-haut, après tout ce temps passé ici-bas. Le début ne fut pas difficile; je longeai des planètes encore sans nom, côtoyai le grand golfe stellaire, commençai à monter l'un des innombrables sentiers qui conduisaient à mon Grenier. Le sentiment de solitude qui m'avait envahi dès que j'avais dépassé l'atmosphère était encore tolérable.

Je m'étais bien couvert contre le froid et j'avais emporté une espèce de duvet pour m'étendre et dormir, car je me souvenais que, dans l'univers entier, il n'y avait pas un seul endroit moelleux, si ce n'est la terre. Je cherchai à réduire les pauses au minimum; j'avançai à marche forcée, traversant les galaxies, contournant les constellations, reconnaissant les coins et les couloirs de mon ancien château toujours éclairé de la même lumière inégale qui laissait de grandes zones d'ombre et d'obscurité, des puits et des cavernes dans le ciel. Plus j'avançais et plus je sentais que je n'aimais pas ces régions où l'on voyageait dans le froid, et où il fallait faire attention de ne pas se brûler aux torches : je regrettais presque d'être revenu. C'est la dernière fois, me dis-je après avoir traversé Orion, me couchant dans un endroit tiède entre les genoux de celui qui, un jour, deviendrait le Chasseur – et qui était alors un confus entassement de lumières, semblable à un commerce de luminaires.

Après un demi-sommeil gêné par les astéroïdes et les météorites, je me relevai pour reprendre mon chemin : j'étais perdu dans le ciel. Je n'avais parcouru qu'une courte distance au-delà d'Orion, mais, me retournant, je ne vis pas sa silhouette familière. Je me trouvai au milieu d'étoiles granitiques et inconnues qui planaient au-dessus de moi au carrefour de directions incertaines, comme cela arrive quand on se déplace dans une ville inconnue.

Je n'arrivais pas à m'orienter. Et cela ne s'expliquait pas par le fait que les lieux vus dans l'enfance se tranforment dans la mémoire, au point qu'on ne les reconnaîtrait pas plus tard sans la certitude que ce sont vraiment ceux-là – non, il y avait quelque chose d'imprévu et de cruel. Je n'étais jamais allé dans cet espace où je me déplaçais maintenant : ces corps célestes s'étaient formés après mon départ pour la terre et ils remplissaient un horizon qui, dans ma mémoire, était vaste et dégagé, un océan d'air dans le ciel.

Je cherchai en vain à retrouver ma route en revenant sur mes pas. Je ne retrouvai ni Orion ni Andromède, désormais perdue on ne sait où. J'étais en déroute dans un firmament nouvellement formé qui m'apparaissait chaotique et vaguement menaçant, comme les banlieues des villes industrielles où couve une hostilité indéfinissable, imperceptible dans le centre. J'errais au milieu d'une bande d'immigrés muets et fondamentalement violents, parmi des immeubles nouveaux, entassés les uns sur les autres, qui me semblaient franchement laids, parce qu'ils bouleversaient les repères de mon enfance. Je circulais avec mon duvet, ne sachant ni où aller ni où m'arrêter. J'étais glacé par la volonté têtue de se perpétuer et de se développer que ce monde manifestait – de sa manière renfrognée et infiniment muette. Dans mon effort pour dominer l'angoisse qui commençait à m'étouffer, je fis un bond vers un lieu d'observation qui ressemblait à la terrasse d'un immense gratte-ciel et, de là, j'observai ce qui se passait autour de moi.

Je garderai toujours dans mon souvenir cette période d'amère et studieuse solitude au sommet d'un univers qui m'était étranger, et dont je cherchais à comprendre les règles. Bourré de défauts, plein de limites, mais incapable de tomber dans la résignation ou l'indifférence, et saisi d'un besoin indomptable de compréhension. Une infatigable volonté de comprendre me retenait là-haut, avec un chauffage pour le moins précaire, et une lumière capricieuse et trompeuse. J'écrivais des notes avec mes doigts sur le sable du ciel, aussitôt balayées par des radiations microscopiques, et je finis par esquisser un alphabet que j'appris par cœur, avec des lettres semblables à des personnages, auquel je confiai les découvertes que j'étais en train de faire.

Pendant longtemps, le fait qu'aucune étoile ne soit immobile, mais qu'elles tournent autour d'autres étoiles et en même temps sur elles-mêmes, me dérouta ; si bien que pendant un bon moment je pensai que la chose à faire était une carte du ciel. Cela me parut difficile mais possible. J'avais oublié le sentiment d'offense ressenti quand j'avais constaté que le cosmos continuait à fonctionner tout seul, et que personne ne me demandait rien, comme si je n'existais même pas. C'était une vanité à vaincre si je voulais survivre à mon tour. J'avais déjà, enraciné en moi, le soupçon que Dieu n'était qu'un personnage parmi d'autres dans un drame cosmique, même si son rôle était de toute première importance. Je regardais les étoiles avec les yeux d'un visiteur, comme celui qui observe une fête où il est arrivé par hasard et en profite pour comprendre, de l'extérieur, comment cela fonctionne ; et qui se rend compte des groupes occasionnels qui se forment pour se dissoudre ensuite, et des groupes stables qui sortent ensemble même si, pendant la fête, ils semblent dispersés ; des destins irrémédiablement solitaires mais satisfaits, et des destins isolés et malheureux jusqu'au désir d'autodestruction – cette étoile est sur le point d'exploser, vois comme elle scintille ! Jusqu'aux personnages secondaires, les épouses satellites et les amants planètes, et la curieuse, omniprésente, force de gravité qui réunit et tient tout en équilibre.

Le visiteur revient chez lui conforté dans l'idée que le monde humain est tenu par des fils invisibles comme ceux qui gouvernent le rythme du cosmos stellaire; une variété d'individus et de groupes qui de temps en temps seulement se déclarent la guerre, causant des catastrophes sur terre comme au ciel.

Ce fut un moment intense de solidarité opaque et tout à fait physique, avec la machine que j'avais mise en marche, lancé comme je l'étais dans une aventure fébrile. Je courus devant les étoiles: je courus à en perdre le souffle, laissant derrière moi une armée de galaxies, des univers entiers étincelant dans l'ombre; je courus avec l'anxiété de la pensée qui veut atteindre le fantôme de la vérité, avec la crainte que la force vienne à lui manquer; je courus autant que je pus, puis je dus m'arrêter, haletant, découragé, défait.

Tout était beaucoup plus stupéfiant et effrayant que je ne l'avais imaginé. Mon ancien monde émigrait dans le vide, c'était une lave irrépressible; je sentais que tôt ou tard il se fracasserait. Il devait y avoir un mur quelque part, un abîme, une zone où cette masse mobile s'arrêterait, un point d'extermination de chaque chose, et un nouveau début du néant.

La terre que j'avais abandonnée me revint à l'esprit; je vis le grain dérisoire dans la forêt cosmique comme le dépôt de l'unique espoir possible, dans ce roulement de rochers dans le vide. La terre! La terre où la mort trouvait refuge, mais où elle ne dominait pas encore, comme dans tout ce mécanisme sans une ombre de vie. La terre! De grosses larmes me brouillèrent la vue. J'étais un dieu qui pleurait, perdu dans un coin du cosmos, au moment où, laissant derrière lui sa divine adolescence, il devait affronter sérieusement le destin. La terre! C'était désormais certain: la terre était la fleur d'espoir dont le cosmos avait accouché.

Il y avait donc, enfouie dans le cœur de pierre de ces monstres, la ferme volonté, indicible, inexprimée, de savoir ce qui s'était passé: la chose initiale et terrible dont je ne réussissais pas moi-même à me rappeler à cause de ma très tendre enfance. Je compris alors que la vie qui luttait sur une planète minuscule était l'espoir que détenait l'univers de se comprendre soi-même.

Je sanglotai de compassion et d'orgueil, dans la solitude infinie. Maintenant Dieu lui-même avait un but dans le monde, et le temps des jeux était terminé. Je devais revenir sur terre au plus vite.

Là commença un autre drame : je m'étais vraiment égaré, et, pendant une période interminable, je pensai que je ne réussirais pas à retrouver mon chemin. J'errai dans le vide infrastellaire, ayant perdu la notion du temps et de l'espace. C'est ainsi que se consuma, dans une angoisse douloureuse et impuissante, le plus beau moment de ma jeunesse : le temps où l'on voudrait intervenir positivement dans le monde, et où l'on est à l'inverse contraint de vagabonder d'un lieu à l'autre, parmi les masques de pierre et sous un ciel hostile.

Je me sentais vieillir, alors que j'étais encore jeune. Je redoutais déjà les rides et les cheveux blancs, j'étais terrorisé à l'idée de terminer mon voyage à bout de forces. Aujourd'hui, quand je vois au cinéma des histoires d'équipages perdus dans l'espace sidéral, un frisson lié à ce souvenir accablant m'assaille : une très longue saison sans événements, parmi les pierres roulantes et inexpressives, uniquement occupé à rechercher la terre et la vie. Je sais que la raison d'être de ces films est que les spectateurs se souviennent obscurément de quelque chose de semblable qui a déjà eu lieu, et qu'ils craignent que cela puisse encore arriver : et ils en parlent comme les enfants parlent du loup pour qu'il reste au loin. Je me souviens encore plus clairement qu'un jour (ou une nuit), ayant désormais perdu tout espoir, je ressentis l'amertume de ne pas pouvoir moi-même mourir, ou de ne pas pouvoir devenir l'un de ces corps ronds destinés à se briser contre un mur noir; et je vis alors une chose.

C'était une lumière tendre, striée de jaune et de vert; elle palpitait dans un cercle de pétales comme le fait une plante, et non comme le vertigineux tournoiement mécanique où j'étais enfermé. Autour de la lumière, et dans la lumière, s'agitait quelque chose de léger comme un voile, ou du coton, un anneau de blancs nuages où je me précipitai pour respirer un air soudain différent, qui me revenait après un temps immémorial. L'air, où la terre se trouve plongée comme une rose dans son odeur, la terre, sur laquelle je descendais, une fois passée la barrière des nuages, tel un bourdon plein de désir ; très bleue et très brune, elle était blanche de neige aux deux pôles. Et je suivais déjà les côtes, et je retrouvais les îles, entourées de l'eau dont j'avais rêvé au cours de mes voyages désertiques, l'eau de la mer dans laquelle je me laissai tomber. Et j'en sortis heureux, sous le soleil, et je courus parmi les arbres, et je revis les oiseaux et tous les signes de l'imparfait chef-d'œuvre de mon génie : l'horloge vivante divisée en saisons, en jours, nuits et heures par d'infimes gradations de lumière.

Nous sommes deux, me dis-je, notre sort est lié ; et j'étais empli du désir de recommencer à vivre. C'est alors que je vis un animal inconnu. Ne ressemblait-il pas à Zita ? Mais où était son épais duvet ? Quel était ce bruit qui sortait de ses lèvres ? Et pourquoi cette frayeur à ma vue ?

Deuxième partie

J'avais déjà bien avancé dans ma parabole, comme je l'expliquai à Moïse à l'époque où nous étions amis.

Nous étions assis parmi les pierres du mont Sinaï, sur la cime désolée où nous nous étions donné rendez-vous. Le peuple d'Israël campait dans le désert, au pied de la montagne. Ce jour-là, le vent avait soufflé par bourrasques, et le sommet était enveloppé par les nuages. Quarante jours sont une longue période ; heureusement les sujets de conversation n'avaient pas manqué.

Moïse était monté avec une provision de pain, de fromage et d'eau. Il mangeait modérément et le soir seulement, quand l'ombre de la nuit montait vers le ciel. Je le regardais détacher les petits morceaux de fromage du grand moule qui chaque jour empestait davantage, tandis que le pain séchait en se recroquevillant ; de toute façon c'était du pain azyme, et je le trouvais immangeable.

Je me souvenais du moment où nous nous étions rencontrés, à la cour d'Égypte, des années plus tôt. C'était à l'heure du coucher du soleil ce jour-là aussi. Je faisais partie du petit nombre des personnes réunies pour la cérémonie d'adoration du soleil, lequel plongeait lentement au fond du ciel – dans le temple d'Akhnaton, l'horizon d'Aton, vénéré par le pharaon dont Moïse était un disciple convaincu : Aménophis IV, qui avait changé son nom pour celui d'Akhnaton, le dieu satisfait. Je m'étais attaché à lui car j'avais l'impression d'avoir trouvé un interprète de moi-même.

Ce pharaon était un homme jeune et ardent, maintenant rongé par une maladie qui le consumerait avant que son dessein puisse se réaliser. Il voulait convertir son peuple au culte du dieu Soleil et, étant donné ma sympathie pour la grande étoile, son projet me plaisait. En même temps, je comprenais que le ressort de son ambition était justement la maladie. Akhnaton sentait ses forces s'amenuiser de jour en jour; la pâleur grandissait sur le visage que le miroir lui montrait le matin – un visage fin, marqué de cernes profonds sous les yeux. Il sortait à la recherche du soleil avec un pas d'infirme; il s'exposait aux rayons pendant la matinée entière, avec la foule des dignitaires et des amis qui suaient sous la brûlure de la canicule. Dans le soleil, il cherchait la vie qui lui échappait.

J'étais à côté de Moïse quand le monarque émacié se mit à chanter un hymne qu'il avait composé en l'honneur d'Aton, le soleil – lequel était maintenant arrivé près du plus haut des cieux, et s'élevait en brûlant l'air, remplissant les yeux des membres de l'entourage de taches noires. Moïse transpirait abondamment sous son vêtement de cérémonie; j'eus l'impression qu'il faisait un grand effort pour se tenir convenablement. Dans l'âcre odeur de sueur qui envahissait le temple, on entendait la voix d'Akhnaton qui psalmodiait sa prière. C'était un chant fragile qui se levait, frémissant dans l'air, comme un petit ballon suspendu à un fil ténu et fragile.

Toutes les bêtes sont repues;
Les arbres et les plantes sont en fleur.
Les oiseaux qui s'envolent de leur nid
Ouvrent leurs ailes en l'honneur de Toi.

A cet instant je dus faire un mouvement brusque, car Moïse me regarda. J'avais eu une contraction nerveuse, due à la chaleur et à l'idée de ces oiseaux qui, selon le pharaon, volaient en mon honneur – Moïse me regarda et je reconnus le regard qui, depuis des temps immémoriaux, me suit.

La voix du pharaon continuait :

Les navires vont vers le Midi et le Septentrion
Car chaque route s'ouvre quand tu parais
Les poissons dans l'eau frétillent devant Toi

C'est à ce moment que la femme d'Akhnaton s'effondra. Jusqu'à cet instant, je ne l'avais vue que de dos, enveloppée dans son costume argenté, la tête ornée d'une couronne. Dans son immobilité sa silhouette avait attiré mon attention, comme si elle était elle-même un élément du temple. Quand elle tomba, emportée par la violence du soleil, une scène vaguement absurde eut lieu, au point qu'elle sembla montée de toutes pièces. Aucun des membres de l'entourage ne bougea, puisque Akhnaton continuait à chantonner son hymne avec l'indifférence du fanatique. Moïse et moi soulevâmes le corps et le portâmes sous une galerie, je fus frappé par la beauté de la reine et par l'énergie que je sentis rayonner du corps de Moïse. Quand elle fut étendue, j'en profitai pour regarder le visage de l'homme et pour imprimer ses traits dans ma mémoire; avec la certitude que nous nous reverrions. Lui aussi me regarda encore, et avec insistance. La voix du pharaon poursuivait, incessante, dans l'air :

C'est toi qui as créé le monde en suivant ton désir
Quand tu étais seul
Les hommes, les troupeaux et les bêtes sauvages.

Quelques mois après cette cérémonie, Akhnaton mourut. Une révolte fomentée par les prêtres de l'idolâtrie polythéiste détruisit le temple solaire et conduisit à la persécution des disciples du défunt souverain. Parmi ceux-ci il y avait Moïse, qui portait alors un autre nom. Dans le massacre qui suivit la mort d'Akhnaton, je pensai que lui aussi avait été poignardé dans quelque ruelle de Thèbes ou de Memphis.

Il était allé séjourner dans un village proche des pyramides où résidait une tribu d'Israélites. Leurs ancêtres avaient été conduits de force en Égypte et placés dans des conditions d'absolue servitude; leurs descendants s'étaient affranchis depuis peu de l'esclavage, et ils avaient été laissés libres de décider de leur destin.

Un fait imprévu eut alors lieu : les Israélites ne surent que faire. Habitués à obéir, l'octroi soudain de la liberté les rendit incertains et les démoralisa. Non loin se dressaient les pyramides que leurs efforts avaient permis d'élever ; et ils n'avaient pas réussi à s'éloigner de cet endroit. Dans ces blocs de pierre solitaires et énigmatiques était renfermé le seul sens que leur existence avait eue. C'étaient là les signes visibles de ce qu'ils avaient fait, eux, et ils regrettaient presque le temps où le fouet des Égyptiens les avait poussés dans le désert pour transporter ces blocs pesants. Pendant des siècles ils s'étaient éreintés à exécuter un travail dont le sens leur était tout à fait inconnu ; et, à force de ne rien savoir, leur mémoire s'était affaiblie.

Ils ne se souvenaient plus d'où ils étaient venus ni où était leur patrie d'origine. Ils connaissaient les nombreuses légendes qui circulaient à ce propos ; et, le soir, près du feu où cuisait leurs maigres repas, ils s'obstinaient à maintenir ces histoires en vie, se souvenant du mieux qu'ils pouvaient, mais sous la forme de questions. Cela a eu lieu ainsi, ou plutôt d'une autre manière ? Joseph, oui, mais qui était-ce ? Le frère de Jacob ou son fils ? Et Isaac ? Et Abraham, Abraham ! – C'était certainement un personnage important, mais ils ne savaient pas dire pourquoi. Ils parlaient de Sarah et de Loth et se demandaient de qui ils étaient les parents ; et moi-même je n'en étais pas sûr. Puis quelqu'un prononça le nom d'Abel, et il y eut une grande nervosité : les femmes se frappèrent les tempes comme s'il s'agissait d'un mauvais souvenir, mais confus, très confus. Et quel silence, quelle stupéfaction au nom d'Adam ! Ces conversations du soir étaient faites de phrases brèves et inachevées.

Bref, la mémoire de la tribu était en panne et ils étaient restés immobilisés à deux pas des pyramides, incapables de choisir une direction. Certains parmi les plus vieux soutenaient qu'il fallait aller vers l'est, du côté où le soleil se levait ; d'autres voulaient aller dans la direction opposée. Aucun n'avait d'argument valable. L'idée vint à quelqu'un de comparer la langue qu'ils possédaient – perdue dans la nuit des temps – avec les langues des peuples connus, mais la proposition sombra dans la consternation. Des noms légendaires flottaient sans visage, comme des souvenirs de rêves imprécis.

C'était précisément cela qui m'attirait chez eux : leur perte de mémoire et leur volonté opiniâtre de la retrouver. C'est alors que, par une de ces interventions providentielles qui accélèrent les événements, j'eus l'occasion de rencontrer Moïse sur un marché de Memphis où je m'étais rendu pour échapper à l'atmosphère un peu oppressante du village du désert. Il s'était déguisé pour éviter la capture qui menaçait les disciples d'Akhnaton : il était devenu un marchand de peaux et, de sa voix rauque, il vantait sa marchandise. Réduit à la pauvreté, il travaillait pour survivre. Je le reconnus immédiatement et, de son côté aussi, il suffit d'un regard pour faire renaître la connivence. Au bout d'un instant nous complotions déjà dans un coin de la place du marché ; notre projet prit forme.

Moïse n'avait pas renié sa foi : celle-ci s'était renforcée après la catastrophe des espoirs, et il cherchait une revanche contre le sort. L'idée d'un Dieu absolu et sans rival avait grandi dans son esprit, jusqu'à se confondre avec l'horizon du ciel et tout ce qui pouvait sembler en même temps une limite et un seuil. Si Dieu devait provenir d'une telle hauteur, il ne l'aurait certainement pas attendu sur la place d'un marché de Memphis. Et pourtant, il fit contre mauvaise fortune bon cœur, m'acceptant sans aucun problème, si bien que cet événement capital ne sembla rien d'autre qu'un menu fait quotidien. Dieu qui commence à parler à Moïse – et autour d'eux vont et viennent des serviteurs et des domestiques, dans l'âcre odeur du vin, le vacarme de la populace ignorant qu'à une table de cette taverne se discute l'avenir du monde. Nous faisions de notre mieux pour être à la hauteur d'une telle scène.

Moïse croyait-il vraiment que j'étais Dieu ? Aujourd'hui encore je ne sais répondre avec certitude. Il y avait en lui une zone impénétrable : on ne pouvait pas le surprendre en train de demander quelque chose, il semblait toujours attendre qu'un don lui soit fait. Il était parti en exil comme on part en vacances, attendant de rentrer. C'est de cette trempe que sont faits les meneurs de peuples.

Il ne savait presque rien de l'existence des Israélites. Il en avait entendu parler comme d'une grosse tribu quasi sauvage et certainement n'imaginait-il pas qu'il aurait affaire à eux. Après les avoir décrits, je l'emmenai dans le village pour les lui faire voir. Nous parcourûmes des petits chemins et des ruelles misérables, regardâmes à l'intérieur des taudis où les gens s'entassaient, écoutâmes les conversations, mêlés dans l'ombre à la foule anonyme – au point de devenir des membres connus et acceptés de la vie communautaire. Les habitants, sachant ne pas avoir de mémoire, avaient surmonté leur premier moment de surprise après nous avoir vu fouiner dans leur vie publique et privée, et s'étaient persuadés de nous avoir oubliés, alors que, peut-être, nous avions toujours été présents. Ce genre de choses arrive à ceux qui se perdent dans le désert.

L'intérêt de Moïse augmentait à vue d'œil. Il considérait ce peuple comme un objet à modeler et à dominer. Son regard brillait d'une lumière froide et violente, tandis qu'il élaborait des plans qui, pour moi, paraissaient déraisonnables. Il allait jusqu'à penser armer ces pauvres gens, et les guider dans une attaque contre les prêtres qui s'étaient emparés du pouvoir avec les généraux de l'armée – dans son rêve de succéder au Pharaon défunt et de rétablir le culte du dieu Soleil. J'eus du mal à le persuader que le projet était absurde, voué à la faillite.

Voici ce qu'il faut faire, Moïse – lui répétais-je, à voix basse, et durement, comme on fait avec les adolescents : – En premier lieu il faut trouver un territoire où les conduire; entre-temps nous ferons en sorte qu'ils se souviennent de tout, du passé comme du futur. Le travail sera long, il faut commencer tout de suite. Je réussis à le convaincre quand je lui dis qu'un vrai chef doit faire quelque chose d'inattendu; il vaut mieux conquérir un territoire inconnu que reconquérir un pouvoir perdu. Sa vanité réagit immédiatement à cette affirmation.

Nous nous appliquâmes à étudier une carte un peu

confuse que j'avais trouvée en fouillant dans certaines outres que personne n'ouvrait plus. On devait la tourner plusieurs fois pour comprendre où était le haut et où était le bas ; mais, à la fin, après de nombreuses discussions, nous décidâmes d'adopter une bande de terre à l'est de l'Égypte, au-delà du mont Sinaï, aux confins de la mer Méditerranée. Nous avons pointé du doigt des zones sans nom, et désertiques : voici la Palestine, et voici la terre de Canaan, voici la Galilée. On s'amusait à créer des noms, et, cette fois-là au moins, au début fut le Verbe. Maintenant que nous savions où aller, il fallait les faire bouger.

Dès ce moment, je me mis en retrait, guidant ses actions et lui laissant la gloire dont il avait soif.

Au début Moïse resta fidèle à nos accords, et c'est ensemble que nous décidâmes la manière par laquelle je me présenterais au peuple d'Israël. Ils avaient un souvenir tourmenté d'une divinité dans le lointain passé ; et, selon ce que j'avais compris, il s'agissait d'un dieu pas du tout sympathique. Violent et agressif, il circulait la nuit autour des volcans, explosant en colères qui se transformaient en lave et en destructions. De ce dieu tout le monde avait une grande peur, et les gens craignaient qu'il revienne pour les insulter et les punir de quelque faute commise – puisque la conviction principale des Israélites était d'être de très grands pécheurs, même si, en réalité, ils ne faisaient presque rien de mal, à part songer à des péchés jamais perpétrés. Je recommandai à Moïse de laisser tomber ce dieu dont je ne voulais même pas comme cousin éloigné ; et, si on lui demandait comment Dieu s'appelait, il devait répondre qu'il s'appelait Dieu, un point c'est tout. Je me révélerais à eux plus tard, une fois à proximité du territoire qui m'apparaissait, à moi aussi, comme la terre promise dans laquelle, après un tel exil, j'exaucerais mon désir d'entrer en contact direct avec mes créatures.

En premier lieu, il fallait instruire Moïse. Je commençais à en savoir assez sur les Hébreux pour pouvoir faire des cours sur le sujet. Sur la base d'indices fragmentaires et de phrases à demi prononcées, et à force de regrouper, comparer et recouper des indications éparses, j'en étais arrivé à composer une histoire crédible. Moïse écoutait charmé le récit de la création, les six jours de dur labeur et le septième consacré au repos et à la contemplation de l'œuvre achevée; et Abel et Caïn, Abraham, Isaac, Joseph et ses frères, et l'histoire hallucinante des plaies d'Égypte, jusqu'au jour même où nous nous trouvions, errant à la recherche de quelque oasis afin d'étudier et de nous préparer. Tout acquérait un sens prodigieux, et nous finissions nous aussi par y croire, entraînés dans notre création. Je ne m'attendais pas alors à devoir payer plus tard ce mensonge coloré, dans lequel je m'enveloppais, prisonnier d'un mirage, moi, l'ancien créateur du mirage! – toujours plus humain, toujours plus impliqué dans la nature intelligente et fausse de l'homme.

La leçon commençait dans la fraîcheur de l'oasis; on s'asseyait sur l'herbe, ou bien on marchait sous les palmiers et au bord de l'étang tranquille. Moïse était un élève appliqué, doué d'une mémoire sans faille, à l'inverse des Israélites qui oubliaient tout.

« Et qu'est-ce que tu vas leur dire?

– Je dirai que je veux les conduire hors de la douleur d'Égypte, vers le pays des Cananéens, des Hittites, des Amorrhéens, des Phériziens... »

Là, il avait un moment d'arrêt, qu'il surmontait ensuite d'un trait...

« ... des Héviens et des Jébusiens.

– Qui est-ce?

– Peu importe qui sont les Jébusiens. A ce moment-là, je lance ma baguette. »

C'était une des manies de Moïse. Il venait d'apprendre la prestidigitation auprès d'un bateleur qu'il avait connu au marché de Memphis. Le jeu de la baguette consistait à transformer un rameau en un serpent qui remuait et semait la panique parmi les spectateurs. C'était un truc assez simple, mais, la première fois, cela m'avait impressionné moi aussi. Mais j'étais opposé à ce genre de choses.

« Tu dois vraiment le faire, ce numéro de la baguette? »

Le visage de Moïse devenait si implorant que je haussais

les épaules et changeais de sujet. Je ne pensais pas que la chose avait de l'importance, et je me trompais; j'allais bientôt m'en apercevoir. Mais nous devions affronter la partie la plus ardue de la leçon.

« Voyons à présent la descendance d'Abraham. »

Moïse se lançait :

« D'Abraham naquirent Zimran et Jokschan et Médan et Madian et Jischbak et Schuach; et Jokschan engendra Séba et Dedan; et les fils de Dedan furent Aschurim et Letuschim et Leummin...

– Et ensuite? dis-je en le pressant.

– Les fils de Madian furent Epha et Epher et Hénoc et Abida et Eldaa. Leur mère s'appelait Kétura.

– Mais finalement?

– Mais finalement, concluait Moïse d'un air triomphant Abraham fit le don de tout ce qu'il avait à Isaac.

– Et Rebecca, qui est-ce?

– Rebecca est l'épouse d'Isaac.

– Et le frère d'Isaac?

– Il s'appelait Ismaël, et son aîné fut Nébajoth, puis vinrent Kédar, Adbeel et Mibsam... Écoute, je suis las. Ça suffit avec les noms. Je voulais te raconter ce que j'ai pensé à propos de la descendance d'Isaac. »

La veille, je lui avais confié n'avoir pas réussi à trouver un quelconque sens aux diverses légendes qui se succédaient à propos des enfants d'Isaac, et que j'étais sur le point de renoncer. Il devait y avoir repensé, car il me présenta une très belle histoire. Quand Isaac découvrit que Rebecca était stérile, il courut me voir pour me prier de lui donner des enfants; et moi, j'exauçai son vœu! – Moïse n'expliquait pas comment j'avais fait. Redoublant de zèle, je la mis enceinte de jumeaux, lesquels se heurtaient dans le ventre de leur mère – et celle-ci vint alors me voir pour me demander ce qui se passait; et moi, je lui dis que deux nations étaient dans son ventre et qu'un des deux peuples soumettrait l'autre. Rebecca accoucha de ses jumeaux, l'un roux et poilu, qui reçut le nom d'Esaü, l'autre blanc et tendre, et celui-ci reçut le nom de Jacob; et le premier perdit son droit d'aînesse à cause de cette histoire d'assiette de lentilles que tout le monde connaît à présent, et qui fut inventée par Moïse dans la nuit qui précéda notre conversation. Moi, je l'écoutais amusé ; et il continua en racontant comment Jacob réussit également à voler à Esaü la bénédiction paternelle, se faisant passer pour son frère quand il prépara à manger pour leur vieux père aveugle ; et là, Moïse, pour rendre le fait crédible, avait imaginé que Rachel, complice de Jacob, lui avait recouvert le cou et les mains avec des poils de chevreaux morts, de façon qu'Isaac le prenne pour son poilu de frère.

Je ne saisissais pas l'intérêt de cette histoire, et lui dis de l'oublier, car jamais les Hébreux ne la croiraient. Je ne comprenais pas qu'en fait ils croiraient n'importe quoi, tant était grand leur besoin que quelqu'un leur expliquât les événements mystérieux qui encombraient le passé sans l'éclairer. En cela, Moïse voyait beaucoup mieux que moi. Il réussit à faire passer pour un brave homme quelqu'un comme Jacob, qui plus tard en ferait voir de toutes les couleurs. Moïse se mettait alors à raconter comment Jacob avait eu ses enfants, bien que Rachel, sa femme, fût stérile. Là encore, Moïse devait remplir des vides incompréhensibles et rendre intelligibles les contradictions dans les fragments parvenus jusqu'à nous ; et il avait fabriqué l'aventure de Jacob qui couchait avec toutes les femmes de la maison, ayant de chacune un fils, avec l'approbation de sa femme – et l'on ne comprend pas pourquoi elle n'avait pas fait appel à moi pour l'aider, comme avait fait Rebecca. Moïse, en habile conteur qu'il était, évitait les répétitions inutiles. Quand il en arriva au moment où Rachel accorde Jacob à Léa en échange d'une touffe de mandragore, ma patience s'épuisa et je pris la décision de l'interrompre.

« Cela suffit, voyons plutôt la descendance d'Esaü. »

Moïse, un peu déçu, se remit à débiter la litanie : « Eliphaz, fils de l'épouse Ada ; et Réuel, fils de l'épouse Basmath. Et les fils d'Eliphaz furent Théman, Omar, Tsépho, Gaetham et Kénaz. Et Thimna fut la concubine d'Eliphaz et lui donna Amalek... »

Face à face avec Moïse au sommet du mont Sinaï, je me souvenais de ces moments. Cela avait été une période de préparation passionnée. Moïse s'était investi de la mission : convertir les Hébreux à la foi pour un seul Dieu, et les conduire en Palestine en traversant la mer Rouge.

A force de le fréquenter, j'en étais arrivé à me faire une certaine idée de lui et de son caractère. Il était animé d'un impérieux besoin de croire en Dieu, un Dieu unique, majestueux, puissant, et qui lui donne un pouvoir sur la foule. Il était prêt à oublier le dieu Soleil adoré à la cour du Pharaon et à lui substituer une autre image. C'était une preuve de son opportunisme d'homme politique arrivé au pouvoir ; mais c'était aussi la raison pour laquelle il obtenait tant de succès auprès du peuple. Je le regardais se promener dans le village et raconter l'histoire de Joseph et Putiphar, et de sa condamnation à la prison, et de ses interprétations des rêves du Pharaon, au milieu de l'admiration extatique de tous. Chaque fois, avant de partir, il promettait une autre histoire et en disait même quelques mots, inventant la technique des futurs auteurs de feuilletons. L'assistance attendait fébrilement qu'il revienne avec de nouveaux épisodes. Il n'en était jamais dépourvu. Voici les frères de Joseph qui descendent en Égypte, et Joseph se révèle à eux, puis Jacob meurt, et finalement Joseph meurt aussi, laissant un message d'espoir à son peuple : « Et Dieu, certainement, vous rendra visite et vous fera sortir d'ici, et vous conduira dans le pays qu'il a promis à Abraham, à Isaac, à Jacob ! »

Ils écoutaient, ravis. D'autant qu'ici commençait la partie de l'aventure la plus proche d'eux, et dont ils avaient le souvenir, si ce n'est le plus clair, du moins le plus intense. Il s'agissait de l'esclavage en Égypte, de l'explication tant attendue de cet événement incompréhensible dans les siècles ; il s'agissait surtout de l'avènement de Moïse, qui parlait de lui-même. Je l'écoutai, moi aussi fasciné, relater l'histoire du nouveau-né confié à l'eau du fleuve dans son corbillon d'osier, de son enfance solitaire au milieu des bergers, de l'apparition de l'ange du Seigneur dans le buisson ardent ; et enfin, de la visite de Dieu et de sa promesse de libération. Là, il y avait un coup de théâtre; alors que tout le monde se réjouissait et s'abandonnait aux larmes, Moïse se raidissait et criait : « Maintenant ça suffit! Je veux savoir qui sont les enfants de Ruben, premier fils d'Israël! » Et le public commençait à psalmodier en chœur : « Hénoc, Pallu, Hetsron et Carmi. Et les enfants de Siméon furent Jemuel et Jamin et Ohad et Jakin et Tsochar et Saül... » Ainsi se fortifiait leur mémoire; et l'élève dépassait le maître.

Une grande ferveur animait le peuple, un désir passionné de suivre Moïse au bout du monde s'il l'avait exigé. C'était une bonne occasion pour réfléchir au fait que l'enthousiasme ne réside pas dans ce qu'on est, mais dans ce qu'on désire. La perception de ce qu'on est peut donner un sentiment de tranquille force, si l'on est en paix avec soi-même, ou bien une angoisse sans limites. Je le dis à Moïse, car je voulais aussi corriger sa mauvaise habitude d'acteur, qui le portait toujours à croire qu'il avait raison dès qu'il obtenait du succès. Moïse m'écoutait, mais je n'arrivais pas à capter son attention; il avait saisi la chose importante à utiliser dans ses péroraisons, et c'est pourquoi il s'était distrait.

La chose importante, c'était ceci : finalement, on savait qui j'étais : j'étais celui qui était! Et Moïse allait diffusant la nouvelle. Au lieu de me ressembler, il me proposait comme modèle, se comportant en vrai prophète.

A présent il s'essuyait les lèvres, après avoir bu l'eau à la jarre.

« Heureusement, demain on va nous porter une autre réserve d'eau et de fromage, dit-il, se parlant à lui-même. Ce qu'il y a là me dégoûte. »

Puis il reprit le propos qu'il avait commencé :

« J'ai décidé des couleurs des tentes du Pavillon du Sanctuaire : violet, pourpre et écarlate, avec des liens en fibre d'or et de cuir. Chaque drap mesurera vingt-huit coudées de long et quatre de large; et la tente sera recouverte de peaux de mouton et, au-dessus, on mettra des peaux de blaireau. »

Moïse s'enflammait en imaginant la décoration du Sanctuaire qu'il entendait construire. Je le laissais faire, même si je ne dissimulais pas mon indifférence pour ce sujet. Il s'agitait en parlant, ses yeux brillants d'impatience. C'était un type curieux, ce Moïse. Maître de soi et retenu, il était pourtant sujet à des attaques de fureur froide que j'avais appris à craindre. Il ne buvait pas de vin, mangeait très peu et, selon moi, il s'abstenait de remplir ses devoirs conjugaux. Cette pensée m'était venue la dernière fois que j'avais vu son épouse, Séphora, avec son regard dur et fuyant de femme insatisfaite.

Moïse poursuivait :

« Et le rideau, je le veux suspendu à quatre colonnes de bois précieux, couvert d'or et appuyé sur des piédestaux en argent. L'autel aussi, je veux qu'il soit en bois, cinq coudées de long et cinq de large. Regarde, j'ai fait un dessin. Et il faudra le recouvrir de cuivre, ainsi que les brancards qui serviront à le transporter. Mais nous devrons aussi nous occuper de la cour du Tabernacle, et des vingt colonnes, et du tapis que je veux mettre à l'entrée ; tu sais ? il faut qu'il soit violet pourpre et écarlate, en lin, et couvert de broderies. Regarde les dessins. »

Une sourde irritation me prenait. C'était le côté le moins attrayant de Moïse : une vanité inattendue chez un athlète ascétique, et qui le rendait semblable à une jeune femme qui parle de vêtements et de couvre-lits pour sa nouvelle maison.

Et il continuait :

« Pour ce qui est du manteau des prêtres, qu'il soit de couleur violette, et qu'en son milieu on voie un décolleté avec un ourlet ; et je le voudrais orné de boucles et de grelots en or et en grenadier. Et la soutane, je la veux en lin, matelassée, les chaussettes doivent aller des chevilles aux cuisses. »

C'est alors que je m'emportai, et Moïse me regarda droit dans les yeux, surpris :

« Mais je n'ai pas fini !

– Je dois te parler d'autre chose.

– Mais je n'ai pas fini. Je n'ai rien dit de l'huile sainte et des parfums. Les proportions sont importantes. La myrrhe doit être unie à un mélange égal de cinnamone et de canne, autrement l'huile sainte n'est pas de bonne qualité. Et le parfum doit être broyé très finement, sans quoi ce n'est pas une chose sainte. Pour cela... »

Je dus me lever et m'éloigner pour qu'il se décide à changer de sujet. Je marchai sur la crête du Sinaï, maintenant enveloppé dans les ombres nocturnes. Je regardai en bas, vers la plaine, au travers des nuages qui se dispersaient : on voyait briller les feux des bivouacs et j'avais l'impression d'entendre un lointain murmure de voix et de chants. Ils avaient raison de se réjouir un peu, après les adversités du voyage dans le désert, endeuillé par une série d'épreuves. C'est là que Moïse avait conquis ses galons de guide du peuple.

Je revoyais le moment le plus dramatique, en pleine traversée de la mer Rouge, à bord de deux navires surchargés, avec les Égyptiens qui nous harcelaient. Et la tempête qui se déchaîna soudain, nous séparant d'eux, comme un mur de nuages et d'eau qui s'abattit derrière nous, coulant la flotte de nos poursuivants. Moïse n'avait pas révélé aux Hébreux que les deux navires avaient été volés, et non achetés avec l'argent recueilli par une collecte populaire. Son soulagement fut immense quand la tempête intervint pour mettre en sûreté les fugitifs. Debout sur le pont, les bras levés au ciel, au milieu des sifflements du vent et des lueurs de la foudre, il criait à perdre haleine : « Dieu a ouvert la mer pour vous! » Et la phrase se répercuta loin dans le temps, devenue légende déjà quelques mois plus tard, quand on commença à raconter que la mer s'était ouverte pour laisser passer le peuple élu de Dieu, pour se refermer ensuite et se renverser sur l'ennemi.

Moïse secouait l'imagination populaire et la remplissait de souvenirs imagés. Moi, quoique faisant des efforts, je supportais tout cela : parce que je comptais sur lui pour transmettre mon message à Israël.

Lui, je lui avais tout raconté : ma rencontre avec les hommes après le retour du voyage stellaire, leur course vers moi, au bord de la mer, et mes antiques espoirs; leur surprise et la mienne de les trouver si changés par rapport à ce qu'avait été Zita; leur bouche réduite à une fente, leurs mains différentes des pieds, plus bavards que les oiseaux, et pleins d'esprit. Ils avaient déjà découvert le feu, inventé la maison, et ils allaient de l'avant, se souvenant de moi au travers des générations, avec une série de légendes contradictoires (j'étais une femme, j'étais une entière famille de dieux, je n'existais pas, j'étais mort). La profession d'intermédiaire entre les hommes et moi était déjà née : le prêtre, le sorcier, le chaman; et ils m'adoraient dans les formes les plus diverses et avec des rites alambiqués. Chacun d'entre eux avait la certitude têtue que sa manière de procéder était la seule valable.

Il y avait beaucoup à travailler et à corriger, mais ma première réaction avait été de pur enthousiasme : je suis confiant par nature, et toujours prêt à m'attendre au meilleur. Moïse était très curieux, il voulait que je m'arrête sur tous les détails et il me demandait souvent de répéter la même histoire. Comme au moment où je lui racontai de quelle manière j'avais enseigné aux hommes à poser des questions. Je m'étais aperçu que c'était un problème, parce que, quand j'avais faim, au lieu de me demander simplement : « Qu'est-ce que tu veux manger? », ils me débitaient une longue liste de plats, exactement comme un marchand expose sa marchandise. Stimulé par la difficulté, j'avais inventé sur-le-champ le point d'interrogation. Immobilisant mon coude en l'air, comme un pivot articulé, unissant mes doigts et faisant tourner ma main autour de mon poignet. C'était un geste destiné à ne pas disparaître, je le retrouve souvent, accompagné d'exclamations et de grimaces, et, quand ils inventèrent l'écriture, je me souviens encore de ce mouvement transcrit alors sous forme de point-virgule – comme le firent les Grecs – ou de point d'interrogation. Pour Moïse, j'évoquai à nouveau les premières questions stupéfiantes et irréfléchies : « Tu es vraiment Dieu? » « Mais où es-tu allé? » « Qu'est-ce qui s'est passé pendant mon absence? » « Et toi, quel est ton métier? »

Je passai des journées entières à lui raconter mon histoire, sans me soucier de la chronologie.

Moïse écoutait toujours avec une extrême attention. A la fin, il sembla vouloir dire quelque chose, mais il resta sans voix. Il se leva, troublé, fit quelques pas sur le sol désertique, en proie à de graves pensées; il tourna finalement son regard vers moi; et, après un long moment de contemplation, il vint me donner l'accolade.

Ce fut un moment chargé d'espoir : j'avais été reconnu et accepté! J'étais comme un père dont le fils vient à la rencontre – et qui est encore ignorant de la trahison. Je ne savais pas, en fait, que déjà, par cette accolade, il était en train de se détacher de moi. Je sentis en lui comme une froideur, après la première effusion spontanée; et je pensai que c'était une forme de pudeur. Tout au contraire l'émotion était en train de le quitter, et lui, retrouvant son instinct le plus authentique, il pensait à comment pouvoir se servir au mieux de moi. Malgré sa clairvoyance, son attitude était semblable à celles d'autres gens que j'ai connus. Il n'était pas parvenu à soutenir mon regard; quand cela se produit, on est désespéré ou violent, et l'on devient mendiant ou conquérant du monde – tout cela pour m'avoir vu puis abandonné. Il aurait mieux valu alors ne pas me rencontrer.

Nous parlâmes de ce qui restait à faire. Il ne s'agissait pas seulement de guider les Hébreux en Palestine, mais de leur offrir les tables de la loi morale et sociale. Pendant le temps nécessaire, chacun s'isolerait pour élaborer ses propres textes. Nous répartîmes ainsi les tâches : moi, je m'attacherais à la partie générale, laquelle – Moïse ne s'aventurait pas à le contester – m'appartenait de droit. Il concentrerait son activité sur les questions pratiques et sur l'organisation de la vie quotidienne. J'avais l'impression d'avoir choisi la partie essentielle, et là encore Moïse voyait plus loin que moi.

Le temps continuait à être exécrable et nous nous abritâmes à l'intérieur d'une caverne spacieuse où nous étendîmes des fourrures sur le sol. Commença alors une mémorable séance de travail au cours de laquelle nous étions lui et moi engagés dans un duel, chacun d'entre nous tendu dans la volonté de donner le meilleur de soi. Une cloison de roche nous séparait; devant nous s'étendait le ciel chargé de nuages. Je m'assis sur une pierre, devant une autre pierre, et commençai à écrire sur un rouleau :

Je suis ton ami, ton Dieu...

Je m'éveillai en pleine nuit, le cœur battant.

J'avais encore fait ce rêve, et la terreur m'avait de nouveau accablé. C'était un rêve-souvenir et je n'étais pas certain qu'il fût toujours le même; peut-être continuait-il à changer, mais chaque fois j'avais l'impression de tout reconnaître. Il se passait dans les temps originaires dont j'avais parlé à Moïse. Je me retrouvais à l'époque où l'on était venu me chercher dans la tente du village où je faisais halte au cours de mon inspection du globe.

Ils avaient leurs habits de fête, avec leurs façons ingénues. Dans le rêve, il y avait un grand mouvement de plumes et de draps, et une procession accompagnée de chants. Je me trouvais sur la place où avaient lieu des rassemblements, et le sorcier paraissait devant moi, recouvert des marques de son autorité sacerdotale. Seuls au milieu de la foule, nous nous regardions lui et moi comme si rien d'autre n'avait d'importance en dehors de nous deux; et lui, il faisait un geste, comme s'il voulait m'offrir quelque chose. Dans un tourbillonnement de formes je me voyais avancer dans un miroir gigantesque et déformant; et le sorcier nous rapprochait l'un de l'autre.

J'étais là, devant moi, dans le matin lointain de mon existence, quand je compris avoir trouvé un concurrent redoutable dans ma propre créature. Maintenant, c'était moi que l'homme modelait, et il s'agenouillait devant sa création qui s'élevait dans le rêve, devant mes yeux. Je scrutais ce visage, creusé dans le bois par des mains plus passionnées qu'expertes : le regard dur et oblique, les lèvres grosses et charnues, le nez impérieux, les joues sillonnées de rides, le corps tourmenté. De lui, on ne voyait rien, c'était un morceau de bois sans membres, plein de nœuds et de contorsions.

Je fus saisi de stupeur et, dans le rêve, j'étais encore stupéfait. J'avais une idée très différente de mon apparence, et je voyais maintenant comment les autres me voyaient – comme quand on vous montre une photo prise à votre insu. « Vraiment, je suis comme ça ! » ai-je hurlé dans mon sommeil, me souvenant du cri lointain qui jaillit à la vue que j'offrais aux hommes : un monstre courroucé ! Pourquoi s'agenouillaient-ils devant moi ? Pourquoi prétendaient-ils m'aimer ? Je ne les comprenais pas.

L'angoisse se dissipant après mon réveil, je fis quelques pas dans la caverne, et m'aperçus que Moïse n'était plus là. Le rêve m'avait rappelé une pensée importante que je courus immédiatement écrire : « Ne crois pas aux images que les hommes dessinent de moi », disait-elle à peu près. C'était comme si j'avais écrit : « Ne te fie pas au portrait, et viens toi-même vers moi. » Aujourd'hui encore, je réagis mal si l'on braque un appareil photo vers moi. N'avais-je pas droit au respect ? Quel honnête peintre a jamais exécuté un portrait sans avoir vu la personne à représenter ?

Je me sentis si bien après avoir écrit que j'eus envie de parler à mon ami ; où était Moïse ? Je me mis à marcher sur les pierres de la montagne : au-dessus de moi brillaient des étoiles grandes comme des fruits sur un arbre dont les branches et les feuilles respiraient cachées dans l'obscurité. Je fus gagné par ma lointaine terreur de la solitude, déposée en moi comme une graine prête à exploser et à me couvrir de plaies. J'étais seul et j'errais sur l'écorce du monde, désireux de trouver de la compagnie. De là-haut, je vis les lumières du campement hébreu ; et je m'acheminai vers ce scintillement.

En descendant du mont, j'entendis croître le bourdonnement, jusqu'au moment où il devint un vrai rugissement de foule. Quand j'arrivai à la hauteur des premières tentes je m'aperçus que, dans le village, on célébrait une fête. Et, avant même de voir un visage humain, mon regard fut ébloui par une grande statue d'animal qui se détachait, dominant l'espace, éclairée par des centaines de torches et par un feu de joie allumé à ses pieds. Je ne réussis pas tout de suite à reconnaître l'animal dont il s'agissait, mais, m'approchant, je distinguai le museau d'une vache ou d'un veau. Il était recouvert de bandelettes en or et brillait d'une façon bizarre sur son piédestal en bois, autour duquel s'agitait la foule.

C'était le plus absurde portrait qu'on ait pu faire de moi, et je restai à le regarder de haut en bas, humilié et irrité. Il était grand comme deux fois un veau normal, et il me sembla laid, même pour une statue. La grimace qui lui tordait la bouche dans un rictus maléfique me frappa désagréablement ; ou peut-être était-ce parce que je le regardais d'en bas ? Pour mieux voir, je reculai de quelques pas et me levai sur la pointe des pieds, me tournant à droite et à gauche, indifférent au mouvement autour de moi qui, à un moment donné, m'emporta soudainement, me jetant à terre. Je roulai vers un coin que la foule n'avait pas atteint, et, de là, je vis avec étonnement la scène.

Le village était une mer en pleine tempête qui s'agitait dans une folie ondoyante. Une série de mouvements enchevêtrés poussait les groupes à se dissoudre et à se reformer plus loin, dans l'ombre laissée par la lumière oscillante des torches. Les torches! Je me souvenais de Moïse qui apprenait à son peuple à couper les branches de résineux et à les enflammer. Je regardai le veau et fus gagné par l'angoisse.

Aaron apparut. Lui, c'était un personnage que je n'avais pas réussi à comprendre. Il était le frère de Moïse et il exécutait chacun de ses ordres, mais comme s'il s'agissait de choses impossibles à réaliser, et même discutables du point de vue du bon sens. Il circulait maintenant parmi les gens avec un visage excité, et, quand il me vit, il vint vers moi sans dissimuler son contentement. Il n'avait jamais compris qui j'étais, mais il me tenait pour l'inspirateur des projets de son frère. Je sentis grandir en moi une dure hostilité à son égard.

« Tu seras satisfait », sifflai-je quand il fut près de moi.

Aaron s'assit à côté de moi et contempla le spectacle comme du poulailler d'un théâtre. Puis il me dit, soupirant d'un air ironique :

« Ne vois-tu pas leur adoration?

– Un veau! répliquai-je rageusement. Belle prouesse, un veau! Si vraiment tu avais besoin d'un animal, ne pouvais-tu pas trouver mieux? »

Aaron soupira avec patience et commença son explication.

« Tu ne devrais pas mépriser le veau, répondit-il. Il est

doux et tranquille, fournit une très bonne viande, et sa peau, une fois écorchée, protège énormément du froid. Mais cela n'est pas le point important. Considère plutôt la joie de tous ceux-là : si tu étais Dieu, n'en serais-tu pas content? Leur bien-être ne te tiendrait-il pas à cœur? Et sais-tu pourquoi il sont si contents? Parce que, finalement, il y a quelque chose qu'ils peuvent comprendre. Aucun des discours de mon frère n'a jamais été compris par ces gens. Ils ne parvenaient pas à s'expliquer pourquoi leur Dieu ne se montrait pas, sauf aux yeux de Moïse; un veau n'est-il pas préférable à une chose dont on ignore si elle existe vraiment? Si au moins Dieu se montrait! Si maintenant, par exemple, il se décidait à descendre de là-haut, et à se faire voir ici, parmi nous, et nous expliquait un peu mieux ce qui arrive! Au lieu de ça, rien; il ne se fera certainement pas voir. Peut-être que la seule chose qu'on désirait était de le convaincre de venir. Le veau, nous l'avons fait en or, pour qu'il brille de loin. Ils m'ont donné tout l'or qu'ils possédaient, et il a fallu une nuit pour le fondre et le refroidir. »

J'étais alors sur le point de révéler qui j'étais; mais, par méfiance, je me tus. Devant nous se déchaînait l'orgie. Une fille aux cheveux bouclés s'était dénudée et offrait ses seins à la statue. Un instant après, elle se retrouva dans les bras d'un jeune homme, et ils se roulaient tous les deux dans la poussière. J'entendis Aaron ricaner à côté de moi, et je le regardai.

« C'est son frère », dit-il en guise de commentaire.

J'eus soudain l'impression de le reconnaître, après avoir été, moi aussi, incertain quant à son identité. Comme cela arrive dans les rêves, un masque se plaqua sur son visage, qui m'avait toujours été familier. Le sorcier, c'était lui! – plein de compassion pour les défauts de son peuple, et d'une secrète hostilité à mon égard. Il ne désirait pas me connaître. C'était lui qui poussait la foule à créer toutes sortes d'images de moi, lui! l'éternel frère du prophète, le compatissant organisateur de fêtes et de sacrifices.

Les cris des animaux égorgés parvinrent à mes oreilles. Je me levai pour les voir mais, avant même que je puisse faire un pas, un événement nouveau créa des remous dans la foule, une grande dispersion, dans un souffle rauque qui engloutit les râles des bêtes. A côté de la statue se tenait Moïse.

Rarement apparition fut aussi spectaculaire. Elle était digne d'un grand metteur en scène, mais aussi d'un grand acteur. Moïse était vêtu d'une cape noire qui lui descendait jusqu'aux pieds et qui allongeait beaucoup sa silhouette. Je n'avais jamais vu ce vêtement sur lui, et me demandai où il l'avait trouvé : je le soupçonnai d'avoir une garde-robe cachée dans sa tente. Mais, plus que son vêtement, son visage fut le grand coup de théâtre ; il était difficile de lire une image plus précise de la colère que celle qu'on voyait sur son visage. Deux plis marqués descendaient de ses yeux à sa bouche, conférant à sa physionomie une dignité plus que sacrée. Je me demandai s'ils étaient dessinés au charbon, ou si les traits même du visage s'étaient pliés pour exprimer les sentiments du prophète. La foule se tut et attendit qu'il parle.

Je regardai Aaron du coin de l'œil – il était resté à mes côtés. Il avait pris l'attitude du second rôle à l'arrivée de l'acteur principal, admirative et résignée, avec tout juste une pointe de ressentiment.

Moïse s'écria :

« C'était donc ça que j'entendais en m'approchant : pas un chant de victoire ou de défaite, mais un air de danse et de joie. Et, quand je suis arrivé parmi vous, peuple d'Israël, ma colère a éclaté, et grande sera par conséquent ma vengeance. »

Dans le silence qui suivit ces paroles, la foule fut pétrifiée de frayeur. Je regardai les hommes et les femmes à moitié nues, et leurs regards tournés vers Moïse imploraient le châtiment. Je considérai à nouveau de quoi était fait le pouvoir mystérieux d'un chef ; ils auraient pu immédiatement se débarrasser de lui et revenir à leurs danses, mais, au contraire, ils étaient complètement subjugués. On avait l'impression que la force d'un dieu s'était abattue sur eux.

Moïse continua, scandant ses mots d'une voix solennelle.

« Cela aurait dû être une grande soirée pour nous tous : le

moment de la vraie fête et de la grande conciliation était sur le point d'arriver. J'étais descendu de la montagne avec le plus précieux des messages : j'avais apporté les tables du Seigneur, qui m'avaient été remises pendant ma méditation sur le Sinaï. Un grand espoir m'habitait alors que je m'approchais : vous lire Ses nouvelles lois. Lui en rendre grâce avec vous, et parcourir ensemble la voie tracée par Lui. Voici les tables qu'Il m'avait confiées pour Son peuple inique, idolâtre et blasphémateur. »

J'étais fasciné par la silhouette de Moïse, et je n'en croyais pas mes oreilles ; nous savions très bien l'un et l'autre que je n'avais écrit sur aucune table. Un remous agita la foule, qui fut prise d'un moment de doute : les tables du Seigneur ! Et où étaient ses tables ?

Ce fut le point culminant de la représentation. Moïse attendit pendant une minute dans un recueillement renfrogné. Il explora la foule d'un regard distant et méprisant ; puis il se pencha, saisit deux plaques de pierre qu'il avait cachées derrière lui ; il les éleva au-dessus de lui pour les rendre bien visibles à la foule. Un cri s'éleva, qui devint spasmodique, quand Moïse, d'un geste violent, jeta les tables contre le socle de pierre de la statue. Elles se brisèrent en morceaux, dans l'angoisse de la multitude. Je vis Aaron près de moi, le visage inondé de larmes, s'arracher les cheveux de désespoir – malgré l'indifférence et l'ironie qu'il avait manifestées auparavant – pour avoir perdu mon message. La foule était plongée dans une douleur qui semblait ne jamais devoir cesser. Les hommes consolaient les femmes, les mères étreignaient leurs enfants qui pleuraient à chaudes larmes, comme s'ils avaient perdu leur jouet préféré.

Au bout d'un instant je repris courage. J'avais été saisi de la peur que Moïse eût trouvé mes écrits roulés et cachés ; mais il n'avait détruit que deux pierres sur lesquelles il n'y avait rien d'écrit.

Moïse se déchaînait. Il avait saisi une torche et mis le feu au veau, qui commença à s'enflammer frénétiquement, comme s'il n'avait rien attendu d'autre. La foule brûla à son tour sur un bûcher de volupté et de pénitence. Tout Israël invoquait la souffrance comme on invoque l'étreinte amoureuse. Je sentais naître en moi frayeur et appréhension, et je compris très vite combien mes sentiments étaient justifiés. Moïse perçut la demande qui montait vers lui, puisqu'il décida de l'exaucer. Encerclé par les flammes, il se mit à crier, jusqu'à couvrir le rugissement du feu et les clameurs de la foule.

« Le Seigneur exige une preuve de votre repentir et de votre obéissance ! Sinon la foudre tombera sur vos tentes, et de vous, il ne restera même pas le souvenir. Il commande que chacun s'arme d'une épée et tue son frère, ou son enfant, ou sa mère, le parent le plus proche et le plus aimé ; c'est le sacrifice que vous ferez au Dieu qui est votre maître. Mais cela ne suffit pas ; quand les flammes de ce feu se seront éteintes, je veux que vous ramassiez la poussière, et que vous la mélangiez à l'eau, et que vous buviez cette eau avec vos enfants, et cela sera le signe de l'obéissance retrouvée. Il n'y aura pas de nouveau pardon. »

Moïse avait dicté ses injonctions comme si la seconde avait été plus grave que la première ; mais les deux furent accueillies par la foule avec soulagement.

Soudain, je vis l'homme qui, devant tout le monde, avait possédé sa sœur, lui assener un coup d'épée et la laisser à terre dans son sang. Ce fut le début du massacre, au cours duquel de nombreux comptes furent réglés sans traîner. Je vis chacun se diriger vers un parent détesté et le tuer sur-le-champ. Seuls ceux qui étaient particulièrement désireux de punition se précipitèrent sur la personne la plus aimée afin d'expier au mieux le péché commis ; d'autres, incertains, choisissaient un peu au hasard la personne qui était à portée de leur main. Le village se transforma en un abattoir et l'horreur m'envahit. C'était le moment ou jamais d'intervenir.

Bien que certain d'échouer, je courus vers l'estrade sur laquelle j'avais vu Moïse – qui, entre-temps, avait disparu vers quelque retraite stratégique –, décidé à haranguer la foule. Je ne sais dire ce qui aurait eu lieu si j'avais réussi, mais le destin se mit à nouveau sur mon chemin.

Tandis que je courais vers les flammes qui enveloppaient

maintenant la statue et éclairaient le campement comme en plein jour, je trébuchai sur un corps recroquevillé par terre et me retrouvai dans la poussière. A côté de moi se trouvait une très jeune femme tenant dans ses bras un enfant qui, dans cette pagaille infernale, parvenait à dormir comme un ange. Elle le serrait comme si on avait voulu le lui arracher des mains, et son corps avait un mouvement de refus, son visage était grimaçant de chagrin. Je regardai mieux, et je vis le couteau qu'elle serrait dans sa main, derrière le corps de l'enfant : nos regards se rencontrèrent. « Que fais-tu ? » lui demanda le mien, chargé d'angoisse. Ses yeux répondirent : « Je dois le tuer. N'as-tu pas entendu Moïse ? Mais je n'arrive pas à le faire. » Elle était incapable de bouger, et elle aurait été retrouvée ainsi par les fidèles de Moïse qui ne tarderaient pas à vérifier l'exécution de ses ordres – le village fourmillait déjà de fidèles zélés –, et elle aurait certainement été punie.

D'instinct je la soulevai de terre, nous traversâmes tous trois le campement et nous éloignâmes des flammes et des tentes, sans que personne ne nous arrête ou nous adresse un regard. Je voulus sauver la vie de deux êtres que je n'avais pas vus auparavant – et je me désintéressai des événements plus importants qui se déroulaient désormais et rugissaient derrière moi tandis que je marchais tenant dans mes bras mon fardeau humain. Je n'avais aucune envie de revoir Moïse, et j'avais besoin de méditer de mon côté. Au lieu d'aller vers la caverne, je me dirigeai vers une petite oasis que j'avais découverte quelque temps auparavant, à environ dix milles du Sinaï. Je marchai toute la nuit, et l'aube se levait quand j'atteignis, épuisé, mon but, soutenant la mère qui, elle aussi, s'était endormie avec l'enfant serré contre son sein.

Aux premières lueurs du jour, sous les palmiers vigoureux et délicats, son visage m'apparut dans toute sa beauté ; et je fus content de l'avoir sauvée ainsi que son enfant. Mais je ne restai pas longtemps à me féliciter, car la fatigue m'opprima. Je m'étendis à côté d'eux sur l'herbe, et je m'abandonnai au sommeil.

Quand, l'esprit reposé, je repensai aux événements de la

veille au soir, ils m'apparurent comme la conclusion de ce rêve interrompu. Chacun se recommandait de moi avec la plus absolue désinvolture, sans s'occuper de mon ressentiment. Moïse m'avait dépeint auprès des Israélites comme un être jaloux et vindicatif, mais il ne devait pas le penser puisqu'il faisait semblant de disposer de mes tables et me faisait passer pour le responsable d'ordres insensés comme celui du massacre. Ils me transformaient en totem en bois, en veau, en propriétaire ombrageux qui exige le paiement des comptes, mais dans tous les cas je devenais une espèce de fantoche. Mon orgueil en souffrait, mais cela n'était pas le pire. Je sentais que les événements échappaient à mon contrôle. C'était comme si l'homme s'en allait tout seul, suivant des projets autonomes, sans me demander conseil.

En ces jours de méditation dans l'oasis, protégé par le refuge naturel qui me rappelait mes souvenirs d'enfance – les plantes palmacées, l'eau de l'étang, les antilopes, et les oiseaux qui peuplaient l'air entre les branches et l'herbe – en ces jours je parcourus à nouveau les étapes de ma désillusion.

Après la sinistre apparition du totem je m'étais persuadé que la créature humaine en était arrivée à un point d'arrêt. Je fis un voyage dans le reste du monde et vis que mes craintes étaient fondées. Partout se produisaient plus ou moins les mêmes choses, suivant un processus mystérieux par lequel tout se passait en des lieux différents et par périodes successives – ce qui m'a fait quelquefois imaginer que, sur quelque étoile très lointaine, quelqu'un était en train d'écrire un livre semblable au mien. Partout où j'allais, qu'il s'agisse de populations blanches, jaunes ou noires, je voyais la crise qui saisissait l'animal en qui j'avais fondé mes espoirs.

Me promenant dans l'oasis solitaire, assis devant le petit lac tranquille et limpide, je repensai à l'antique clown qui avait apparu, figé devant ce qui commençait à briller à son regard. Habitué à comparer les choses comme je lui avais appris à le faire, il s'était mis à confronter son propre plaisir avec les excréments qui sortaient de son corps, et il en était resté foudroyé. Je cherchai à lui expliquer de plusieurs manières que c'était encore une imperfection du monde que j'avais créé, semblable à toutes celles qui mêlaient plaisir et douleur, et qui réapparaît dans le cri étranglé qui accompagne l'orgasme ; si bien que les fèces et le sexe ont des origines communes. Je voulus lui faire remarquer le plaisir qu'il tirait en mettant en pièces et en dévorant un animal tué : le résultat fut que, plutôt que de vouloir comprendre, il prit goût à la chasse et aux jeux sanguinaires. Son besoin de recevoir une approbation pour tout ce qu'il faisait me frappait; tout seul il semblait timide, peureux, indécis. Il était un mélange d'égoïsme et d'incapacité à se passer vraiment des autres. Peut-être m'étais-je trompé d'animal!

Angoissé par ces souvenirs, je revenais où j'avais laissé la femme et son enfant. Je les observais jouer, sans me montrer; je les voyais rire et courais jouer avec eux, sentant renaître l'espoir déçu.

Il était fatal que je finisse par tomber amoureux. Complètement absorbé par le sort du monde, je n'avais pas pensé que cela puisse m'arriver. Je me surprenais à vibrer d'une curieuse agitation quand, dans nos jeux, j'effleurais le corps de mon amie; et déjà, une ou deux fois, il m'était arrivé de rêver à elle et de m'éveiller tout à coup. J'aimais la regarder dormir à côté de son enfant, d'un sommeil sérieux et étonné. Que contemplaient-ils les yeux fermés? Je frissonnais à la pensée que la mort aurait déjà dû les atteindre, si je n'avais pas été là. Je recommençais à évoquer le passé dans le grand silence du désert, et une lumière nouvelle enrichissait mes souvenirs.

Depuis le moment où l'homme s'était aperçu qu'il devait mourir, je rencontrais partout des gens qui pensaient à la mort, la tête entre les mains; comme on fixe un trou dans un mur, ils attendaient qu'il en sorte quelque chose. Après une inutile contemplation ils se levaient et retournaient à leurs affaires, d'un air ébahi et avec des gestes mécaniques. Ils semblaient figés dans une parodie d'eux-mêmes. Comme s'ils ne s'étaient décidés qu'à imiter les gestes de la veille. Je devais remédier à cela.

Je voyais déjà que beaucoup commençaient à se laisser mourir, tandis que le plus grand nombre se renfermait dans une froide et silencieuse immobilité. Deux familles humaines se créèrent alors, qui ne sont pas encore éteintes et prolifèrent toujours : les suicidaires et les déshérités de la vie. Le monde est rempli des uns et des autres; et aujourd'hui, les grandes villes sont les points de regroupement de ces familles proches qui ont du mal à se reconnaître. Affalés sur le trottoir, le visage entaillé par le froid, pieds nus en plein hiver, oublieux de tout sauf de ce lointain instant de la vie du monde où l'homme s'aperçut de sa mort et s'effondra presque sous le poids de sa découverte. Il n'avait rien pour le soutenir, si ce n'est le vin et les herbes aromatiques qui remplaçaient l'oubli pour ceux qui n'arrivaient pas à se recroqueviller en lui, et à se cacher à leurs propres yeux comme le font les enfants sous les couvertures. Et je vois l'alcool et les drogues qui circulent parmi mes déshérités, comme en ces temps anciens, dans la douleur de la première connaissance ; et tout ce que je peux faire est de donner l'aumône au hasard ; et je pense à une espèce désorientée, comme des guerriers sans force, ou des oiseaux sans ailes, ou des ronces épineuses et sans défenses malgré leurs aiguillons, et tout ce qui aboutit à une impasse. Pour avancer il est nécessaire de détourner son regard. Si les abandonnés avaient du pouvoir, ils convertiraient l'humanité à leur état – exactement comme les morts sans sépulture répandent les épidémies. Ce fut là une chose que ma troupe en débandade apprit très vite : enterrer les morts et isoler les vaincus. La première tâche était la plus urgente, car les morts étaient les plus nombreux. Mais il fallait avant tout réveiller les hommes de la torpeur où ils retombaient à intervalles réguliers, comme des clowns fatigués de jouer les mêmes rôles.

C'est alors que je créais le mirage. C'était au cours d'un été très chaud. Je me reposais dans les prés inondés de lumière, mes créatures étaient immobiles ; mon cheval restait lui-même tête basse et semblait triste. Seuls les moustiques, les mouches, les taons, les bourdons, toutes les miettes et les scories que j'avais laissé traîner, se baladaient. Le cheval se défendait de leurs assauts par des battements de queue.

A l'heure méridienne, une mélancolie mêlée d'attente me gagna. Le monde me sembla inchangé, fermé dans son imperfection, pareil à une prison aux murs délabrés et aux portes fermées. Encerclé par de sombres pensées je me levai et commençai à marcher. Partout je vis l'ennui et l'oppression de la chaleur. Les mâles étendus à côté de leurs femelles ne daignaient même pas leur accorder un regard. Personne ne voulait être autre chose que soi-même : une situation désespérante et sans issue. Les espèces menaçaient de ne plus vouloir se transformer en espèces différentes ; certaines se laissaient mourir et s'éteignaient, sans lamentations ni cris. Me promenant dans les campagnes, je vis un homme affalé sous un arbre, sa femme dormait quelques pas plus loin ; épuisés et atones comme les dinosaures au moment de leur défaite. Je regardai l'homme dans les yeux, il ne me vit pas : son regard passa au-dessus de moi, et il resta immobile. La femme ne bougea pas non plus de l'herbe dans laquelle elle était étendue sur le dos.

Je devais faire quelque chose. Je vis alors la vigne, pleine de grappes de raisin, une de mes inventions décoratives, comme l'ananas et le chèvrefeuille. Je les goûtai pour la première fois, et me mis à presser les grains. Je travaillai dans l'ivresse solaire, héros de la vendange, cueilleur de la première heure. C'était le crépuscule quand je m'approchai de l'homme sous l'arbre, et que je le réveillai avec le parfum qui provenait de mes mains pleines d'un liquide odorant et dense. Il but et fit boire sa compagne ; peu après tous deux riaient et se livraient à des jeux amoureux. Le soir même le village retentit des cris et des chants des buveurs.

Au vin s'ajoutèrent vite les drogues ; et, à travers le monde, se propagea un feu follet d'enthousiasme. Mais, comme le vin, les drogues étourdissaient et déprimaient aussi ceux qu'elles avaient enivrés. A l'exaltation faisait suite la sombre immobilité que je connaissais. Allongés à terre, les hommes et les femmes dormaient. Le sommeil devint mon principal ennemi ; partout je voyais des traces de son infatigable et silencieuse activité. Son noir manteau sortait de la nuit et envahissait les régions sacrées du soleil, le jour consacré à la vie et à l'énergie. Il me fuyait avec un art diabolique. Si je courais l'affronter, il m'évitait et, soudain, d'un coup d'œil direct et flamboyant, m'hypnotisait : je tombais moi-même assoupi pour plus tard m'éveiller furieux. C'est moi qui dois dominer le sommeil, protestais-je, et non le contraire : lui est le serviteur, et moi, le maître !

J'essayai de ruser. Je m'entraînai à me reposer en fin de matinée, heure où presque tout le monde était réveillé, de façon à avoir à ma disposition la foule des humains qui s'endormaient après moi. Si le sommeil gagnait sa bataille contre la survie, il deviendrait un messager de mort plutôt qu'un réparateur de vie. Mon effort consista à pénétrer à l'intérieur des territoires que j'avais occupés. Je créai les rêves – messages divins cachés dans les plis du sommeil – et ce fut une de mes créations les plus durables.

Si je regarde au-dehors, par la fenêtre, dans la nuit de la ville, j'entends l'immense foule endormie et visitée par les rêves ; une moitié du monde est submergée par sa couverture multicolore comme les murs et les vitres des cathédrales d'autrefois. Le rêve est une demeure décorée de fresques. J'illustrai l'esprit humain avec l'habileté d'un miniaturiste. Je faisais à chacun cadeau de rêves qui naissaient de choses vraiment vues : un visage, un lieu, une scène. Je m'exerçai à étudier la vie d'une personne en découpant des épisodes importants et d'autres choisis au hasard et selon mon caprice, je les mêlais dans une histoire contenant le message à transmettre. J'espérais fasciner les dormeurs, sans défense dans leur sommeil, et prêts à écouter mes paroles. Après la gravité de la contemplation nocturne – les hommes qui dorment sont des philosophes – revenait le réveil chargé d'oubli, de pleurs et de rires.

Les pleurs et le rire faisaient partie de la vie. Les uns et l'autre étaient suscités par des événements mineurs ; un homme se faisait mal et pleurait, un autre glissait par terre et riait. Mais je savais que l'un pleurait de sa propre fragilité et de sa propre mort et que l'autre riait pour exprimer sa surprise d'être encore en vie. Je ne parvenais pas à leur enseigner à ne pas craindre la mort sans cesser d'aimer la vie ; une chose semblait exclure l'autre.

En attendant, il fallait veiller à renforcer le désir sexuel qui avait affreusement diminué. L'espèce humaine risquait de s'éteindre. Je leur soufflai l'idée de créer des vêtements qui couvriraient les membres des hommes et des femmes, afin de les rendre désirables. Les organes génitaux servirent au mieux mes fins : ils devinrent invisibles, au point d'être désirés et idolâtrés. Ce fut une bonne trouvaille. Pour toujours l'humanité adopterait des formes et des costumes taillés dans le but de faire croître le désir de ce qu'ils cachaient ; et ce corps qui – nu et sans protection – engendre bien vite un sentiment d'habitude mêlée à de l'ennui, une fois recouvert devient mystérieux et troublant, encore plus si ce qui le cache est élégant et imprévu, si bien que tout s'évanouit dans un mouvement indistinct. Le désir qui se déchaîne semble vouloir vaincre la volonté de fuir et de se cacher que l'autre montre en se couvrant de vêtements ; et le geste le plus sensuel devient celui de déshabiller la femme qu'on aime. S'approcher de son corps au travers du vêtement équivaut à la découverte d'un continent secret. Si grande est la puissance du mirage.

Acsa aussi – je connaissais à présent son prénom –, le jour où je l'avais trouvée, était drapée dans un manteau qui ne laissait à découvert que son visage olivâtre, sous une chevelure brune comme son vêtement. Au fil des jours, dans l'oasis, elle se libérait de ce poids qui lui avait été imposé. A chaque avancée du bonheur une partie de son corps se libérait – ses bras, ses chevilles, ses épaules. Chaque jour nouveau la voyait éclore de son vêtement, tandis que l'enfant déjà nu passait de ses mains aux miennes.

Un soir, après avoir longtemps joué, nous dînâmes sur l'herbe. L'enfant s'était endormi et un vent tranquille agitait les branches des palmiers. Nous vîmes passer le couple de chameaux qui vivaient dans l'oasis, dans leur promenade du soir le long du petit lac, et les oiseaux ivres de vol et de cris nous effleuraient sans peur. Nous nous taisions, enveloppés dans le charme de l'heure. Acsa me regardait, désomais au-delà de toute pudeur. La sensation fut celle – unique et enivrante – d'être reconnu ; quand cela arrive, on ne peut pas se tromper.

« Tu sais qui je suis, n'est-ce pas ? » lui demandai-je à voix basse.

Acsa fit signe de la tête que oui. Tout son visage riait de bonheur.

« Mais comment as-tu fait? insistai-je. Presque personne n'y arrive. Ne serais-tu pas magicienne ou sorcière? »

Acsa me raconta alors son histoire de la manière dont on confie un secret. Quand elle était enfant, elle en était arrivée à la conclusion que ce qu'on racontait sur moi dans son village était faux. Elle n'avait pas la possibilité de trouver des preuves et de faire des constatations, parce que je ne me faisais jamais voir et qu'elle ne savait pas où me chercher; elle ne savait pas non plus comment je m'appelais et refusait le nom de Dieu comme un mensonge parmi d'autres. Sans pouvoir me demander aide et conseil, elle s'était trouvée à me parler de la seule manière qui lui fût consentie, comme on écrit des lettres à un destinataire inconnu. Elle ne savait même pas qu'elle me parlait, elle ne savait pas à qui elle écrivait; ses lettres étaient les actes de sa vie d'enfant et d'adulte. Certainement attendait-elle de me rencontrer, comme tous ceux qui sont heureux sans raison apparente, pour le seul fait d'être au monde et de participer à une aventure qui n'a ni comparaison ni alternative. Quand elle sentit qu'elle grandissait, son envie de vivre s'accrut. Son corps s'épanouissait, comme cela arrive aussi à l'esprit, dans les passages d'un âge à l'autre : sa poitrine et son pubis lui donnaient des possibilités illimitées de jeu, avec elle et avec les autres. Elle rencontra le mur de l'interdit qui, depuis longtemps déjà, assaillait le monde des hommes comme un nuage sur l'horizon de la joie. Elle flotta longtemps, troublée par les possibilités qui s'offraient à elle; et, désireuse de ne faire de mal à personne, elle épousa un tailleur de sa tribu puis se referma dans les habits confectionnés par lui; noirs, épais et enveloppants.

Elle connut la dernière période d'esclavage en terre d'Égypte. Acsa s'était transformée en une sorte de fleur refermée, avec des yeux emprisonnés et étonnés. Elle s'était adaptée à sa vie comme si elle l'avait vécue à la place d'une autre, mais l'espoir de me rencontrer ne l'abandonnait pas. Un espoir aussi fort confine à la certitude, et demeure chez les croyants jusqu'au dernier instant de leur vie : on dit qu'il les suit dans la mort, même si je ne sais pas ce qui arrive aux âmes après la mort, puisqu'elles disparaissent complètement de ma vue. Acsa s'éveillait le matin et regardait la lumière comme si j'étais dedans ; et, quand naquit l'enfant, ce fut comme si je lui avais envoyé un message plus important, sorti de sa chair hospitalière, un souvenir vivant, une âme de chair. Quand elle faisait l'amour avec le tailleur, je flottais autour d'elle, j'entrais dans ses rêves et j'y restais pendant longtemps, c'étaient de longs voyages et des explorations renouvelées du monde. J'ignorais avoir passé autant de temps avec elle.

Un jour Acsa commença à me parler, et son espoir de me voir se transforma en un désir grandissant. Ce fut alors que Moïse et moi arrivâmes dans le village, et, peu après, la tribu abandonna la terre égyptienne. Acsa assista ébahie à tout ce qui se passait, jusqu'à la fête du veau, à laquelle, dans un mouvement d'orgueil inattendu, elle ne voulut pas participer. Quand elle vit tout le monde se prosterner devant Moïse, elle fut prise de terreur pour le sort de son enfant ; j'étais passé près d'elle seulement quelques instants après et l'avais emmenée.

Dans l'oasis elle m'avait reconnu presque immédiatement, et la métamorphose avait commencé. A présent, avec le soleil qui disparaissait derrière les dunes, sa prière m'était parvenue. Acsa tendait ses bras vers moi, semblable à une fleur qui se tourne vers le soleil et à l'eau qui s'écoule vers des terres inconnues ; et elle se libérait de l'enveloppe de ses vêtements. Elle devenait un papillon – me rendant ce qui m'appartenait : son cou, ses épaules, sa gracieuse poitrine, qui me donnait l'impression, lorsque je la touchais, d'être aspiré vers l'intérieur de l'âme qui contient la mémoire de la poitrine des femmes, douce comme nulle autre chose. Les bras d'Acsa étaient sur mon corps, sans pudeur, car avec Dieu tout est permis, et pour lui n'existent ni péché ni adultère. Son ventre tranquille se découvrait, ses flancs et ses jambes se découvraient, et, entre ses jambes, la fleur des fleurs de son corps jardin, qui s'ouvrait à moi comme si, depuis toujours, il n'avait rien attendu d'autre ; et l'ardeur de son désir était si grande que le mien devint grand comme l'oasis, et je pénétrai en elle, et rien n'importa plus, jusqu'à ce que la semence déposée dans un cri ne nous rappelle à tous deux que tout cela se faisait pour la vie qui passait parmi les joies et les douleurs du monde. Nous contemplâmes cette certitude dans la quiétude de la nuit striée de lumières, sous les étoiles à perte de vue, près de l'enfant qui suivait la même idée dans un réseau de songes.

Après avoir fait l'amour avec elle je découvris que je l'aimais. J'étais encore étendu dans l'herbe, Acsa était allée retrouver son enfant dans le monde des rêves, elle jouait avec lui dans les prés et sous les étoiles. Je me sentais la proie d'une lente invasion qui provenait des feuilles, du sable, du ciel; plus loin, je la sentais venir du large et des terres qui, au-delà de la mer, s'étendaient vers d'autres mers. Mon univers parvenait jusqu'à moi, heureux à son tour d'être reconnu morceau par morceau, et dans son ensemble. C'était comme une assemblée de vieux compagnons d'armes ou d'anciens camarades d'école, et on y trouvait la jubilation et la mélancolie qu'on connaît dans ces événements; j'étais heureux et l'univers me fêtait. Quand je me sens satisfait et content, il me revient à l'esprit ce que j'oublie dans le tourbillon de la vie : que je suis toutes les choses invisibles et visibles. J'étais aussi Acsa, qui à son tour était tout ce que j'étais, puisqu'elle était en mesure de m'aimer; et à cette certitude me conduisait ce que j'expérimentais en moi après l'avoir créé pour les hommes.

Dans les jours qui suivirent Acsa se promena dans l'oasis, à moitié nue et heureuse. Nous faisions l'amour et elle m'appelait son dieu bon et généreux, et je la saluais comme la plus belle de mes créatures. Certes j'exagérais, car le dahlia et la gazelle ont une beauté extrême, en soi parfaite, comme d'autres choses sorties de mes mains dans mes moments d'inspiration. Couverts de sable, nous courions nous jeter dans l'étang dont l'eau restait très fraîche, même à l'heure méridienne, puis je recommençais à lui raconter l'histoire du monde. Acsa ne se lassait pas de m'écouter, et elle avait une explication pour certains événements. Par exemple, selon elle, les torrents étaient le désir des montagnes d'arriver à la mer ; et un torrent est vraiment une partie de la montagne qui, tôt ou tard, devient la mer. J'étais frappé de la façon dont elle réussissait à voir au fond de moi et de mes actions, et je sentais que j'étais à mon tour en train d'apprendre des choses d'elle. Dans la gratitude joyeuse qui nous liait, nous résolûmes de créer l'amour.

Ce fut certes un jeu, mais pas uniquement. Aimer était plus que le désir de faire l'amour, c'était ajouter à la fleur le parfum et le souvenir de la fleur. Nous nous séparâmes volontairement pendant une journée, et l'on finissait par se parler à distance, ce qui faisait partie du jeu. Acsa était présente même quand elle n'était pas là, et elle ressentait la même chose de son côté, au-delà de ma condition particulière ; d'une certaine manière, elle était en train de devenir ma déesse. Son plaisir fut énorme quand je le lui dis. Nous décidâmes que l'amour consisterait aussi à rendre la personne aimée familière et divine en même temps. Nous rédigeâmes une liste de tout ce qui nous semblait nécessaire. La règle absolue est la gaieté, sans quoi on ne peut ni commencer le jeu, ni le poursuivre. Rire ensemble veut dire s'aimer, et la gaieté est la forme la plus haute de la vie, comme le savent ceux qui la connaissent. On tente de remédier à son absence par la gaieté empruntée aux autres – le rire qu'ils font naître par leurs gestes et leurs paroles – si bien que l'organisme fatigué retrouve quelque énergie d'espoir ; mais l'amour consiste à donner à l'autre sa propre gaieté – et, en réalité, seuls sont déjà heureux ceux qui peuvent vraiment aimer et gagner à ce jeu. Nous écrivions les règles sur le sable et peu importe si le vent les effaçait – c'étaient des règles impérissables.

Je me souviens du soir où nous en arrivâmes à la règle suprême et terminâmes l'inventaire du jeu d'amour. Elle se résumait en une brève formule, et Acsa la prononça la première : ce serait beau de mourir, dit-elle en me regardant. Et moi qui avais crié quand j'étais au fond d'elle ma joie et mon angoisse de me sentir séparé de moi-même, je compris ce qu'elle disait, et l'aidai à le comprendre – que ce moment ne devrait pas finir et qu'en même temps elle et moi ne comptions plus beaucoup, car dans l'instant d'amour tout l'univers atteint un centre et un but. C'est aussi le sentiment de l'amant heureux, et, à ce point, la mort apparaît sous un jour tout à fait différent : comme un fait non seulement nécessaire, mais absolument vital : « La mort rend la vie sacrée ! » avons-nous crié dans l'oasis. Et nous déclamâmes la règle d'or : *celui-là seul qui aime ne craint pas la mort, celui-là seul qui ne craint pas la mort peut aimer*. Ravis de notre découverte, nous fûmes surpris par un tourbillon de vent. Nous ne courûmes pas nous abriter. Je serrai fort l'enfant contre moi, désirant avoir un fils pour le protéger et lui enseigner la raison de la vie.

Comme on le voit, je n'étais pas seulement le créateur, mais aussi le premier à profiter de certaines de mes inventions. Tout cela ne serait peut-être pas arrivé sans Acsa, et mon esprit fut effleuré par l'idée de continuer à rester avec elle, dans le bonheur de ces journées, maintenant que j'avais créé l'amour et l'avais expérimenté à mon grand avantage. Nous pourrions nous établir dans l'oasis, élever l'enfant, avoir un fils à nous, vivre à l'abri de l'avidité et des ambitions qui pervertissent le monde. Je demandai à Acsa de m'épouser, maladroitement, puisqu'elle était déjà mariée ; et elle me répondit qu'elle l'avait déjà fait tandis qu'elle pensait vouloir mourir. Nous étions donc mariés – et nous fêtâmes l'événement en dînant de fruits. Ce soir-là, je m'endormis dans un bonheur confus, comme un adolescent au terme d'une journée d'heureux pressentiments.

Au cours de la nuit, je fus gagné par une impression de cauchemar. L'oasis gisait dans un silence habité de bruits nocturnes que j'avais appris à reconnaître ; mais il y avait quelque chose de différent, une présence encore énigmatique qui altérait l'intensité et la direction des cris des animaux. Quelqu'un était entré dans l'oasis et j'ignorais qui c'était.

Je me levai de mon grabat, ramassai un bâton, et me déplaçai légèrement parmi les arbres. Je rôdais comme les bêtes nocturnes, guidé par mon instinct; je m'approchai de l'étang, au bord duquel j'aperçus la silhouette brune d'un cheval. Je m'approchai avec prudence; quand je fus à peu de distance de sa tête tournée vers moi, mon pied toucha le corps renversé à terre : c'était un bédouin et il ne bougea ni ne réagit quand je me mis à le secouer. Je le déplaçai en tournant son visage vers le ciel, et je vis qu'il était mort. Sous sa barbe sale et ses yeux écarquillés, un coup de sabre courait de sa gorge à son flanc. Il devait avoir expiré dans l'effort de descendre de cheval et de s'approcher de l'eau. Tandis que je le regardais dans une espèce de torpeur, j'entendis un bruit derrière moi et, me tournant, je vis Acsa qui contemplait la scène. Avec son aide je creusai une fosse à la lisière de l'oasis, et nous y enterrâmes le corps et le recouvrîmes de terre. En peu de temps, tout était redevenu comme avant, à part la présence du cheval qui s'était à présent blotti la tête contre le sol.

Mais je ne retrouvai pas le sommeil. L'apparition m'avait bouleversé : le monde extérieur avait fait incursion dans mon paradis isolé et heureux. Fixant les étoiles au-dessus des branches des palmiers, je traduisais en mots son message : le monde est souffrant, et il te l'envoie dire par l'intermédiaire de cet homme muet dans le sable, au thorax férocement déchiré. La terreur de la mort, qui avait poussé un autre homme à accomplir cet acte, me revint à l'esprit. Je savais que la violence est une des formes que prend la peur de la mort, dans un jeu de miroirs insensé qui durait depuis le début de l'histoire humaine.

J'eus la vision d'un monde en proie au carnage, et me levai angoissé. Avais-je oublié que j'étais Dieu? Avais-je abandonné mon espoir de convertir ma création en quelque chose de meilleur et de plus harmonieux? Peut-être le bédouin était-il mort près de moi pour me demander de revenir sur le champ de mes batailles. Dans un soubresaut, j'eus l'impression de sentir l'immense activité de destruction à l'œuvre dans toute cette tranquille oasis, siège de mon séjour édénique : la lutte irrépressible pour la survie, autour de chaque brin d'herbe, chez chaque animal plus petit et moins protégé que l'autre. « Réveille-toi, Dieu, me dis-je. Réveille-toi, et va auprès de Moïse pour tout lui expliquer. »

Je revins auprès d'Acsa, qui s'était recouchée, son enfant dans les bras. Je lui caressai les cheveux avant de partir. Je conduisis le cheval du bédouin à l'extérieur de l'oasis : là je montai en selle et galopai jusqu'au mont Sinaï, me dirigeant grâce aux étoiles. J'arrivai au pied du mont, laissai la bête attachée à un tronc d'arbre, et continuai à pied jusqu'au sommet.

De l'entrée de la caverne, je le vis assis devant la pierre-secrétaire dans une attitude grave. Il était immobile et réfléchissait, le style à la main, fixant un point dans ma direction, sans me voir. Puis il énonça à voix haute la phrase qu'il cherchait :

« Si un bœuf a donné des coups de corne contre un homme ou une femme, qu'il en meure. Qu'il soit lapidé et que sa chair soit mangée. Mais le propriétaire du bœuf sera absout. »

Moïse se pencha pour écrire son commandement dès qu'il l'eut formulé. J'entrai dans le cercle de lumière de la torche fixée sur la paroi ; alors il leva les yeux. Il resta à me regarder, le visage impénétrable ; je compris à ses yeux tourmentés qu'à l'intérieur de lui se répandaient des vagues d'émotions. Nous restâmes ainsi pendant quelques temps, puis Moïse parla.

« Te voilà enfin. Où étais-tu pendant tout ce temps ? »

Je m'approchai de la pierre-secrétaire et m'assis en face de lui. Pendant ma chevauchée, j'avais accumulé les arguments, et je me retrouvais maintenant sans voix. Moïse continua :

« J'ai dû m'en sortir seul. Tu ne peux pas te figurer le nombre de problèmes qui ont surgi. Les gens sont mécontents. Les chefs de tribu se disputent toujours entre eux : j'ai dû montrer une main de fer pour ramener l'ordre. Sans pouvoir te demander conseil ou vider mon cœur : seul, ici, au sommet, où tout le monde me croit en train de comploter avec toi nuit et jour, alors qu'il n'y a pas un chat. Toutes les décisions retombent sur moi, et c'est moi qui dois penser à toutes les lois. Ecoute-ça, par exemple. »

Moïse fouilla dans les tablettes gravées, jusqu'à ce qu'il trouve celle qu'il cherchait : « " Et quand quelqu'un aura séduit une vierge et couché avec elle, il lui donnera une dot et la prendra pour épouse. Tu devras toutefois tuer la séductrice. Et que soit tué celui qui s'unira avec une bête. " Tu ne sais pas combien de luttes ont été nécessaires pour faire accepter ces simples règles ; et j'y suis parvenu, parce que j'invoquais ton autorité. Et toi, où étais-tu, au lieu de m'aider ? »

Il se tut dans un silence de défi. Alors je répondis.

« Moïse, tu ne voulais pas mon aide. Peut-être ne voulais-tu même pas que je sois auprès de toi, tu pouvais ainsi faire comme bon te semblait. Pour tout t'avouer, les trois lois que tu viens de lire ne me plaisent pas, et tu les as présentées comme venant de moi. Tu as oublié les choses importantes que j'avais à dire, et tu t'es perdu dans cette infinité de détails, certains complètement étrangers à mon enseignement. Je suis mécontent, Moïse. »

Il sembla réfléchir. Il y avait un grand recueillement dans la caverne, au cours de ce dialogue décisif avec mon prophète. Quelle apparence avais-je ? Je pensai à un moment passé dans l'oasis, tandis qu'Acsa et l'enfant dormaient et que je me promenais sur les rives du petit lac, jusqu'à me voir en miroir dans son eau : j'avais vu un visage jeune, entouré d'un début de barbe. Tu es un homme, désormais, m'étais-je dit.

Moïse se remit à parler.

« Je sais que tu es mécontent. Du reste, je le suis aussi. Je m'étais attendu à un Dieu un peu plus capable de donner des ordres et d'assumer le commandement. Au lieu de ça, c'est moi qui dois le faire. Dis-moi si à ton avis il a été facile de dicter cette règle : " Ne donne pas de sentence dans une querelle qui favorise les grands ; mais ne sois pas respectueux envers le pauvre dans sa querelle. " Hein ? Où étais-tu alors que j'écrivais ces lignes ? Qui restait ici, à combattre contre les riches et contre les pauvres ?

– Il ne devrait y avoir ni riches ni pauvres », répliquai-je sèchement.

Moïse me regarda abasourdi.

« Tiens donc, répliqua-t-il enfin. Il ne devrait y avoir ni riches ni pauvres! Mais tu oublies la chose importante, Dieu perdu dans tes nuages et qui se souvient de temps en temps qu'il doit revenir sur terre pour critiquer le prophète. Tu oublies qu'il y a des pauvres! Et il ne s'agit pas de le discuter, mais de voir ce qu'on peut faire pour qu'ils ne deviennent pas des bêtes et pour qu'ils ne meurent pas de faim. Et il faut donc les mettre à mort s'ils s'unissent avec des animaux, mais il faut les aider à survivre dans la faim et le froid. " Car les nécessiteux ne disparaîtront jamais, et tu dois ouvrir largement la main à ton frère, au pauvre, au nécessiteux qui sera parmi nous. " Ne les as-tu pas vus avec le veau d'or? Dois-je, ou ne dois-je pas les guider? Suis-je, ou ne suis-je pas inspiré par toi? Que veux-tu que je fasse? »

Tandis que Moïse proférait ces dernières paroles, son ton s'était modifié, et son aspect avait changé. Ses yeux semblaient effrayés, sa barbe s'était mise à trembler, une pâleur mortelle l'avait gagné; et ses mains, ayant laissé tomber le style, s'étaient jointes dans une prière. Je devais avoir pris une apparence redoutable, car il se leva d'un bond de son siège de pierre et vint se jeter à mes pieds, saisissant un pan du vêtement qui me recouvrait. J'en fus surpris, mais je décidai de profiter de ce changement. Je posai ma main sur son épaule et l'invitai à se lever.

« Ne crains pas ma colère, Moïse. A de nombreux égards, ton travail est admirable. Mais nous n'avons jamais parlé à fond de certaines choses importantes que j'ai été pendant longtemps occupé à écrire, de sorte que je m'en souviens mieux et que je ne me tromperai pas en les disant. Le moment est venu de te les faire lire. Attends-moi. »

D'un pas rapide je me dirigeai vers ma partie de la caverne, séparée de la sienne par un mur de pierres. L'obscurité était totale, et je me déplaçai à tâtons, jusqu'à ce que j'atteignisse la torche que j'avais accrochée à la paroi. Je me souvenais d'avoir mis mes écrits en lieu sûr, dans un trou creusé précisément au-dessous de la torche, et recouvert d'une dalle. Je déplaçai la pierre et trouvai le tas de rouleaux entourés d'une ficelle. Je les portai à Moïse qui m'attendait, à nouveau assis à son poste de travail. Je jetai les rouleaux devant lui et allai m'asseoir par terre, les yeux grand ouverts, incapable de me détendre sur la paillasse.

Dans l'obscurité, je revoyais tout. La première partie de la narration se déroulait devant mes yeux, dans une suite d'images semblables à celles qui, des siècles plus tard, seraient utilisées par les peintres pour raconter des histoires sacrées et des histoires profanes. A mes yeux, les deux sens s'interpénétraient. Sacré et profane étaient une seule et même chose.

Il y avait eu un moment où, après le regroupement initial sous la conduite d'un chef, l'humanité avait atteint un point de grande souffrance. Même le mirage n'arrivait pas à la soulager et à la soutenir. Les hommes ne me reconnaissaient plus, si grand était le désir qui les poussait à se rattacher au passé des bêtes et des plantes.

L'homme devint un animal ombrageux, vindicatif, perdu dans une énigme perpétuelle. C'était un animal imparfait et confus, toujours davantage gagné par la terreur en raison de l'obscurité qu'il portait en lui, et qui se répandait sur le monde extérieur, l'assombrissant. Je m'attachai à corriger cette erreur, envoyant des messages qui se convertissaient en cauchemars et étaient engloutis dans d'internes marais. J'avais donné la vie à une bête au poids intérieur insoutenable pour son corps, qui avait besoin de mille défenses. A force de le pousser sur la route de la connaissance, je finis par obtenir l'effet inverse de ce que je recherchais, comme cela arrive aux maîtres harcelants des écoliers qui les identifient avec le savoir; sortis de l'école, les enfants se débarrassent des livres pour se sentir libres. Mes disciples tournèrent le dos à la recherche de la vérité, déléguèrent à un petit nombre le soin de la transmettre, comme si elle avait déjà été atteinte, et ne demandèrent rien d'autre que d'obéir à quelques-uns.

Ce fut le début du désastre. Les remèdes furent trouvés

par l'homme lui-même quand il inventa les riches et les pauvres, les puissants et les misérables. La société fut la tentative de se soustraire à la recherche du savoir. Comme un clown régénéré, l'homme trouva une possibilité d'infinies combinaisons, chacune l'enchaînant toujours plus, le détournant de son vrai devoir. Sa vraie nature d'acteur refit surface. Avec la même désinvolture, et se répartissant les rôles, il incarnait le roi et le prêtre, le guerrier et le déshérité; souffrant et se divertissant dans tous les rôles, comme le font les cabotins dès leur naissance. Chacun se prenait au sérieux, comme si c'était l'individu qui comptait, et non ce dont l'individu était porteur : le roi cherchait à augmenter son pouvoir, le sorcier était jaloux de ses fonctions, le guerrier tuait autant qu'il pouvait, et le pauvre – ce qui est le plus compréhensible – s'humiliait de toutes les manières possibles, pourvu qu'il survive. Il récompensait ses bienfaiteurs par une vénération entrecoupée de jaillissements de ressentiment qui, après un bain de sang, rendaient leur pouvoir aux puissants.

En vain je faisais mon possible pour soigner les âmes; contre moi se constituait le rempart le plus solide. L'oppression était le moyen sûr pour empêcher l'homme de devenir l'animal auquel j'avais rêvé. C'était un choix collectif; dès que le pauvre échappait à son sort, il s'employait immédiatement à accumuler les richesses. Avec ce mirage dont je les avais dotés, ils construisaient des châteaux imprenables à l'intérieur desquels ils se perdaient et mouraient sans avoir compris ce qui était arrivé. J'avais parcouru le monde entier avant de former le projet de choisir un peuple opprimé pour retrouver le chemin que j'avais indiqué; et Moïse aurait dû m'aider, les conduisant en Palestine et instaurant la communauté qui aurait permis à l'homme de quitter sa peau d'acteur.

La seconde partie de mes écrits exposait mes projets de vie nouvelle, et je me demandais si Moïse avait commencé à la lire. Quand la première lueur de l'aurore filtra dans la caverne, je sortis pour regarder le ciel, où les étoiles s'éteignaient. Puis je dirigeai mes pas vers lui.

Je le trouvai alors qu'il avait terminé sa lecture; il devait avoir bu mes paroles. Son aspect pensif était devenu grave et douloureux. Il me regarda et resta silencieux, comme la veille, brûlant d'un feu intérieur. Je ne voulais pas parler le premier, et j'attendis. De ses lèvres jaillit enfin un violent et torrentiel discours, et son âme l'envahit alors du bout des doigts à l'extrémité de ses cheveux.

« Tu es revenu, Seigneur, et je reconnais ta parole. Tes mains m'ont formé; donne-moi l'intelligence, et j'apprendrai tes commandements. Je sais que tes jugements ne sont rien d'autre que justice; et que tout mon cœur soit dans tes statuts, afin que je ne me perde point! Quel aveugle ai-je été jusqu'aujourd'hui? Et s'il est vrai que tu n'étais pas ici, auprès de moi, c'est moi qui aurais dû te chercher! Ta parole revient maintenant vers moi comme la lumière sur mon chemin; conforte-moi et je serai sauvé. Je lève mes yeux vers toi comme le serviteur vers son maître; et que celui qui ne te suit pas soit comme l'herbe des montagnes qui sèche avant d'être coupée. Toi qui as fait tout ce qui te plaît dans le ciel et sur terre, dans les mers et les abîmes, tu as vu la masse de mon corps quand elle n'était pas encore formée, et tout était écrit dans ton livre dans le temps qu'elle se formait. Tu protèges ceux qui t'aiment et tu détruiras les impies; et ma bouche chantera tes louanges. »

J'écoutais sans l'interrompre, dans une gêne croissante. A qui s'adressait Moïse? Je n'étais aucune des choses dont il parlait : je n'étais pas du tout omniscient et j'avais commis une infinité d'erreurs, comptant sur lui pour y remédier. C'était comme si Moïse avait parlé à lui-même ou à quelque fantôme sorti de son esprit surexcité. Maintenant je ne m'en étonne pas, car je sais que chacun trouve ce qu'il veut trouver dans ce qu'il lit. Je l'interrompis avant qu'il finisse sa lecture.

« Il n'est pas vrai que je veuille détruire les impies. Je ne sais même pas qui sont les impies. Et, à ce propos, il ne pourra pas y avoir d'accord entre nous s'il arrive jamais quelque chose de semblable au massacre du jour du veau d'or. »

Moïse sembla sortir d'un rêve. Il me regarda comme s'il me voyait pour la première fois, et son visage fut d'une beauté hallucinée. Il y avait un sourire profond dans son regard, et une force que j'ignorais le poussait vertigineusement vers un lieu dans lequel il tombait avec une excitation toute secrète, et dans une grande solennité. Au terme de cette métamorphose, la nouvelle créature incarnée par le clown millénaire m'adressa ces mots :

« Qui aime se faire corriger aime la sagesse ; tu condamneras le malicieux. L'homme avisé cache ce qu'il sait ; mais le cœur des sots divulgue la folie. »

J'étais en train de déchiffrer ces mots quand quelque chose bougea dans le coin de la caverne où se trouvait la couchette de Moïse. La lumière de l'aube éclairait la caverne, et je regardai du côté où la couverture continuait à bouger.

« Qui y a-t-il, ici ? » demandai-je en baissant la voix.

Moïse haussa les épaules sans prendre la peine de répondre ; à cet instant la couverture glissa par terre, et, sur la paillasse, apparut une très jeune femme encore en proie au sommeil, qui se retourna en soupirant, ses lèvres gonflées sous ses yeux clos. Je regardai Moïse sans dire un mot :

« C'est Kusita, dit-il, se levant de son siège de pierre.

– Et qui est Kusita ?

– Ma femme, répondit-il, tandis qu'il ramassait mes manuscrits éparpillés sur la table.

– Et Séphora ? »

Moïse haussa les épaules comme si le sujet avait été de peu d'intérêt pour nous deux, et il sortit de la caverne, se rendant à l'endroit d'où l'on apercevait le campement. Le paysage était aride et majestueux, et pendant un instant nous oubliâmes toutes nos misères et tous nos désaccords. Nous regardâmes du même côté, dans une conscience divine.

« Veux-tu m'aider, Moïse ? demandai-je enfin à mon prophète. Veux-tu parler au peuple avec moi ? »

J'étais tourné vers lui, mais il ne me rendit pas mon regard. En un instant son profil s'était durci comme les pierres du mont où nous avions passé quarante jours à rêver sur le passé et le futur.

« Ce n'est pas possible, dit-il avec une violence sourde. Ils ne comprendraient jamais. Ce serait la destruction de tous mes efforts.

– Alors, je devrai le faire seul », en conclus-je. Je m'éloignai de lui et partis reprendre mon manuscrit dans la caverne; puis je me mis en route vers la vallée. Me retournant à mi-chemin, je le vis immobile là où je l'avais laissé, en proie à une idée qui le figeait sur place. Peut-être ne s'était-il pas aperçu de mon départ.

Dans le village, je trouvai une atmosphère changée, tendue. L'autorité de Moïse se faisait partout sentir, même dans les discours qui se tenaient sous les tentes et sur le marché en plein air. On parlait de ce qui était arrivé la veille à Nadab et Abihu, les fils d'Aaron, lesquels avaient préparé un feu dans un encensoir et l'avaient présenté au Tabernacle. Pour quelque obscure raison, le feu ne correspondait pas aux prescriptions dictées par Moïse; et, du Tabernacle, avait surgi une flamme qui les avait brûlés. Tout le monde y voyait la preuve de l'alliance entre leur chef et moi; tandis que je cherchai à comprendre, sans y parvenir, comment diable avait procédé Moïse pour faire jaillir le feu du Tabernacle. Il devait certainement avoir plus d'un complice dans le village. Quant au reste, je ne doutais pas qu'il se soit agi d'une vengeance sur Aaron pour l'affaire du veau d'or. J'appris que Moïse viendrait à midi pour parler en public – la descente du Sinaï était désormais devenue une habitude – et je résolus d'attendre ce moment pour m'adresser moi aussi au peuple.

Je passai ma matinée à me promener et à fureter parmi les tentes; j'entendais des voix enfantines psalmodier les commandements pour les apprendre par cœur. Il y en avait un qu'ils répétaient continuellement parce qu'il était plein de noms d'animaux qu'il ne fallait pas manger. Les enfants extasiés récitaient la liste : le chameau, le lapin, le lièvre, le porc, l'aigle, le gerfaut, le milan, le vautour, le corbeau, le hibou, le cygne, le pélican, la chouette, la huppe, la chauve-souris, la belette, le rat, la taupe, le caméléon, le lézard, la tortue... Et surtout les reptiles à quatre pattes qui volent. Qui donc étaient-ils, ceux-là? Personne ne le savait.

Midi arriva, et le peuple se rassembla à l'endroit des réunions. Il y avait le climat des événements rituels, à la fois intense et joyeux, et déjà je me demandais si j'aurais l'assurance nécessaire pour m'adresser à ces gens qui ne m'avaient même pas reconnu. Je me donnais courage en me répétant : « Fais-le pour eux, fais-le pour leurs enfants, fais-le pour... » Aucun nom ne me venait à l'esprit. « Fais-le pour Acsa! » Je me sentis revivre.

Moïse arriva à l'heure exacte; et je dus admirer à nouveau son habileté. Il s'était habillé de blanc, comme il le faisait certainement lors de ses apparitions diurnes; et, à son arrivée, la foule retomba dans la calme excitation que je connaissais. Dans l'alternance de discours et de silence qui était sa spécialité, Moïse commença la lecture de nouveaux décrets et de nouvelles règles de morale qu'il avait imaginés pendant la nuit. Parmi eux, il y avait ceux que j'avais entendus à mon arrivée dans la caverne. Puis il en énonça d'autres, subdivisés en catégories, et la foule les dictait aux scribes accroupis par terre çà et là.

Il y avait de tout : des instructions sur la manière de purifier les lépreux, l'interdiction de s'unir à des personnes du même sexe, l'ordre imparti aux femmes d'aller se cacher pendant la menstruation, une loi sur la répudiation de la femme de la part de son mari, une autre qui déclarait coupable celui qui assistait à un crime; et l'interdiction de faire partie de l'Assemblée pour qui avait les testicules écrasés ou coupés; et l'injonction faite aux accouchées de se purifier une semaine après la naissance d'un garçon, deux semaines après celle d'une fille; et ainsi de suite, dans un crescendo d'obligations accueillies avec jubilation. Dans un coin, je préparais mon apostrophe à la foule, serrant le rouleau contre mon cœur. Alors le regard de Moïse m'atteignit et, à ma stupeur, il sembla s'attendrir; changeant de ton, il annonça sa dernière exhortation aux fidèles à propos de l'aide à apporter aux étrangers, en souvenir de l'esclavage en Égypte. Je m'apprêtai à entrer en scène.

La réunion s'engagea alors dans sa partie la plus attendue; et l'excitation atteignit son comble. C'était le moment des sacrifices, et tout le monde se demandait si cette fois il s'agirait de bêtes, ou d'hommes et de femmes coupables de quelque forfait condamné par les règles édictées par Moïse. Au cours de mes voyages, j'avais assez vu de scènes de ce genre pour pouvoir les reconnaître immédiatement. Il me semblait que le plaisir du sacrifice avait une odeur spéciale, comme si les gens transpiraient de violence couarde et passive; je ressens cette odeur dans les cinémas, devant les films d'action ou au cours des rencontres de boxe, et je sors tout de suite pour respirer : je sais que chacun des spectateurs consomme un assassinat pour lequel il ne sera pas réprouvé. Même à l'époque je le savais, et je cessai d'hésiter. Je me frayai un chemin dans la foule et arrivai jusqu'aux pieds de Moïse. Tout le monde me regarda, et certains se souvinrent de m'avoir vu parler avec le prophète. Moïse sembla indécis sur la conduite à tenir. J'en profitai pour monter et me mettre à ses côtés.

De la foule s'éleva un murmure de frayeur. On n'avait jamais vu qui que ce soit, pas même Aaron, oser une chose pareille. Freiné par une soudaine crise de vénération, Moïse ne sut me retenir; et je commençai ma harangue.

Je dis vraiment tout. Tout ce qu'ensuite j'ai cherché à retrouver pendant des siècles et des siècles. De mes lèvres jaillissait un torrent d'éloquence qui m'enthousiasmait car j'ignorais que je la possédais; et je parlais comme inspiré. Jusqu'alors je m'étais exprimé comme je le pouvais, avec le vent, le soleil et les mugissements des troupeaux dans les champs, dans tous les sons qui dirigent encore l'esprit vers Dieu; ce jour-là je me suis exprimé avec le langage de ceux qui m'écoutaient. Je parcourus à nouveau les étapes de l'histoire qui nous avait conduits jusque-là; je rampai, marchai, volai, je pénétrai dans mon auditoire, le laissant charmé et étourdi. Ils n'étaient pas habitués à entendre ce que je leur proposais; mon message était différent de celui de Moïse, et je ne leur demandais pas de se prosterner devant moi, mais de comprendre; je leur redonnais la flamme d'une mission glorieuse et merveilleuse; les élevais à ma hauteur, au lieu de les écraser sous mon pouvoir; je m'adressais aux femmes comme aux hommes, aux enfants comme aux adultes, dans la certitude que la vérité appartenait à tout le monde; et pendant un long moment je sentis que je les avais atteints et conquis. Je m'arrêtai alors, dans une pause fatale, au cours de laquelle la foule fut comme suspendue entre Moïse et moi, et le destin du peuple d'Israël oscilla comme une balance proche de l'équilibre entre un poids et l'autre.

A ce moment précis se produisit l'irrémédiable. La voix de Moïse scanda dans le silence de l'assemblée :

« Conduisez ici la femme adultère! »

Je le regardai, cueilli à l'improviste, et il continua, pointant son index contre moi :

« Tu viens parmi nous et, sans égards pour l'hospitalité que je t'ai offerte, tu prononces des discours séditieux et tu foules aux pieds les lois que nous avons approuvées ensemble. Il n'y a pas de règles, ici, qui n'ait été acceptée par le peuple; tu fais mine de t'adresser à eux, alors que tu brises leur volonté. Vous ne vous souvenez pas » et il s'adressa à la foule : « vous ne vous souvenez pas de ce que nous avons établi pour les crimes impardonnables? Souvenez-vous de ce qui attend celui qui couche avec la femme de son père; quelle punition doit le frapper? »

La foule trépigna, hésitante. L'effet de mon discours se faisait encore sentir, et beaucoup se regardaient intensément. Je sentis Moïse se raidir dans une tension féroce, mais nous ne nous regardâmes pas, notre champ de bataille était devant nous.

« Quelle est la punition? » tonna-t-il encore, plus fort.

La foule des Israélites fut agitée de remous, tel un animal battu. Un murmure passa au-dessus d'eux, semblable à un mot qui ne prend pas forme. Jusqu'à ce que quelqu'un ose proférer :

« Qu'on les fasse mourir tous les deux...

– Et puis? insista le prophète.

– Que leur sang soit répandu au-dessus d'eux, dit une autre voix perdue dans le groupe.

– Et si une femme s'approche d'une bête pour se faire monter? » continua Moïse d'un air têtu.

Cette fois un petit chœur répondit : « Tue la femme et la bête, et que leur sang soit répandu au-dessus d'eux. » La foule commençait à s'échauffer et je m'apprêtai à intervenir, quand Moïse porta le coup final et magistral.

« Et si quelqu'un commet l'adultère avec la femme d'un autre?

– Qu'on fasse mourir l'homme et la femme! » vibra le chœur désormais imposant et convaincu. A cet instant la foule s'ouvrit et Aaron, enthousiaste et oublieux de ses deux fils, traîna vers nous une femme. Je commençai à trembler avant même de la voir; puis ses cheveux cessèrent de masquer son visage, et elle me regarda, peut-être sans me reconnaître.

« Acsa! » criai-je, et elle me reconnut alors, bien qu'on l'ait tenue à distance. Je m'élançai et je fus immédiatement ceinturé par des bras de fer, à deux pas de Moïse qui me jetait un regard de défi : à côté de lui était apparu le tailleur, le mari d'Acsa. Je me débattis tandis que Moïse m'arrachait des mains le rouleau et le montrait au peuple.

« Non seulement il commet l'adultère au sein du village qui l'a accueilli et nourri, mais il est aussi faux prophète et rêveur de rêves; et nous les avons condamnés à périr. Ne le contentez pas, ne l'écoutez pas! Que votre œil ne le pardonne pas. Qu'on fasse mourir le prophète et le rêveur de rêves! Il a parlé de révolte contre le Seigneur votre Dieu qui vous a tirés hors d'Égypte et vous a délivrés de l'esclavage, et il vous invite à suivre des dieux que vous ne connaissez pas. Sur ces lignes est écrit tout son péché! », et par ces paroles Moïse, dans un raptus d'énergie sacrée, détruisit mes paroles. Je les regardai se déchirer et disparaître, interdit; m'en souviendrais-je jamais? La foule s'enivra, le spectacle dépassait son attente.

Acsa gisait à terre, immobile. Au prix d'un effort extrême je me libérai de l'étreinte qui me retenait, et courus vers elle, la prenant dans mes bras.

« Acsa », murmurai-je près de son visage et dans ses cheveux. Elle me regarda avec les yeux de l'oasis et de l'Eden. Elle n'avait pas peur.

« Dis-leur qui tu es », chuchota-t-elle, son visage s'éclairant.

Je me levai pour le répéter, et une pierre frappa Acsa, la laissant sans vie. Je la regardai, incrédule, pendant un long moment, avant qu'une pierre vienne aussi me frapper et me fasse tomber à côté d'elle ; tel le tonnerre, la parole du prophète planait au-dessus de nous.

« Et même, tue-le vraiment. Que ta main soit la première qui vienne le frapper, puis que viennent celles de tout le peuple... »

Comment est-il possible que cela arrive, pensai-je, alors que mon esprit se brouillait. Relève-toi ! Aide-moi, Acsa !

Une seconde pierre me fit perdre connaissance, et je sombrai dans le gouffre noir de l'oubli.

Je me réveillai dans une île de la Méditerranée, la mémoire encore brumeuse. Le mal que j'avais cherché à guérir chez le peuple élu m'avait gagné : le coup à la tête m'avait ébranlé. Je n'étais pas mort, parce que je ne peux pas mourir avant les choses que j'ai créées – de même qu'un corps ne peut survivre sans respirer. J'étais le souffle du cosmos, et il m'arrivait de perdre la mémoire.

Je ne me souvenais plus de ce que j'avais écrit pendant la traversée du désert, dans ce rouleau déchiré, dont les fragments avaient fini allez savoir où. Mon réveil eut lieu quand je fus certain d'avoir su ces choses – comme aujourd'hui, à New York, devant la télévision qui sonde la planète. Jusqu'alors je m'étais entouré de pêcheurs, de chasseurs, de paysans, d'artisans inventeurs d'instruments, comme autrefois je m'entourais du vent et de la mer.

Je me mis à voyager en Orient et dans l'Occident inexploré, mais je revenais toujours à mon climat préféré – sur le grand lac salé constellé d'îles vertes et caillouteuses. La mémoire me revint sur l'une d'elles, et je courus étudier le passé qui avait entre-temps été raconté par les prophètes des grandes religions auxquelles on ne pouvait ajouter foi. J'inventai alors les philosophes, et leur dictai le devoir de comprendre ce qui était arrivé au début des temps.

Ce fut un moment émouvant. J'avais choisi la Grèce comme nouvelle résidence, proche de la plus belle eau de toute la Méditerranée, pas trop loin de l'Orient, où j'aimais passer des heures de loisir et d'étude. Je vagabondais d'une île à l'autre dans des barques pleines de poissons, parmi des marchands de drogues et de tissus; car pendant mon amnésie je n'avais été ni fainéant ni inactif. Les trafics florissaient le long des rives, et partout les hommes construisaient des ports, fondaient des villes, inventaient des instruments de guerre et de paix. Je me mêlais à eux, mais quelque chose me manquait. Pourquoi, au milieu d'une traversée en mer, l'œil des marins fuyait-il vers l'horizon, se teintant de mélancolie – et pourquoi une fête s'arrêtait-elle pendant de longs moments tandis que de lentes larmes baignaient le visage des femmes? Personne ne réussissait à l'expliquer.

Puis quelque chose changea. Se retirant du monde, certains hommes s'en allaient au sommet des montagnes ou sur des îlots déserts; le désir d'être seuls les assaillait, souvent uni au mépris pour le monde. Après avoir vécu de cette manière pendant un moment, ils se mettaient à cogiter, souhaitant eux aussi fuir un sentiment d'oppression. Quand on commence à penser, les champs, le ciel, les nuages, les rivières, tout devient lumineux et éclatant. Mes solitaires, amoureux de la nature, se consacrèrent à la réflexion.

Ils arpentaient les sentiers et les bois de la Grèce, et nommaient chaque chose, cherchant à me retrouver partout. Certains plongeaient dans l'eau et criaient de bonheur, pensant m'avoir trouvé; d'autres confondaient tous les éléments; d'autres encore respiraient à pleins poumons, recherchant dans l'air ma présence divine. C'étaient des êtres nouveaux, étranges, extraordinaires. Ils réussissaient à rester seuls sans souffrir, cherchaient à tout savoir et s'enthousiasmaient de leur intelligence, la répandant sur le monde – comme une rivière en crue; la joie à l'état pur! J'étais fier d'eux.

Certains se persuadaient tellement d'avoir raison qu'ils revenaient vivre en société et fondaient une école. Quand j'allai le trouver sur la côte orientale de la Sicile, mon ami Xénophane dit une chose très profonde : que si les bœufs, ou les chevaux, ou les lions avaient su dessiner, le cheval m'aurait représenté en cheval, le bœuf en bœuf, et le lion en lion. Je me souviens de nombreuses discussions avec lui, tandis qu'un lourd vin sicilien était servi par des esclaves africains, et qu'un garçon du nom de Parménide acquiesçait d'un signe de tête à chaque mot du maître. Une telle dévotion fut plus tard récompensée, car Parménide fit une grande carrière de philosophe et devint même plus célèbre que Xénophane. A cette époque, il faisait oui de la tête, et se laissait toucher par le maître sous sa courte tunique d'écolier, ce qui se produisait régulièrement après la première fiasque de vin. Ils étaient unis par un commun mépris pour les femmes, qui n'étaient jamais admises lors des discussions : c'était une raison de mécontentement pour moi qui, aujourd'hui encore, me sens étouffer lorsque j'arrive dans un lieu où les femmes sont absentes : et je sors, avec à la bouche un goût de sable.

« Mais les mortels », continuait Xénophane – malgré l'heure tardive et la fatigue qui tissait un réseau de rides sur son visage, « imaginent que les dieux naissent, qu'ils ont des figures, des vêtements et des silhouettes comme les leurs. » Parménide fit une grimace, et, autour de la table, il y eut une vague d'agitation. La soirée était chaude et l'air saturé d'odeurs d'oranger et de cèdre – bouffées qui me reviennent intactes chaque fois que j'ouvre un livre de philosophie.

Xénophane continua implacablement son monologue cadencé, semblable à une litanie : « Les Éthiopiens disent que leurs dieux ont le nez camus et sont noirs ; les Thraces, qu'ils ont les yeux bleus et les cheveux roux. »

Sa voix conclut la phrase dans une inflexion qui était une invitation ouverte à la dérision, et Parménide ne manqua pas de marquer un geste d'agacement. Les convives s'agitaient encore comme des vagues sous la pression du vent. Ils assistaient à la représentation d'un virtuose et s'enthousiasmaient à chacune de ses pensées hardies.

Cependant, tout le monde ne semblait pas conquis par le philosophe. A côté de moi, deux Siciliens se disputaient sourdement pour savoir lequel des deux devrait encaisser certaines taxes imposées aux négociants du marché, et ils ne prêtaient aucune attention à ce qui se disait, au point de m'obliger à m'éloigner. Xénophane me vit et leva dans ma direction sa coupe de vin. Un sourire apparut sur son visage, tandis qu'il hochait la tête en signe d'affectueux reproche : « Un dieu reste toujours au même endroit, immobile, et il n'est pas convenable qu'il se déplace de-ci de-là. »

Avec la finesse qui ne l'abandonnait jamais, le jeune Parménide comprit que ce n'était pas le moment de commenter cette sortie du maître. Les autres aussi restèrent silencieux, contemplant tour à tour Xénophane et moi. Je m'assis, aussi stupéfait que les autres : j'étais ici en qualité de marchand de peaux, sûrement pas comme Dieu. Mais je m'aperçus tout de suite que ç'avait été une plaisanterie; le rire de Xénophane rassura les convives, et, plus fort que les autres, j'entendis rire Parménide.

« Bois, ami ! » me cria le philosophe de sa place en bout de table. « Et souviens-toi, si tu mélanges l'eau et le vin, de verser l'eau en premier. Prends un morceau de bœuf, et sois heureux. »

L'œil du disciple se posa sur moi avec une certaine inquiétude. Parménide commençait à se demander la raison d'une telle sympathie à mon égard, et je compris qu'au fond de lui il cherchait à deviner mon âge. Il dut en arriver à quelque conclusion rassurante, car il s'étira comme une jeune fille et alla s'asseoir auprès du maître qui le regarda avec tendresse et caressa les boucles brunes tombant sur ses épaules.

« Tu as écrit, aujourd'hui ? » lui demanda-t-il doucement. Parménide fit signe de la tête que oui.

« Et tu n'as plus battu ton chien ? »

Parménide fit signe que non.

« Bon. Continue à bien le traiter. Tu sais que Pythagore reconnut chez un chien fouetté la voix d'un ami. Et peut-être à l'intérieur de ton roquet y a-t-il justement Pythagore qui a choisi de vivre dans une demeure de philosophes. »

J'eus l'ardent désir d'une femme. Je fermai les yeux, l'imaginai près de moi : parfumée, et les yeux verts. J'en avais assez de la viande et du vin sicilien; je réussis à soulager mon estomac de façon discrète, et c'est alors qu'un des convives leva la voix pour s'adresser à l'hôte :

« Xénophane, change encore de sujet, et montre-nous la route à suivre. Qui donc est Dieu? »

Je dressai l'oreille. On m'avait donc bien informé, dans cette maison on parlait de moi. Au ton de celui qui avait posé la question on eût dit qu'il s'agissait d'une question habituelle. Xénophane s'aperçut de mon attention, et il était assez vaniteux pour se sentir flatté, même si j'apparaissais seulement sous les traits d'un marchand de passage sur les mers de Sicile. Il prit un air inspiré et dit à peu près ceci :

« Si quelque chose existe, il est impossible que cette chose naisse. Et le dieu existe. Et c'est pour ça que le dieu ne peut pas naître, et il est donc éternel. S'il est éternel, cela veut dire qu'il est le plus puissant des êtres, donc il est forcément unique. Si un être n'est pas le plus puissant de tous, cela veut dire qu'il n'est pas un dieu : il ne peut y avoir beaucoup de dieux, parce qu'ils se domineraient les uns les autres, et le dieu ne peut être dominé. Mais il n'y a pas que cela; si le dieu est un et parfait, même les parties de son être ne doivent pas se dominer mutuellement. Il ne doit pas avoir de parties différentes les unes des autres : le dieu n'a pas d'attributs. »

La voix de Xénophane était devenue lointaine et s'était comme élevée dans la pièce : on n'entendait pas respirer. Tout le monde s'était arrêté de manger et de boire, et personne ne détachait ses yeux du maître. Le regard de Parménide était de feu, et sa bouche était entrouverte dans une adoration lascive.

Moi-même, je ne perdais pas un mot. Je me demandais : « Mais de quoi parle-t-il, et d'où lui vient une telle présomption dans son jugement? Pourquoi ne me demande-t-il pas un peu à moi aussi comment les choses se passent? Il n'est pas vrai que je sois éternel, sinon le monde que j'ai créé serait éternel; il n'est pas vrai que je sois omnipotent, sinon ma propre création le serait aussi; et comment peut-il lui venir à l'esprit que je n'ai pas d'attributs? Chaque chose créée est l'un de mes attributs! Essence et attributs ne sont pas distincts dans la création : je suis à la lettre ce que j'ai fait. Je suis Xénophane qui raisonne, même si c'est à sa façon, je suis le marchand de peaux qui l'écoute, je suis Parménide qui, ambitieux, veut succéder au maître après sa mort, et je suis la pièce de bœuf que j'ai laissée devant moi; comment se ferait-il que je n'aie pas d'attributs? Que sont les feuilles et les racines, sinon les attributs de la plante? Et qu'est une plante sans feuilles ni racines? » J'avalai d'un trait un demi-pichet de vin pour freiner mon envie d'intervenir.

Pendant ce temps Xénophane, après un instant de silence calculé, avait levé ses bras au-dessus de sa tête, et il les garda en l'air, comme le fait un magicien avant de dévoiler une chose nouvelle. L'auditoire était tendu.

« Et si le dieu est égal à lui-même dans chacune de ses parties, cela veut dire qu'il ne peut être ni fini ni infini, ni immobile ni en mouvement, ni inexistant ni multiple, ni aveugle ni voyant, ni blanc ni de couleur; il est lisse et rond comme une grande sphère merveilleuse. »

Ici, Xénophane produisit son coup de théâtre : ses bras, qui pendant tout le monologue étaient restés en l'air, redescendirent ensemble et lentement, simulant le contour d'une circonférence. Nous tous la vîmes naître, immense comme la terre – beaucoup tenaient désormais pour acquis que la terre fût ronde – accueillante comme un ventre de femme, sereine comme un nuage. J'en eus moi-même le souffle coupé : c'était moi, les choses que Xénophane montrait! La stupeur prit le pas sur mes velléités de protestation. Leur cercle fermé, les mains de Xénophane se réunirent sur son ventre. Son regard se dirigea vers Parménide qui était à présent assis entre les pieds du maître et commençait à se trémousser avec une lascivité étudiée.

« Je voudrais maintenant que vous écoutiez ce jeune philosophe : mon élève, mon héritier, l'adoré Parménide. Regardez-le dans le triomphe de sa jeunesse. Comme son état est enviable pour nous les vieux! Voilà déjà soixante-sept ans que je traîne ma misère à travers la Grèce et la Sicile, et c'est une consolation rare, quand on est étendu, repu, sur un lit moelleux, et qu'on boit un vin doux en grignotant des pois chiches, de pouvoir demander : " Qui es-tu et d'où viens-tu, quel âge as-tu, ami? " Et c'est beau d'enseigner à l'enfant aimé tout ce que nous savons. Peu à peu, bien sûr, et avec des efforts : parce que les dieux n'ont pas tout révélé d'emblée aux mortels ; mais, en recherchant, les hommes trouvent petit à petit ce qu'il y a de meilleur. Alors parle, Parménide : fais-nous entendre ce que tu as écrit hier. »

Aux propos de Xénophane, je vis le jeune homme étendu à ses pieds rougir violemment. En réalité, il avait bien prévu la demande du maître : et donc, il dut s'agir d'une rougeur liée à son trouble. Dès que Parménide commença à parler, il sembla se transformer, comme si un vin fort et enivrant avait pénétré en lui. En un instant, il fut vraiment semblable à un dieu. Si c'était une imitation, c'était une incomparable imitation. Lucide, tendu, transfiguré, le jeune philosophe se lança en un long monologue en vers, dont j'ai le souvenir d'éblouissants fragments :

Et comment pourrait exister l'être dans le futur ?
Et comment pourrait-il
avoir été dans le passé ?
Car s'il fut il n'est plus, et ainsi n'est-il pas s'il doit être dans le futur.
Ainsi s'éteint la naissance, et disparaît la mort...
Identique, restant à l'identique endroit, il gît en lui-même, et ainsi,
il reste immobile...
il est accompli
tout autour, pareil à la masse d'une sphère,
qui du centre presse sur chacune des parties avec une force égale...
de chaque partie identique à lui-même, il se heurte de la même façon dans ses limites.

Je m'étais associé au silence qui s'était installé autour de la table, autour de la beauté de Parménide. Il était devenu un jeune homme aérien à la voix vibrante. Je ressentis envers lui, envers sa voix chaude et précise, un élan de désir. Nous étions sous le charme ; Parménide lui-même nous en sortit quand, à la fin du monologue, la tête basse, il alla se cacher entre les bras du maître qui, tout de suite, le couvrit de baisers et de caresses. La foule des convives explosa en applaudissements auxquels je n'unis pas les miens : j'étais sorti du rêve et en proie à un tourbillon de pensées.

« Pourquoi n'applaudis-tu pas, marchand? » me cria Xénophane de l'autre bout de la table. « Ce passage de l'œuvre de mon meilleur élève ne t'aurait-il pas plu? Saurais-tu faire mieux, toi? Ou peut-être n'aimes-tu pas ce divin jeune homme; as-tu jamais vu rien de plus beau? » (Et parlant ainsi, Xénophane tenait solidement les épaules de Parménide, de ses mains qui me semblaient gigantesques.)

Je n'avais pas envie de discuter avec lui, car je savais que cela aurait été inutile; et j'avais besoin de méditer ce que j'avais entendu. Je devais pourtant répondre quelque chose, car tout le monde s'était tourné vers moi; je m'éclaircis la voix et bredouillai cette question :

« Mais comment se fait-il, ô Xénophane, que tes disciples et toi ne parliez jamais ni de Jupiter, ni de Vénus, ni de Perséphone? Vous ne croyez plus aux dieux de nos pères? Tu ne te souviens plus du chant de l'éminent Homère, et des hauts faits rapportés par Hésiode? Pourquoi négliges-tu les fables qui ont embelli notre enfance? Les considères-tu comme des amusements pour les enfants et les poètes? »

Je ne réussis même pas à terminer, car mon discours fut couvert par une vague de rires. Tout le monde riait cordialement de moi comme d'un barbare ingénu et sympathique dans son inconséquence. Je compris que ma question – du reste improvisée et insincère – ne recevrait pas de réponse; d'autant qu'on entendit un fort coup de tonnerre et que du jardin, parvint un grand bruit de vent. Il y avait de la pluie dans l'air. Xénophane tourna son regard vers la porte ouverte sur l'obscurité et se mit à déclamer à son tour :

Source de l'eau est la mer, et source des vents :
car sans la mer immense, ne se forment dans les nuages
ni la force du vent qui souffle de l'intérieur
ni les courants des rivières, ni les pluies de l'éther.
Mais la mer immense est le géniteur des nuages,
des vents et des rivières.

Il se tut, épuisé et heureux. Parménide lui tendit la coupe dans le brouhaha de la tablée. C'est à ce moment précis que je partis, juste à temps pour éviter la bourrasque.

Voilà donc ce qui se passait : les Grecs me remplaçaient par une sphère brillante et impénétrable, de telle sorte que le souci de savoir comment j'étais en réalité n'inquiéterait plus personne. J'étais là, en l'air, insaisissable et parfait, et les ennuis du monde ne pouvaient me concerner. A seule fin de se distraire, ils continuaient à se raconter les vicissitudes des dieux, des faunes et des nymphes des bois. Vénérer la sphère et mépriser les fables signifiait qu'on faisait de la *philosophie,* s'élevant au-dessus du vulgaire naïf. Platon me représenterait bien vite comme un Monsieur occupé à créer le monde à force de calculs, et il utiliserait les histoires mythologiques pour rendre son idée plus accessible. De toute façon, j'étais défiguré.

Je me retirai sur une île pour méditer sur ce que j'avais vu et entendu. Une chose était désormais incontestable : la philosophie était née, un groupe d'hommes était occupé à raisonner sur le sens de la vie. Telle serait à jamais sa mission ; et, dès le début, j'ai été mêlé profondément et étroitement à son existence. Qui plus est, sans une certaine idée de moi, la philosophie même aurait été impossible. Peu importe ce qui se dirait plus tard, dans les moments de fatigue et de défaite, quand les gens auraient mieux fait de se consacrer à d'autres activités utiles. On a dit : « Il faut deviner le peintre pour comprendre le tableau. » Il fallait donc me deviner, moi.

Je sentais à ce moment-là qu'une menace planait. Les hommes, qui ne pouvaient pas nier mon existence, s'ingéniaient à me transformer en un grand être immobile qui ne pourrait jamais écrire les mémoires de Dieu ; alors que j'étais tant de choses. Toutes celles que j'ai créées rêvent de raconter leur propre histoire ; et elles s'arrangent comme elles peuvent, sans doigts souples ni phalanges capables de tenir une plume. Les montagnes écrivent avec les couches géologiques, les arbres avec les cercles de leurs troncs et les nervures de leurs feuilles, les animaux avec les traces qu'ils conservent de leurs ancêtres préhistoriques. Le brin d'herbe lui-même écrit et réécrit son histoire.

J'y pensais en allant pêcher au milieu d'une mer si bleue que son étendue, chaque jour, me renvoyait à ma nature divine. Seul un dieu pouvait avoir fait une chose semblable. Les rares personnes que je fréquentais étaient les humbles pêcheurs que je rencontrais lors de mes promenades et qui venaient me donner du poisson, des fruits, et du pain odoriférant : ces bonnes nourritures que j'ai toujours aimées.

C'est alors que je me transformai en homme, mais pas comme le fit Jupiter pour conquérir des jeunes filles, ou le Christ pour fustiger les pharisiens corrompus. Je voulais un philosophe qui eût parlé en mon nom. Je pouvais seulement me servir d'une personne déjà existante : un moment, je crus l'avoir trouvée.

J'étais alors dans la ville d'Éphèse, et l'homme devant moi était encore jeune, sauvage, avec une petite barbe. J'entends encore son cri après que je lui eus assené ces paroles : « L'homme est comme un enfant devant le dieu, semblable à l'enfant devant l'homme. »

Depuis un certain temps j'étais souvent près de lui, le suivant dans ses itinéraires et ses rencontres avec les membres de sa famille; jusqu'à ce que j'arrive à le convaincre. Nous étions dans le temple d'Artémis, et quelques enfants, autour de nous, jouaient aux dés. Soudain Héraclite et moi devînmes le même être, il se sentit envahi par le dieu, et je sus que je resterais une part de lui jusqu'à sa mort, que nous ne pourrions plus nous séparer, bien que nos voix aient dialogué avec la même intonation et la même inflexion. En l'évoquant à nouveau, je me sens comme alors, gagné par le levain inattendu et puissant qui se diffusa dans son corps. Héraclite sembla se réveiller d'un très long sommeil, et il ne dormit plus à la façon des autres mortels; il n'était plus enfermé dans un rêve individuel, mais avait les yeux ouverts sur le monde des hommes, adulte désormais par rapport à eux, avec la même distance que celle qui me séparait, moi, de ces enfants qui avaient cessé de jouer et me fixaient d'un air stupéfait.

« Ne me regardez pas ainsi, dis-je avec la voix d'Héraclite, je vais jouer avec vous. »

Je m'accroupis et lançai les dés : j'étais comme le grand dieu Temps, qui déplace çà et là les pièces du jeu, semblable en tout point à un enfant. Je me sentis envahi par la joie, et les gamins rassurés firent entendre leurs clameurs dans l'atmosphère sereine du temple. C'est là que me trouva un groupe de citadins d'Éphèse, lesquels firent cercle autour de moi et me demandèrent pourquoi je n'étais pas allé avec eux à leur assemblée ; « Pourquoi vous étonnez-vous ? leur répondis-je. Il vaut sans doute mieux jouer avec ces petits que faire de la politique avec vous. »

Le ton de ma voix avait retrouvé ces accents colériques que je connaissais bien ; aussi quittai-je le temple pour reprendre mon vagabondage solitaire. Désormais j'habitais le corps d'Héraclite et, marchant avec lui, je l'entendais monologuer : « Comme est grande et vaste l'âme que je sens en moi : il est impossible d'en mesurer les limites. C'est comme si un démon était au fond de moi et façonnait mon caractère. A l'opposé des chercheurs d'or qui déplacent tant de terre pour un butin si maigre, je chercherai à pénétrer mon âme et en extrairai le secret du monde et de la vie – à présent que je suis habité par le dieu et par l'ardeur de connaissance. Puisque c'est la nature divine, et non la nature humaine, qui peut savoir. Seul le sage craint et désire qu'on l'appelle Dieu ! »

Ces phrases que j'entendais marmonner et déclamer par Héraclite au cours de ses pèlerinages interminables me parviennent à présent comme des échos d'un temps lointain et heureux au-delà de toute mesure ; cette époque où, ayant abandonné les doutes et les incertitudes de l'adolescence, je m'étais jeté dans le monde comme un athlète entre dans l'arène. Mon activité était effrénée, comparable à celle des jours les plus intenses de ma vie animale.

Il est désormais bien clair que je ne suis pas un caractère facile, étant sujet à des mouvements violemment contradictoires. Héraclite, dès qu'il me connut, fut obsédé par l'idée que toute chose était en lutte contre elle-même, le soleil contre la nuit, l'hiver contre l'été; tout était à la recherche de l'harmonie, et, quand l'harmonie était atteinte, une intense impression de bien-être témoignait de la paix, de l'équilibre obtenu entre les factions opposées.

« Le mélange de vin et de fromage se fige aussi, si l'on ne remue pas », s'exclamait le barbu d'Éphèse, installé devant sa table; et il parlait de moi. De même qu'il parlait de moi quand il traversait les campements militaires et se plaçait devant les généraux stupéfaits – qui écoutaient ses péroraisons sur la nécessité de la guerre, mère de toute chose, qui rend esclaves les uns et libres les autres. « Seule la guerre engendre la paix, comme le blanc crée le noir, et l'harmonie la discordance, et ainsi jusqu'à l'infini. A tel point que le vivant et le mort, ce qui est éveillé et ce qui dort, le jeune et le vieux, sont une seule et même chose; et l'un se transforme en l'autre, de sorte que vous, généraux, êtes en temps de paix et l'ignorez, et que ce berger, là-haut, paisible dans sa tente rudimentaire, est en guerre et ne s'en rend pas compte. » La stupéfaction des généraux et du berger ne faisaient que le conforter dans son désir de solitude.

Entre-temps j'étais convié à écouter les discours d'un autre solitaire, qui aurait pu être pris pour le frère d'Héraclite s'il n'avait été si docile et rond : une circonférence de quiétude.

Peut-être ne m'étais-je pas tout à fait trompé, car, au moment où je le questionnai à brûle-pourpoint, Bouddha me fixa, et son regard et son sourire furent ceux que je revois aujourd'hui sur les statues qui le représentent avec son gros ventre, ses jambes repliées, et son visage de personne qui en sait beaucoup plus qu'elle ne veut bien dire, et préfère se taire plutôt que mentir. Il y a des choses qu'il vaut mieux ne pas dire, ô frère d'Héraclite? Un sourire se dessine sur le visage de Bouddha.

Je courais de l'un à l'autre, en ces temps où j'étais robuste. Après un vol par-dessus les déserts et les océans, j'atteignais la maison de Bouddha, et le trouvais dans son jardin, occupé à méditer sur quelque petit animal qui bourdonnait autour de lui, ou sur les nuages qui taversaient le ciel. A l'inverse, je devais suivre Héraclite sur les collines et dans les îles qui se trouvent devant Éphèse, car il ne restait jamais en place.

Je compris qu'ils étaient frères quand j'entendis dans une auberge les mots d'un discours de Bouddha rapportés par un moine. C'était un soir d'hiver. Devant les grandes souches qui brûlaient dans le foyer, tandis que le vent frappait aux fenêtres et aux portes, le moine, éthéré et maigre jusqu'à l'invraisemblance, racontait à sa manière un enseignement du maître. Bouddha avait envoyé ses cinq moines les plus proches prêcher dans les villages du nord de l'Inde – où je m'étais moi-même rendu. Dans tout son discours il n'était pas du tout question de moi, et ceci me plut. Depuis longtemps je me méfiais de ceux qui utilisaient mon nom, et je les soupçonnais de manipulation et de volonté de domination. Ceux qui me connaissent parlent de moi sans citer mon nom, car ils savent que je suis le mystère à dévoiler aussi à moi-même. Je n'ai jamais cessé de me chercher. Je suis la vie dans ses formes innombrables – et j'ai toujours franchi des distances énormes afin de mieux me comprendre ; c'est ainsi que je devins l'auditeur le plus attentif du petit moine, dans une nuit de tourmente au nord de Bénarès.

J'écoutais le discours du *Dhamma*, la doctrine vraie, et celui de l'origine de la souffrance humaine, comme si j'avais entendu une antique fable à laquelle j'aurais moi aussi collaboré. Jusqu'à ces mots, qui éveillèrent en moi le souvenir d'Héraclite : « Chaque chose qui naît est en même temps une chose qui meurt. » Cela provoqua en moi un éclair, comme quand on se réveille au milieu d'un rêve. Je voyais encore mon ami d'Éphèse crier dans la lumière aveuglante de la côte : « Le chemin qui descend et celui qui monte sont un seul et même chemin ! »

Il y avait entre eux une ressemblance qui m'étonnait d'autant plus que les deux hommes m'apparaissaient différents, comme s'il s'agissait de deux vivants contraires. Je voyageais de l'un à l'autre, cherchant à comprendre, je me servais de barques de contrebandiers grecs qui importaient des marchandises de l'Orient, les faisant passer pour des produits fabriqués par eux. Ils étaient vaniteux, avides d'argent, et ils escroquaient sans scrupule les indigènes chez qui ils achetaient et les paysans de leurs pays à qui ils revendaient leur marchandise.

Certes la lumière grecque jouait un grand rôle dans le choix des mots qu'Héraclite utilisait pour établir ses raisonnements. Ses paroles étaient brûlées par un soleil violent qui, à midi, devenait un crabe agrippé à la terre. Il passait son temps dehors tête nue, marchait dans les collines et dégringolait en direction de la mer. A midi il commençait à donner des signes d'ébullition mentale, pareil à un volcan qui se réveille. Deux heures plus tard, en plein midi, Héraclite avait atteint le sommet de la créativité : désormais ivre de lumière, il criait ses pensées dans l'air venteux, mouettes dans l'éther immense! Je n'avais encore jamais vu quelqu'un d'aussi solitaire que lui. Il se contentait de peu, un rien suffisait à le nourrir, de l'herbe et du fromage. Dans sa frugalité il ressemblait à Bouddha : tous deux ne buvaient que de l'eau et ne connaissaient pas la drogue, fléau dont souffraient tous leurs concitoyens. Ainsi étaient-ils toujours en mesure de se souvenir de ce qu'ils avaient pensé et de l'écrire ou de le raconter à quelqu'un. Dans l'éclat de l'après-midi, Héraclite, ses yeux fermés tournés vers le soleil, et son âme ardente et rouge, criait : « Le dieu est jour, nuit, hiver, été, guerre, paix, satiété, faim. Et il change comme le feu quand il se mêle aux fumées odorantes. »

Cette idée du feu lui venait peut-être des innombrables coups de soleil dont il avait été victime. Tandis que je peinais, au cours des promenades solitaires, je le sentais murmurer à l'aube, frappé par l'apparition de l'astre ami : « Le soleil est chaque jour nouveau! »; et de soutenir que cette boule de feu renaissait à chaque fois intacte, puisqu'elle provoquait des pensées toujours nouvelles. Quelquefois il marchait jusqu'à saigner des pieds : il s'arrêtait alors pour bander ses extrémités douloureuses, riant d'un rire sauvage. « Le soleil a la largeur d'un pied humain! » disait-il, tant il se sentait envahi par le créateur et destructeur du monde. Je me transformais en serviteur, admirateur et disciple, pour pouvoir le suivre ; et il me chassait, incapable de supporter la compagnie des hommes. Alors je me fondais en lui, et l'aidais à comprendre. « Parle mieux, lui disais-je, vois comme toutes les choses se transforment en feu, comme l'or permet d'échanger les biens et les rend différents ; et vois comme le feu lui-même se transforme ; il est la mer et la terre, et le souffle enflammé ; à tel point que la mer elle aussi recommencera à être feu, comme elle le fait au crépuscule, dans l'incendie du ciel et de l'eau. Et l'ordre même du monde n'est pas vraiment créé par un dieu, mais c'est toujours un feu éternel qui s'allume et s'éteint au moment opportun. » Je croyais vraiment à ce que je lui suggérais, tant nous nous influencions mutuellement. Jusqu'au moment où nous brûlions comme des torches sous le soleil d'un midi hellénique.

Une rivière coulait aux pieds des collines. De temps en temps Héraclite, saisi d'un besoin de fraîcheur, courait se jeter dans ses eaux très limpides et fuyantes. J'étais encore plus heureux que lui de m'abandonner à l'onde. Cette rivière était un baume : nous nous jetions dans l'eau, et c'était un grand tourbillonnement de remous, d'écume, et de cris. Après l'ardeur du soleil, nous avions l'impression de nous évaporer dans l'eau. C'est ce que disait mon ami, une fois le bain terminé, étendu sur la berge : « Des eaux toujours nouvelles touchent ceux qui pénètrent dans la même rivière ; et même les âmes s'évaporent. » « Tu aimes te baigner ? » lui demandais-je. « Aimes-tu l'âme humide et nébuleuse ? » Héraclite se séchait au soleil, et je l'entendais répondre comme à lui-même : « Oui, pour l'âme, il est agréable de devenir humide ; mais l'homme à l'âme humide est comme un ivrogne qui va titubant, semblable à un enfant imberbe. Ah ! pas de doute : l'âme sèche fonctionne mieux, elle est aussi plus sage. » Je comprenais alors que le soleil recommençait à agir au travers de son corps.

Je pensais à sa solitude orgueilleuse : ces phrases avaient la violence des choses jamais dites. Sa haine de la ville était totale. Chaque société lui apparaissait comme le territoire du mal : partout où les hommes se groupaient naissait une termitière maligne qu'il était nécessaire de fuir. La foule ne valait rien, seuls quelques gens étaient dignes, et parmi ce petit nombre, il y avait lui. L'idée qu'il avait de soi était illimitée et il méprisait tous ceux qui ne pensaient pas comme lui. Ni Hésiode, ni Pythagore, ni Xénophane ne trouvaient grâce à ses yeux ; il traitait Homère de voyou, et aurait voulu qu'il soit vivant, pour le fouetter. Souvent je me demandais pourquoi quelqu'un comme lui éveillait tant d'intérêt en moi, et c'étaient les visites que je rendais à Bouddha qui m'en fournissaient la réponse.

De Bouddha je devins l'ami et le disciple en lui racontant une histoire que j'avais inventée. La première fois que j'allai le trouver, je me présentai comme un jeune homme de noble et riche famille qui avait trois palais – un pour l'hiver, l'autre pour l'été, et le dernier pour les pluies. Au cours des quatre mois de pluie je ne mettais pas les pieds hors du palais, et passais mon temps entouré de jeunes filles qui me faisaient entendre de la musique et procuraient à mon corps toutes les douceurs possibles. Je racontai que je lisais les poètes et écoutais la musique avec tendresse et détachement ; comme un message reçu grâce au vent et à la pluie qui battaient contre les murs et les vitres du palais, sans entrer dans les grandes salles recouvertes de tapis. Ma jeunesse avait atteint son point culminant – quand on sent que, semblable à un fruit qui doit être cueilli, elle ne sera jamais plus mûre et pleine qu'elle ne l'est alors ; et, dans le parfum du vin et sous les caresses des jeunes filles, je m'endormais rassasié dans le demi-jour de la vaste salle, tout juste éclairée par les torches qui projetaient des ombres sur les miroirs et les tapisseries. Le nuage de mon corps se perdait dans le ciel du sommeil. « C'est ainsi que j'espère mourir, ô Bouddha ! » m'exclamai-je, pris par mon histoire comme si je l'avais vraiment vécue ; et, en vérité, j'en étais certain. Mais où, mais quand ?

Le jeune homme se réveilla – et moi avec lui – en plein cœur de la nuit, à la faible lumière d'une seule lampe. Les jeunes filles s'étaient elles aussi endormies ; dehors, la pluie avait cessé et le vent était tombé. Enfermés dans le silence du palais, tous ensemble paraissaient voyager dans le vide de la nuit. La fille qui jouait du luth s'était assoupie sur son tabouret, son instrument entre ses bras; à côté d'elle, très douce, reposait celle qui l'avait accompagnée de son chant. Deux autres jeunes filles, ayant posé leurs instruments, s'étaient abandonnées sur les coussins, leurs mains posées sur leurs seins ou dans leurs cheveux. L'une d'elles, près de la fenêtre, avait un sommeil inquiet, dans lequel elle proférait des phrases incohérentes, avec de la salive aux commissures des lèvres. Comme tout cela était lourd et affligeant! Les jeunes musiciennes me semblèrent mortes, libérées de l'illusion des sens et de l'erreur de leur personne, immergées dans la vérité qui les soustrayait à l'illusion d'être chacune différente des autres. J'aurais voulu les réveiller pour leur communiquer ma découverte, mais elles n'auraient pas compris le sens de mes mots et seraient retombées dans l'erreur. Leur destin était d'atteindre le vrai dans le sommeil, comme les enfants et les ivrognes. Je décidai alors de commencer par moi-même, je sortis du palais et me trouvai dans l'auberge de Bénarès où parlait le moine de Bouddha.

Je sentais de chaudes larmes à mes yeux tandis que je racontais à l'homme, recroquevillé sur lui-même et impassible, comme tout m'apparaissait douloureux et oppressant. Nous étions seuls, assis sous une véranda, en dehors de la maison de Bouddha. Tout le monde avait disparu; des montagnes qui nous dominaient au-delà du jardin tombait le silence, telle une vague tranquille. Je le sentais s'introduire parmi mes mots; et moi, je passais à l'intérieur, me frayant une ouverture vers ceux qui m'écoutaient. Je m'enivrais de mon histoire; et Bouddha m'apparaissait comme un rocher duquel ma barque s'approchait, creusant la mer du silence d'un sillon léger.

A la fin de mon discours, il parla : « Mon ami, tout cela n'est pas oppressant, tout cela n'est pas douloureux! Pourquoi ne t'assieds-tu pas? »

Il me parla de choses que je connaissais déjà au travers des propos du moine. Si l'origine de la souffrance est l'erreur de se croire des individus plutôt que des parties d'un tout dont nous nous sommes séparés dans le malheur de la naissance, le secret du bonheur consiste à ignorer nos besoins. Le sage a horreur du corps et des sensations, et des tourments de l'esprit, jusqu'à ce que toute passion soit effacée. A cet instant il est libre, il vit en ne vivant pas, dans la bienheureuse certitude de ne plus renaître. Sa récompense sera de mourir pour toujours, au lieu de renaître sous des apparences bestiales et difformes, ou sous une apparence humaine. « C'est pour cela que toi, noble jeune homme », me dit-il, faisant naître sur ses lèvres ce sourire étrange qui de temps en temps passait sur son visage, « tu as dû, dans ta vie antérieure, faire des pas en avant vers la vérité, te poser des questions, sans pourtant arriver à y répondre. Maintenant tu es plus heureux, car la réponse existe : l'école de méditation, le nirvâna! Ne retourne pas vers tes jeunes filles : oublie la vie des sens, ne souffre jamais plus! »

J'étais bien sûr touché par la poésie des paroles de Bouddha; et pourtant, je sentais grandir en moi une sorte de refus. Je ne pouvais lui dire ouvertement, alors que j'incarnais un néophyte enthousiaste, mais, au fond de moi, je fulminais.

J'étais devant quelque chose que je n'avais pas prévu : en même temps que la fureur, j'avais introduit dans le monde un désir de quiétude sereine – causant ainsi des désaccords innombrables et éternels. Mon intention n'avait jamais été de refuser la vie. La vie était la seule chose que je possédais; comment pouvais-je enseigner à y renoncer? Si imparfaite fût-elle, rien de mieux ne me venait à l'esprit, ou tout simplement rien d'autre. Elle était tout ce que je connaissais, et les rêves des hommes en faisaient partie, leur ignorance aussi, ainsi que les mirobolantes inventions et les pensées de Bouddha, qui me regardait maintenant en attendant une réponse, certain que je me mettrais à méditer avec lui, jusqu'à ce que mon esprit et mon corps respirent dans le grand poumon céleste, et que le non-savoir devienne une vertu. Le renoncement à l'amour des sens éloigne de la connaissance : pour moi, étreindre une femme était le premier besoin de vie et de savoir, et cela m'était déconseillé à tout jamais.

Je sentis un grand désir d'amour. Les furieuses ruades d'Héraclite traversèrent mon esprit, ainsi que la cascade ininterrompue d'idées qui en jaillissait.

Ce souvenir me poussa à me soumettre à la règle des moines, dans le but de présenter à Bouddha et à ses disciples une autre vision des choses. Je me déguisai, comme je suis contraint de le faire chaque fois que je ne parviens pas à convaincre la personne qui m'intéresse. Je voyais le monde des humains coupé en deux, sous les traits de ses plus géniaux et ardents représentants; et je désirais porter remède à cette fracture. Je savais que je faillirais peut-être à ma tâche, car Bouddha et Héraclite reproduisaient la tension de mon univers; je la retrouvais tout entière dans les tramontanes du premier hiver qui, furieuses, balayaient une terre désireuse de paix.

En cette période d'apprentissage de l'ascétisme, le souvenir d'Héraclite me hantait, m'imposant de continuelles comparaisons. Bouddha était un organisateur d'une impressionnante efficacité. Son habileté à rassembler des prosélytes était sans égale. Des villages entiers se convertissaient à son passage, et c'était un changement définitif, il n'arrivait jamais que celui dont l'esprit avait été éclairé par le *Dhamma* redevînt tel qu'il était auparavant. J'observerais la même chose des siècles plus tard, quand naquit l'Église chrétienne : le converti ne revenait pas en arrière puisqu'il avait atteint la vérité – et la vérité ne laisse place ni aux doutes ni aux revirements.

A l'opposé se trouvait Héraclite, première image d'un personnage qui m'est cher : le libre penseur, le poète irréductible, fort de sa solitude, et perdu dans le rêve d'un empire qui ne lui sera jamais acquis. Ses mots pleins de mépris quand il regardait les gens me reviennent à l'esprit : « La multitude ne vaut rien, et seuls les individus représentent quelque chose. » Si je tentais de discuter, il m'interrompait : « Pour moi, un individu vaut mieux que dix mille, s'il est meilleur que les autres. » Avec une telle attitude, il était naturel qu'il se retrouve seul; ce qui lui allait bien, avec son air renfrogné et contrarié. Les chiens aboient après ceux qu'ils ne connaissent pas, les porcs se roulent dans la boue, et les poules dans la poussière.

Quelle nostalgie du soleil grec, au pied de l'Himalaya! Je suivais les pèlerinages des moines et admirais la subtile humilité de leur chef. Dans son manque total de mépris – même pour les animaux ou pour le plus déshérité des hommes – se cachait l'un des secrets de son immense charme. Les gens qui l'entouraient aimaient ceux qui, bien qu'étant supérieurs, se comportaient comme s'ils ne l'étaient pas : une marque de cette attitude se retrouve quand le prophète pense que chacun peut faire ce qu'il réussit à faire. « Qui ne serait capable de renoncer? » Comme l'enseignait précisément le Bouddha, il n'y a pas de limite à la capacité de privation! Et chaque disciple suivait Bouddha, ébloui par la révélation de pouvoir devenir le plus sage des hommes.

Toute cette volonté de renoncement m'était insupportable. Une fois, je m'endormis de fatigue et de jeûne, et, dans un rêve, m'apparut une femme superbe. Je cherchais à l'atteindre, mais elle me fuyait, avec son allure magique de danseuse. Dans mon effort pour la suivre je tombai, et roulai dans mon sommeil, jusqu'à ce que je me réveille. Devant moi se trouvait Bouddha, qui me regardait d'un air absorbé et mélancolique. Je devais avoir crié, et mon front était moite. Je cherchai à reprendre mon calme, mais en vain; mes mains tremblaient, et la sueur commença à goutter sur mes joues.

« Tu vois? dis doucement Bouddha. S'il n'y avait pas eu le désir, à présent il n'y aurait pas de souffrance. Car du plaisir vient la crainte; de la luxure et de l'avidité vient la peur; et pour s'en libérer, il suffit de supprimer ses racines. Souris, ami; passe-toi de toute chose, fais comme si tu n'existais pas! Ne te sens-tu pas voler? Ne te sens-tu pas voler déjà? »

Mon tremblement avait cessé, et la sueur était en train de sécher. Nous étions assis sur une colline près de Gayâ, au pied des grandes montagnes du Vindhyâ; devant nous, à perte de vue, s'étendait la jungle. Je fus saisi d'une audace tout à fait inhabituelle en cette période de soumission; et, tel un gamin qui s'adresse à son professeur, je levai le front dans un mouvement violent, et lui lançai cette question : « Et Dieu, alors? Qui a fait tout cela? Et à Dieu, tu n'y penses pas? Tu ne t'intéresses pas à ce qu'il peut vouloir, lui? »

Je regardai le visage de Bouddha, les fentes obliques de ses yeux et ses joues couvertes de fossettes. Il avait toujours refusé d'aborder ce sujet; en réalité, il ne devait pas avoir une idée très positive de Dieu. Je crois qu'il le tenait pour un être brouillon, et même un bon à pas grand-chose, qui avait mis sur pied une affaire très imparfaite, et peut-être même monstrueuse, impossible à sauver car l'erreur était, pour ainsi dire, dans l'idée même. La vie était une maladie dont il fallait se libérer : se dissoudre dans le néant était la voie tracée.

Après mon sursaut d'audace, je baissai la tête en signe d'obéissance. Le Bouddha me fascinait au-delà de toute mesure. Devant lui, je me sentais timide; je devinais son mépris caché envers Dieu, et je n'arrivais pas à parler de moi. En cela il allait jusqu'à être partial, et sans égard pour ce que j'avais réussi à fabriquer de bon.

Héraclite, certes en exagérant, disait que pour le dieu tout est bon, beau et juste, et qu'il n'y a que pour les hommes qu'existe une chose juste et l'autre non. Il m'accordait trop de crédit, alors que les gaffes que j'avais commises me sautaient aux yeux. Bouddha, de son côté, ne m'en accordait aucun, et tout allait mal en ce monde. Je ne me libérais pas de son emprise, car il n'y a rien de plus puissant que le refus.

A cet instant, sous nos yeux, la jungle prit feu. Il y eut une bouffée violente, qui se transforma très vite en une mer de lumière rouge qui déferlait en vagues retentissantes. Bouddha lui-même en parut subjugué : je voyais ses yeux toujours plus bridés sous la violence de la lueur de l'incendie. Jusqu'au moment où, prenant un air inhabituel, il se leva et se retira dans sa maison. Je restai à regarder la forêt en flammes; je pensais à Héraclite et à ses discours sur le feu comme essence de toutes les choses. C'était comme s'il m'avait fait parvenir un message.

J'étais cloué sur place. Un arbre brûlait, enveloppé dans

les flammes comme un squelette dans un corps; et, poussée par le vent, une feuille carbonisée arriva jusqu'à moi. A la tombée du jour l'incendie était presque éteint. Au lieu de la verte forêt je voyais un horizon gris et noir d'où se levaient des spirales de fumée.

Bouddha s'était recueilli pour composer le discours qu'il fit cette nuit-là aux moines réunis autour de lui. C'est le dernier souvenir que j'aie de lui. Dans l'obscurité du pré où nous étions assis, sous un ciel chargé de cendres, il parla des événements de la journée et en tira ses conclusions. « Tout est feu, ô mes frères, disait sa voix fatiguée et calme, l'œil est la proie du feu, même ce que voit l'œil est du feu; et tout le reste est brûlant, la passion, la haine, l'illusion; et il en va ainsi de la naissance, de la vieillesse, de la douleur, et de la plainte. Même l'oreille est la proie du feu, et il en va ainsi de l'ouïe; de même pour le nez et l'odorat; la langue est en feu, et l'esprit, et les objets qu'il contemple. Et ainsi, ô mes frères, le sage, mon disciple, s'apercevant de cela, devient indifférent aux yeux, aux objets visibles, aux facultés de voir et de sentir, indifférent au corps et à l'esprit, et à ce que l'esprit contemple; et il se libère des passions, et jamais plus ne sera condamné à renaître dans le monde dévoré par le feu. Le devoir est accompli quand la vie s'est enfin éteinte. Nous avons tous un grand devoir, mes frères. »

Je volais déjà vers la Grèce. Arrivé à proximité d'Éphèse, je partis à la recherche d'Héraclite. Des nouvelles préoccupantes m'étaient parvenues : à force de vivre dans l'errance, se nourrissant tant bien que mal, il avait contracté une hydropisie. Je le trouvai étendu à terre et gonflé d'eau comme un chat noyé. Ma suprise fut telle que j'en oubliai d'endosser mon habit de disciple et d'étranger curieux, et je lui apparus dans ma divinité essoufflée. Il eut un sursaut et me regarda avec des yeux ébahis. Je me taisais, accablé par son aspect. Il fit enfin un effort pour parler :

« Tu es Zeus ? » articula-t-il de ses lèvres gonflées et gercées.

Je hochai la tête avec fermeté. Héraclite entrouvit les yeux et continua à marmonner.

« De toute façon, je le savais. Et de toute manière, tu ne me le dirais pas. Tu aimes cacher ta nature. Et en plus, qui sait si Dieu veut être appelé du nom de Zeus! »

Je hochai encore la tête, dubitatif.

Héraclite parut se rembrunir. « Précisément au moment où je meurs, il devait m'arriver de te reconnaître. Mais maintenant que tu t'es révélé, réponds-moi au moins! Apprends-moi à voir la beauté des choses injustes et cruelles! Dis-moi que le mal dont je souffre est très beau; dis-moi que les hommes sont en tout point dignes de louanges; fais-moi comprendre combien ma vue est courte, qui ne sait pas saisir l'harmonie des contraires. Aide-moi! Pareil aux chercheurs d'or, j'ai moi aussi creusé beaucoup, et pour trouver bien peu! »

Je me taisais, en proie à de tristes pensées. Comment pouvais-je révéler à Héraclite sur le point de mourir la réalité de ma nature, après qu'il eut passé toute sa vie dans l'espoir que je sois parfait? Je vis le destin tout entier enchaîné au maléfice éternel de ma faiblesse.

Héraclite, déçu, demanda encore: « Suis-je en train de dormir? »

Je fis signe que non. Il me regarda avec lassitude. « Comme l'oracle de Delphes, tu ne parles pas, tu ne nies pas non plus : tu fais seulement des signes »; il se souleva sur ses coudes. « Je veux guérir, je veux réussir à voir ce qui se passe. C'en est assez de ce jeu enfantin qui consiste à déplacer ici et là toutes les choses, si bien qu'il n'y a jamais de certitude. Va-t'en, je t'en prie, j'ai quelque chose à faire. »

Je partis, marchant seul le long de nos itinéraires coutumiers, méditant sur ma faillite et réfléchissant à des remèdes pour un monde futur. Des idées, j'en avais, mais le chemin était encore long. En attendant je me mêlai aux bateliers, je les aidai à trouver de la poix pour leurs coques trouées par les écueils; la nuit nous grignotions des pois grillés, buvions du vin et parlions. Un jour un voyageur qui arrivait de loin nous raconta qu'Héraclite était mort sous un grand tas d'excréments, croyant que la chaleur qui s'en dégageait aurait séché tout le liquide que contenait son corps. Ainsi, il était parti par manque de feu.

Depuis que l'homme s'était mis à mesurer le temps et à se souvenir du passé, les siècles s'envolaient comme des saisons. L'univers entamait un nouvel acte, qui touche aujourd'hui à sa fin. C'était l'époque où je fréquentais les nouveaux maîtres du monde. Je leur apparaissais et leur donnais des conseils ; et les gens parlaient de moi comme si je venais juste de les rencontrer. Ils m'appelaient par des noms différents, mais j'étais toujours moi.

Parmi les Grecs, j'avais cherché à me rappeler ce que j'avais perdu du temps de Moïse, mais je n'y étais pas parvenu. Quelquefois, comme cela eut lieu avec Socrate, je m'en étais approché de très près. Comme je fus amené à le savoir par hasard, il s'était souvenu de presque tout l'enseignement contenu dans mon manuscrit déchiré.

Je l'avais trouvé en prison, peu avant qu'il avale le poison, entouré de ses disciples qui étaient là pour recueillir ses dernières paroles. Mais ce que j'entendis était différent de ce qui fut transmis ensuite. Socrate fut mis à mort parce qu'il était arrivé à se souvenir de ma pensée – chose insupportable pour tous, sauf pour ses disciples. Parmi ceux-ci, Platon était certainement le plus intelligent et le plus ambitieux. C'est à lui que fut conféré la charge de transcrire les textes du maître, lequel, contrairement à ce qui fut dit plus tard, avait énormément écrit. Il se permit d'infinies variations. Il aimait vraiment Socrate, et le considérait comme un père, au point de lui attribuer tous ses goûts. Finalement, il lui attribua la vision d'un monde astral et parfait que j'aurais habité – un monde que je n'ai jamais vu, si ce n'est dans l'esprit des hommes.

Les Grecs débordaient d'intelligence et de joie. Ils dérobaient et transformaient tout, comme s'ils avaient pu changer en or la matière première des laborieuses pensées des autres. Ils étaient habiles et tombaient amoureux de ce qu'ils faisaient, au point de produire des choses toujours plus parfaites, pleines de charme et d'invention.

Je me souviens du professeur de Samos qui un jour inventa en ma présence la fable de Narcisse. Une barbe épaisse ornait son visage jeune et maigre – et il raconta cette histoire que je lui avais suggérée devant une classe de philosophie, dans l'odeur des orangers et parmi les verts myrtes. Les jeunes marchaient tandis que le maître parlait.

« Il était une fois un cours d'eau qui rencontra une nymphe et l'emprisonna dans ses eaux. C'est ainsi que naquit Narcisse, conçu dans l'onde. Un jour quelqu'un demanda à un vieux devin : " Cet enfant arrivera-t-il à atteindre la vieillesse? – Oui, s'il évite de se connaître ", fut la réponse du devin. Personne ne comprit, mais voyez l'étendue de son savoir : Narcisse atteint l'âge de seize ans, ce n'est pas encore un jeune homme et ce n'est plus un enfant; et tout le monde, garçons et filles, le désire. Il ne se donne à personne; il ne consacre sa vie qu'à la chasse, comme la vierge Diane, qui méprise tous les contacts.

« Jusqu'à ce qu'un jour apparaisse Écho, la nymphe des bois. Pour elle, le sort a été bien dur. Elle a été condamnée par Junon – jalouse pour une histoire d'amour entre Jupiter et elle – à répéter les derniers mots des phrases prononcées par les autres. Quand la nymphe s'élance vers lui, Narcisse la repousse : " Plutôt mourir que de me donner à toi! " s'exclame-t-il. En vain lui montre-t-elle dans les bois sa nudité; si bien que, amèrement déçue, elle demande aux dieux de le punir; ceux qu'il avait méprisés se joignent à ses demandes. Les dieux exaucent sa prière : que Narcisse tombe amoureux, mais qu'il ne puisse jamais posséder ce qu'il aime. »

Nous étions parvenus au bord de la mer, et le maître continua son discours, avec cette intonation où se mêlaient jeunesse et sévérité : « Un jour Narcisse arrive à proximité d'une source ombragée, au cœur d'une forêt. Il n'y a personne aux alentours. Le jeune homme se mire dans l'eau de la source et tombe amoureux de lui-même ; incapable de se détacher de sa propre image, il ne fait que l'admirer, et commence à se parler. " Où te caches-tu, ô moi-même ? Je dois avant tout me séparer de moi pour pouvoir t'atteindre. Si je pouvais me détacher de mon corps ! Voilà un désir inouï chez un amant : je voudrais que ce que j'aime me soit éloigné, afin de pouvoir l'atteindre. " »

Le narrateur en était arrivé au point culminant, et son visage s'était empourpré d'émotion. Maintenant, il voyait dans la fable une vérité qui lui était restée auparavant cachée. Narcisse, jusqu'alors projeté vers l'extérieur et plongé dans le monde comme un daim en train de courir, a regardé en lui-même et s'est trouvé emprisonné. A présent, il ressemble à une plante qui, au lieu de s'étendre, se mettrait à explorer ses racines et la terre où elle est née, au point de ne plus grandir. Narcisse a découvert son âme – et il est si peu préparé à supporter son existence qu'il se noie en elle.

« D'un geste délicat, le jeune homme frappe sa poitrine et se tache de sang ; il brûle d'amour et se consume, jusqu'à en mourir ; et, une fois dans l'Averne, il n'arrive pas à se défaire de lui-même, et il se cherche encore dans les rivières qui courent aveuglément là-bas. Vous voyez son erreur ; il ne savait pas, tant il était jeune, qu'il ne devait pas se chercher dans son âme ; elle ne lui avait pas été donnée pour cela ! Celui qui cherche à se comprendre complètement se noie, et son âme se transforme en un puits. Tourne tes yeux vers les étoiles, enfant ; tourne tes yeux vers l'extérieur. Sois un sage ! »

C'étaient de belles paroles, pleines de sagesse. Mais moi, je me sentais exclu : s'il ne plonge pas dans son âme, l'homme ne me trouve pas : il doit s'y enfoncer pour refaire surface plus tard, comme le pêcheur de perles qui revient avec son butin – inutile s'il reste au fond de l'abîme. Était-il possible que ces Grecs géniaux n'aient pas voulu me trouver ?

Je pensais à cela au cours de mes pèlerinages, incertain quant à l'endroit où aller; un jour, peut-être pour mieux me souvenir, je me dirigeai presque par hasard vers la Palestine.

Confusément, orageusement, le passé me revenait à l'esprit. J'écoutais les récits et les histoires sur Moïse, sur les prophètes, sur mes propos, que les générations se transmettaient. Les habitants de ce pays aride et poussiéreux n'admiraient pas la beauté autant que les Grecs, mais ils s'agrippaient à la certitude de la vérité, comme à la seule chose qui comptait. Et pour eux, la vérité était Dieu. Le dieu des Scribes et des Pharisiens qui, après tant de siècles, singeaient Moïse, et ne perdaient pas une occasion de s'enrichir et d'accroître leur pouvoir. Je l'avais prédit à Moïse – mais il ne m'avait pas écouté. J'entrai dans le temple et vis les marchands occupés à leurs affaires : un sentiment de fureur m'envahit. De qui parlaient-ils, ceux-là?

Je me souvins alors d'Acsa, ce qui me remplit de tendresse. Pendant toute une nuit je me promenai dans Jérusalem, l'appelant par son nom et parlant aux étoiles : qu'était devenue son âme? A l'aube, je crus la reconnaître en une prostituée qui dormait la tête penchée comme elle quand elle rêvait avec son enfant dans ses bras. Je la réveillai et nous fîmes l'amour dans un pré non loin des faubourgs, alors qu'elle arrivait à peine à garder les yeux ouverts; et, dans son cri de plaisir, je compris qu'il ne s'agissait pas d'Acsa, et que je la chercherais en vain de cette façon-là.

Pourtant je gardai un affectueux souvenir de cette fille, à tel point que je voulus la revoir. Quand je revins plus tard, j'appris qu'elle avait épousé un vieux menuisier, et qu'ils vivaient maintenant dans un village de Galilée du nom de Nazareth. Peu de temps après, je me trouvai dans ces parages, et une averse me prit au dépourvu. Un coup de vent ouvrit la fenêtre d'une modeste demeure; j'entrai pour m'abriter de la pluie et je vis devant moi la jeune femme enceinte qui me regarda extasiée. De l'autre pièce parvenait le bruit du rabot : son mari construisait le berceau pour le nouveau-né. Je caressai les cheveux de l'épouse, et disparus dans le vent, par la fenêtre qui se referma derrière moi.

Quelques mois plus tard, voyageant sur une comète et regardant vers la terre comme du hublot d'un avion, je reconnus mon amie d'une nuit, étendue sur la paille d'une étable; autour d'elle s'affairait le doux menuisier, semblable à une sage-femme inexpérimentée. L'événement s'était produit durant un voyage dans la ville de Béthléem; ils n'avaient pas trouvé de logement dans les auberges, et s'étaient réfugiés dans une étable. Je descendis auprès d'eux, et, quand j'arrivai à terre, l'enfant était déjà né et ses vagissements remplissaient le pauvre abri. Je m'approchai pour le regarder, écartant un ânon et un bœuf qui ruminait debout, près du grabat; l'enfant était serré contre le sein de sa mère, et, à présent, il tétait tranquillement. La femme m'aperçut voletant entre les bêtes, dans la clarté incertaine de l'étable; puis elle tourna son regard vers le petit. Jésus était né, mais je ne le savais pas encore; en outre, comment pouvais-je être certain que c'était vraiment mon fils?

Je devais le revoir des années plus tard, alors que la renommée du nouveau prophète s'était déjà répandue.

Jésus était à peine revenu à Jérusalem après la réunion de Béthanie, à laquelle Lazare, le ressuscité, avait pris part. Son entrée dans la cité fut triomphale; je me mêlai à la foule et le regardai trotter sur l'ânon qu'il avait choisi pour monture. J'étais venu avec un groupe de savants athéniens qui, ayant entendu parler des événements de Palestine, avaient décidé de rassembler des notes pour un recueil d'essais qui ne fut jamais publié. On ne peut réunir un cynique, un stoïcien, et un épicurien, pour discuter des mêmes problèmes en espérant qu'il en sorte un volume. J'étais une espèce de secrétaire du groupe, et prêtais une oreille ennuyée et distraite aux discussions, déjà violentes sur le navire qui nous emmenait vers la côte du Moyen-Orient, dans la grande mer bleue de la Grèce.

Je n'avais pas envie de prendre part aux disputes. Je savais qu'au fond il s'agissait de décider qui serait le chef de l'École péripatéticienne d'Athènes; charge prestigieuse, accompagnée de toutes sortes de privilèges. Moi, j'étais parti dans l'unique but de connaître le Christ, cet aventurier qui déclarait être mon fils et jurait être mon envoyé dans le monde. A cette époque, je m'étais enfermé dans une grande solitude mélancolique. J'étais déprimé par la décadence de la grande culture grecque, qui m'était si chère, et le fait que personne ne semblait s'apercevoir de son déclin m'effrayait. Tandis que j'écoutais les discours des trois philosophes, je cachais difficilement mon irritation et regardais les poissons frétiller dans l'eau.

Je me souviens de la grande impression que me fit le Christ dès que je le vis. J'aurais juré l'avoir déjà rencontré, et il ne m'aurait pas déplu qu'il fût mon fils. Je n'avais d'objection à faire que sur la longueur de ses cheveux, certainement excessive, et qui lui donnait un air un peu efféminé. Je fus arrêté par ses yeux terribles et très doux : il fallait les éteindre pour ne pas y succomber. Je fus immédiatement saisis de craintes pour son sort.

Notre rencontre eut pour témoins les Apôtres. A leur sujet, il y aurait beaucoup à dire. Certains étaient de braves gens, comme Jean et son amie Marie-Madeleine; d'autres étaient des opportunistes, et un ou deux, enfin, étaient de vraies canailles.

Longtemps après, lisant pour la première fois les Évangiles, je m'aperçus que l'événement auquel j'avais pris part avait été raconté de manière indirecte, avec des allusions éparses dans divers textes; et maintenant, pour y voir clair, il faut passer d'un texte à l'autre. Je suis toutefois le seul en mesure de le faire – unique survivant parmi tous les acteurs du drame. Moi qui ne suis jamais nommé – car personne, hormis le Christ, ne savait qui j'étais. Et le Christ ne pouvait pas parler.

Jean, dans son Évangile, fait allusion à notre rencontre : « Or, il y avait certains Grecs, de ceux qui montaient pour adorer Dieu pendant la fête. Ceux-ci, donc, s'étant approchés de Philippe qui était de Bethsaïde, ville de Galilée, l'implorèrent en disant : " Seigneur, nous voudrions voir Jésus. "

Philippe vint et le dit à André; et de nouveau André et Philippe le dirent à Jésus. »

Ces allées et venues d'André et de Philippe entre Jésus et nous autres Grecs durèrent un après-midi entier. Apprenant que nous voulions écrire un livre, les deux apôtres étaient entrés dans un état de grande agitation, et ils voulurent participer à l'entretien. Chacun avait un bon motif : André était poussé par l'ambition, Philippe par le désir de contrôler les événements et de ne pas permettre que les paroles du Christ soient déformées. C'était une journée très chaude; les savants transpiraient comme la plèbe de Thèbes et maudissaient leurs dieux en grec. Moi, je me taisais. Je m'étais aperçu à plusieurs reprises que Jean ne cessait de me fixer du regard. Parmi tous les apôtres, il était le seul à apercevoir ce qu'il y avait d'insolite et de décisif dans cette rencontre; et d'ailleurs, il fut le seul à en parler, même si la vérité fut altérée. Comme le livre de mes compagnons de voyage ne parut jamais, dans son Évangile nous devînmes les « adorateurs de la fête », et non un groupe de philosophes.

Vers le crépuscule nous fûmes admis en présence du Christ. Nous entrâmes dans une pièce obscure et, pendant quelques temps, nous ne vîmes rien. Beaucoup trébuchèrent parmi les tabourets et les outils, quelqu'un piétina un chat et, pendant un instant, le désordre régna. J'entendais le stoïcien qui se remettait à jurer, et, à ce moment précis, une autre voix se leva d'un angle de la pièce : sonore, avec une coloration stridente qui la rendait semblable à une sonnerie. On avait l'impression d'entendre réciter des psaumes, tant l'élocution était assurée :

« La lumière est encore un peu avec vous; avancez, tandis que vous avez la lumière, pour que les ténèbres ne vous atteignent pas; car celui qui avance dans les ténèbres ne sait pas où il va. »

« Tandis que vous avez la lumière, croyez en la lumière, afin que vous deveniez enfants de la lumière. »

Suivit un bref silence. Nous avions réussi à nous installer, qui sur un tabouret, qui par terre, qui appuyé contre le mur, et nous scrutions l'obscurité, cherchant à voir celui qui avait parlé. Jusqu'au moment où nous aperçûmes le Christ, assis sur une natte, dans le coin le plus obscur de la pièce : ses yeux brillaient comme des pierres dures. Il nous regardait intensément, un par un. Il arrêta son regard sur moi et sembla grandement étonné, comme en proie à un souvenir lointain; puis il passa aux autres.

J'eus moi aussi la curieuse impression de l'avoir déjà vu; je reconnus quelque chose de familier dans son visage et dans ses gestes, mais je ne savais pas dire qui il pouvait bien me rappeler. Mes collègues s'efforçaient de prendre des notes et n'osaient pas demander qu'on fît un peu de lumière, après les propos qu'ils avaient entendus à leur entrée. Je percevais leur colère mêlée à une espèce de fascination, et je savais que cet alliage conduit au ressentiment. Pour l'instant ils écrivaient, le nez sur leurs feuilles, leurs sourcils froncés par l'effort.

Il y avait un pichet à côté du Christ, et il s'en servit plusieurs fois pour boire; après chaque gorgée, il était plus assuré, et avait une voix plus voilée, ce qui augmentait la vigueur de ses propos. Car il était certainement inspiré, et nous comprîmes immédiatement qu'il n'accepterait pas un échange de questions et de réponses. Son idée du dialogue était le monologue. Brusquement, il s'écria :

« L'heure est venue pour le fils de l'Homme d'être glorifié.

« En vérité, en vérité je vous dis que si le grain du froment, tombé à terre, ne meurt pas, il reste seul; mais, s'il meurt, il produit beaucoup de fruits.

« Celui qui aime sa vie la perdra, et celui qui hait la vie dans ce monde la conservera dans la vie éternelle. »

D'une petite fenêtre entrait une lumière violette qui renforçait l'intensité de la scène. L'effet que me fit cet exorde est resté vif en moi; je n'avais jamais rien entendu d'aussi beau et d'aussi convaincant. Des centaines de souvenirs peuplèrent mon esprit : et les années, le froment, et la mort, réunis par ces paroles, prirent forme devant moi comme un mouvement de danse qui se serait répété depuis toujours. Où le Christ avait-il appris ces choses-là? Elles semblaient naître spontanément de lui, comme l'herbe pousse sur certaines mottes humides. Je me souvins du moment où j'avais créé l'homme, et du devoir que je lui avait assigné : le Christ s'en souvenait aussi! Je me sentis comblé d'émotion et de gratitude.

Les académiciens grecs s'échangeaient des clins d'œil impertinents par-dessus leurs feuilles. Quelqu'un apporta une torche; et, dans la lumière oscillante, nous vîmes le Christ approcher le breuvage de ses lèvres et reprendre son discours dans un nouvel élan : « Si quelqu'un me sert, qu'il me suive : et, là où je serai, là encore sera mon serviteur; et si quelqu'un me sert, le Père l'honorera. »

Jésus fit une pause pour se recueillir, ce qui créa une forte attente parmi nous; il leva les yeux, et il était sur le point de continuer, quand une voix s'éleva :

« Mais qui est le Père? Quels sont ses attributs? Où est sa demeure? Et son univers est-il disposé comme une chaîne, ou sont-ce des fibres qui courent parallèles? Fais-tu partie de l'âme universelle, ou te places-tu en dehors d'elle? Et qui t'a fait docteur? Je te prie de répondre, car c'est le public qui te pose ces questions à travers moi : le public dont nous sommes les serviteurs et les gardiens. »

Tous les yeux s'étaient tournés vers l'interpellateur : le stoïcien, de tous les philosophes le plus antipathique. Son orgueil était démesuré : quand il parlait, il se réjouissait insolemment de sa technique oratoire, comme un singe fait des grimaces à celui qui le regarde : et il déplaçait ses mains comme un oiseau égaré ses ailes, les repliant et les frottant l'une contre l'autre, dans une allusion continuelle à son art de mentir. Mon hostilité à son égard prit sur-le-champ des proportions énormes. J'avais déjà de la sympathie pour le Christ, et il n'était pas utile de le nier : ce fut à ce moment précis que je décidai de lui parler.

L'apostrophe du philosophe avait créé une atmosphère de gêne. Ses collègues, liés par la solidarité professionnelle, continuèrent à échanger des regards entendus de victoire, tout en remettant de l'ordre dans leurs feuillets. Moi, j'observais le Christ qui s'était semble-t-il assombri; il regardait fixement devant lui, ses paupières et les cartillages de son nez tressaillaient. Sans la regarder, il se saisit de la carafe et but rageusement une gorgée. Quand il la reposa, son regard était aussi perçant qu'une lame assoiffée de sang ; et seulement alors il sembla percevoir la question qui lui avait été posée. Il regarda droit dans les yeux le stoïcien, dont les mains tremblantes partirent à la recherche des amulettes qu'il avait sur lui ; et j'ai encore à l'esprit son origine gréco-sicilienne, prompte à toutes sortes d'adjurations. Il portait au poignet un bracelet représentant Mercure en vol, avec cette inscription en main : *aletheia* ; le a initial était en forme de tête de serpent, le a final était une queue enroulée. Je regrettai Socrate et mes premiers philosophes, qui se promenaient dans les champs et traversaient les rivières.

Le Christ détourna finalement son regard de lui pour se recueillir. Après un moment de silence, nous entendîmes sa voix qui s'était éloignée, et il parla plus lentement :

« A présent mon âme est troublée ; et que dirai-je ? Père, sauve-moi de ce mauvais pas ; mais pour cet instant, je suis là. Père, glorifie ton nom. »

A ce moment précis, dans la frayeur générale, je répondis au Christ, dans une espèce d'ivresse. Je ne sais ce qui me prit ; peut-être la tension, ou peut-être ma pitié pour cet homme, mêlée à de l'admiration ; ou peut-être encore l'étrange magie que le Christ exerçait, telle une lumière dans l'ombre de cette maison. Le fait est que je me mis à parler. Encore une fois, ce fut Jean qui rapporta l'épisode, même s'il le déforma dans le but de le rendre acceptable.

Voici comment il évoqua la scène, après l'invocation du Christ à son Père :

« Alors, une voix provint du Ciel, qui dit : " Je l'ai glorifié, et je le glorifierai encore. " En sorte que la multitude rassemblée, et qui avait entendu la voix, disait qu'il y avait eu un coup de tonnerre. D'autres disaient : " Un ange lui a parlé. " Et Jésus dit : " Cette voix ne m'était pas destinée, elle s'adressait à vous. " »

Eh bien, cette voix était la mienne, et je me souviens de ma surprise en m'entendant parler de cette manière-là, sur un ton que je ne reconnaissais pas moi-même, altéré et plein de force. Moi aussi, j'avais l'impression qu'elle venait d'ailleurs, peut-être d'en haut, et nombreux furent ceux que je vis lever les yeux et parler de miracle. Honteux de ce que j'avais fait, je regardai moi aussi vers le haut; et il était certes facile d'imaginer un ange survolant tout cet ondoiement d'ombres réfléchies par la flamme entourée de fumée. Seuls Jean et Madeleine m'avaient clairement entendu et me regardaient fixement. Le Christ, la première surprise passée, saisit cette occasion qui lui était favorable : il redressa le buste et lança vers son auditoire une série d'inventions verbales éblouissantes. Il se leva, effrayant dans sa grandeur inattendue et anguleuse, jusqu'au moment où il saisit la torche et cria, au paroxysme de l'exaltation : « Soyez donc les fils de la lumière! » Il jeta alors la torche vers les participants, qui hurlèrent de frayeur et s'employèrent à la ramasser, et à la rendre inoffensive. Pendant ce temps il avait disparu par une porte dérobée, comme une ombre qui traverse un mur.

Après cet épisode, il se cacha; et le retrouver fut entreprise difficile. Les jours suivants, les trois philosophes se promenèrent, s'encanaillant dans les ruelles de Jérusalem, discutant avec les apôtres et cherchant à les corrompre. Ils y réussirent certainement avec Judas et Pierre, les plus cupides et les plus faibles, qui acceptèrent de l'argent pour organiser une rencontre avec le Christ. Mais moi, je savais où aller, à coup sûr et sans recourir à des subterfuges.

Je me rendis chez Jean, et le trouvai brûlant du genévrier dans son jardin en compagnie de son inséparable Madeleine, provoquant un parfum qui remplissait les yeux de larmes. Je lui dis peu de choses, et la rencontre fut vite décidée. Jean sentait que ma présence était importante, mais il ne voulait pas en savoir plus. J'eus à peine le temps d'admirer la beauté de Madeleine dans le jardin parfumé, et je compris pourquoi Pierre la haïssait en raison de l'amour que le Christ lui portait. Puis Jean revint et me transmit le message de Jésus.

Il ne voulait pas me voir dans sa maison et me priait de le recevoir comme hôte en un lieu où il conduirait ses disciples pour un repas que je devrais préparer; puis il me parlerait seul à seul, comme cela se fait avec le maître de maison. Il était en train de me donner des ordres : mais mon désir de le voir était si fort que je n'hésitai pas. J'arpentai les rues et les marchés de Jérusalem, à la recherche d'un palais à louer ; parmi les chèvres, les chiens, les étalages de fromages et de vins, parmi les vendeurs de drogues et d'herbes magiques, parmi les hommes et les femmes qui se prostituaient, mêlé au monde que j'avais créé comme le théâtre de l'aventure du Christ. Je fis enfin la rencontre d'un courtier qui me procura une maison dans un beau quartier et me demanda si j'avais besoin de jeunes gens et de jeunes filles pour la soirée, et si je voulais de l'opium. Il ne s'étonna pas de mon refus, pensant que j'avais fait le nécessaire de mon côté.

Il me fallait préparer le repas. Je retournai au marché et fis des provisions de pain, de fromages et de légumes ; j'allai dans une ruelle où, dans une boutique à demi éclairée, on vendait du bon vin à un prix modique. Tandis que je marchandais et donnais mes dispositions pour qu'on me porte les jarres à la maison, survint un autre événement inattendu. J'entendis des voix qui chuchotaient derrière un tas de barils, et reconnus Pierre et Judas, dans l'ombre, en compagnie d'un homme enveloppé dans un burnous. Deux millénaires après, je n'ai pas oublié l'effet que provoqua en moi cette conversation : ils étaient en train de vendre le Christ ! J'entends le bruit des talents sur le couvercle du baril, j'entends les lourds pas des trois hommes s'éloignant dans des directions différentes ; je me vois, debout, dans la boutique, me demandant si je n'ai pas rêvé.

Il ne restait plus beaucoup de temps. Je fis ranger la maison, préparer les victuailles et ordonner la pièce avec une série de tables qui dessinaient trois segments séparés. Je pris des serviteurs, envoyant tout de suite l'un d'eux exécuter les ordres de Jésus : « Va, lui dis-je, prends un seau d'eau et fais en sorte que les disciples du Christ te trouvent ; puis fais-les venir ici. » C'était un garçon éveillé qui étudiait les mathématiques et l'astronomie à Alexandrie, et était revenu chez lui pour les vacances de Pâques. Il empocha les talents, prit le seau et se mit en route. Un peu plus tard il revint en compagnie du Christ et des apôtres.

Tandis que tous se reposaient dans l'attente du repas, je réussis à lui parler. La rencontre eut lieu dans l'une des pièces de la maison et se poursuivit dans les rues de Jérusalem, dans les tavernes où le Christ s'arrêtait pour avaler d'un trait des coupes sans reprendre son souffle.

Dès que nous fûmes face à face, j'eus une révélation. Alors que je me demandais encore à qui il ressemblait, une phrase de mépris que j'avais entendu prononcer peu de temps avant par Judas, dans la boutique du marchand de vin, me revint à l'esprit, phrase que sur le moment j'avais prise pour un méchant commérage. Je regardai Jésus, repensai à cette phrase, et tout se rassembla comme les morceaux d'une mosaïque défaite. Je la repris à haute voix, sous forme interrogative, avec de l'angoisse dans la voix :

« Est-ce vrai ce qu'on dit de toi, que tu es le fils d'une prostituée ? »

Jésus eut une réaction hésitante. Il se leva et fit quelques pas nerveux dans la petite pièce, se tordant les mains, dans l'effort de se dominer. Puis il s'arrêta et me regarda durement :

« Ma mère est une sainte, répondit-il. Aucun homme ne l'a jamais touchée. Tu peux t'assurer de sa virginité. Va dans la chambre où elle repose, fais venir une sage-femme, soulève sa robe. Ma mère est un ange, je te le dis. »

Après chacun de ses mots, le doute tombait un peu plus. La ressemblance avec la jeune fille que j'avais connue des années plus tôt était impressionnante, et je dus écarter de mon esprit l'envie d'étreindre ce fils retrouvé. Mais je n'aurais rien obtenu en insistant. Je me concentrai sur la question importante.

Je lui dis que j'étais Dieu, et que je ne me reconnaissais pas dans le Père dont il parlait ; que je voyais en lui mon fils, mais un fils comme tous les autres et rien de plus ; et que les choses splendides qu'il racontait mêlaient vérité et mensonges. Il était bien vrai que je voulais que les hommes s'aiment – je les avais créés pour cela – pour remédier au mal qui envahissait le monde ; mais ce mal n'avait pas été causé par l'homme, comme on s'obstinait à le croire. Le mal était dû à l'imperfection du monde, à mon manque d'adresse ; je le savais depuis longtemps, et l'homme devait se décider non à expier, mais à améliorer la création. Je lui parlais avec passion, comme Dieu peut parler à Jésus peu avant la crucifixion ; et j'insistais, logique, patient, passionné. Si l'on commence à mentir sur l'essentiel, comment l'homme peut-il accomplir son devoir ?

Le Christ m'écoutait et s'assombrissait toujours plus. Il semblait plongé dans un dilemme féroce et sans solution possible. Au terme de mon discours il allait répliquer, puis il hocha la tête et, au lieu de parler, il courut se jeter à mes pieds. Je me sentis troublé. Je le fis se relever, lui murmurant :

« Pourquoi ne comprends-tu pas ? Je ne suis ni le chef ni le guide. J'ai besoin de vous.

– Je sais aussi cela », répondit-il, et à partir de ce moment ses yeux se troublèrent et s'enflammèrent, « mais voici qu'à présent il m'arrive ce qui arrive à tous les hommes. Ils ne sont pas libres, les hommes, et je dois toujours en tenir compte. Le sais-tu cela, Père ? Le sais-tu qu'ils ne feront rien s'ils ne se persuadent pas d'adorer quelqu'un ou quelque chose ? Je devrai me faire crucifier pour qu'on se souvienne de moi ; je pourrais très bien l'éviter, mais je n'ai pas le choix si je veux sauver au moins une partie de ce que j'ai prêché. Et il y a longtemps que j'ai commencé à mentir. Je sais bien qu'il n'y a ni enfer ni paradis ; mais ce soir encore, pendant le repas, je ferai un discours particulier sur le jugement dernier, qui n'aura jamais lieu, et pourtant ils me croiront. Que puis-je faire d'autre ? C'est pour cela que je bois, et maintenant je souhaite mourir. Je veux mourir, et je voudrais aussi disparaître, s'il n'était pas nécessaire de rester dans leur mémoire. Je n'ai pas d'autres moyens de les rendre meilleurs. J'aime les hommes, mais je les voudrais tellement différents ! Si je les acceptais comme ils sont, je n'aurais pas de sermons à faire, même le fait qu'ils s'entre-déchirent me conviendrait. »

Le vin et le désespoir rendaient rauque la voix du Christ. Nous parlions à voix basse, tels deux conspirateurs. Au-dessus de Jérusalem passaient des nuages grands comme des anges; j'entendais des trompettes au loin, comme en rêve. Je m'étais moi aussi enivré de l'odeur du vin, comme cela arrive aux fidèles; et je m'aperçus que je désirais croire en la parole du Christ, moi, Dieu athée et presque adulte.

« Voilà, tu as compris, conclut-il, regardant autour de lui nerveusement. Sache que je parle aussi de cette manière à certains de mes disciples : Jean, Marie-Madeleine, Matthieu. Mais ce ne seront pas ceux-là qui raconteront. Ce seront les durs, les bâtisseurs, ceux qui connaissent les hommes : Pierre...

– Pierre t'a déjà trahi, l'interrompis-je anxieusement. Le Christ eut un mouvement de résignation.

– Je le sais. Et toute la faute en sera donnée à Judas. Mais j'ai besoin de Pierre : sur cette pierre sera construite ma renommée. Sans Pierre, il ne resterait rien de moi, et il faudrait chaque fois repartir de zéro. J'ai besoin d'une armée de Pierre dans le temple des siècles, de façon que de temps en temps puissent en sortir un Jean ou une Madeleine qui gardent à la lumière son éclat.

– Tu te trompes! » criai-je. Je savais que c'était la dernière chose que j'avais le temps de lui dire. « Tu te trompes! Tu dois renoncer immédiatement à Pierre, ce soir même, au cours du repas. Elis tout de suite Jean, Matthieu et Madeleine. S'ils doivent être la fin, qu'ils soient aussi le commencement : ne commets pas la même erreur que moi! »

Le Christ me regarda en s'éloignant, et je compris sa réponse par son regard, mieux que s'il l'avait prononcée. « Je ne veux pas mourir complètement », disaient ses yeux; et Pierre fondera un culte qui durera dans les siècles. Nous entrâmes dans la grande salle patricienne, accablés et lucides.

Je voulais m'en aller tout de suite, partir en reconnaissance vers des régions que j'avais complètement oubliées : l'Antarctique et les zones polaires, habitées par des animaux dont j'avais perdu toute notion. Je fus rejoint par l'un des apôtres, Thomas, qui me conjura de rester, sans quoi le repas n'aurait pas lieu : ils s'étaient aperçus qu'ils étaient treize.

Bien qu'à contrecœur, j'acceptai de faire partie du banquet, et m'assis à une extrémité de la table, presque caché, et toujours silencieux : tant et si bien que personne ne parle de moi dans l'évocation de la cène. Personne ne dit que Dieu était présent, qu'il ne perdait pas un mot de ce qui se disait.

Au cours de ce repas, Jésus prononça quelques-unes de ses plus belles paroles. Je l'écoutais, ému et plein d'orgueil.

« Demeurez en moi et je demeurerai en vous; comme le sarment ne peut donner de fruits s'il ne demeure dans la vigne, vous-mêmes serez stériles si vous ne demeurez pas en moi. » Je ne sais comment lui venaient à l'esprit de semblables idées. Il leva son verre dans ma direction, comme pour trinquer : « Je suis la vigne, et mon Père est le vigneron! » proféra-t-il à voix haute et très forte. Ce ne fut pas la seule allusion à moi : pendant toute la soirée, il ne fit que se référer au Père, si bien qu'étonnés les apôtres lui demandaient : « Mais pourquoi dis-tu que tu iras bientôt auprès du Père? » Et le Christ répondait en buvant et en me regardant fixement : « De nouveau je quitte le monde et vais auprès du Père. » On sentait qu'il disait la vérité : ils se regardaient stupéfaits et lui lançaient : « A présent tu parles ouvertement, tu n'emploies plus de paraboles! » Ils ne pouvaient pas savoir que c'était parce que j'étais là – ma présence ne permet pas les paraboles.

La scène avait une grande beauté dans l'émotion différente de chacun des participants. Le moment le plus intense fut atteint quand le Christ fit une de ses trouvailles : il rompit le pain dans le vin et fit un discours qui créa un mouvement tout au long de la table. Il insinua qu'on le trahirait, et regarda droit dans les yeux de Judas et de Pierre, qui n'osèrent pas nier. Le groupe des convives fut à nouveau en proie à des remous. Les torches aux murs projetaient une lumière mobile dans la pièce, et j'eus pour ma part l'impression de voir un tableau étonnant d'invention.

A ce moment le Christ me regarda de nouveau, il vit certainement quelque chose en moi, et dit : « Mais moi, je ne suis pas seul, car le Père est avec moi. » Et, s'étant levé, il sortit de la pièce vers le jardin des oliviers qui était tout proche.

Ce qui eut lieu ensuite fut obscur et irritant, et je passe rapidement. Les apôtres, presque complètement ivres, plongèrent dans le sommeil. Pierre et Judas coururent chercher les gardes qui devaient arrêter leur maître. Pierre, en vrai traître, s'étendit par terre et fit mine de dormir comme les autres, laissant l'infamie de l'action retomber sur Judas. J'allais dans le jardin peu avant l'arrestation et vis le Christ pleurer, atteint de crises d'hystérie. Il buvait sans arrêt; quand il me vit il hurla : « Éloigne de moi ce calice! », et il jeta sur moi le contenu de sa coupe. Peut-être avait-il honte; sa voix se leva, si terrible qu'elle réveilla un ou deux apôtres qui retombèrent immédiatement dans le sommeil, hébétés. Le Christ avait peur et je ne pouvais m'en étonner : la crucifixion est un supplice horrible.

Mais il ne fit rien pour échapper à son sort. Quand les gardes arrivèrent, Pierre, réveillé de son sommeil feint, mit sur pied la scène de l'attaque à l'épée du serviteur du grand prêtre, allant jusqu'à lui couper une oreille; et le Christ, ayant retrouvé calme et dignité, posa une main sur son bras et lui dit : « Pierre, remets ton épée dans son fourreau; ne boirais-je pas le calice que mon Père m'a donné? » Et il me regarda pour la dernière fois.

Il disparut, entouré de gardes et de dignitaires, laissant ahuris ses disciples somnolents. Je fuis leur présence.

Je passai deux mauvaises journées, incertain quant à ce que je devais faire, détestant le monde entier. J'ai rarement aussi bien mesuré l'importance de ma faillite. Je m'enivrai et finis renversé par terre, rêvant à de grands oiseaux qui portaient des croix.

Le lendemain matin, les philosophes me réveillèrent pour m'annoncer leur décision de continuer leur voyage vers Rome où les attendait un certain Caïus, sénateur et grammairien. « Aventuriers! » me dis-je, les regardant partir. La possibilité d'un avantage commun avait effacé entre eux tout désaccord philosophique.

Je restai seul dans l'immense maison que j'avais louée. « La maison de mon Père a de nombreuses pièces. » Je souffrais, terminant le vin qui restait, dans un sentiment d'impuissance.

Le soir tomba, et j'allai dans les rues de Jérusalem, poussant jusqu'aux quartiers populaires où arrivaient les nouvelles portées par la racaille à peine sortie de prison. On savait ce qui était en train d'arriver au Christ; et des bruits couraient à propos de tortures, d'humiliations, de gestes de dérision; on parlait d'un Christ pâle, faible, et décidé à mourir. Moi, je savais de quoi il retournait. Le premier jour d'abstinence est terrible pour un buveur. Je bus pour lui, dans un élan d'amitié; je me mis à jouer aux dés : gagnant, perdant, puis gagnant à nouveau. C'était moi-même résumé dans une partie de dés; je finis au lit en compagnie d'une fille sur le sein de laquelle je me surpris à crier le prénom de Madeleine avant de m'enfoncer dans un autre sommeil.

Mon réveil fut tardif, et je ne reconnus pas l'endroit où j'étais. J'étais perdu dans cette maison comme dans un univers que je n'aurais pas créé. Je regardais les signes sur les cloisons et au plafond, jusqu'au moment où la clameur, au-dehors, me fit bondir hors du lit. La fille me dit que dans mon sommeil j'avais crié des choses tout à fait dénuées de sens : que les pauvres sont heureux car ils posséderont tout, et que les affamés sont bienheureux puisqu'ils seront abondamment rassasiés; et bienheureux entre tous sont ceux qui pleurent, car personne ne rira finalement autant qu'eux. « Un rêve, sans aucun doute », me dis-je. Puis elle me parla de l'événement auquel avait participé toute la ville : on avait crucifié le Christ, pendant que je dormais. Je me précipitai hors de la maison.

Je me mis à courir, suivant la foule. Je perdis plusieurs fois mon chemin, et compris que la plupart de ces gens ne savaient pas vers où ils se dirigeaient, pareils à des brebis sans chien ni berger. Je ne sais combien de fois je fis le tour de Jérusalem, retombant à chaque fois devant la Synagogue. Les mêmes nouvelles étaient répétées, à l'infini, et rebondissaient des uns aux autres; certaines étaient folles et sans retenue, comme celle qui décrivait le Christ transformé en un mouton avec des cornes et une queue, et cloué sur la croix; ou celle qui racontait qu'on avait trouvé une femme sous l'habit qu'on avait ôté au moment du supplice.

J'eus finalement l'idée de suivre une brigade de centurions romains qui me guidèrent hors de la ville, remontant une plaine herbeuse, puis gravissant le flanc d'une petite montagne fourmillant de gens très agités. Je courus plus avant et les vis – les trois crucifiés sous le soleil. Ah! Je les vis! Je fus sur place au moment où le Christ, décharné, brûlé et vaincu, hurlait qu'il avait soif; et je vis le centurion arrivé en même temps que moi, de retour de beuveries et de libations dans une taverne, prendre une éponge, la tremper dans un liquide qu'on prétendit ensuite être du vinaigre, et l'approcher des lèvres du Christ. Je vis le Christ la sucer avidement, et son visage devenir plus terreux et dégoûté; puis cracher, sa salive tombant au pied de la croix, où s'agitaient des femmes, des soldats, et des disciples, dans une pagaille invraisemblable. Lui aussi me vit enfin, j'étais debout et raide comme un piquet, je regardais ses bras tendus en l'air sur la croix.

Je le vis me fixer pendant une minute intense, sous un ciel qui se brisait devant la pluie qui menaçait; et je le vis se préparer à mourir sans joie, car il savait qu'il avait perdu : comme le savait Pierre qui, sous la croix, pleurait vraiment, des larmes de vraie douleur. Je compris que Pierre mourrait tout de suite, s'il le fallait, pour son Maître, mais qu'il n'hésiterait pas une seconde à le trahir de nouveau.

Le Christ s'anima pour la dernière fois et cria dans ma direction : « Père, pourquoi m'as-tu abandonné? », avant de laisser tomber sa tête sur son épaule, de la façon qu'on voit dans tous les tableaux du monde. Un centurion m'observa avec curiosité; Jean s'était réfugié dans les bras de Madeleine, et une vieille femme se cacha sous un châle : c'était la fausse mère du Christ. Je me tournai pour m'en aller.

Je descendis le Golgotha, parcourus les siècles. Il n'en finissait pas de pleuvoir.

Troisième partie

L'âge adulte fut un éclair insensé comparé à mon enfance et à ma jeunesse.

Après la mort du Christ, un changement eut lieu en moi. Je me rendis compte que les Prophètes avaient été des sortes de pères, dont j'avais attendu les réponses à mes questions sur la vie et sur le sort de l'homme. J'avais eu besoin de certitudes; et, eux, faisant mine d'obéir à mes ordres, avaient mis dans ma bouche des prescriptions et des interdits auxquels je n'avais même pas pensé. Ils tuaient en mon nom, si nécessaire, et se laissaient tuer. Je devais me libérer d'eux si je voulais devenir un homme.

Un matin, je sortis de chez moi décidé à retrouver ma route. Sans prophètes ni émissaires l'univers me parut très vaste. Je sentis à ce moment-là combien l'âge adulte se nourrit d'impulsions infantiles : je me mis à respirer l'air comme si j'en avais oublié l'odeur, me plongeai dans les couleurs de la création, m'amusai de ses formes. J'errais comme un parfait inconnu, ne prenant soin ni de mon aspect ni de mes habits. J'étais le Dieu qui se promène dans les rues, au milieu d'animaux insouciants; mais les hommes ne sont pas des animaux, et ma simple vue est pour eux intolérable. On parla de comètes, de magies, de potions secrètes, dans le but d'expliquer la folie qui s'emparait des villages sur mon passage. Le pire était que personne ne voulait parler avec moi; comme si j'avais été un pestiféré. Je devais me trouver un vêtement, une enveloppe dans laquelle vivre.

Je me convertis alors complètement à l'état humain, abandonnant ce charmant mélange de chevreuil et d'oiseau que je retrouve chez les gamins qui jouent.

Les hommes me semblaient d'une tristesse violente. Après la crucifixion du Christ, on ne parlait que de mort, comme si une ombre était tombée sur le monde. A cette époque prédominait le type mélancolique, que chacun peut aujourd'hui reconnaître autour de soi. Je revois des scènes que rien n'efface : un prêtre persuadé d'avoir perdu la vie ne se levait plus de son lit, et était nourri pendant son sommeil ; un marchand n'urinait plus, de peur d'inonder le monde ; un paysan croyait être un loup avec le poil retourné à l'intérieur de la peau, errant par les champs pour égorger les gens ; un devin n'ouvrait jamais la bouche ; sans parler du cortège innombrable des petits artistes et des inventeurs manqués.

Je les regardais avec curiosité et compréhension, mais je ne m'identifiais pas à eux ; je reste un tempérament sanguin, même dans les moments les plus sombres – et tôt ou tard le mélancolique finit par m'irriter. Ça suffit, secoue-toi, ai-je envie de m'exclamer ; et en un instant me voilà déjà reparti.

Je connus des mélancoliques d'une haute valeur intellectuelle, comme le philosophe Sénèque, chez qui je me rendis le jour de son suicide. Cela faisait un moment que je le suivais dans ses voyages, dans ses demeures champêtres, dans ses méditations solitaires. Plus tard on déclara qu'il avait été secrètement chrétien, tant est grande la force religieuse de certains de ses écrits ; comme si j'avais besoin d'une secte ou d'un prêtre pour me manifester aux yeux d'un tel homme. Devant quelqu'un comme lui, je peux me présenter sans intermédiaire, car les philosophes et les hommes au cœur pur sont depuis toujours mes amis.

Pour la fête en l'honneur de sa mort, Sénèque avait invité des connaissances et des dignitaires de la cour. Néron lui avait enjoint de mourir, et il avait accueilli cette injonction avec soulagement. Il n'en pouvait plus de la vie, elle lui semblait désormais un désert sans oasis ni réconfort. Aucune eau ne pouvait étancher la soif sourde qui restait au fond de sa gorge, il était comme un animal la gueule ouverte : esclaves, richesses, pouvoir politique démesuré, luxure satisfaite en toute circonstance – rien ne parvenait à la calmer. Sénèque était las ! – d'où sa soif sombre et constante. Je reconnus son corps maigre et son visage effilé – ses yeux qui avaient du mal à rester ouverts et je ne comprenais pas si c'était à cause du vin ou de l'agitation de son esprit.

Étendu sur un triclinium, je pris le temps de réfléchir.

Au début j'avais cherché à persuader Sénèque que la solitude était nécessaire pour entrer en contact avec moi. Le projet de faire accepter cette idée à un homme comme lui, à la vie sociale agitée, était déjà ambitieux. Je courais derrière lui dans les salles du pouvoir impérial ; je passais en un éclair devant ses yeux au cours des colloques compliqués qu'il avait avec son disciple Néron, chez qui commençait à s'insinuer l'idée saugrenue qu'il fût un dieu ; je le suivais parmi la foule des postulants et des clients, dans un tourbillon de toges. Il fut obligé de me remarquer, même si au début il n'en laissait rien paraître, comme si j'avais été un casse-pieds parmi les autres qu'il pouvait ignorer, avec son parfait art de ne pas voir ce qu'il avait décidé de ne pas voir – art qui faisait de lui l'archétype d'une espèce que je retrouverais tout le long de mon chemin parmi les hommes : chez les diplomates, les fonctionnaires, les dignitaires ecclésiastiques, les courtisans de tout poil et de tout acabit. J'insistai avec l'obstination de l'amoureux repoussé ; espérant en un retournement soudain, tolérant l'inconfort d'une vie passée à suivre quelqu'un d'autre. Mon but était de me placer auprès de lui de sorte qu'il ne puisse plus glisser son regard au-delà de moi, vers le territoire inconnu qui se trouve derrière moi.

J'avais réussi à m'emparer des lettres qu'il écrivait à Lucilius, un jeune patricien qu'il avait entrepris d'éduquer. J'avais corrompu le serviteur qui portait les tablettes de l'un à l'autre, et je les lisais avant qu'elles soient données à leur destinataire, dans un coin du Forum, sous le soleil de Rome, parmi les sénateurs qui parlaient du nouveau système de taxation rurale, ou de leurs inquiétudes à la frontière avec les Daces, toutes choses qui ne m'intéressaient guère. C'étaient de très belles lettres, célèbres aujourd'hui encore. Il y était question de tout, mais surtout de l'attitude du sage face à la vie et aux puissants qui la gouvernent – cavaliers inexpérimentés sur un cheval ombrageux. Sénèque avait compris la farce du pouvoir mais il ne savait pas lui-même s'y soustraire ; c'était comme s'il vivait deux vies, en vrai clown mélancolique. Je lisais en vitesse pour pouvoir rendre les lettres au serviteur qui attendait dans un angle de la grande place ; jusqu'au jour où je tombai sur la phrase où Sénèque reconnaissait ma présence. Je la relus avec orgueil, tapant des doigts sur les tablettes en cire : « Vis parmi les hommes comme si Dieu te voyait ; parle avec Dieu comme si les hommes t'entendaient. » J'avais réussi ! L'idée de solitude avait servi à quelque chose.

Ce jour-là, j'allai rendre grâce à Janus, le seul dieu païen que j'eusse créé. Janus était une invention romaine, mais c'est moi qui l'avait conçu, dans un moment de condescendance envers la religion et ses rites détestables. Je voulais dire une chose différente de la fonction à laquelle ce dieu fut destiné – gardien des portes de la maison, un visage orienté vers l'extérieur et l'autre vers l'intérieur, afin de protéger les deux espaces. Mon idée était plus subtile, qui ne fut pas reprise par les prêtres. Je voulais montrer aux hommes que leur nature était double, que deux personnes habitent chacun d'entre eux, et qu'un visage est toujours tourné vers l'âme tandis que l'autre regarde vers l'extérieur. Cette vérité commença à faire son chemin, et il n'y eut que les chrétiens pour y croire, puisque Sénèque répétait la même chose. Il disait, citant Épicure : « Quand vous êtes au milieu de la foule, et surtout à ce moment-là, concentrez-vous sur vous-même ! »

Cela ne sembla pas important sur le moment, mais ce fut un pas en avant comparable à la découverte de l'infinité de l'espace cosmique. Le singe prodigieux que je retrouvais devant moi avait déjà passé le cap de l'enfance, et dorénavant il affrontait les mêmes problèmes que moi pour atteindre l'âge adulte. Je cherchais à l'aider, lui faisant cadeau d'un appartement, tel un père généreux : une pièce où se réfugier pour fuir la pression du monde extérieur.

Naturellement je pensais un peu à moi; je crus que la solitude était ce dont les hommes avaient besoin, et je finis par les rendre toujours plus mélancoliques.

A la fête qui eut lieu pour la mort de Sénèque, il ne manquait personne. Même ses ennemis étaient venus, accueillis avec une courtoisie froide. Sans eux, le spectacle n'aurait pas été complet; ils raconteraient la soirée à Néron, et Sénèque y tenait beaucoup.

Je me rendis tout de suite compte du caractère spectaculaire de l'événement. Le philosophe donnait sa dernière représentation, et il faisait salle comble. La villa était magnifique, décorée de toutes sortes de meubles raffinés et de bibelots, parmi lesquels ressortaient des vases grecs et étrusques, des fresques murales faites par des artisans orientaux, des peaux d'animaux africains jetées sur la mosaïque du sol. Partout étaient installés des lits et des grabats, au milieu d'un tournoiement silencieux d'esclaves, femmes et hommes. Même au moment le plus grave, l'homme n'oubliait pas sa nature : toute l'habitation avait été conçue comme une scène multiple et changeante, sans lieux solitaires ni coins obscurs. La villa s'ouvrait sur un jardin du type de ceux qui plaisaient aux Romains, allées géométriques entourées de haies et de quelques arbres. Tout était ouvert de chaque côté, comme si rien ne devait être caché au monde.

Quand j'arrivai la fête battait son plein, et Sénèque conversait avec un groupe de disciples, entouré d'invités impériaux qui ne perdaient pas un mot de ce qui se disait. J'avais pris les apparences d'un étudiant en philosophie venant de Cordoue et disciple des stoïciens – mais Sénèque ne se laissa pas abuser par mon aspect. Depuis un certain temps il me fréquentait en pensées, savait que je ne manque jamais dans les moments importants, et que quiconque me cherche me voit, même dans l'éclat fugace de la lumière réfléchie par des objets métalliques. Je le regardais fixement, je le vis pâlir et comme vaciller; et les cent rides de son front devinrent mille, telle une fleur empoisonnée.

« Que lui arrive-t-il? murmura quelqu'un près de moi.
– Il vient de faire l'amour avec cet esclave numide, répondit une autre voix. Et avant, avec l'esclave vierge, au début de la fête. Tu ne vois donc pas qu'il est vieux! »

Ah! Si! Sénèque paraissait vieux tandis qu'il faisait semblant de ne pas me voir et déclarait que peu lui importait de mourir puisque le sage vit comme s'il avait été prêté à lui-même, disposé à se rendre sans remords au créditeur qui en ferait la demande. « Voulez-vous savoir, interrogeait-il autour de lui, suscitant l'approbation, voulez-vous savoir pourquoi les hommes sont si désireux de connaître le futur? Parce qu'ils ne sont pas en possession d'eux-mêmes. » Ses yeux étaient devenus tout petits alors qu'il était aux prises avec cette pensée. « Il faut chercher quelque chose qui ne dépérit pas et ne s'use jamais. » Moi aussi – étudiant en philosophie – je ne perdais pas une syllabe de ses propos. Plus tard, j'entendrais s'exprimer de la même manière les banquiers et les collectionneurs de pierres précieuses. Pour Sénèque le compte en banque, le trésor du coffre, c'était la vertu du sage.

Je me rendis compte que les efforts que j'avais fait porter sur lui avaient été victorieux et négatifs. Je l'avais habitué à l'idée de l'âme, lui avais enseigné la notion de solitude afin de l'aider à reconnaître le nouvel espace intérieur que j'avais créé – et lui, il l'avait transformé en une forteresse défensive. L'âme était une place forte imprenable, défendue de mille façons, alors que je l'avais conçue comme l'élargissement de tous les horizons, la rencontre de la terre et du ciel. « Pourquoi se défend-il autant? », marmonnais-je entre mes dents; « Pourquoi te renfermes-tu, pourquoi te caches-tu? De quoi as-tu peur? »

Je me mis alors à parler, comme à moi-même.

« Selon ce que tu dis, si ce qui s'amenuise est malade, ce qui s'accroît doit être aussi malade. Pour cette raison, condamne le futur, maître des études! – car le futur ne reste jamais en place, c'est le présent qui a grandi. Tu penses, et je suis d'accord avec toi, que la vie est malade; et tu fuis la maladie en t'enfermant dans la forteresse de la solitude comme dans un temple de marbre, tandis que la vie au-dehors s'agite, parmi ses mille querelles de renouvellement et de mort. Sénèque, tu parles même d'un animal qui se terre – mais pour fuir quoi, sinon la vie elle-même? Maître, peut-être cherches-tu la mort? »

Cette phrase m'arrêta tout net dans mon discours passionné, car je me souvins que j'étais venu assister à un suicide public. Les dignitaires de Néron échangèrent des regards, anticipant les récits qu'ils feraient à l'empereur à propos de cet échange d'apostrophes entre son ancien maître et un étudiant inconnu, aux allures d'Espagnol descendant de Phéniciens, et de la gaffe que j'avais commise en parlant à Sénèque de volonté de mort – après qu'il eut reçu l'ordre de disparaître!

Ainsi, au moment même où j'étais sur le point d'éloigner un doute et d'éviter une confusion, l'intervention des malveillants et des envieux m'arrêtait dans ma recherche de la vérité. Tel le fidèle Watson qui aurait fait un croche-pied à Sherlock Holmes, les hommes entraînaient ma dégringolade.

« Je cherche à te faire communiquer avec les fous, Sénèque, murmurai-je, sans plus savoir ce que je disais. Je cherche à te rendre maître de ton âme avant qu'elle se rende maîtresse de toi et te fasse sortir du chemin. C'est toi qui es le maître, pas elle! »

Je me tus, car l'atmosphère de la fête avait soudain changé. Peut-être à cause du vin, peut-être à cause des drogues et de tous ces débordements amoureux avec les esclaves – hommes et femmes – dont la maison était remplie – le fait est que soudain se répandit l'angoisse, celle du voyageur perdu qui ne sait plus s'orienter. Les dignitaires drapés dans leurs toges brodées d'ornements s'agenouillèrent et prirent leur tête entre leurs mains, dans une douleur ostentatoire mais sincère. Les musiciens se mirent à jouer un hymne funèbre et les serveurs de vin – de jeunes esclaves vêtus en femmes – commencèrent à se frapper la poitrine, indiquant par ce geste que l'instant fatal était arrivé.

« Il est temps de mourir », proclama Sénèque d'une voix très forte.

Les participants se disposèrent alors en cercle, portant avec eux leurs coupes et tenant par la main les femmes et les esclaves qu'ils avaient réussi à attraper. Je m'assis dans un coin, oubliant que j'étais Dieu, spectacteur parmi d'autres. Je me sentis anéanti et incapable d'intervenir.

Il faisait sombre maintenant, et Sénèque était resté au milieu de la salle. L'hymne des chanteurs grecs, loués auprès de la compagnie qui jouait à Rome la trilogie de Sophocle, s'achevait. Un serviteur plaça une torche dans un vase, et le philosophe fut éclairé de dos, semblable à un fantôme sans visage, une ombre noire avec une lueur derrière lui. Le silence envahit la pièce.

« Vous souvenez-vous de Platon? » s'écria le vieillard. Un frisson parcourut l'auditoire, dans l'expectative. « Vous souvenez-vous, poursuivit celui qui allait mourir, de la fable de la caverne? C'est un mythe qui contient une grande vérité. Je veux vous le raconter encore une fois pour que vous sachiez ce que je ressens alors que je suis sur le point de vous quitter. Je suis le prisonnier de la caverne, derrière moi se trouve le feu, et je vois les ombres devant moi, sur le fond de l'antre. L'homme ne voit que les ombres de la réalité; et ces ombres sont les choses qui m'entourent, les arbres, le ciel, les maisons, les animaux; vous aussi, amis et ennemis regroupés ici, êtes des ombres parmi d'autres ombres. Derrière moi se trouve la vérité du monde éternel et incorruptible, la maison où Dieu habite. Je suis sur le point d'arriver à lui, et là je n'aurai pas besoin de forteresse où me renfermer car à tout moment je serai libre et protégé. Je quitte le banquet, je me libère des chaînes qui me lient; comme un convive repu qui se lève de table après un repas avec des amis, j'abandonne la vie. Adieu! »

A cet instant apparut le couteau que Sénèque avait tenu caché jusqu'alors sous sa toge. Ce fut le point culminant de la soirée, car tout le monde s'était demandé de quelle mort il avait choisi de mourir : en s'entaillant les veines? par le poison? un lacet à la gorge serré par un esclave musclé? Peut-être étais-je le seul à penser au monde des idées dans cette assemblée. La vue de la lame répandit le désarroi : elle ne pouvait servir à entailler les veines, tant elle était grosse et longue; pendant un instant, on pensa qu'elle était un élément de la représentation, destiné à symboliser le mourant qui rompt ses liens avec la vie; coupant court aux hypothèses, Sénèque plongea alors la lame dans son ventre, et son vêtement fut immédiatement rouge de sang. Le vieil homme resta un moment dans une pause sculpturale, puis il glissa au sol, drapé dans sa toge.

Autour de moi se produisit une bousculade. « Tu as vu qu'il s'est poignardé? Néron ne s'attendait certainement pas à ça. » « Allez savoir pourquoi il n'a pas avalé le nouveau poison venu de Macédonie, celui qui donne un teint de serpent. » « Moi, j'aurais préféré le lacet; j'avais déjà choisi l'esclave. » Je sortis dans le jardin et me mis à contempler les étoiles, me répétant inutilement que le monde des idées n'existait pas et que le maître des études se préparait à un voyage inutile. J'entendais les gens se disperser, comme quand le match est presque fini et que le résultat ne peut plus changer.

Lorsque je revins dans la salle, je vis que Sénèque n'était toujours pas mort. Dans cette pièce toujours plus sombre – la torche énorme se consumait – il ne restait que les amis; les clients et les hommes de Néron étaient partis. Le petit groupe des fidèles contemplait le philosophe qui errait dans la maison, portant ses viscères dans ses mains, laissant une trace de sang noirâtre qui coulait désormais faiblement, goutte à goutte; la pâleur de son visage était au-delà de toute blancheur. De ses lèvres sortait un sanglot strident, et ses yeux étaient remplis de larmes muettes. Je compris qu'il était en train de me chercher, et m'installai près de lui, silencieusement.

« Pourquoi est-ce que je ne meurs pas? » murmura Sénèque, ses boyaux palpitant dans la paume de sa main. « Toi qui le sais, dis-moi pourquoi je n'arrive pas à mourir.

– Peut-être as-tu peur », lui dis-je, incertain. Sénèque parut stupéfait, et c'est alors qu'il reçut dans le dos le premier des coups de poignard que ses amis commencèrent à lui donner, pour l'aider à mourir. Il ne parut pas s'en apercevoir et continua à fixer son regard sur moi.

« Peut-être est-ce vrai, répliqua-t-il enfin, peut-être est-ce vrai que j'ai peur. Mais pourquoi donc? Je me suis préparé depuis toujours à ce moment, et maintenant, je suis incapable de franchir le seuil. Je n'arrive pas à me lever de table! Il n'est donc pas vrai que je sois aussi repu que je le croyais. Il y a quelque chose que j'ai oublié de faire; et je souffre comme un malheureux à l'idée de devoir mourir. Tu sais, toi, ce que c'est – tu le sais toi, ce que j'ai oublié? »

La scène était extraordinaire, Sénèque était assis par terre, ses amis et ses esclaves lui assenaient des coups de poignard qui ouvraient sa chair, d'où sortaient de lentes coulées de sang. J'étais penché devant le maître, dans mon déguisement d'étudiant ibérique, et seul Sénèque m'avait reconnu. Ses derniers mots furent prononcés dans le dialecte de Cordoue, dont il était originaire; et je compris qu'il était sur le point de mourir, s'enfonçant à l'intérieur de lui-même comme dans une tanière.

« Papa, maman », bredouilla-t-il, les yeux tournés vers le ciel. Puis il s'écroula sur ses propres viscères, et son âme sortit par cent trous, voltigeant dans la pièce comme un oiseau prisonnier, avant de s'échapper par la fenêtre et de disparaître dans le jardin, au-delà des arbres. Depuis lors, je ne l'ai plus revue.

Je quittai Rome et me réfugiai dans ma terre natale, méditant sur ce que j'avais vu. Je compris des choses que personne ne m'avait enseignées. Puis le souvenir devint pesant; je me fis viticulteur, oubliant Sénèque et ma jeunesse de philosophe. Je m'éveillais et me rendormais ainsi dans des pays différents, et très éloignés les uns des autres.

Je n'avais pas cessé d'être moi-même, mais souvent je ne me reconnaissais pas; qu'il était difficile de réunir les fragments de ma mémoire!

Le monde semblait vouloir démontrer l'indémontrable. Du jour où j'étais parti de Rome et m'étais mêlé aux simples gens, partout était apparue une véritable obsession à mon sujet, et l'on m'attribuait les desseins les plus farfelus. J'en étais stupéfait. J'écoutais les évangélistes et les hommes d'Église annoncer mon avènement et l'instauration d'un royaume aux couleurs de l'Apocalypse, avec des animaux bizarres, dragons et serpents, des anges sanguinaires, des rivières qui surgissaient du ciel, des abîmes ouverts dans la terre pour y précipiter les réprouvés. « En voilà des balivernes », bougonnais-je en allant d'un lieu à un autre.

Je me rendais compte de ce que j'avais fait en dotant l'homme de capacités inventives. C'était comme si on avait donné une bourrade à Janus en lui imposant de faire volte-face – si bien qu'à la fin ses deux têtes se seraient interchangées, et chacune aurait imité la vision de l'autre. Qui regardait vers l'intérieur, et qui regardait vers l'extérieur? Il était devenu difficile de le dire. Mais, comme toujours, il m'était impossible de revenir en arrière; j'acceptais les événements comme liés à la part d'imprévisible qui se cache dans ma nature.

J'errais de pays en pays. Je faisais surface dans l'esprit d'un bureaucrate romain perdu dans un village de la Gaule, ou dans celui de la fille d'un disciple d'une secte zoroastrienne à Babylone; mon sang courait dans les veines d'un affranchi dans les jardins de Syracuse; je brillais dans l'extase des martyrs chrétiens. J'étais une tempête d'été dans l'homme et dans l'histoire. Ce n'est pas rien d'ouvrir les portes de l'âme.

A mon propos on racontait un tas de choses. Beaucoup affirmaient m'avoir connu en personne ou par l'intermédiaire de proches. Un certain Simon le magicien, contemporain des apôtres et né en Samarie, jurait avoir été directement envoyé par moi pour punir les hommes de leur iniquité... s'ils ne croyaient pas sa version des faits; selon celle-ci, au commencement j'étais seul et silencieux, puis je me mis à penser et à regarder en moi-même, comme le fait précisément Janus; et de là naquit la pensée sous les traits d'une femme du nom d'Epinoïa; et cette femme fut à l'origine d'une série de créations, des anges jusqu'à la terre et aux hommes... Et tout ira en empirant dans le monde, jusqu'au moment où l'on reviendra à moi qui suis resté silencieux là-haut. Bref, quitter la vie semblait l'idée la meilleure. L'histoire était ingénieuse, comme beaucoup d'autres à cette époque, mais elle était complètement fausse et n'était même pas de son cru.

Simon le magicien connaissait mille trucs qu'il disait avoir appris de moi; pensez donc! – moi qui n'ai jamais su faire un château de cartes. C'était un fils d'affranchi, je n'avais rien contre; mais je n'aimais pas son besoin de trouver des arguments théologiques pour justifier ses envies. A Tyr, en Phénicie, il lui arriva de rencontrer une prostituée dont il tomba amoureux; il la sortit du bordel et la conduisit partout, la présentant comme l'incarnation d'Epinoïa, qui tombait toujours plus bas; une histoire bien mal ficelée, mais il semblait vraiment y croire. En même temps, il continuait à faire ses tours; et un jour, à la cour impériale de Rome, soucieux d'obtenir une forte rémunération, il improvisa une tentative de vol qui se termina très mal. Simon s'écrasa à terre sans avoir jamais réussi à me parler au cours de sa vie, bien qu'il eût proclamé être mon ami.

C'en était un parmi tant d'autres, même si son nom est resté tandis que les autres sont tombés dans l'oubli. Admis à pénétrer dans le territoire de l'âme, ils s'y perdaient ou construisaient des univers imaginaires dans lesquels j'étais supposé accomplir de continuelles métamorphoses. D'aucuns en venaient à soutenir que j'étais deux personnes, dont l'une se trouvait au ciel et se désintéressait du monde, tandis que l'autre s'était acharnée à fabriquer le monde sans lui demander ni son avis ni son accord. D'autres disaient que tout était la faute de certains anges en proie à une frénésie de création; et moi, j'étais toujours là-haut, immobile et impuissant.

Et le Christ? Dans tout cela il jouait un grand rôle, mais sur son compte aussi les légendes foisonnaient. Selon l'une d'elles, je l'aurais envoyé moi-même pour expliquer aux hommes quel était le bon chemin – pas le chemin du dieu qui avait pris ma place et créé le monde, mais celui du Dieu très haut et pur, étranger à l'action, perdu dans la contemplation de soi-même comme un œil tourné vers l'intérieur de l'orbite.

La nuit je rêvais aux anges et au dieu inférieur et corrompu, occupés à ourdir des pièges malveillants, comme des gamins faisant l'école buissonnière; tandis que le pauvre Père paralysé restait dans le fauteuil de sa chambre et, de là, regardait à la fenêtre ce qui se passait. En réalité, il n'y avait ni anges ni paires de dieux; il n'y avait que moi, qui avais du mal à me faire comprendre.

Un jour, dans une taverne où je me trouvais, je réfléchissais à cela, dans un vacarme de vaisselle et une tempête de blasphèmes qui m'arrivaient de tous côtés. J'avais pris l'apparence d'un courrier de la poste, tandis qu'on changeait les chevaux dans un village de Bretagne. Je fus affligé par les blasphèmes et les ressentis comme un affront personnel, comme si tout le monde savait que j'étais entré dans cette pièce enfumée où l'on vociférait dans un dialecte barbare. Je me rendis compte que je ne pouvais parler qu'avec le langage de ceux que j'avais créés, et l'homme m'était indispensable parmi tous les animaux. Sans lui, je n'arriverais jamais à comprendre qui j'étais et ce que je voulais; mon coup de génie était d'avoir créé des êtres capables de me comprendre et de me décrire. Mais c'était compter sans les déformations et les mensonges liés au langage même, et de là découlait ma désillusion. L'homme semblait se convaincre que je l'avais doté de facultés que je possédais de mon côté à un niveau très élevé – alors qu'au contraire j'attendais qu'il devînt assez fort pour m'expliquer qui j'étais et pourquoi je m'agitais de manière si désordonnée. Je ne recevais pas l'aide espérée; et moi aussi, je trimais, contraint de m'incarner à l'homme pour me rendre visible à moi-même et aux autres. Au travers des hommes, je formulais d'extravagantes hypothèses sur moi, pareil à un cheval qui rêverait de voler et se verrait transformé en licorne. Dans la taverne, je sentis mon cœur se serrer devant un destin si commun; mais ma monture était désormais prête et je partis sous la pluie neigeuse, abritant avec difficulté mon sac de missives. Au bout de vingt milles j'avais laissé derrière moi ces pensées angoissantes, et j'espérais seulement arriver à destination avant la nuit.

Dans mes souvenirs, ma rencontre avec Augustin occupe une place à part.

Je m'étais dit : ici-bas, on ne comprend plus rien, il faut repérer le plus intelligent d'entre eux. Il me fallut deux ou trois siècles, mais je finis par le trouver. Dans l'intervalle je n'avais cessé de voyager, cherchant quelqu'un à qui me mesurer. Une confiance encore juvénile dans ma bonne étoile me soutenait. Il n'est pas possible, me répétais-je, que tout cela ait eu lieu pour rien; il doit y avoir une raison au fait que le monde est venu au monde. Porté par cet espoir, je traversai des souffrances qui me jetèrent au visage la grande imperfection de ma création : la faim, les maladies, la violence qui sévissaient sur la terre, sous le regard glacé des astres. « Vite », me dis-je, comme un soldat s'encourage avant la bataille : « Vite ! Tout cela n'est pas destiné à durer. »

La première fois que j'entendis parler d'Augustin, ce fut à Carthage, où je m'étais installé lors d'un hiver glacial que j'avais fui en me réfugiant de l'autre côté de la Méditerranée.

Carthage était ressuscitée après la destruction que lui avait infligée les Romains des siècles plus tôt, et c'était le fleuron des colonies impériales. Comme un touriste en vacances, je me mêlais aux gens les plus divers. De temps en temps je me souvenais de qui j'étais ; comme le jour où, au milieu d'auditeurs de toutes les nations, j'écoutai le discours d'un des chefs de la secte manichéenne, qui jouissait alors d'un grand prestige.

J'étais tombé là par aventure. J'avais pris les traits d'une petite fille de dix ans, servante dans un bordel de la ville. On m'avait envoyé acheter des fleurs et j'étais immobile, mon grand bouquet de fleurs dans les bras, fascinée par la brillante élocution de l'orateur. Je ne compris pas grand-chose à ce qu'il disait, mais je fus en quelque sorte possédée par ses images. Il dissertait sur les forces originaires du monde. Devant mes yeux apparut une tache resplendissante, entourée d'un tourbillon d'ombre : c'étaient le Bien et le Mal, le royaume de la Lumière et celui des Ténèbres.

Un jour le royaume des Ténèbres décida d'envahir le territoire lumineux, et le combat entre le Bien et le Mal commença. La création du monde fut la bataille de l'Ombre contre la Lumière immobile dans sa splendeur ; et l'orateur décrivit les phases de cette lutte immémoriale, avec ses personnages et ses guerriers ; et de tous ces noms, il me resta en tête celui du Prince Noir qui commandait les armées du mal, Ahriman – tandis que le nom du Bien disparut dans un gouffre d'oubli.

Je revins à la maison très préoccupée. Après avoir déposé les fleurs dans l'entrée, je montai dans ma petite chambre. Sur l'un des lits était étendue la prostituée la plus âgée, celle qui me servait de mère et m'apprenait les rudiments d'un métier que je commencerais sous peu à exercer.

Nous venions toutes deux du même village dans le désert, et la vie que nous y avions connue était assez semblable. Dans mon pays, une femme était plusieurs fois violée avant d'être destinée à un mari dont elle devenait la gouvernante. S'apprêter au mariage, c'était comme aller vers la mort; dans leur vieil âge, les visages des femmes ressemblaient aux fleurs qui poussent dans le sable. Sur le village descendait de temps à autre un ange libérateur et, dans mon cas, ce fut la femme qui était revenue pour l'enterrement de mon père et n'était restée que quelques heures. Elle me vit sur la route tandis que je me regardais dans l'eau d'une flaque, et j'éveillai un souvenir en elle, car, sans hésiter, elle vint vers moi, me prit par la main et m'emmena vers le monde des prostituées de Carthage, rêve des gamines du désert.

Je la regardais dormir, le cœur plein de révélations. Jusqu'au moment où – je ne sais si je dormais moi aussi ou si j'étais encore éveillée – j'eus l'impression de comprendre chaque chose. Ma brève et pauvre vie était devant moi comme un spectacle digne d'une place majestueuse. Je sortis et parcourus les pièces de la maison. De la porte entrouverte d'une chambre, je vis deux corps sur un lit, leurs lents entortillements, semblables à ceux que je voyais chaque jour entre les femmes qui habitaient là et les hommes qui venaient les trouver; l'homme couché sur la femme me sembla féroce comme le Prince des Ténèbres dont j'avais entendu parler le jour même; la femme me parut envahie et sans défense comme le territoire de la lumière blessée. En bas, dans l'entrée, je vis les fleurs que j'avais achetées et que des mains expertes avaient déjà déposées dans des vases; ce qu'avait dit l'orateur me revint à l'esprit, à propos du monde des plantes, innocentes créatures outragées par des animaux rapaces – et surtout par l'homme qui, non content de piétiner l'herbe, arrachait les fleurs pour décorer sa maison, conduit par le bourreau universel, le noir Ahriman. Je sortis dans la rue et, comme ivre, je me retrouvai au marché aux poissons où l'on dépeçait la pêche du matin; la puanteur me fit vomir dans un coin du marché. Puis, chancelante, j'entrai dans une impasse, cherchant le chemin du retour; et un chien s'avança vers moi, comme s'il voulait me parler. Il avait des yeux brillants et pleins d'affection, on eût dit qu'il me connaissait et voulait me guider; mais, quand je tendis ma main vers lui, sa gueule s'ouvrit dans un grognement, ses dents voulurent attraper mes doigts; comme dans un cauchemar, je vis son corps trembler et sursauter, sous son pelage maculé de taches blanches et sombres. Dans le cri qui s'échappa de mes lèvres, j'avais reconnu les ténèbres qui envahissaient la lumière et, dans le corps même du chien, je reconnus la bataille entre les deux princes : et je ne me souvenais même plus du nom du bon prince! Je m'enfuis de l'impasse pour me réfugier chez ma protectrice; j'évoquai le village désertique de mon enfance dans lequel m'avait jetée la violence sauvage du chef des ténèbres; je revis la flaque d'eau où je m'étais perdue à force de me regarder, le soir où était arrivée près de moi la messagère d'une autre vie; je revis les fleurs que j'avais achetées au marché pour saluer les hommes qui pénétraient comme des cavaliers dans l'habitation de ces femmes, traînées du désert jusqu'à leurs étreintes. Où étais-je en train de chercher refuge?

J'arrivai à la maison, je courus dans la chambre et me jetai dans les bras de la femme endormie. Je sentis contre moi sa poitrine, qui était mon rempart contre la vie. Je la réveillai et mêlai ses soupirs à mes larmes – et j'espérai alors que nous volerions toutes deux au-delà de la cour de lumière et de ténèbres, avant que la bataille commençât pour de bon, avant de rencontrer le chevalier de mon destin. A ce moment j'eus l'impression de le voir arriver, la bouche souriante et les yeux mauvais, comme un chien battu; et, dans un cri, je tombai à la renverse. On me soigna pendant des jours de la fièvre maligne qui m'avait envahie, et, peu à peu, je repris mes sens – prête à devenir une putain et à tout oublier pour pouvoir survivre, comme font les ténèbres qui ne veulent que durer, alors que la lumière veut revenir à son point fixe et éternel.

J'oubliai ce que j'avais appris, évitai les places où les orateurs s'adressaient à la foule, m'enfermai dans la maison au milieu des fleurs achetées par la nouvelle servante et des attentions de ma mère adoptive; j'oubliai ma mémoire retrouvée. Puis je fus à nouveau poussé vers l'extérieur, dans les rues de Carthage, sur les traces d'Augustin.

Dans la partie la plus obscure et la moins protégée de moi-même – celle qui était restée petite fille avait peur le soir dans les endroits sombres, évitait les animaux et les hommes qui vous regardent sans vous connaître –, dans cette partie s'était déposé le doute que les manichéens eussent raison. C'était un doute qui frisait la certitude. Les antiques légendes que j'avais liquidées d'un haussement d'épaules me revenaient à l'esprit; légendes qui venaient de loin, et parlaient de l'existence d'un adversaire qui n'aurait pensé qu'à me nuire et à faire du mal aux hommes, recourant à mille déguisements et à toutes sortes de pièges: esprits, nains méchants, elfes, kobolds, satyres grimaçants, sans oublier Satan. Satan en personne qui va trouver Jupiter et que j'éloigne d'un geste de colère. « Des fables, me disais-je, j'ai donné trop d'imagination aux hommes. » Mais l'idée que la création même – et pas seulement les défauts de la création – soit l'œuvre des forces du mal, cette idée me désola comme une terrible hypothèse sur le monde et sur moi. Je ne pouvais pas m'en débarrasser avec tant d'assurance. Je voulais y voir clair.

Quelques années auparavant, je m'étais trouvé en Égypte, et, ne sachant comment passer une soirée mélancolique et solitaire, j'étais allé chez un jeune homme nommé Épiphane, un chrétien au début de sa carrière ecclésiastique. J'étais un nouveau venu dans la cité, et j'espérais qu'il m'emmènerait voir quelque chose d'intéressant; je voulais aussi lui parler de mes ennuis et m'épancher un peu; mais les choses prirent un autre tour. Épiphane était nerveux et ne me prêtait aucune attention.

Nous nous contentâmes d'un dîner sobre et végétarien, au cours duquel j'en vins à regretter cette rencontre; d'autant que le climat était humide, et je me demandais d'ailleurs comment Épiphane faisait pour garder tous ces vêtements sur lui. Puis je compris que la nourriture et les vêtements n'étaient en fait qu'une façade à laquelle le jeune homme ambitieux et carriériste tenait beaucoup, même aux yeux de ses parents et de ses serviteurs. Après le repas il me dit de l'accompagner pour assister à un événement hors du commun ; et ce fut ainsi que je participai à une réunion des phibionites, dont la renommée n'avait pas atteint Carthage. J'y allai volontiers, pour occuper une soirée qui s'annonçait ennuyeuse.

Nous arrivâmes devant une maison, juste à la sortie de la cité, isolée et entourée de grands arbres. Épiphane frappa à la porte, et un homme entre deux âges vint ouvrir, nous fit entrer, et resta à nous regarder en silence. Nous nous observâmes pendant une bonne minute, il semblait que quelqu'un était attendu. Une femme apparut, qui se dirigea vers Épiphane et lui tendit sa main, qu'il retint longuement, tout en la fixant dans les yeux. Il durent échanger un quelconque signal, car un sourire se dessina soudain sur le visage de la femme, et tout de suite après sur celui de l'homme qui nous avait ouvert la porte ; tous trois s'étreignirent, puis Épiphane fut conduit vers une autre porte qui donnait sur l'intérieur de la maison. Ils paraissaient m'avoir oublié ; je les suivis, profitant de mon habileté à passer inaperçu auprès de gens distraits.

Je me glissai à leur suite dans une grande salle pleine de gens où des tables étaient parées ; et, immédiatement, on nous servit des plats de viande, des légumes et du vin, si abondamment que cela compensa largement la frugalité du repas précédent. J'étais assis à une autre table que celle d'Épiphane, et j'entendais sa voix se cabrer dans des discours philosophiques toujours plus enivrés et incohérents ; à tel point que je concentrai mon attention sur les personnes assises à côté de moi, trois hommes et trois femmes, et je vis clairement qu'il s'agissait de couples mariés. Pour faire connaissance j'avais tendu la main à tous, et les femmes la serraient longuement, me regardant fixement et me caressant la paume. La conversation n'était pas très intéressante ; les hommes parlaient de chevaux et les femmes de problèmes de domestiques, sujets sur lesquels je n'intervenais pas. Je tendais l'oreille aux propos d'autres groupes ; à la table voisine, il y avait une grande discussion sur la situation politique à Byzance et dans la Méditerranée orientale. Au timbre de sa voix, je reconnus un diplomate en visite, et il me sembla syrien aux traits de son visage. Sa femme ne quittait pas des yeux la table d'Épiphane, où s'étaient réunis les étudiants et quelques jeunes professeurs avec leurs femmes ou leurs fiancées; ils faisaient un tapage continuel, et le vin circulait à une vitesse certainement supérieure à celle des autres tables. La femme du diplomate paraissait surtout appliquée à suivre les mouvements des corps sous les tuniques – Épiphane avait presque tout ôté, et gardait seulement une espèce de court jupon – et moi, je cherchais à capter les discours, tant et si bien que je faisais des mouvements sur mon siège pour tenter de m'approcher d'eux. Des fragments de discussions sur la nature du péché me parvenaient, mêlés à d'autres sur le bœuf à l'étouffée et sur la signification métaphysique des menstruations. La femme du diplomate était plus attentive que moi car, à un moment donné elle se leva et, au milieu de marques d'approbation, elle souleva sa robe et prit dans sa main un chiffon imbibé de sang; ses yeux étincelaient, elle se tourna sur elle-même, montrant le chiffon à toute la salle. Le signal étaient certainement attendu. Un vent de folie envahit l'assemblée, comme si le mistral avait ouvert en grand les fenêtres et renversé les tables et les tabourets.

Aussitôt les tables et les sièges disparurent, les corps entrèrent dans une excitation spasmodique. Les couples se séparèrent et tous partirent à la recherche de quelqu'un avec qui s'abandonner; en peu de temps, la salle fourmilla de corps qui s'entortillaient sur le sol. Je vis Épiphane se pencher avidement sur la femme du diplomate et, avant de faire l'amour, je le vis plonger sa main entre les jambes de la femme et en retirer le sang qu'il leva lui aussi vers le ciel, comme font les prêtres au moment de l'élévation. C'était un spectacle singulier, même pour moi qui en avais vu d'autres; je restais dans un coin, presque tremblant malgré la grande chaleur qui couvrait de sueur les corps des convives; et l'odeur sauvage qui en un instant avait rempli la pièce me donna la nausée. J'avais trop mangé et trop bu, ignorant que la nourriture faisait partie de la messe perverse à laquelle j'avais pris part; et quand une femme vint vers moi je me rendis invisible et insaisissable, la laissant hébétée regarder le coin vide où elle avait cru m'apercevoir. Je m'étais réfugié au plafond, comme le Dieu des innombrables peintures, toujours au ciel et drapé de vêtements blancs. De là je regardai avec étonnement le déroulement de la fête, à laquelle je ne participais pas car les orgies collectives me rendent presque impuissant, probablement en raison de la présence de trop d'hommes; mais la réunion n'était pas terminée et une nouvelle surprise m'attendait. A la fin de la fornication les corps se séparaient et l'homme et la femme recueillaient ensemble dans leurs mains le sperme, puis ils levaient leurs paumes vers le ciel, criant : « Ceci est le corps du Christ! » A coup sûr ils ne me voyaient pas, mais ils voulaient sans doute s'adresser à moi; et ceux qui avaient les mains pleines de sang menstruel hurlaient : « Ceci est le sang du Christ! »; ils pensaient m'être agréables. Je restais seul, de mauvaise humeur et sans ressentir aucune excitation, au-dessus de la foule des corps, et j'avais l'impression de voir une fosse à serpents. Ce fut là, je crois, que mon esprit fut traversé par la pensée que l'enfer ressemblait à cette scène; mais je repoussai immédiatement cette idée. Trop tard! Elle s'était déjà diffusée dans l'espace, et quelqu'un s'en était certainement déjà emparé.

Le coup de théâtre final fut le plus inattendu. Au milieu de la salle on fit venir une jeune fille, et les convives se disposèrent en cercle autour d'elle. Deux hommes s'avancèrent; l'un la prit par les bras et la tint immobile; l'autre lui écarta les jambes. Une vieille femme aux mains expertes sortit de la foule et s'approcha; en moins de temps qu'il ne faut pour le dire elle fouilla dans le vagin de la fille, extrayant une bouillie de viande sanguinolente et visqueuse : un fœtus. Tandis que la jeune fille était consolée et étreignait ses bourreaux, la femme remit le fœtus dans d'autres mains : il fut alors placé dans un mortier, pilé, mélangé à des herbes et à des huiles odoriférantes, et finalement coupé en petits morceaux; et chacun, y compris mon jeune ami Épiphane, en mangea;

puis tous s'agenouillèrent et se mirent à prier. Écœuré, j'abandonnai mon poste d'observation et partis me promener dans le jardin, sans trouver beaucoup de réconfort à cause de l'humidité qui était tombée pendant la nuit.

Je m'assis sous un palmier pendant quelques instants, projetant de visiter des contrées plus raisonnables ; à cet instant je vis sortir Épiphane, vêtu comme à son arrivée, et avec le regard furtif d'un conspirateur. Je lui emboîtai le pas et nous prîmes la direction de sa demeure. Il me sentait près de lui mais ne me regardait pas, comme s'il était honteux ; il marchait vite, la tête basse, répondant de mauvaise grâce à mes questions. Par bribes, je réussis à me faire expliquer que dans ces fêtes les phibionites représentaient le péché pour mieux le combattre ; et que le meilleur moyen de le vaincre était de refuser la vie, siège ultime de la faute ; aussi mangeaient-ils les fœtus des fidèles pour faciliter le retour de l'âme auprès du Père commun, autrement dit moi. J'écoutais furieux cette nouvelle invention ; et j'eus comme un plaisir amer en constatant qu'Épiphane, malgré l'air sûr de lui qu'il avait montré pendant toute la soirée, était sorti très amoindri de la fête. Quand il arriva chez lui, il alla voir sa mère endormie, et je vis des larmes inonder son visage. Il se retira dans sa chambre, déchira ses vêtements, s'arracha la barbe, se roula par terre, implora mon pardon, jura de faire pénitence et de dénoncer les convives de cette détestable messe ; comme si cela pouvait me faire plaisir ! Je le laissai pleurer et baver sur ses péchés, et revins à Carthage.

Revenons à Augustin. On soutenait partout qu'il était le plus intelligent des hommes, et cette affirmation me fascinait, même si elle me laissait incrédule ; les gens se trompent trop souvent. Pourtant mes doutes disparurent quand j'entrai par la fenêtre dans sa chambre et que je le trouvai assis, le style à la main, le regard fixe, lointain. Il ne me vit pas passer mais ressentit ma présence car il se mit immédiatement à écrire, et je sais que, quand ce regard est dans les yeux de celui qui écrit, c'est que je suis là. Peut-être entrai-je comme le fait la lumière, qui est perçue de la manière dont elle éclaire les choses. Je revois l'astrolabe près de la fenêtre et les livres ouverts, éparpillés par terre et sur l'estrade qui soutenait sa table de travail ; je revois la statue au fond de la pièce, derrière Augustin, et l'estrade couverte d'étoffe verte où je m'assis à mon tour, regardant du coin de l'œil les pages qu'il écrivait. J'en lus suffisamment pour penser l'élire au rang d'écuyer ; mais comment arriver directement auprès de lui ?

Ma première idée fut de lui apparaître en rêve – mais pas sous l'aspect du Dieu barbu que représentent certains peintres. J'avais appris qu'il adhérait à la secte des manichéens, et que toute son affection se portait sur sa mère, Monique. Je décidai de me montrer et je choisis sa mère ; ce fut l'un des plus beaux rêves créés par moi. Dans ce rêve, Monique se tenait droite sur une planchette, et j'allais au-devant d'elle, tel un splendide jeune homme, heureux et souriant, alors qu'elle se consumait de tristesse. Je lui demandai la raison de tant de mélancolie ; et elle me répondit que c'était à cause de la misère d'Augustin. Je lui dis alors de se réconforter, et de remarquer que nous étions ensemble sur la même planchette et, de fait, j'étais déjà près d'elle ; et c'est ainsi que se termina le rêve que Monique courut raconter à son fils, engendrant un irrépressible mécanisme dialectique de la part de ce disciple des orateurs : qu'est-ce que cela signifie ? Que là où il se trouve, tu te trouves aussi, ou plutôt que là où tu es, il y est aussi ? Sa mère se tut, désorientée, et moi, je m'obstinai à remettre mon message.

Je tentai d'autres voies. Quand un de ses plus chers amis mourut, je courus vers lui ; et il me parlait continuellement, et disait qu'il me cherchait en lui, et qu'un jour il me rejoindrait à l'intérieur de son âme, où il errait comme le visiteur d'un château abandonné. Mais cette demeure lui semblait vide et triste sans moi ; et il errait en peine dans son propre territoire. Il perdait son temps, écrivait des livres d'esthétique où il soutenait que le principe du beau est la règle d'*unité* – tant était fort son désir de me retrouver et de me reconnaître – sans comprendre que je suis loin d'être unique et que, si j'apparais ainsi, c'est parce que de cette façon je peux me rendre plus compréhensible et accessible. Et de fait, à combien de choses n'étais-je pas occupé, même à cette époque? Sans oublier toutefois de revenir auprès de celui que j'avais élu comme protégé.

Je lui donnai rendez-vous partout. Il était parti de Carthage et s'était rendu à Rome, se séparant désormais des manichéens et s'enfonçant de plus en plus dans la foi chrétienne; alors que moi, j'étais encore incertain, et m'entourais du doute métaphysique que j'exprimais en quelque sorte en sa présence. Je voulais attirer son regard sur l'univers que j'avais créé et que je voyais enchaîné au chagrin, malgré tant de beauté. Je le tourmentai avec cette question : d'où provient le mal? – et pendant longtemps je le poussai à contempler le monde, avec le visage de Janus tourné vers l'extérieur. Un après-midi, nous étions sur la plage d'Ostie, où Augustin avait rencontré Monique, et nous marchions sur le sable. Je m'agitais autour de lui et murmurai à son oreille : « Regarde, Augustin, regarde la mer, regarde la terre; elles sont splendides, mais affligées. Regarde ta mère, Augustin; tu sais qu'elle boit, et que cette ivresse est suspecte alors que vous parlez de moi; ne ferme pas les yeux devant ce qui se passe. » Je savais que Monique, la mère adorée d'Augustin, qu'il estimait parfaite, buvait en cachette au milieu des serviteurs qui faisaient semblant de ne pas voir, échangeant des propos furtifs; mais Augustin mit fin à ces discours, affirmant que sa mère s'était enivrée par hasard, et que depuis lors étaient nés des racontars. Il agissait ainsi pour ne pas reconnaître Ahriman chez sa propre mère : « Le mal est sans objet, répétait-il avec une conviction têtue. Le mal n'existe pas, sinon il serait lui-même un bien! »

Je demeurais stupéfait en l'entendant.

Je le menai devant la mer démontée, dans des forêts peuplées de bêtes sauvages, parmi les hommes qui administraient la justice et conduisaient les armées sur les champs de bataille; je lui fis écouter les plaintes des blessés, je lui montrai le sang et les blessures; je le traînai assister à la mort d'enfants faméliques. Quand ils survivaient, ils étaient envoyés dans les champs et dans les mines et, à vingt ans, c'étaient des vieillards estropiés. Je voulais qu'il m'expliquât d'où venait tout cela et qui donc en était responsable ; je voulais qu'il me regardât en face et reconnût mes limites, liées à mon imprévoyance et à tous mes faux calculs. Ils ont tort ceux qui supposent que je n'ai pas participé à la création, laquelle, selon eux, serait l'œuvre d'un dieu mineur et ambitieux : *je suis tout cela, Augustin !* Si tu ne le comprends pas, qui le comprendra ?

Un jour, je le vis ébranlé et son visage se ferma dans une immense frayeur. Il se jeta à genoux pour prier passionnément, se frappant la poitrine et pleurant à chaudes larmes ; jusqu'au moment où, s'étant relevé, il me hurla à la figure : « Pars, Satan ! » A moi, dire une chose pareille ! Il ne me resta plus qu'à l'écouter tandis que, tourné vers la nature, il récitait le psaume avec l'ardeur d'un novice : « De la terre éclairs et abîmes, feu et grêle, brouillard et neige, vent orageux exécuteur de tes ordres ; les monts, les collines, les arbres et les cèdres, les fauves et tout le bétail, les reptiles et les oiseaux ailés ; les rois de la terre et tous les peuples, les gouverneurs et les magistrats de toute la terre ; les jeunes gens et les jeunes filles, les vieillards et les enfants, que tous louent ton nom » ; et il ne servit à rien que je le mène dans une gargote pour entendre l'irrépressible chœur de blasphèmes qui se levait vers moi du peuple de mes fidèles. Que de haine montait de la terre, mêlée à l'amour ! et comme j'avais besoin d'aide !

J'essayai d'autres travestissements. Un jour, à Milan, je me déguisai en mendiant ivre, et montrai ma joie dans la rue, devant lui qui marchait en compagnie des doctes amis du cercle de l'évêque Ambroise, son confident et protecteur. Je voulais lui faire comprendre comment je me sentais moi-même en maintes occasions, et comme la création avait besoin de compassion et de sobriété. Il me regarda étonné, discuta avec ses amis de mon état d'ébriété et de la pauvre condition humaine sans le secours divin, et passa son chemin. J'essayai encore. Un jour, je le vis sceptique et affligé et lui fis ouvrir le Nouveau Testament pour qu'il s'inspire de la première phrase qui lui tomberait sous les yeux, afin de pouvoir orienter sa pensée et sa vie. J'imitai parfaitement la voix d'un enfant de la maison voisine, et répétai plusieurs fois, en chantant : « Prends et lis, prends et lis! » Il se dirigea vers le livre et l'ouvrit; et moi, j'étais près de lui, et je le dirigeai vers la page que j'avais choisie. J'avais à l'esprit un passage de saint Paul, où est décrite la nature souffrante qui invoque le secours; mais en dépit de mes efforts je ne réussis pas à le guider vers ces lignes. Il semblait s'y opposer, comme s'il avait été dévié par un instinct; et son regard se posa au contraire sur une autre phrase de Paul, qui recommande de s'éloigner de la luxure et de la débauche. Il s'anima alors, et courut communiquer sa découverte à un ami, me laissant feuilleter le livre, le cœur mécontent. Je n'avais pas réussi à me faire comprendre.

Je fis une dernière tentative, me glissant dans la nature, et je choisis un animal humble et répugnants : une araignée qui tissait sa toile dans un coin de sa chambre. J'avais emprisonné une mouche et m'avançais vers elle; à ce moment précis Augustin me vit. Il s'arrêta pour regarder attentivement la scène; puis il sortit de sa contemplation et courut vers sa table pour coucher ses pensées sur le papier. Longtemps après, je lus ce qu'il avait écrit, grimpant sur les pages du livre laissé ouvert sur cette phrase. Sa voix me parvint de ces lignes, comme si je l'avais écouté tandis qu'il me parlait : « Que dire encore de l'intérêt et de l'attention que j'éprouve si, alors que je suis assis chez moi, une tarentule donne la chasse aux mouches, si une araignée enveloppe dans sa toile celles qui y tombent? Alors, je me lève pour Te louer, admirable créateur et organisateur de l'univers; l'unique espérance est la grandeur de ta miséricorde... » Je glissai de sa table et revins à ma toile, désespéré; et la chair d'un papillon que j'avais capturé ne me consola qu'en partie.

Il ne me restait plus qu'à rencontrer Augustin entre les murs de sa demeure intérieure. J'y entrai avec déférence et presque craintivement, car, en cet endroit, Augustin atteignait la majesté. Nous nous donnâmes rendez-vous dans les pièces de sa mémoire, où j'arrivai en avance pour pouvoir les observer à mon aise. C'était une vaste demeure, et dedans il y avait de tout. Je fus impressionné par la quantité de livres que j'y trouvai : non seulement des livres chrétiens, mais un grand nombre de livres païens, les poètes latins et les philosophes qu'Augustin aimait; ils étaient posés pêle-mêle, préfigurant ce qui arriverait quelques siècles plus tard. Comme un savant visitant une bibliothèque, je me promenai au milieu des rayons de la mémoire d'Augustin, feuilletant un livre çà et là, le remettant scrupuleusement à sa place, car je ne voulais pas que s'ouvrissent des trous dans cette habitation prodigieuse. Je m'enfonçai dans les recoins où étaient entassées les sensations qui aident à reconnaître les expériences extérieures : le souvenir de la lumière et des couleurs, les formes des corps, les variations des sons, les odeurs, les goûts, le toucher, ce qui est dur ou mou, chaud ou froid, lisse ou rugueux, lourd ou léger, intérieur ou extérieur. J'errai en extase au fond de l'esprit humain.

Je rencontrai Augustin à la fenêtre de son logis intérieur qui s'ouvrait sur un site immense fait des mémoires des paysages qu'il avait vus dans le passé. Dès qu'il m'aperçut il m'étreignit, tant il était heureux de me trouver. Il paraissait jeune et joyeux à l'intérieur de lui-même, dans son lieu d'élection; il me prit par la main et me conduisit dans les salles de sa mémoire.

« Regarde, s'exclama-t-il en me montrant les coins les plus retirés, tu vois tout ce qui est contenu ici. Non seulement le ciel, la terre, et tout ce que j'ai déjà vu, mais aussi ce qui pourra advenir. Dans ce débarras il y a les images des événements qui pourraient m'arriver. Chaque fois que je reviens ici je sens le besoin de te rencontrer. Dans cet édifice, il y a aussi les souvenirs les plus difficiles : la dialectique la rhétorique, la mathématique et ses nombres. Faut-il que tu sois divin pour avoir créé une chose pareille!

– Je suis content que cela te plaise, Augustin, répondis-je en cherchant à le suivre à travers les couloirs et les pièces de sa vaste demeure, mais je dois te parler.

– Attends! m'interrompit Augustin qui arpentait sans relâche sa demeure intérieure, auparavant réponds-moi : par où et comment sont entrées ces idées dans ma mémoire?

Peut-être y étaient-elles avant que je les connusse, comme le dit Platon et comme le répètent ses disciples; mais où étaient-elles, alors? Et comment pourrais-je les reconnaître si elles n'étaient pas déjà présentes, et sorties de leurs caches? Regarde là, dans la cave; il y a même le souvenir des moments où je me suis souvenu! Regarde, il y a les souvenirs des moments où j'ai oublié! La mémoire est comme le ventre et l'esprit, et les souvenirs sont sa nourriture, et, comme la nourriture, ils perdent leur saveur en passant à travers l'esprit. Toutefois, il reste le souvenir qui va nourrir le corps. Voilà ce que tu as fait dans la maison de ma mémoire, ô créateur!

– Augustin, soufflai-je, désormais haletant à force de courir après lui, Augustin, il faut que je te dise quelque chose.

– Écoute, dit-il, m'attirant vers un autre endroit, je peux dire *pierre* sans voir la pierre, et je peux dire *soleil* sans voir le soleil, car l'image est ici, en dedans (et ce disant il me montrait l'image du soleil que je pouvais regarder sans fermer les yeux car c'était comme le soleil dans un tableau, tandis que la pierre était immobile, par terre, comme une vraie pierre). Et maintenant que je vais bien, je repense à la maladie, et je me rappelle exactement dans quel état j'étais; n'est-ce pas extraordinaire? Et de même, quand je suis malade, je me souviens de mes moments de bonne santé! Mais comment puis-je accueillir le souvenir de l'oubli, si, par définition, l'oubli efface le souvenir? Aide-moi à comprendre cela! »

Si j'avais eu encore un peu de souffle, je lui aurais expliqué qu'il était en train de construire un sophisme, et que se souvenir d'avoir oublié n'est pas la même chose qu'oublier. Mais j'étais maintenant épuisé, et pendant ce temps-là il continuait à voleter d'un endroit à un autre, dans les antres, dans les grottes innombrables de sa mémoire. J'étais frappé par son regard, tels les fragments d'un rêve, les images de Monique qui versait du lait dans un pot, de son ami Alipius priant devant un autel, d'un jardin planté de poiriers, d'un océan baignant dans la lumière du soleil naissant. « Arrête-toi, Augustin, murmurais-je. Arrête-toi, je n'arrive pas à te parler. »

Tout à coup, Augustin s'arrêta dans une des pièces de sa mémoire. C'était un lieu à demi obscur, avec de grandes fenêtres peintes sur les murs, au-delà desquelles on apercevait un paysage immobile, des plantes et des oiseaux suspendus dans les airs. Je m'arrêtai haletant à côté de lui et attendis de reprendre mon souffle pour lui parler; mais lui, étrangement digne et pur, regardait fixement en direction des fenêtres. Puis il se remit à me parler.

« Voilà, dit-il d'un ton de voix qui me frappa par sa fermeté, voilà la pièce où j'amasse les résultats de toutes ces courses à l'intérieur de moi-même. Toi et moi, nous aurions dû nous donner rendez-vous ici. A cet endroit de la maison, je viens me demander d'où vient le désir de toi et le souvenir du bonheur que tu peux procurer; et sais-tu ce que j'en conclus? Que ce souvenir ne pourrait être si le bonheur n'avait pas déjà existé auparavant. Et donc, je t'ai connu jadis! Il y eut un temps où nous étions heureux ensemble, sans quoi je n'aurais aucune connaissance de ce bonheur; et ce bonheur est conservé ici, dans ma salle préférée. Ici, je viens t'y retrouver chaque jour; et je suis heureux qu'aujourd'hui tu sois là. »

Cette dernière phrase aurait dû lui faire comprendre l'erreur dans laquelle il se trouvait chaque jour, me parlant alors que je n'étais pas là. Mais Augustin était désormais plongé dans une extase qui n'avait plus rien à voir avec moi. Il regardait le mur peint et avait la même expression que le jour où je l'avais vu contempler la mer, serrant la main de Monique. Je me sentis exclus. Je savais qu'il ne m'écouterait pas, mais je me mis quand même à parler, surpris de la timidité de ma voix.

« Je ne suis pas là, Augustin. Je suis partout, mais pas immobile comme tu me vois. J'étais en toi quand tu courais, et dans l'anxiété qui te guidait de pièce en pièce et de couloir en couloir; et quand tu penses m'avoir atteint, tu ne me vois plus. Et veux-tu que je te dise? Tu confonds la réalité avec ton désir. Il vaudrait mieux ne pas le faire, Augustin, et accepter le désir comme il vient, car le désir est sacré, et j'en suis moi-même rempli, et c'est moi qui t'en ai fait don. Mais ne le prends pas comme une chose qui doit exister à tout prix, sinon tu me perds. Soit dit en passant, ce paysage est peint et tu ne t'en rends pas compte. Maintenant, je vais te montrer. »

J'avais pris Augustin par la main afin de le conduire devant la fenêtre, mais je m'aperçus qu'il ne m'écoutait pas. Il s'était agenouillé pour prier et sa voix montait vers les poutres décorées du haut plafond. Je me recueillis dans un coin de la pièce et sa voix rebondit jusqu'à moi.

« Tu étais dans moi, et moi j'étais à l'extérieur. Monstrueux comme je l'étais, je me jetais sur les belles choses que tu as créées. Tu étais avec moi, mais je n'étais pas avec toi, tenu éloigné de tes propres créatures. Mais tu m'as appelé, et tu as vaincu ma surdité ; tu as frappé ma vue par ta splendeur, et tu as vaincu ma cécité ; tu as exhalé ton parfum, et maintenant je Te désire ardemment ; je t'ai dégusté, et maintenant j'ai faim et soif ; tu as touché ma main, et maintenant je brûle de désir. C'est Toi que je veux – immobile, serein, omniprésent, fixe – comme une étoile au milieu d'un jour de beau temps. Ne pars pas ; je ne peux plus te perdre ! »

Mais j'avais déjà quitté la pièce, je traversais les couloirs de la maison, et j'eus beaucoup de mal à trouver la sortie. Je repassai devant les livres, devant les armoires pleines de feuillets, les coffres débordant de vêtements et d'objets ; je traversai les jardins de la mémoire, je fus sous le ciel d'Augustin, éclairé par un soleil que je ne connaissais pas ; finalement je m'échappai de sa mémoire et de son âme, me retrouvant dans le monde de toujours, plein de désirs imparfaits, où chaque chose s'enroulait dans son contraire. Adieu, Augustin, pensai-je avec regret. C'était comme si un enfant s'était éloigné de moi.

La dernière fois que je le vis, ce fut lors de sa consécration. On l'avait fait évêque d'Hippone. Je ne résistai pas à la tentation de m'y rendre, car je l'aimais toujours et étais fier de sa compétence et de ses succès dans le monde. C'était une journée splendide et l'église ornée offrait un spectacle majestueux. Devant la façade la place était envahie de gens émus ; et dans l'air on entendait un vacarme de tintement de cloches, comme lors d'un jour béni par Dieu. Les lèvres des spectateurs remuaient pour la prière, et de douces larmes coulaient sur les joues d'une jeune femme; je vis à cet instant que tout le monde me cherchait alors que j'étais présent, même si je ne faisais rien pour me montrer. Quand Augustin apparut, je me sentis pris dans l'étau de tous ceux qui, sans me voir, m'appelaient. Moi aussi je regardai dans sa direction : il était revêtu d'une robe éclatante, hissé sur un char tiré par des chevaux de race, entouré de courtisans et de dignitaires, revêtu des insignes de sa puissance. Parmi toutes les choses auxquelles j'avais pensé, j'en avais oublié une de cette importance; je n'avais pas calculé l'effet du pouvoir sur une âme grande et ambitieuse. Je ne m'étonnai plus qu'Augustin me voulût impossible à atteindre et immobile, image parfaite du pouvoir; et tellement forte!

Je m'éloignai de la foule et, pendant longtemps, je n'eus aucun contact humain.

Afin de résoudre le problème de l'origine du mal, je me mis à la recherche du diable.

Parmi toutes les existences fantomatiques que les hommes avaient créées en faisant fi de ma volonté et de mon assentiment, celle-là était la plus provocatrice. La Vierge Marie, les saints et les bienheureux qui peuplaient les imaginations, les anges qui faisaient des incursions dans les cieux, prêts à exécuter quelque ordre que ce fût : rien de tout cela ne pouvait être comparé à l'invention du diable. Je voulus l'ignorer pendant un certain temps mais, à la fin, je me résolus à l'affronter. Il me sembla clair que l'idée de Dieu que je rejetais était profondément liée à l'existence de mon adversaire. Si j'étais parfait et seulement capable de concevoir le bien, à qui, alors, était imputable le mal ? J'avais créé l'homme pour m'aider à comprendre ma nature protéiforme, et voilà qu'il me répondait avec l'idée du diable.

Je me mis en chasse avec une détermination têtue. Il ne me fut pas facile de le trouver, d'autant que je le tenais pour un imposteur ; et l'incrédule ne trouve pas facilement ce qu'il cherche.

Je le traquai partout. Je me rendis dans des lieux où, d'après ce que j'avais entendu dire, il aimait demeurer : je me brûlai au sommet des volcans, attrapai un début de pneumonie en attendant toute une nuit parmi les éclairs, le vent et l'eau qui tombait à torrent dans une tourmente pour le moins infernale. Mais le diable ne se montra pas. Je me précipitai au centre d'un tremblement de terre dont on disait qu'il en était l'artisan, et souhaitai le voir sortir par les fissures de la terre crevassée. Je ne le trouvai toujours pas. Je me mis à fréquenter les sites déserts et abandonnés, les massifs montagneux, les forêts obscures, les cavernes, les abîmes, les bruyères. J'attendis si longtemps et avec une telle anxiété qu'une fois j'eus l'impression de le voir, après deux semaines passées dans le désert du Sahara, sous le soleil de plomb d'un début d'après-midi ; une forme vague se dessina à l'horizon, comme un nuage en mouvement, et s'approcha à une vitesse vertigineuse. Pendant son bref et intense trajet, le nuage prit des formes diverses ; il devint un taureau, un serpent, un oiseau au corps de lion, un dragon qui crachait des flammes, un poisson à cornes ; un spectacle de métamorphoses qui se conclut à deux pas de moi, quand la silhouette se mêla au sable qui était à mes pieds, où s'agitait un minuscule crapaud du désert qui disparut sous terre. « Tu n'es pas un bon diable, protestai-je, il n'y a pas de crapauds dans le sable. » J'étais si absorbé dans mes pensées que je longeai une oasis sans m'en apercevoir, alors que je mourais de soif.

Je me rendis dans les mines d'or où il aime aller pour attiser sa maudite faim ; et je trouvai seulement des chercheurs d'or, des gens bien ennuyeux et en proie à une idée fixe. On prétendait que le diable était un grand artisan et un remarquable ingénieur ; j'allai donc me poster près de certains ponts et aqueducs qu'on disait avoir été construits par lui : encore en vain. Dans une église désaffectée je fus certain de le voir passer dans l'ombre d'une nef : je courus derrière lui, l'attrapai, nous roulâmes à terre ; et je m'aperçus que je tenais un pauvre homme sans abri qui cherchait un refuge pour la nuit. Je le laissai partir et allai dormir dans une auberge.

Tout me portait à croire que le diable n'était que le fruit de l'imagination humaine exacerbée. Mais je savais que, lorsqu'on parle d'une chose, cela veut dire que quelque chose existe – et il s'agit de chercher au bon endroit, dans l'âme des possédés. A la fin, je me résolus à devenir exorciste.

En ce temps j'étais en Westphalie, près de Munster, où j'exerçais le métier de menuisier. J'étais au chevet de ma sœur jumelle, qui mourait d'un mal incompréhensible pour les médecins. Notre apothicaire venait juste de partir, dans un tourbillon de cape noire, de manches ondoyantes, et après un déploiement d'instruments inutiles sur le corps de la malade. Il lui avait infligé une saignée qu'il arrêta à la vue de l'eau rosée qui sortait de ses veines. Nous étions presque des vieux, et nous avions passé la vie ensemble, deux faces de la même médaille. Qu'aurais-je fait sans elle ? Je la regardai haleter les yeux clos, enveloppée dans son châle, puis je sortis de mon inertie et allai raboter la table que j'avais terminée la veille. Tandis que les copeaux volaient, je m'aperçus que j'avais le visage sillonné de larmes que j'essuyai avec colère.

C'est alors que le fils du possédé vint m'appeler. Je mis mon pardessus et le suivis comme dans un demi-sommeil. L'homme m'expliquait qu'ils avaient d'abord appelé le prêtre, et que cela n'avait eu aucun effet. Le diable qui s'était emparé de son père était rusé et méchant, il connaissait bien son métier de prévaricateur. Du corps du possédé s'était diffusée une odeur qui avait porté le pauvre prêtre au bord de l'évanouissement. Non content de cela, le diable s'était mis à déclamer les péchés de son adversaire, et on en avait appris de belles : les vols des offrandes des fidèles, les cuites au vin de messe, les histoires d'amour avec les paroissiennes, parmi lesquelles une vieille de quatre-vingts ans, morte l'année précédente dans la sacristie sans que personne n'ait jamais compris ce qui lui était arrivé. Le prêtre s'était enfui en agitant ses objets sacrés, accompagné des hurlements qui sortaient de la bouche du possédé. Ils avaient alors décidé de s'adresser à moi qui exorcisais depuis des années avec une grande efficacité.

J'écoutais à peine, pris dans le tourbillon de mes pensées. Des histoires de ce genre, j'en avais déjà entendu mille, et elles ne me faisaient ni chaud ni froid. Je n'avais jamais cru au diable, et j'étais certain que tous les possédés parlaient en leur nom propre, et disaient vraiment ce qu'ils pensaient, profitant du fait qu'on n'osait pas leur faire de mal, car en eux se trouvait une présence surnaturelle quoique abominable. Je m'étais trouvé en possession de pouvoirs étranges dont j'usais avec facilité et presque indifférence, comme un chanteur se sert de sa voix et un acrobate de son corps. Je ne me sentais pas spécial, tout capable que j'étais d'exorciser le diable. J'exécutais mon travail avec la nonchalance de l'artiste qui exploite un talent naturel. Du reste, tel est le secret de l'œuvre réussie ; alors qu'il existe des artistes qui ne se contentent pas de leur talent, et voudraient faire plus que ce qu'il leur accorde. Je me demandai si Dieu n'appartenait pas à cette dernière catégorie, et je fus étonné de ma propre idée.

« A présent, ça suffit », dis-je à voix haute. Mon accompagnateur me regarda et se tut.

Des pensées insolites tourbillonnaient dans ma tête depuis que ma sœur était tombée malade. Je me vantais d'être un type sensé et sans bizarreries de quelque espèce que ce soit ; et voilà que depuis quelque temps j'étais visité par de curieuses apparitions. La nuit je me retrouvais, dans des rêves longs et pénibles, occupé à parcourir des chemins interminables qui, à un moment donné, se divisaient ; et mon angoisse était telle que je m'éveillais en gémissant. J'avais eu l'impression une ou deux fois de voir une femme accroupie sur les marches de la porte d'entrée, et, un instant après, elle n'était plus là. J'avais commencé à égarer les objets, ce qui me contrariait ; à tel point que, comme pour me punir, je m'étais surpris à jeûner sans m'en apercevoir, regardant ma sœur alitée. L'idée me vint enfin que Dieu errait dans les rues du quartier, et qu'il cherchait à communiquer avec moi. Rien de plus extravagant ne m'était jamais venu à l'esprit.

Nous arrivâmes chez le possédé et je dus interrompre le flux de mes pensées. Nous entrâmes dans la demeure d'un dignitaire local, immédiatement entourés de signes d'opulence et de rang social élevé. A l'entrée les domestiques et les servantes se pressaient pour voir l'exorciste ; je passai au milieu d'eux et montai au premier étage, à la suite du fils. Je commençai à entendre les hurlements qui m'étaient familiers, après tant d'années d'exercice du métier.

La chambre du possédé foisonnait de proches et de médecins. L'homme était sur un large fauteuil, tenu fermement par une corde nouée à un anneau fixé dans un coin de la pièce. A mon entrée il s'était calmé, et m'observait sans piper; j'entendais sa respiration fatiguée, qui restait le seul bruit, car même l'assistance s'était tue. Je commençai à me préparer pour accomplir mon office : les fumigations, le petit livre des formules magiques, les chandelles. J'avais l'impression d'être l'un des charlatans que j'avais vu auprès de ma sœur. J'étais le centre de l'attention, et il me sembla que même les personnages représentés dans les tableaux accrochés aux murs me fixaient. Je luttai contre une gêne croissante; et une autre idée me vint à l'esprit. Je pensai à Dieu comme à un portrait d'homme dont le regard suit celui qui l'observe, de façon que, si cent personnes le regardent à partir d'angles différents, le portrait suit chacune d'elles, et, si toutes se déplacent, il n'abandonne personne du regard. Je fus foudroyé par ce qui m'arrivait : j'étais Dieu et je le savais désormais; il avait fallu que se déroule une grande partie de ma vie pour que je parvienne à l'admettre, et cela m'était arrivé au moment le plus inconfortable : avec dans les mains les croix et les images destinées à effrayer le diable, qui me fixait maintenant au travers des yeux du malade. Tout était clair : j'étais arrivé jusque-là pour rencontrer mon vieil adversaire – et maintenant nous nous scrutions, tous les deux enfermés dans la peau d'un autre.

Je m'aperçus à ce moment-là, et une nouvelle fois, des talents de funambule et de jongleur du diable. Dès qu'il s'aperçut de mon état, il déchaîna une sarabande effrénée. Le possédé commença à se tordre et à baver, et j'eus la désagréable sensation d'assister à une mise en scène – comme si le diable s'était servi de ce pauvre bougre pour me donner une leçon. Je cherchai à rester calme. Débarrassons-nous d'abord de lui, pensai-je, puis j'affronterai l'autre problème, celui d'être Dieu. La pièce était pleine de fumées odorantes et par ma voix s'échappaient des formules d'exorcisme. « Allez, sors! lui criais-je en allemand et en latin, sors et finissons-en, monstre; tu sais bien que je ne crois pas en ton existence. Profiter ainsi d'un pauvre homme malade et près de mourir! Sors de là, canaille, ou je te roue de coups! »

A ce moment le possédé fit un bond si grand que la corde fut sur le point de céder. Le diable était irrité de l'attaque que je lui avais portée, et il me répondait par une série d'injures qui répandirent un murmure d'épouvante dans la pièce. Il y eut de la nervosité dans l'air, et je me rendis compte que la majeure partie de l'assistance s'attendait à un spectacle semblable à celui dont elle avait joui lors de l'expulsion du prêtre. « Farceur! » murmurai-je; et je me dirigeai du côté du malade, la croix à la main comme on tient un poignard.

Une surprise m'attendait. Le possédé s'était repris et il me scrutait à présent d'un air tranquille, non sans une pointe d'ironie. Alors que je réfléchissais à cette métamorphose, il me sourit et se mit à me parler en grec ancien; et moi, je lui répondis avec une grande précision dans la même langue, stupéfiant l'auditoire qui me prenait pour un menuisier ignorant. Dans la plus pure version attique de la langue immortelle, par la voix du vieillard dont il habitait le corps, le diable me demanda de le laisser en paix car il avait enfin trouvé une habitation confortable dans une maison élégante à la cuisine raffinée, pourvue en plus d'une bonne bibliothèque – et je savais combien lui plaisait la lecture. En contrepartie, il me promettait de bien se comporter, de ne pas blasphémer la Vierge et de ne pas dire d'énormités en famille. Je l'écoutais avec impatience, et à ce point je l'interrompis.

« Et pourquoi donc devrais-je conclure ce pacte avec toi? Tu n'es pas en position de négocier quoi que ce soit. Pour quel motif prendrais-je des précautions à ton égard?

– Tu le connais, le motif », me répondit-il (et en même temps les joues du possédé devenaient d'une pâleur verdâtre, et ses lèvres tremblaient comme si la colère le reprenait après un moment de calme forcé; et le grec de mon interlocuteur était maintenant truffé d'expressions dialectales, comme si son niveau culturel avait effroyablement baissé). « Tu le connais, le motif. Depuis toujours je suis ton allié et ton acolyte, même si tu feins de ne pas me voir et si tu vas jusqu'à nier mon existence. Le sais-tu que si on ne me suivait pas, et si on ne me tourmentait pas de cette manière, c'est toi qui subirais ce traitement ? Et alors, essaye au moins de me dédommager en partie : sinon je révèle à tout le monde qui tu es, et ce n'est pas dans ton intérêt.

– Fais-le donc », lui dis-je, m'approchant de lui d'un autre pas, tandis qu'il semblait en proie à une nouvelle crise.

« Ne me contrains pas, ne me contrains pas à le faire ! » s'exclama-t-il d'une voix piaillarde et coléreuse. « Sacrée pourriture ! » grogna-t-il en grec, dans un argot de banlieue ; et, sans préavis, il baissa son pantalon et couvrit d'excréments son fauteuil et le tapis, s'accompagnant de flatuosités et de bruits obscènes de la bouche. Une puanteur funeste se répandit dans la salle ; quelque part derrière moi j'entendis un bruit sourd ; quelqu'un s'était évanoui, et moi-même je commençais à me sentir mal dans cette bourbe fétide. « Maudit porc, sifflai-je, maintenant, réglons nos comptes. »

Le diable tint parole ; désormais sans issue, il lança dans ma direction une série d'accusations terribles. Les misères de la création et la souffrance qui règne parmi les hommes furent mises sur mon compte. Le vieillard hurlait des injures diaboliques en direction de son exorciste, pataugeant dans ses fèces et urinant partout. Il m'accusa de tous les maux et, par chance, oublia la question la plus importante, c'est-à-dire ma personnalité divine. Sans cette précision, son discours fut incompréhensible aux proches du possédé ; lesquels, terrifiés, assistaient aux dernières phases du duel inégal.

Je décidai d'en finir et me précipitai sur lui, faisant fi de l'odeur pestilentielle. Alors, vaincu, le vieillard vomit le diable : je le vis se glisser dans la vomissure, couleuvre noire et agile que je ne parvins pas à saisir ; filant sur le sol, elle atteignit la fenêtre et disparut dehors. Le vieux gisait dans un bourbier infâme, à demi évanoui ; ses proches lui portèrent secours, et j'entendais sa voix plaintive comme celle d'un gamin tout juste réveillé. Je quittai la maison, empochant ma rétribution.

En chemin je me dis que tout cela avait été un mauvais rêve, et je m'employai à l'oublier. Pendant un court moment cela me fut simple, dans la mesure où mon inquiétude au sujet de ma sœur occupa mon esprit. Je courus à la maison, fis irruption dans sa chambre, et la trouvai assise à un petit bureau sous la fenêtre, en train d'écrire une lettre. J'en demeurai stupéfait : ma sœur semblait redevenue jeune, elle souriait en me voyant, avec un air radieux que je ne lui avais jamais connu. Je fus pris d'un violent mouvement de joie et d'espoir ; je l'appelai par son prénom, j'allais vers elle, je la pris dans mes bras, et cette fois je pleurais pour me libérer.

Nous passâmes une journée comme au temps de notre enfance, parlant sans fin, la main dans la main. Je retrouvais en elle cette partie de moi-même que je n'avais pas connue et qui m'avait toujours accompagné, telle une ombre fidèle et discrète, un miroir qui me reflétait sous les traits d'une femme. Je lui préparai le dîner et une infusion d'herbes odoriférantes ; le feu brûlait dans la pièce commune, et, à ce moment, je m'aventurai à confier à la femme de ma vie la dramatique découverte que je venais de faire. Je lui dis que j'étais Dieu et ne savais que faire de mon identité, et qu'à la vérité j'avais hâte de m'en débarrasser, car je sentais cette charge écrasante pour mes forces. Je lui racontai ma rencontre avec le diable et ce qu'il m'avait dit ; je savais qu'il avait raison, car je m'étais depuis longtemps rendu compte des imperfections du monde. Je lui dis que m'était revenu à l'esprit le moment où j'avais créé le cactus avec ses épines pour se défendre des oiseaux, et le hérisson avec ses piquants pour se rouler en boule à l'arrivée du renard ; et qu'aujourd'hui j'avais eu l'impression d'être le renard qui réussit malgré tout à saisir sa proie – si bien que j'avais enfin rencontré le mal en dehors de moi, et que je ne savais déjà plus qui j'étais, et qu'être charpentier présente des avantages par rapport au fait d'être Dieu.

Ma sœur m'écoutait la tête basse, penchée sur son travail de broderie, et ne perdait pas un mot de ce que je disais. Je me lançai dans le récit de la mémoire universelle, stimulé par le vin et la chaleur de la flamme. Je lui parlai de l'effort joyeux du bourgeon, auquel je n'avais pas pensé jusqu'alors, et de l'allégresse d'être issus d'une même racine, comme cela nous était arrivé à nous deux; une seule âme qui se cherche dans deux corps, et chacun désire peut-être revenir au moment initial pour trouver une nouvelle fois ce qui l'a rendu heureux. Je ne savais pas non plus d'où provenaient les idées que je ne me souvenais pas avoir eues; mais au moment de la réminiscence divine, c'est comme si de nombreux portails s'ouvraient, et voici sortir le plus lointain passé. « Sapristi ! » me dis-je : « Je suis Dieu, c'est vrai. Mais je ne veux pas fatiguer ma sœur qui vient de se remettre d'une longue maladie. »

Je cessai de parler et la pris dans mes bras pour l'emmener au lit : et là, je m'aperçus que c'était comme soulever une épouse pour la mener vers la couche nuptiale. C'était une chose inouïe : je portais ma sœur et en même temps mon épouse. Je ne m'étais jamais marié, et cela était nouveau pour moi : la douce tiédeur d'un corps féminin qui s'abandonne, les bras qui vous entourent comme s'il n'y avait pas d'autre refuge au monde, les lèvres de la femme aimée – tout cela se répandit sur moi avec la violence d'une tempête sur un bois aride – et l'on oublie d'être Dieu, dans ce cas. Je voulais être heureux, même seulement l'espace d'une nuit. Je la déposai sur le lit, m'étendis auprès d'elle, et connus, longtemps après ma naissance, la tiédeur des seins; je dormis avec elle comme s'il n'y avait pas eu d'autre endroit où trouver refuge. S'il se passa quelque chose, ce n'est pas la faute aux étoiles. Nous étions seuls, dans un endroit retiré du monde.

Je m'assoupis dans mon bonheur solitaire, et dormis comme si on ne devait pas attendre de réponses. A la fin, les deux âmes s'étaient rencontrées dans un lieu obscur, proche du bout du monde, et elles semblaient maintenant savoir pourquoi elles étaient nées ensemble. Je m'éveillai au milieu de la nuit, me demandant pourquoi je m'éveillais. La nuit était splendide et la lune brillait de sa splendeur la plus argentée. « Être Dieu, ce n'est pas si mal », me dis-je; « Si seulement j'étais un peu plus sûr de moi ! » Je n'eus pas le temps de poursuivre mon raisonnement; le mal avait décidé de se réveiller en même temps que moi. Un hurlement déchira soudain la nuit. Je courus dans la chambre de ma sœur, où je l'avais laissée au cœur de son sommeil, après ces miraculeuses retrouvailles; et, à la lumière vacillante d'une chandelle, le spectacle de la mort s'offrit à moi, déjà visible sur son visage terreux et dans ses yeux révulsés. Son corps, à demi nu, dans les spasmes de l'agonie, était redevenu ce qu'il était la veille, comme si la soirée lumineuse n'avait pas eu lieu. Je revis notre amour bref et désormais unique, perdu sur une autre étoile, où le monde commence à nouveau. A présent je délirais, la serrant entre mes bras; et, tandis que je l'étouffais de baisers pour l'arracher à la mort, mon cœur s'arrêta : j'avais le diable entre mes bras.

Paralysé par la terreur, je cherchai à me détacher lentement de son corps et de ses mains froides; mais il s'était rendu compte lui aussi que quelque chose avait eu lieu, et tout à coup il mit bas le masque. Sa voix me parvint, stridente et moqueuse.

« Ainsi, tu croyais avoir réussi à me posséder; ne savais-tu pas qu'on ne commande pas au diable? Te voilà sans force et sans foi; il en a fallu des efforts pour te réduire à ce point! Tu ne peux pas imaginer depuis combien de temps je suis à tes côtés; depuis le jour de ta naissance, vois-tu : j'étais dans le même ventre que toi, et nous nous disputions la nourriture, et j'étais occupé à me transformer en femme pour mieux te mystifier; et j'y suis arrivé, finalement! Tu ne voulais pas croire en moi, pour ne pas reconnaître qui tu étais, mais finalement tu as cédé, tu as perdu la bataille. Si l'on n'est pas Dieu jusqu'au bout, la victoire me revient, à moi, au Singe de Dieu. Tu ne croyais pas que je possédais cette logique, n'est-ce pas? Apprends-le! Et laisse-moi en paix, puisque je dois penser à mourir. »

Ma sœur poussa un gémissement rauque et cessa de parler de cette voix artificielle et difforme. Ses yeux roulèrent dans ses paupières, elle me regarda pendant un instant; puis elle frissonna et s'éteignit, et je tenais toujours son corps dans mes bras, car je n'avais pas réussi à m'en éloigner. Était-ce la vie qui était partie d'elle, ou était-ce le diable? Je regardai autour de moi et ne vis rien de suspect : le basilic ondulait dans le courant d'air qui venait de la porte ; de la fenêtre parvint une lumière, presque un frisson dans l'ombre, qui annonçait le point du jour.

« Non, pas l'aube! » me surpris-je à crier.

Je me précipitai dehors, la tête basse pour ne pas voir le ciel. Je m'enfuis de la ville, arrivai sur une colline tandis que la clarté envahissait le monde, pareille à l'eau qui pénètre dans un navire. Un coq chanta d'une demeure paysanne, et d'autres coqs lui répondirent ; je me pendis alors à un chêne. « Regarde, il pensait être Dieu », entendais-je murmurer au fond de moi. J'étais persuadé que je me tuais pour éviter le soleil.

Je me réveillai, honteux, dans une autre contrée. J'étais furieux d'avoir été berné de cette manière, et je voulais une revanche.

Je commençai à tendre des pièges au diable, me comportant comme lui, entrant dans le corps d'âmes innocentes, me servant d'elles comme point de rencontre entre mon adversaire et moi. Chacun d'entre nous apprenait quelque chose de l'autre ; je devins son singe dans le labyrinthe du monde.

Je pris les traits d'un ermite irlandais, Isidore, un moine qui vivait dans une solitude extrême. On venait lui porter à manger une fois par semaine, et il en profitait pour demander des nouvelles du monde. Il apprenait ainsi toutes les malveillances qui étaient commises, et revenait à la prière et à la méditation. Il s'était façonné son image de Dieu, et pendant toute sa vie avait cherché à entrer en communication avec Lui. Il habitait en Dieu, conversait avec Lui, et Dieu lui répondait qu'il avait confiance, car les forces du mal ne peuvent pas avoir le dessus – c'est pour cela qu'elles s'agitent autant. Il respirait avec Dieu : il était devenu une partie de Lui, un fil de Son manteau, un souffle de Sa respiration.

Quand je pris la décision d'entrer en contact avec une telle âme, j'eus un léger remords, comme si je troublais une œuvre sainte, peut-être incompréhensible pour moi, mais certainement admirable. Un moment après je réfléchissais avec son esprit, et parlais avec sa voix ; je ne fis rien pour changer l'idée qu'il avait de moi. Maintenant qu'il était moine-Dieu, il priait avec plus de ferveur, non pour demander la grâce ou le pardon, mais plutôt pour faire descendre vers les hommes un message de paix. Il écrivait des discours et des sermons sur l'avenir de l'humanité et fut gagné par des visions de foules qui écoutaient ses paroles. Il se réveillait en sueur et se mettait à marcher sur des hauteurs désertiques. Il commença à négliger la nourriture et son corps devint aérien et vibrant. « Vraiment, ô mon Dieu, sommes-nous désormais une seule et même chose ? » se demandait-il étonné et tremblant. Je ne lui répondais pas, mais je ne faisais rien pour qu'il abandonne cette idée. J'étais décidé à tenir bon jusqu'à ce que le diable apparaisse.

Un matin, après une nuit d'insomnie et de tourments, je suivis Isidore qui s'arrêta sur le bord d'un abîme. On voyait au loin un liseré de mer, et nous l'admirâmes tous deux avec un secret désir d'eaux plus chaudes ; là-bas il faisait froid et un vent aigre s'engouffrait dans les montagnes. J'étais de mauvaise humeur ; je n'avais pas l'habitude de mentir, et la chose ne me plaisait pas ; je commençais à penser que le rusé diable ne se laisserait pas tromper, et que je ne le verrais jamais apparaître.

Plongé dans de telles pensées, j'entendis un bruit répété de cloches et les aboiements d'un chien. Un troupeau de chèvres transies de froid arriva jusqu'à nous, et le berger s'éloigna de ses bêtes et vint s'asseoir à nos côtés. Dès que je le vis, je fus certain que c'était le diable ; il fallait mon envie de le retrouver pour le reconnaître sous cette barbe et ces gestes paisibles. C'était trop beau et là, il s'était trahi ; d'ailleurs, il ne semblait pas avoir froid. Le moine ne s'était aperçu de rien et regardait le berger en silence ; prenant le lait tiède qu'on lui offrait, il en avala d'un trait un bol entier. « Attention au lait », pensai-je.

De fait, le diable devait y avoir mis quelque chose, car Isidore commença à délirer. Il raconta au berger ce qu'il voyait à cet instant : rien de moins que l'enfer, grand ouvert au-dessous de nous, avec des diables qui passaient au milieu des âmes des damnés, armés de petites fourches et de fouets; le feu et la glace mêlés, et les monstres gardant les portes de nombreux enclos, et Lucifer, le roi des démons, enfermé à l'intérieur d'une forteresse. Je restais étranger à ces propos, que le berger écoutait au contraire attentivement. Quand le moine reprit son souffle, le berger dit :

« Et le purgatoire? Tu ne le vois jamais?

– Le purgatoire, répondit le moine, n'a jamais été accepté par notre mère l'Église. On ne sait pas encore où il est, et s'il existe vraiment. C'est un péché d'orgueil d'en avoir la vision tant que le dogme n'est pas prononcé.

– Mais non, que dis-tu, répondis le berger, conciliant, bien sûr que le purgatoire existe, quelqu'un me l'a dit, il y est allé. C'est une montagne partagée en autant de cercles qu'il y a de péchés, et au sommet se trouve le Paradis terrestre, d'où l'on s'envole ensuite vers le ciel et Dieu. Ah! Comme il est beau, le Paradis terrestre : un lieu de plaisirs sans fin.

– Raconte-moi! » s'exclama Isidore, tandis que je ne soufflais mot, retranché dans un coin, au fond de lui, pour que le diable-berger ne me voie pas. A cette demande il hocha la tête, comme s'il s'était rendu compte qu'il entrait dans un territoire qui ne lui appartenait pas.

« Non, je ne peux pas, dit-il, se levant et prenant congé. Tu es un saint, et moi un pécheur. Tu es déjà proche de Dieu tandis que je ne suis que terre et poussière. » Il s'éloigna vers ses bêtes et disparut dans la vallée; je ne pus m'empêcher d'admirer son intervention, c'était un acteur et un imposteur parfait. Le moine s'apprêtait à le bénir, et je détournai son attention à temps, lui faisant remarquer le soleil qui sortait des nuages. Il se perdit dans la contemplation du ciel : « Quand volerai-je vers Toi, ô Seigneur? » l'entendis-je murmurer au milieu de tranquilles sanglots.

Et pourtant commençait sa période d'épreuve la plus ardue. Comme je m'y attendais, le démon était sur ses traces. Il se fit annoncer par certaines plaisanteries typiques de son caractère : Isidore devint distrait, et en arriva à oublier où il avait mis la feuille de salade qui lui tenait lieu de dîner. Il la chercha partout, dans sa cellule, puis à l'extérieur de l'ermitage, au milieu des cailloux de la cour, jusqu'à ce qu'il en vienne à être pris d'un désir de nourriture, et qu'il s'en punisse par un jeûne de deux jours. Cela ne me sembla pas une bonne idée, puisque son corps était désormais maigre et couvert de plaies; ce nouveau supplice le réduisit à un état d'infirmité. Étendu sur le lit, il entendait grincer les volets de la fenêtre, comme si quelqu'un s'agitait pour entrer. Il se leva pour les fermer, mais un coup de vent ferma la porte, si bien qu'il ne put rentrer et resta dans le gel de la nuit, ne réussissant pas à prier tant il claquait des dents. Il fut sauvé par celui qui lui portait sa ration de nourriture hebdomadaire, le lendemain à l'aube. Il chercha refuge dans son lit, emporté par la fièvre et exténué par le froid. Le diable fit alors une entrée princière.

La scène était d'une beauté étrange. Un mur de la cellule s'était ouvert et le rideau s'était levé; aux yeux des deux spectateurs, l'un gisant sur le petit lit, l'autre caché dans une des loges de la cellule – sur un crucifix qui dominait la pièce – se montra le Prince du Mal dans ses vêtements de travail. Il apparut immédiatement comme un metteur en scène expérimenté et capable de trouvailles scénographiques. Devant nous s'anima un paysage : on voyait des lacs et des montagnes d'où descendaient des rivières qui traversaient des campagnes opulentes et des villages couronnés de tours et de flèches. Du paysage, comme d'une coulisse, sortit un moine élégant et vêtu d'un manteau brun : il avança, jusqu'à s'agenouiller devant le lit d'Isidore, et, de ses bras, lui fit un geste d'investiture et de don. « Prends, tout est à toi », murmurèrent ses lèvres. Isidore le fixait, l'air ivre, et il ne soufflait mot. « Allons, bouge », murmurais-je de là-haut : « Renvoie-le, ce salaud! » Peut-être entendit-il ma voix; il se redressa sur ses coudes et poussa un cri qui s'éteignit immédiatement. Le moine se retrouva à l'intérieur d'un buisson et, peu de temps après, le paysage avait disparu, comme si le rideau était tombé.

Je m'éloignai du crucifix et descendis près d'Isidore, préoccupé par son état de santé. Il haletait, se tordait dans son lit, écarquillait les yeux, dans un mouvement de protestation douloureuse à l'égard de ce qui lui arrivait. « Prends patience, lui glissai-je à l'oreille; dès que je retrouve le diable, je m'en charge. » Il ne sembla pas m'entendre et continua de gémir; je restai alors seul, dans l'espace exigu de la cellule. Je tendais l'oreille vers l'extérieur et vers les bruits du vent.

J'avais été pris par surprise, et je décidai de rester sur mes gardes. Le lendemain, tandis qu'Isidore semblait revenu à son état normal, je restai là, attendant. La nuit arriva et nous nous préparâmes à dormir. Isidore récitait des prières que j'écoutais avec une certaine impatience, puisque je les connaissais par cœur. Je m'étais habitué aux règles de la cohabitation; j'étais attentif à ne pas m'endormir avant lui, à ne pas prendre trop de place dans le lit, et à ne pas mêler mes rêves aux siens. Nous attendions ainsi le sommeil, quand soudain le mur devant le lit s'éloigna à nouveau, signe qu'un nouveau spectacle allait commencer. Cette fois, à la place du paysage, une salle profonde apparut, décorée de hautes étagères pleines à craquer de livres.

Dans un coin se trouvait un bureau, auquel était assis un vieil homme, sans doute le bibliothécaire. Isidore regardait la scène d'un air ahuri, et je pensai que quelque chose lui revenait à l'esprit. De fait, quand le bibliothécaire cessa d'écrire et se leva pour s'approcher de lui, ils avaient l'air de se connaître depuis longtemps; un sourire se fit jour sur le maigre visage du moine. Le bibliothécaire le regarda d'un air affectueux et complice, puis se mit à lui parler comme s'il poursuivait une conversation tout juste interrompue. En bref, sa proposition fut de faire d'Isidore l'homme le plus savant du monde. L'offre ne manquait pas d'intérêt, à tel point que nous restâmes tous deux sous le charme, et que nous écoutâmes tous les détails : les livres que nous devrions lire en entier, ceux dont nous lirions le résumé, les notions inutiles que nous devrions oublier, les autres savants que nous devrions contacter, et ainsi de suite. C'était un vrai cours magistral, et peu s'en fallut que nous ne prenions des notes.

J'oubliai mon plan de combat, et j'eus même envie de poser de doctes questions au bibliothécaire, me retenant à temps. Je ne sais comment l'histoire se serait terminée si le diable n'avait commis une erreur qui révéla sa nature d'amateur et de parvenu : ce fut quand il confondit une citation d'Aristote avec un passage de Plotin, et sans doute fut-il trahi par sa suffisance, liée au succès qu'il avait obtenu jusqu'ici. Je bondis et le poussai vers le mur, contre les étagères qui s'effondrèrent dans un nuage de poussière. « Mais qui es-tu? » me demanda-t-il terrifié, avant de disparaître sous le bureau, emportant avec lui l'entière bibliothèque et me laissant seul avec Isidore qui me fixait comme si j'avais été une apparition céleste. Je voulus l'être, même pour une seule fois; et, avec de grandes ailes d'ange, je disparus de sa vue. Je l'entendis éclater en sanglots et jurer que son ange gardien l'avait sauvé d'une tentation diabolique. « Maudit sois-tu! » fulminai-je. Je regardais le mur qui avait repris sa forme normale, au terme du deuxième acte de la farce diabolique.

Une autre journée passa, avec le moine absorbé en prières et en pénitences, et moi qui faisais des promenades inquiètes dans les environs. Je piétinais la neige sur un talus qui dominait la mer, sous un capuchon qui ne me protégeait guère des assauts du vent du nord-ouest. Je vis une petite église adossée à un village, avec un clocher minuscule. Je m'y précipitai, entrant dans la tiédeur hospitalière de la maison de Dieu où je restai un moment dans le coin le plus abrité, le confessionnal. Je me blottis dedans, essuyant mon visage baigné de pluie saline. L'intérieur était drapé d'une étoffe rouge sombre, et je posai mon regard sur elle. Dehors, le vent battait contre les pierres, je l'entendais faire rage, et j'étais content d'être protégé. Le coussin était si confortable que je m'assoupis. Une voix jeune me réveilla, et je vis un visage bouger de l'autre côté de la grille.

« Je voudrais me confesser », dit la voix.

J'allais expliquer ce qui m'était arrivé, mais je compris que l'histoire aurait semblé incroyable. Je fis bonne figure à ce nouveau jeu : je me signai et fis se signer l'inconnu, éprouvant un sentiment de maladresse devant ces gestes inhabituels.

« Allons, je t'écoute, l'encourageai-je.

– C'est un gros péché, dit encore la voix. A la vérité, je ne sais pas si je pourrai être absout.

– C'est à moi d'en décider », coupai-je, montrant une soudaine autorité sacerdotable. Puis j'adoucis ma voix. « Que t'arrive-t-il, mon fils? » Je n'arrivais pas à croire à ma transformation.

Il y eut un silence de l'autre côté de la grille. Puis la voix reprit, claire et ferme.

« Mon péché est d'être le diable. »

Je m'arrêtai pour réfléchir à la question. Puis j'hasardai :

« Quand t'est-il arrivé de pécher aussi gravement? – et pourquoi l'as-tu fait, mon fils?

– Ce fut il y a très, très longtemps, la première fois. Il me faudra une très longue pénitence, mon père.

– Et pourtant, tu parais si jeune.

– Je peux prendre toutes les apparences », répliqua le pénitent, et j'entrevis son geste décidé de la tête. « Jeune, vieux, c'est du pareil au même. A présent, par exemple, je suis maître d'école dans ce petit village, et tout le monde m'aime. Mais le soir, je m'enferme chez moi et pratique la magie noire. Sais-tu ce que cela veut dire? Messes noires, blasphèmes, interventions de sorcières; et je suis toujours en retard pour les travaux que je devrais avoir fini. Cette nuit, je suis resté éveillé jusqu'à l'aube pour préparer une apparition que je dois faire chez un moine, non loin d'ici; c'est déjà la troisième, et les deux premières ont très mal marché. Je vieillis peut-être, malgré mon apparence juvénile. Ou peut-être tous les rôles ne me conviennent-ils pas de la même manière.

– Mais comment cela a-t-il commencé? insistai-je. Est-ce vrai, cette histoire qu'on raconte, que tu ferais partie des anges qui se sont rebellés contre Dieu? (Je prononçai mon nom avec une remarquable désinvolture, comme le fait César dans le récit de la guerre des Gaules, parlant de lui à la troisième personne.) Est-ce vrai que tu es tombé la tête la première et que, depuis ce jour-là, tu fais des méchancetés à tout le monde pour te venger? Es-tu vraiment ainsi?

– Sottises, me répondit-il. J'ai été créé par les hommes et non par Dieu. Ce sont eux qui ont besoin de moi et m'invoquent sans arrêt, et la plupart du temps sans même s'en rendre compte. C'est ce que fait le moine dont je t'ai parlé, que croyais-tu? Il m'appelle et imagine appeler Dieu – ça ne te paraît pas bien trouvé? Ainsi, tout ce qui arrive est ma faute.

– Pourquoi y vas-tu? » l'interrompis-je.

J'entendis un soupir de l'autre côté de la grille.

« C'est là mon péché, mon père. Je ne peux résister, je n'arrive pas à dire non. Je suis un vaniteux, mais aussi un fouineur et un importun. Je suis un faible, vois-tu! – et j'ai beau me répéter que ce sont les hommes qui m'ont inventé, rien n'y fait. Je pouvais refuser, mais je suis toujours en tournée pour me livrer à mes trafics. Mais il y a un autre motif.

– Lequel? », me surpris-je à demander très vite. A ce moment-là, je donnais l'impression de sympathiser avec lui. Le diable reprit, d'une voix à peine émue.

« C'est que les hommes m'aiment bien. Malgré toutes les imprécations et les malédictions dont je suis l'objet, je sais que j'occupe une grande place dans leurs âmes. S'ils ne m'aimaient pas, pourquoi me rechercheraient-ils? Il est très apaisant de savoir que quelqu'un se charge de toutes les fautes. Moi aussi, j'ai besoin d'affection, je n'ai pas un cœur de marbre. »

Ces mots me laissèrent sans voix. Puis, prudemment, je lui demandai :

« Que penses-tu de Dieu? comment te l'imagines-tu?

– Je n'en ai pas la moindre idée, répondit-il sèchement. Et du reste, cela ne m'intéresse pas. J'ai trop à faire. Ou plutôt, maintenant, je dois partir; donne-moi ma pénitence et ton absolution. Je sais que ça ne compte pas, car je ne me propose pas de changer de vie; mais donne-la moi quand même. Les autres pécheurs continuent eux aussi de pécher.

– Je te la donne à une condition, lui dis-je.

– Laquelle?

– Explique-moi ce que tu as l'intention de faire, ce soir, avec ce pauvre frère.

– Pourquoi veux-tu le savoir?

– Qu'importe : dis-le moi, et je t'absous.

– Je ne peux pas. » Et sa voix polie était redevenue distante. « Je suis une personne sérieuse, que crois-tu? Je me passerai de ton absolution, de toute façon j'ai dit ce que j'avais envie de dire. »

La tête avait disparu de derrière la grille; ce qui me soulageait, car je n'avais pas la moindre idée de la façon dont on procédait pour absoudre. Je lançai un regard à partir du rideau du confessionnal. Une silhouette svelte s'éloignait vers la sortie de l'église; et, d'un pas léger, je me disposai à la suivre. Comme il courait, le diable, pour rentrer chez lui! Il prit le chemin des champs, il avait tout l'air d'un petit professeur tandis qu'il marchait d'un pas rapide sur le chemin caillouteux. J'imaginai ses lectures nocturnes de poètes classiques et de poètes chrétiens. « Voilà, me dis-je; c'est lui, le diable; regarde-le bien, comme ça il te sera plus facile de le vaincre. » Je ne le perdais pas de vue, et le suivais à travers des sentiers pénibles. Quand soudain je ne le reconnus plus. Était-ce la même personne qu'avant, ou ressemblait-il plutôt à un paysan qui poussait sa charrue? Un paysan! – « Bien joué, me dis-je, attendons la suite. »

J'arrivai chez Isidore et m'assis à l'écart. A force de pénitence le moine ressemblait à un épouvantail. J'avais hâte de sortir de cette cellule, mais pas avant d'avoir réalisé mon projet. Je me préparai à l'événement en somnolant à côté du grabat, jusqu'à ce que le soir vienne, après un rapide crépuscule hivernal. Très vite il fit nuit noire, mais Isidore n'alluma pas sa chandelle.

Plus tard, dans le silence de la cellule, le mur, au lieu de s'ouvrir, commença à respirer telle une feuille caressée par la brise. Nous étions tous les deux attentifs. Une musique légère et insidieuse circulait dans l'air; le corps d'Isidore était tendu comme une corde, son regard était dirigé vers le mur. Tout à coup, comme un nuage, le mur s'évanouit et une femme apparut. C'était une Noire à la poitrine plantureuse, aux flancs tendres et robustes; elle s'avança vers Isidore d'un pas dansant; et moi, je fixais son ventre, la touffe de noir sur le noir, et ses yeux plus bruns que ses cheveux. Isidore respirait à peine. « C'est comme ça que tu t'y prends maintenant, pensai-je : canaille! Tu connais mon point faible. »

Peut-être le diable ne le savait-il pas, et ne s'occupait-il pas de moi; mais mon énergie diminua en un instant. Isidore était un tas de loques étendues sur le lit. La Noire se trouvait devant lui, dans sa splendeur nue, et le duel était inégal. Isidore n'était pas en état de faire l'amour avec elle, mais le diable cherchait quand même une victoire; il voulait son humiliation et sa reddition. Il s'assit sur le lit, et lui adressa un sourire d'une éclatante candeur.

« Allons, prends-moi lui disait-elle, plus dans un souffle qu'avec des mots, prends-moi, ou au moins regarde-moi. Touche-moi! Il n'est pas vrai que le péché ne soit pas beau; regarde-moi, et dis-moi si je ne suis pas belle. Il n'y a pas que le bien; rien n'égale la douceur de mes lèvres. Tu as vu mes seins? Je t'en prie! – le péché est si doux. Ce sera le début d'une histoire sans fin; je te ferai pécher à jamais, jusqu'au point le plus lointain du temps, et tu viendras habiter avec moi, dans les terres de feu. J'ai en réserve des tourments pour tes plaisirs; fouets, tenailles, lacs en feu; tu ne sais pas de quoi je suis capable, si j'en ai envie. Regarde! »

Elle me prit moi aussi à l'improviste; ses jambes étaient soudainement grandes ouvertes, et le buisson devint un abîme rose et humide. Isidore sembla succomber. Incapable de se déplacer, ou même de se lever, il tendit la main vers elle et je vis ses lèvres remuer. Je dus me pencher pour recueillir ses paroles. Je réussis à les déchiffrer : « Viens, Satan, disait-il, viens et fais-moi connaître le péché. J'ai trop longtemps résisté. Viens et condamne-moi : je suis las d'obéir à Dieu. »

C'en était trop : je me sentis offensé par ces mots. Pourquoi donc Isidore me parlait-il de cette façon? La Noire se caressait la peau et moi, je frémissais dans l'ombre, partagé entre des élans opposés. Je voulais me lever, l'attraper et la posséder; la vue d'Isidore, prostré et vaincu, un débris sans espoir, me retint.

« Viens », reprit la femme – et sa voix était rauque, caressante, vaguement menaçante – « viens vers moi et abandonne-toi. Approche-toi de moi et renonce à Dieu. Imagine, s'il était là pour regarder cette scène; quelle douleur il en concevrait! Pense à sa souffrance. J'ai une idée : nous pourrions la rendre atroce à force de blasphèmes. Sais-tu blasphémer? C'est un art délicat et infaillible qui nécessite une savante préparation. On peut commencer, si tu veux. Répète après moi, mais écoute bien. »

Le diable travesti commença à articuler une litanie de grossièretés qui m'étaient destinées; et Isidore, après un moment d'hésitation, s'ingénia à reproduire ce qu'il entendait. Tous deux blasphémaient en chœur – la femme installée dans une posture obscène, le moine enveloppé dans son habit de tous les jours, recroquevillé sur son grabat – et à la fin je me révoltai. Je leur apparus sans violence ni marques de puissance; tous deux me regardèrent du bas de leur déchéance, soudain muets comme des carpes.

Je parlai en m'adressant à Isidore.

« Cesse de blasphémer; je ne peux t'entendre déformer mon nom de cette manière. Tu as passé ta vie à m'invoquer et tu n'as aucune idée de qui je suis; comment oses-tu m'insulter? Et qui t'a dit que tu ne devais pas faire l'amour? Qui t'a jamais commandé de venir ici, loin de tous, pour ruminer tes prières insensées? Lève-toi, si tu y parviens, va te trouver une vraie femme, regarde-la et touche-la, et grand bien te fasse. Tu crois que j'en ai quelque chose à faire de ta chasteté? Fais-moi voir ce dont tu es capable; si tu as besoin de te réchauffer, je vais te chercher un pichet de vin. Quant à toi, dis-je à la femme étendue par terre, nous réglerons nos comptes plus tard. »

J'avais parlé clairement, mais cela n'eut aucun effet sur ce moine insensé. Isidore s'abandonna sur son grabat. J'attendis un peu, puis je l'aiguillonnai du pied. A la fin, il se tourna vers moi et me parla entre deux sanglots.

« Va-t'en, me dit-il; tu es venu pour me tenter? Va-t'en et

emmène avec toi ce monstre. Je me punirai, ne crains rien; ah! oui, je me punirai! regarde par ici », et ce disant il se planta un clou dans la main, gémissant et roulant à terre. Je le regardai avec dégoût, et à ce moment précis la voix du diable me parvint. C'était la voix que j'avais entendue le jour même de l'intérieur du confessionnal. Je me tournai et le vis, petit professeur bien élevé, assis sur la seule chaise de la cellule, avec un air ennuyé et méprisant.

« Il est inutile que tu insistes, siffla-t-il. Vraiment, tu ne comprends rien. S'il n'y a pas de péché l'amour ne l'intéresse pas, et tout mon travail a été inutile par ta faute. Mais pourquoi n'as-tu jamais rien compris aux hommes? Et pourtant, c'est toi qui les as faits!

– Que doit-on comprendre? trouvai-je à dire, stupidement.

– Tu me le demandes? Moi, j'ai compris tout de suite, quoique je sois venu bien longtemps après toi. Les hommes ne veulent pas de toi, et quant tu apparais, ils te méconnaissent. Surtout les moines, tu as compris? – surtout les religieux, et les femmes fidèles, et ceux qui ne boivent pas, et les vierges consacrées. Ceux-là sont mes acolytes préférés. On fait des choses ensemble, le sais-tu? – sauf quand tu arrives pour tout détruire. Tu m'as fait rater trois fois mon coup avec celui-là; à présent j'en ai assez. Je te le laisse.

– Attends, dis-je. Maintenant que je t'ai trouvé, je voudrais te parler.

– Rien à faire, me répondit-il sèchement. Je suis le diable et je ne parle pas avec Dieu. Je ne te dois pas d'explications.

– Je ne veux pas d'explications. Je te demande de me dire ce que tu as compris d'autre.

– Je ne te dirai rien du tout.

– Alors, cela finira mal. »

Il me regarda d'un air moqueur : « Et de quelle façon? »

D'un bond je fus sur lui, mais je n'avais pas imaginé son agilité. Je réussis à le frôler, mais il était déjà loin de moi, hors de la cellule. Je courus derrière lui, décidé à ne pas le perdre de vue. Dans l'obscurité sa silhouette avait disparu, et je vis un arbre tendre ses branches; le diable était-il devenu un végétal? Mais pas seulement un végétal; voilà les cailloux qui se retournent sur mon chemin, et les serpenteaux qui sortent de dessous les pierres; le pin contre lequel je m'appuyais laissa couler un filet de résine odoriférante; un renard passa près de moi comme une flèche et un moineau tenta de s'envoler d'une branche, dans le froid hivernal. « Attends que je te rattrape », l'invectivais-je dans le vent; mais je ne l'apercevais pas, et savais qu'il pouvait se cacher n'importe où.

Je tombai à genoux, me déclarant vaincu. Je restai là, immobile, puis me relevai et me déplaçai à l'aveuglette, ruminant mes déconvenues. Je marchai pendant toute la nuit, et quand l'aube arriva je me retrouvai près de l'église de la veille. J'entrai à nouveau et fus pris d'un grand désir de me confesser. Je vis un prêtre entrer dans le confessionnal et m'agenouillai devant la grille.

« Que veux-tu, mon fils? m'entendis-je demander.

– Je veux prendre le diable, et je n'y parviens pas, répondis-je très vite, et presque à contrecœur.

– Et pourquoi le veux-tu?

– Je dois lui faire payer ce qu'il m'a fait.

– Qu'est-ce qu'il t'a fait? »

C'était une bonne question. Que m'avait-il fait, le diable? Je devais admettre que je ne savais pas répondre. Je méditais sur l'affaire et la voix me parvint encore.

« Retourne chez toi, mon fils, et n'y pense plus. Si tu veux m'en croire, tu ne rencontreras plus le diable. Le diable n'existe que pour ceux qui y croient. Il peut disparaître tout d'un coup, il suffit de le vouloir; comme une bulle, un souffle ou une tache d'eau. N'y pense plus et retourne chez toi. »

Je l'écoutai avec perplexité.

« Alors, réponds aussi à cela. Pourquoi les hommes n'aiment-ils pas Dieu? Dieu tel qu'il est, je veux dire, et non l'idée qu'ils s'en font. Quelqu'un m'a dit qu'ils ne l'aiment pas, et je commence à le croire. Pourquoi cela? As-tu une réponse? »

J'eus l'impression que le prêtre souriait, dans la coque rouge de son confessionnal.

« C'est parce qu'ils ont un sentiment de faute. Les hommes sont des enfants; Dieu a écrit en eux ce qu'ils doivent devenir et leur mission au monde; mais ils sont incapables de l'accomplir, si ce n'est difficilement et très imparfaitement. Cela ne te semble pas un tourment suffisant? Ils ne veulent pas grandir! Ils trouvent toutes les raisons possibles pour ne pas te reconnaître et ne pas faire ce qu'ils doivent faire. Ils vont même jusqu'à inventer le diable! Mais toi, ne les écoute pas, et retourne chez toi. »

Je me levai. « Mais quel étrange prêtre es-tu, m'exclamai-je. Comment raisonnes-tu? Montre-toi un peu! »

Je m'apprêtai à soulever le rideau, et à ce moment précis je m'éveillai en rase campagne, en plein jour. J'étais si exténué que je n'arrivais pas à me déplacer. J'aurais pu mourir, me dis-je. C'était donc un rêve; et pourtant, ce qu'a dit le prêtre est tout à fait juste. Si le diable n'existe pas, cela signifie que je ne courrai plus après lui. Je ressentis le désir de revenir vers le soleil et la mer; mais Isidore? Qu'était-il arrivé à Isidore?

Je retournai chez lui et, tandis que je marchais, je pensais à ce que j'allais lui dire : que le diable n'existe pas et que Dieu n'attend pas des hommes qu'ils jeûnent et qu'ils s'abstiennent de l'amour charnel, mais qu'ils aident la vie à s'améliorer et à sortir du long hiver. « Avance, avance », me disais-je; tu dois le lui dire, à ce pauvre homme. J'étais rempli de joie, comme dans les temps anciens.

Je le trouvai extatique, loin du diable et de moi, désireux de disparaître. A coup sûr il était plongé dans un entretien avec son Dieu, et il n'y avait donc pas moyen de se faire entendre. Devant le grabat, je fis le vœu de ne plus jamais mentir, pas même pour plaisanter ou dans une intention louable. Je fis son lit, mis son chapelet entre ses mains, rajustai l'habit qui couvrait ses pauvres jambes. Adieu Isidore, lui dis-je; je ne t'ai pas expliqué la chose la plus importante. Je n'arrive jamais à temps.

J'avais muri, je voulais me faire connaître, brûlais de l'envie d'agir. Mais je rencontrais partout des regards hostiles ou indifférents; tout le monde se retranchait derrière ses convictions comme dans une forteresse. Je tournais autour de cette forteresse, me faufilant à l'intérieur par la première ouverture; j'y laissais des traces, des signaux, des messages. Je ressemblais à un agent secret plus qu'à Dieu lui-même.

Je me sentais négligé. Ce n'est pas qu'on ne parlait pas de moi, mais on le faisait comme si j'étais quelqu'un d'autre. J'étais tombé entre les griffes des théologiens; mes négateurs étaient devenus mes avocats, et ils faisaient la loi sur mon territoire. Si quelqu'un me définissait d'une manière légèrement différente de la leur, il était emprisonné, excommunié, brûlé vif; je répétais en vain que ceux qui se comportent de cette manière révèlent leurs propres faiblesses. L'autorité des théologiens était devenue formidable : les fidèles la désiraient, puisque toute autorité est voulue par ceux qui la subissent. L'humanité était restée jeune et immature; elle avait besoin d'un père affable, colérique et infantile. On ne savait que faire d'un Dieu fraternel et amical.

J'errais sans cesse, vagabondais parmi les champs, toujours à la recherche d'un contact humain. J'arrivai dans les maisons des paysans, voyageur affamé qui tend la main au nom de la miséricorde. J'entrai dans les cuisines et constatai que leur nourriture n'était pas différente de celle de l'hôte le plus précieux de la maison, le cochon dans sa bauge, vénéré comme une divinité bruyante et famélique. Peut-être m'imaginais-je semblable à lui, perdu dans un langage impénétrable, et aux prises avec un appétit gigantesque ; et, à la fin, quand le dieu est équarri, on obtient la récompense d'un grand festin aux cieux, dont on reçoit des portions de hors-d'œuvre à la communion des fidèles. Allons ! L'horreur de la messe ne m'a plus quitté.

Un jour, je vis une colonne de pestiférés traverser la ville où je m'étais arrêté pour me reposer, puis disparaître à l'horizon avec ses béquilles et ses paquets. Une autre fois, une armée s'empara d'un village, perpétrant viols et assassinats, tant et si bien que les suppliciés ne se souvinrent plus d'une existence sans massacres. J'allai contempler les efforts de ceux qui triment dans les champs et les villes. Je me contraignis à voir les gens mourir de faim, de jeunes mères dont les enfants s'éteignaient dans leurs bras sous mon regard impuissant. J'observai la méchanceté qui naît de la douleur, les couteaux miroiter pendant les attentats et les vols nocturnes, la rapacité de ceux qui avaient échappé à la mort. Je vis l'inceste muet entre un père et sa fillette, dans une pièce remplie de gens endormis. Je vis des enfants torturer les bêtes, des prêtres chahuter, ivres, pendant la messe, des soldats perforer le ventre des prisonnières, des mères battre les petits enfants sous le crucifix pour obtenir le pardon des péchés, des hommes incendier la maison de leur voisin les nuits de pleine lune. Je vis passer les primats et les prêtres dans leurs habits de cérémonie, et la foule des sujets en proie à la vénération, comme si un dieu était apparu juché sur un char traîné par des chevaux richement harnachés. Je contemplai les processions des flagellants qui parcouraient les régions en se maltraitant avec des fouets et des poinçons. Dans un petit château où j'allai demander la charité, à travers une porte entrouverte, je découvris une table où étaient assis deux hommes occupés à jouer aux échecs, sans s'intéresser à quoi que ce soit d'autre, comme s'ils étaient occupés à déchiffrer le mystère de l'univers ; et, près d'eux, cachée dans le fumier, une fillette se faisait monter par un bouc – elle tenait dans sa main une poupée de chiffons. Dans la cuisine on m'offrit du pain noir et dur, et une poignée de riz; je m'assis par terre, près du feu qui flambait comme dans un début d'incendie.

Vu de mes yeux de vagabond, le monde m'apparut plus insensé que je ne l'avais imaginé; et je devins fou.

Je ne sais plus très bien comment cela se produisit, si ce fut une étincelle soudaine dans un après-midi ensoleillé au milieu d'une campagne estivale, ou une transmutation invisible de mon être. Il est sûr que je fus pris du besoin de transmigrer, de passer de la nature humaine à la divinité dont j'avais seulement l'impression de garder une trace. Au commencement fut un bain de lumière qui m'absorba et me rendit semblable au papillon happé par la flamme d'une chandelle. A partir de ce moment je n'eus plus besoin de guenilles, car ce que je portais sur le dos et l'endroit où je dormais n'avaient plus d'importance; je ne me souciais nullement de savoir si j'étais nu ou habillé, si j'étais éveillé ou pris dans un rêve à l'intérieur du brasier de mon âme. J'entrai dans une période d'hilarité tranquille et constante. Les fleurs caressaient ma barbe et les oiseaux se perchaient sur mes bras.

Ma nature divine devint alors manifeste. Dans les villages, les gens venaient à ma rencontre, me conduisant vers des recoins confortables et protégés. Quand ils m'offraient de la nourriture et des boissons, quand ils me couvraient de dons, ils n'avaient pas ce geste d'aumône rageur dont je me souvenais. J'avais l'impression d'être porteur d'un bonheur attendu depuis longtemps. Je refusais leurs présents, ce qui grandissait mon mystérieux prestige; je me nourrissais sans m'en rendre compte, perdu dans mon étrangeté. Je ne dirais pas que j'étais fou, et personne ne me traita ainsi : on avait inventé un autre nom pour moi, que j'ai noté quelque part.

Je découvrais que j'avais moi aussi deux visages, l'un tourné vers l'intérieur et l'autre vers l'extérieur; et je me perdis dans la contemplation ravie d'un univers bienfaisant. Je parcourais le monde comme on traverse le paradis, souriant aux animaux comme si j'étais dans le jardin d'Éden, parmi les fleuves tranquilles et les herbes hospitalières. Je regardais le soleil comme s'il ne devait pas se coucher et la lune comme s'il s'agissait de ma sœur; je glissais sur la douleur, pareil à l'eau sur la peau d'un fruit. Ce n'était pas une vraie douleur, je soupirais, les yeux tournés vers un nuage.

Sans m'en apercevoir, j'inspirai chez beaucoup de gens le souhait de changer de vie. La folie devint partie intégrante du monde, un désir de mort qui ne se sépare pas de la vie, comme dans ces rêves où l'on s'éveille sans cesser de dormir. L'effet de mon apparition était de réveiller le sens de la vie; on riait en me voyant, et, avec le rire, revient l'espérance d'un monde que nous aurions pu créer ensemble si nous n'avions pas été aussi imparfaits : moi le premier, qui me promenais maintenant nu-pieds, un bouquet de fleurs à la main.

C'est ainsi que j'apparus à François, le fils de Piero di Bernardone tandis que j'errais dans la campagne ombrienne; et il éclata de rire, comme si l'immense et inextricable tissu de la vie s'était éclairé en un instant. Il jeta ses chaussures pour courir après moi, faisant des cabrioles comme un bouffon derrière son roi. J'avais l'habitude des jongleurs pour les avoir rencontrés dans les châteaux où, miséreux, j'avais jadis cherché refuge, et où on m'avait accueilli comme un fou. Je les avais vus jouer et se contorsionner devant les seigneurs après les repas et les libations; j'avais mangé avec eux dans les cuisines, près du feu, au milieu du va-et-vient des serviteurs et des cuisiniers; j'avais observé leur visage décrépit, d'une vieillesse immémoriale, comme s'ils avaient toujours été les mêmes depuis l'époque où Zita se balançait sur les arbres. Ils étaient tristes, les bouffons, comme tous ceux qui doivent faire rire, pareils aux cuisiniers qui n'ont jamais faim. Mais François, lui, avait ri de joie, et n'avait plus cessé de me suivre; si bien que moi aussi j'avais mon jongleur, comme les seigneurs qui m'accueillaient; et longtemps il me consola par sa douce gaieté. Plusieurs fois je m'encapuchonnai tel un moine pour pouvoir jouer avec eux, pieds nus dans l'herbe; et ce fut moi qui lui donnai le courage de fréquenter donna Claire, l'admirable sœur qui était tombée amoureuse de lui et le transformait en un jongleur sérieux et romantique. Sous son influence il lisait le Cantique des cantiques à la lumière de la lune – dans son ordre, on n'autorisait pas encore la chandelle. Je m'attachai à François, d'autant que je voyais se réaliser en lui mon destin d'exclu qui, pour toute richesse, n'a que l'amour et la joie. Quand je sus qu'il était en train de mourir, j'allai le trouver sur un mont de la Toscane où il s'était retiré ; et, avant sa mort, nous nous parlâmes, et il me remercia pour tout, pour le soleil, pour le feu robuste et beau, pour les plantes, pour les animaux, pour l'eau limpide et chaste. Je lui rappelai le jour où je m'étais travesti en loup puis en oiseau afin de pouvoir le rencontrer, comment il m'avait reconnu immédiatement, et comment il avait accepté mon projet de rédimer le mal. Il me remercia même pour la mort ; et, avant de s'abandonner à elle, nous nous étreignîmes et j'embrassai la paume de ses mains, dont la peau était désormais si fragile qu'elle se fendit sous la pression de mes lèvres ; il en jaillit un peu de sang, auquel se mêlèrent mes larmes. Aucun des compagnons de François ne savait que j'assistais à sa mort, et Giotto lui-même, bien des années plus tard, ne le devina pas quand il le peignit à ce moment – avec ses compagnons qui l'entouraient mais sans moi. François m'aida à sortir du rêve tourmenté où j'étais entré et, dès lors, je cessai d'être fou, comme si mon jongleur m'avait libéré, prenant la folie à son compte, telle une heureuse pénitence. Je descendis de la montagne où il avait laissé sa dépouille, et le jour même je revins vers le monde. J'étais au milieu des châtaigniers de mon enfance, j'entendais les ruisseaux couler et, au plus profond du maquis, les oiseaux piaillaient, invisibles. Je vis la clairière à mi-pente, où les bergers faisaient paître leurs maigres troupeaux de moutons et de chèvres ; animaux et maîtres étaient squelettiques, maigres comme l'herbe que broutaient les bêtes. Plus bas commençaient les oliviers et les vignobles ; plantes dures, tourmentées, desquelles sortaient l'huile et le vin de cette terre. Les paysans peinaient autour des branches et des vrilles, sarclant, taillant, greffant, dans une activité sans trêve, pareille à celle d'un orfèvre dans les ornements d'une pierre. Alors que j'étais devenu fou, les hommes s'étaient entêtés à faire fonctionner ma création, malgré tous les obstacles auxquels je n'avais su remédier : la même humanité qui m'avait réduit à cet état! « Bon sang! » me dis-je; j'ai encore du chemin à faire.

J'avais besoin d'une période de vie laborieuse et ordonnée, et je me fis à mon tour moine, ainsi le souvenir de François m'accompagnait-il.

Je me souviens de cette époque de ma vie, dans la grande abbaye construite au sommet d'un coteau d'où l'on voyait, lointain et brillant, un croissant de mer qui, le soir, s'incendiait d'une lumière vermeille. Je me rendis compte que la vie avait beaucoup changé depuis l'époque d'Isidore, et que le désir de mort s'était transformé en un lent réveil vers la vie, prise comme elle était, avec ses défauts et ses douceurs imprévues.

Je me fis affecter à la bibliothèque. Nous étions un petit groupe de trois jeunes guidés par un ancien, et notre temps se passait à copier des manuscrits et des livres de prière pris dans les grandes étagères de la bibliothèque. L'un d'entre nous était très adroit pour illustrer ces textes, et nous devions lui expliquer le contenu car il n'entendait pas bien le latin. Il copiait des pages entières sans en comprendre le sens, puis il s'enflammait, inspiré, et dessinait des miniatures autour d'une lettre majuscule, et nous autres courions voir son travail achevé sur la grande page resplendissante de couleurs. Moi, je m'étais fixé l'objectif d'étudier non seulement le latin mais aussi le grec, seul parmi mes compagnons, suscitant l'envie du bibliothécaire qui s'en était tenu au latin. J'appris autant de langues modernes que je pouvais, et, tandis que je copiais, je savourais ces textes qui remuaient en moi de lointains échos de ma prime jeunesse. De la fenêtre de l'étude on voyait le potager du couvent où travaillaient les moines paysans, penchés sur les mottes de terre et sur les pousses; et je me surprenais à penser que nous faisions quelque chose de très semblable, transmettant la vie de la manière qui nous était permise, témoignant de notre amour pour elle, comme signe de la présence de Dieu.

Les textes que je recopiais traversaient le temps comme

ces plantes traversaient les saisons, refleurissant à chaque printemps. Je pensais à cela un jour d'avril, tandis que je copiais un épisode d'un poème latin, et mon âme se remplissait d'une inquiétude langoureuse qui me contraignit à sortir de la petite salle sous le regard irrité du vieux bibliothécaire. J'allai me jeter sur la couchette de ma cellule où je cherchai à prier, sans vaiment y parvenir.

Les instructions du directeur spirituel, qui vivait reclus dans une aile du couvent, et qui était en train d'écrire un livre intitulé *Le mépris du monde*, me vinrent à l'esprit. Le Vendredi saint de cette année-là, le reclus s'était montré au réfectoire, et il nous avait lu quelques passages de son ouvrage que personne encore ne connaissait. « Ô mon frère – disait la voix du jeûneur qui planait au-dessus de nos plats de légume et de pain sec – sois le plus immobile que tu puisses être; *siège dans ta cellule*; ne sois pas en proie au mouvement et à l'instabilité. Mais fais en sorte que ta cellule ne devienne pas une prison; pour le bon moinillon elle est refuge de paix et de sérénité. » Le directeur avait même condamné ceux qui faisaient les cent pas, atteints qu'ils étaient du *morbus vagationis*; et c'est ce que j'étais maintenant en train de faire, cherchant en vain à prier.

Je me répétai les louanges de la vie monacale qu'on m'avait enseignées quand j'étais novice : Ô cellule, tabernacle de la milice sacrée, enceinte de l'armée triomphante, *castra Dei*, champ de la divine bataille, arène de la rencontre spirituelle, spectacle pour les anges, tranchée d'une troupe en mouvement, *munitio fotium*! Tandis que je déclamais, je m'aperçus que je n'arrêtais pas d'aller de long en large entre les quatre murs, l'esprit plein de désirs d'exploits guerriers qui sûrement devaient avoir également inspiré l'auteur de ces oraisons, puisqu'elles faisaient continuellement référence à la vie militaire, et que le moine était toujours présenté comme un soldat de Dieu. Je sentais mes bras frémir sous mon habit, comme si mon corps voulait se lancer dans quelque escarmouche en rase campagne, entre le piaffement des chevaux et le heurt des épées, comme dans les rêves qui visitent nos nuits silencieuses, au sommet d'un promontoire.

Je me souvins de l'époque où je m'étais soumis à une pénitence d'un mois pour avoir rêvé que j'étais un soldat parmi d'autres qui s'emparaient d'une citadelle fortifiée; et de la joie qui m'avait conduit au-delà des murs, vers un groupe de jeunes filles effrayées. Je frissonnai à ce souvenir et cessai mes déclamations.

Je me retrouvai près de la petite fenêtre et, au travers d'elle, je vis un chêne s'embrasant dans la lumière du soir, puis j'entendis des mugissements de troupeaux et des voix de paysans qui revenaient chez eux après leur journée dans les champs; les vers que j'avais copiés ce jour-là à la bibliothèque me revinrent à l'esprit, et, enchanté, je les répétai dans leur belle sonorité latine, dans cette langue que je traduisais maintenant sans hésitation : *Et déjà au loin fument les toits des cabanes et les ombres s'allongent, tombant des hautes montagnes.*

Je ne sais ce qui me rappela ces vers; cette nuit-là, je fuyais déjà comme un déserteur, courant dans les champs vers une liberté inconnue, heureux de me déplacer, désireux d'amour, volant sous les étoiles. Et quand le soleil revint, je m'aperçus avec une joyeuse stupeur que le monde s'était couvert d'un manteau d'églises toutes blanches.

Je fis une halte de bon matin dans une chapelle. J'avais ôté l'habit et enfilé un pantalon et une chemise achetés dans une ferme voisine; ainsi métamorphosé, j'entrai dans la blanche bâtisse déserte. Je me trouvai en proie à un sentiment fort et profond. J'étais debout près de l'entrée et regardais un vitrail au travers duquel filtrait la lumière du soleil, s'imprégnant de couleurs. Il y avait des anges, des saints et des pèlerins pour me tenir compagnie; à côté de moi, une statue de la Vierge posa sur moi un regard maternel. J'eus envie de prier, et je m'agenouillai : « Que dire, si je prie? » pensai-je. Je vis passer une silhouette de femme, la tête enveloppée dans un voile qui cachait son visage; et, devant sa façon de se déplacer, je ressentis une impression de douceur qui me laissa palpitant et troublé. La femme disparut, et il resta un parfum dans l'air; et j'en vins à me remercier de l'existence du monde que j'avais créé, et de l'acte d'espoir qu'était la création ; jusqu'au moment où, lassé de me parler à moi-même, je me relevai. Je sortis de l'église sous la lumière du soleil de midi ; et je respirai de joie devant le portail orné de sculptures de saints et d'animaux. La vie recommençait.

Le goût de la beauté avait reconquis la création. Il n'avait jamais disparu, en vérité ; il était partout, de l'épi au foyer, mais ne prétendait pas régler l'univers. Pour cela, il eût fallu franchir une autre étape. C'était comme lorsque les enfants jouent ; leur cœur leur permet de courir, leurs muscles de sauter, leur peau de transpirer ; leur corps se tend vers la croissance, sans le savoir. La beauté était un jeu pour connaître la vie.

Comprendre la vie restait mon obsession. Je voulais maîtriser ce que j'avais créé et ne pouvais compter que sur les hommes. Comme j'avais autrefois suivi l'âme passionnée d'Augustin, je me mis alors à l'affût de l'écrivain le plus talentueux. J'aurais aimé que son œuvre semblât écrite sous ma dictée ; j'aurais voulu parler par son intermédiaire. Quand j'appris que Dante avait été chassé de Florence et presque abandonné de tous, je me souvins de mon ancien sentiment de solitude et courus à la recherche du poète exilé et orgueilleux. Je le trouvai dans une vallée au milieu des montagnes toscanes, dans le froid d'un hiver rigoureux, au milieu des hurlements de la tourmente et des loups. Au cours d'une promenade sur les coteaux recouverts de neige je fis en sorte que l'idée de son poème lui traversât l'esprit.

Dante avait un profil aigu, le nez busqué, et un pas rapide de personne timide et arrogante, sujette à d'incroyables fureurs verbales. Il s'égara au milieu des montagnes pendant toute une nuit, maudissant le fait de s'être aventuré dans une région inconnue. Il était tremblant de peur à la vue des animaux qui surgissaient devant lui, alors qu'ils couraient chercher refuge ; et, à la fin, il dégringola le long d'une pente, avec des cris d'effroi, ses mains se portant sur ses rares cheveux ; c'est à ce moment que j'intervins. Je lui apparus tandis qu'il se relevait difficilement, couvert de neige et de boue. Je le conduisis à travers la vallée, vers le manoir des seigneurs qui l'hébergeaient, et, en cours de route, je lui expliquai autant de choses que je pouvais; et je l'exhortai à se réjouir de sa condition d'exilé en ce qu'elle lui permettait de dire la vérité sans aucune crainte.

J'étais ingénu. Dante nourrissait une infatigable volonté de revanche contre ceux qui l'avaient banni. Dans son âme prit forme l'idée d'une œuvre qui dût remettre de l'ordre dans l'univers; un livre qui le rendrait plus puissant que le pape et l'empereur, plus chrétien que tous les autres chrétiens. C'était un moyen de devenir immortel. Je ne le compris pas tout de suite, car le désir d'immortalité m'est étranger: l'immortalité fait trop naturellement partie de moi-même, dans les métamorphoses de mon être, et disparaître en tant qu'individu n'a pas beaucoup d'importance dans mon esprit. Mais Dante était obsédé par la mort, et il pensa à son œuvre comme à un bateau qui naviguerait sur l'immensité du temps. Je l'accompagnai jusqu'à la porte du manoir où il s'était réfugié, et, des jours durant, je flottais autour des murs du château, lorgnant à l'intérieur de sa pièce: il était cramponné à sa table de travail comme un pilote à son gouvernail. Je l'encourageais à distance, lui promettant de lire ses pages.

Quand je les lus, j'en fus vraiment déconcerté. Dans son récit tout avait été changé: les sangliers et les lièvres qui s'enfuyaient dans la tourmente de neige étaient devenus des loups, des guépards et des lions; de moi, il avait fait un poète latin qui s'était offert à lui comme guide dans les royaumes d'outre-tombe. Il avait écrit d'un seul jet les premiers chants de l'*Enfer*, et en les lisant, j'éprouvai la fois de l'admiration et une sorte d'irritation. La porte du manoir était devenue l'entrée de l'enfer.

Je m'attachai à lui expliquer que l'idée même d'un enfer, d'un purgatoire et d'un paradis était mauvaise. Il fallait se convaincre qu'il n'y a pas de vie au-delà de la vie; c'est une vérité difficile à admettre, mais indispensable aux hommes s'ils veulent sortir de l'état infantile qui caractérise leurs rapports avec moi. Je soufflais aux vitres de sa fenêtre, brillais au-dessus de lui avec la force d'un soleil resplendissant, frétillais sous ses pieds sous forme de serpenteau, m'élevais en faisant de grands cercles comme un aigle qui s'envole de la cime d'un mont; et lui, il prenait des notes et composait des ébauches de vers sur les paysages d'outre-tombe. Je compris les dangers de la beauté; amoureuse d'elle-même, elle pouvait mentir; et avec quelle grâce, et quelle force de conviction! Le vent se transformait en bourrasque infernale, l'aigle devenait l'ombre d'Homère qui plane au-dessus des autres poètes tel le roi des oiseaux, les âmes des voleurs se métamorphosaient en serpents. Le premier jour de printemps, les hôtes du château descendirent vers la mer Tyrrhénienne en bande joyeuse; voyant au loin l'étendue marine, Dante poussa un cri que je retrouvai au début du *Purgatoire*, sur la plage au pied du mont où les pèlerins avancent en laissant derrière eux la saison hivernale : puis, quand une mouette fila vers nous, son regard la suivit, et, à cet instant, prit forme dans le poème l'ange messager de Dieu. Le poète marchait seul, récitant des fragments de vers; son nez d'épervier se tournait de tous côtés, comme si l'univers avait été son dictionnaire; et moi, sable sous ses pieds, j'étais l'image du temps réduit à néant.

Mes relations avec Dante ne s'arrêtèrent pas là. Il quitta le manoir pour un autre refuge, et j'eus du mal à le retrouver. Plus de dix années s'écoulèrent, au cours desquelles je parcourus l'Europe et le lointain Orient, me mêlant à des équipages de marins qui partaient à la recherche de nouvelles terres. Je côtoyai les hommes qui métamorphosaient l'univers : les marchands qui transportaient des outils et des tissus d'un continent à l'autre, sous des climats différents, tels des poissons hors de l'eau ou des oiseaux perdus dans la bruyère; les banquiers qui échangeaient marchandise contre argent, et, comme par magie, les choses changeaient de couleur et se transformaient en leur contraire; les alchimistes enfermés dans leurs caves, se consumant entre foyers et alambics dans l'espoir de convertir en or le vil métal; comme s'il avait été écrit dans l'âme de chacun qu'il faut tout transformer, et que l'homme doit agir vite car il sait être un animal de passage.

Les inventeurs, éparpillés à travers le monde, tâtaient le pouls de l'univers dans l'espoir de trouver les ressorts et les mécanismes du grand organisme vivant. Ils me faisaient penser à une armée de fourmis industrieuses et aveugles ; et je découvrais toutes les parcelles de mon être dans la schizophrénie de ma création.

Mon périple me conduisit jusque chez un horloger de Nuremberg, où je me reposai à regarder son travail. Il devina ma présence et, presque dans l'extase de la prière, il assembla la première montre dont je m'emparai sur-le-champ ; et l'horloger, satisfait, s'endormit en rêvant aux cloches célestes. Emportant ce mécanisme dans ma besace, je traversai les Alpes et pris l'apparence d'un voyageur roulant en voiture vers le royaume de Venise la Sérénissime. Quittant les forêts germaniques, j'empruntai des chemins alpins tortueux. Je partageais avec un dignitaire de la cour des Visconti de Milan la couverture qui me protégeait ; il retournait dans sa patrie après une mission diplomatique infructueuse en Allemagne, et mêlait ses tremblements de peur à ceux de la fièvre, tant il était convaincu qu'on lui couperait la tête. Il descendit à Milan, laissant la couverture à mon entière disposition ; et je poursuivis mon voyage, fortifiant mon attente avec les vers de Dante que j'avais désormais appris par cœur.

Nous passâmes au-delà des lacs préalpins et la voiture arriva enfin à Vérone, où Dante s'était réfugié dans son vieil âge, hôte des seigneurs de la ville.

Je me fis présenter à lui comme horloger, et il me reçut dans l'aile du palais qui lui était réservée. Je tressaillis en le voyant, tant il me parut changé. Il n'avait même pas vieilli, mais il était comme transfiguré et sur le point de changer de nature. Il s'était pris à son propre jeu : il était déjà en route vers le monde ultra-terrestre, envoyant son corps en éclaireur, sans savoir que le reste de sa personne ne le suivrait jamais et que la mort l'envelopperait dans l'oubli de lui-même. Sa peau était déjà transparente et brûlée par une flamme constante ; ses yeux enfoncés se fixèrent sur l'horloge que j'avais posée sur la table. Il resta en contemplation puis s'éloigna brusquement, sans me saluer. Le lendemain, alors que je me promenais dans les salles du château, il vint à ma rencontre et m'invita dans son bureau pour lire ce qu'il avait composé la veille. Il avait placé la description de la montre juste avant le chant dédié à saint François : je discernai tout de suite son talent que je connaissais bien.

En lisant le poème encore inachevé, admiration et scandale se mêlèrent à nouveau en moi. Le choix des damnés et des bienheureux était aberrant. L'inspirateur d'horribles massacres, saint Dominique, avait été mis au Paradis pour chanter les louanges de mon bien-aimé François! Ce n'était certes pas le seul cas de désaccord; et la certitude que le Paradis n'existait pas me consolait en partie, ainsi étais-je au moins sûr que des gens de cette espèce ne seraient jamais récompensés.

Un jour, je racontai à Dante l'histoire d'Ulysse, héros cher à mon cœur; je voulus le proposer à l'admiration du poète. Je lui dis que, après son retour auprès de sa fidèle Pénélope, Ulysse était de nouveau parti pour voir le monde au-delà des colonnes d'Hercule. Je voulais lui dire : cela est un idéal à poursuivre; les hommes devraient considérer attentivement l'originalité de leur nature, ne pas vivre comme des animaux mais suivre leur volonté de savoir. Dante s'enflamma à mon récit et courut écrire sa version, où l'on voyait Ulysse puni pour son excessive hardiesse de navigateur; selon lui, je fis sombrer son embarcation dès que la nouvelle terre fut aperçue. Le pauvre Ulysse fut ajouté au rang des damnés de l'enfer et ainsi s'éteignit ma tentative de former Dante aux valeurs païennes.

Une autre fois, le voyant méditer tristement, je lui demandai ce qui l'inquiétait. Il me répondit qu'il appréhendait beaucoup la composition du *Paradis*, la division des ciels et la disposition des hiérarchies angéliques lui semblaient bien difficiles à concevoir. Personne ne les avait jamais vues, et de ce fait il ne savait comment les décrire. Pour le consoler, je lui racontai comment les mahométans avaient résolu le problème. J'entrai dans une minutieuse géographie du paradis d'Allah; je me réjouis de voir qu'il ne perdait pas un mot de ce que je disais et prenait des notes pour ne rien oublier. J'illustrai mes explications par des dessins que Dante recopia fidèlement. Des années plus tard, lisant le poème désormais terminé, je m'aperçus qu'il avait utilisé le schéma du paradis musulman pour son propre paradis chrétien. « Escroc ! » me dis-je ; mais on s'en apercevra bien un jour.

Désormais son paradis ressemblait à une cathédrale où s'entassent les gens à l'heure de la messe chantée, les nobles assis sur leurs sièges, et le petit peuple, au fond, assistant au couronnement de Dante. Ainsi, l'exilé retrouvait enfin la maison de Dieu. Le poète s'était replié sur lui-même, il restait sur ses gardes, afin que rien ne le détourne du royaume enchanté fait des cercles infernaux, des montagnes du purgatoire, et des cieux imbriqués les uns dans les autres ; et les bienheureux en habit de cérémonie applaudissaient le poète-pèlerin qui venait à ma rencontre guidé par Béatrice. Je me résolus à les attendre au bout du manuscrit ; et, pendant ce temps, je contemplais Dante qui écrivait de nuit à la lumière d'une chandelle de suif, tourmentant les syllabes d'un vers ; il me faisait penser à un géomètre qui s'efforce de résoudre la quadrature du cercle et fatigue son esprit à résoudre l'insaisissable équation qui transforme une figure en l'autre.

Pour l'aider à franchir la dernière étape de son ascension vers moi, je lui fis un autre don. J'avais fait un tour à Venise pour me changer les idées, mais aussi pour fuir l'atmosphère provinciale et un peu grise de la cour de Vérone. Dans un coin de la place Saint-Marc, entre un saltimbanque habillé en arlequin et un cracheur de feu déguisé en Turc, je fus attiré par un marchand ambulant qui vendait toutes sortes de marchandises : lampes magiques, parements soustraits à une église, un heaume et une cuirasse dépareillés, la jupe d'une courtisane persane (ce dernier objet très convoité était le plus coûteux). Me mêlant à la foule estivale, mon attention fut attirée par une paire de lunettes minuscules montées grossièrement sur du bois, étincelant au milieu du reste. Je les chaussai et tout, autour de moi, se voila ; signe que pour moi les lunettes ne servaient à rien. Je les achetai cependant, pensant en faire cadeau à mon ami poète.

Je n'avais pas eu tort à en juger par ses yeux rougis par trop de veilles passées à la lumière incertaine des torches. Cette fois encore Dante m'accueillit en plissant les yeux, comme il le faisait depuis longtemps; si bien que, sans tarder, je lui posai mon acquisition sur le renflement du nez. Une expression de joie envahit son visage dont la peau brûlée était sillonnée de rides; et il m'étreignit, d'un geste trop rapide pour que je m'y puisse soustraire. Son corps maigre adhéra au mien, et je ressentis, comme jamais auparavant, son besoin de moi. « Il n'y a pas que la gloire, lui dis-je à l'oreille; il n'y a pas que la revanche sur un sort cruel; toi aussi, tu fais de ton mieux, comme le ver avec la soie, et le chêne avec ses glands, et le bouffon avec ses cabrioles! Aussi, fais donc bon usage de tes yeux. »

Je m'étais introduit dans son poème, et je l'habitais comme une demeure dont j'aurais été moi aussi l'hôte, et non le propriétaire. Je vis Dante monter vers moi, à travers l'Empyrée; je le vis s'approcher avec vénération de Bernard de Clairvaux et des dignitaires les plus proches de l'Empereur du ciel; j'eus un mouvement d'antipathie à l'égard de Bernard; je vis la mère du Christ, méconnaissable, enveloppée d'une lumière chaleureuse comme une châtelaine céleste; je vis les visages et les silhouettes aux noms légendaires qui avaient troublé l'imagination des Juifs égarés en Egypte : Rachel, Sarah, Rebecca, Judith, Ruth. De l'autre côté de la rose des bienheureux, je vis Jean-Baptiste et reconnus François et Augustin, parmi les courtisans de Dieu; et, très près du trône caché dans la lumière, je vis les plus illustres de tous : un inconnu nommé Adam vénéré en tant que père du genre humain; et Pierre, et Jean l'évangéliste à côté de Moïse, étonné de se trouver en pareille compagnie. Bernard parla longtemps à la Vierge, et elle tourna les yeux vers l'endroit où je me cachais, sollicitant du regard la permission d'admettre Dante auprès de moi; et les saints, tous ensemble, firent des gestes de prière pour que j'accepte la demande. En vérité, je n'attendais que cela.

Devant ce déploiement spectaculaire je me sentis à mon tour stimulé pour faire surgir tout ce qui me venait à l'esprit.

J'évoquai les plantes, les animaux, les crépuscules, les midis, qui peuplèrent son poème, ne sachant où se nicher. Je prononçai les noms de César, Alexandre, Mahomet ; à chaque nom correspondait un lieu précis. J'acceptai à mon tour le rôle que me confia le poète mégalomane et génial ; celui de l'accueillir tout à fait à la fin, pour le couronner comme le plus important de ses admirateurs : Dieu en personne qui interrompt la réception céleste pour s'entretenir avec l'exilé au nez crochu. « Attends », pensai-je, ce n'est pas encore terminé.

Dante était arrivé très près de moi et fixait son regard au plus profond de ma nature. Je vis qu'il avait mis les lunettes que je lui avais offertes ; et, à ce moment-là, je lui apparus tel que j'étais, sans me déguiser. Je le vis ébahi, pâlissant, pareil à celui qui, en se réveillant, se souvient confusément de son rêve. Comme de la neige fondue au soleil, comme l'encre d'un écrit effacé par le temps, tout ce qu'il aperçut en moi disparut dans le récit qu'il en fit. Le moment magique de la reconnaissance dura l'espace d'un instant éblouissant et mystérieux : comme si la mer elle-même arrivait à contempler le navire qui sillonne ses flots. Il m'avait vu comme je suis, père et fils de moi-même, feu de l'intelligence cosmique qui se fait pensée et parole dans l'homme. Son esprit fut traversé par l'image de l'incarnation divine, le dieu qui se fait homme pour être aidé et non pour aider ; mais c'en était trop pour le pèlerin poète.

Il posa sa plume sur la table et s'abandonna au sommeil de la mémoire ; je le laissai s'endormir, sa tête appuyée sur son bras. Je quittai son livre, le château, et Vérone ; j'étais au milieu de mon chemin, et j'eus tôt fait de retrouver ma direction. J'avais encore beaucoup de route à faire. Je vendis l'horloge dans une ville italienne et, avec l'argent que j'en obtins, j'achetai un manteau de laine pour l'hiver.

Je me fis marin et un jour je m'embarquai avec Colomb pour les Indes.

La veille, un navire transportant des Juifs expulsés d'Espagne pour avoir refusé d'adjurer la religion de nos pères avait levé l'ancre de Cadix. J'avais de la famille et des amis sur ce bateau. Quant à moi, je m'enfuis de la ville de Cordoue et, ayant gagné la mer, je parvins à Palos de la Frontera; là, me mêlant à la foule, j'avais entendu les propos d'un vieux marin qui, longtemps auparavant, avait accompli un voyage jusqu'à la mer des Sargasses, incitant les hommes à faire partie de la nouvelle expédition. Il prédisait la fortune pour ceux qui partiraient à bord des trois caravelles; ils rencontreraient la richesse sur terre et le salut éternel. Et leur entreprise avait la bénédiction du Roi Très Chrétien et d'Isabelle la Catholique. En entendant les propos de Pedro Vasques (c'était son nom), quelque chose se produisit en moi.

Dans mon sac se trouvaient les quelques objets que j'avais réussi à rassembler avant ma fuite; parmi ceux-ci, le livre de Marco Polo avait nourri mes rêves de longs voyages. Dans un chapitre il était question d'une terre lointaine où l'on ramassait l'or comme les cailloux le long d'un sentier de campagne. Personne n'avait jamais vu cette terre, mais nul ne doutait de son existence. Je possédais aussi une carte où figurait une région blanche, au-delà des mers, au sud des Indes, et, sur celle-ci, on lisait l'inscription : *terra non condita*, territoire encore inconnu. A la lecture de ces pages, et après examen de la carte, des sentiments confus s'étaient mêlés en moi. Au milieu de la foule de Palos de la Frontera, j'avais eu l'impression d'entendre un conseil inscrit depuis toujours dans les pages du livre et dans les signes de la carte : je m'étais dirigé vers le port et enrôlé sous un nom chrétien.

J'avais plus de trente ans, mais après m'avoir vu à l'œuvre, on me destina au travail de mousse. Cela ne me déplut pas : je m'étais embarqué pour échapper au sort des miens et pour rester un homme libre. J'avais fait semblant d'être muet, car mon accent juif m'aurait trahi ; je parlais par grognements et cris, pareil à un animal. On me prit pour un extravagant, et on me traita bien, à tel point que je devins le valet de Colomb ; je dus également cette fonction au fait qu'on me croyait muet, et donc incapable d'espionner pour le compte des marins. Je m'adaptai à ma nouvelle vie ; je disposais d'un espace très restreint, mais pour moi tout seul, et le soir je pouvais lire la Bible et Marco Polo avant de m'endormir.

Ma cabine jouxtait celle de Colomb et, collant mon oreille à la paroi, je l'entendais prier avant de se coucher. Ses prières étaient un mélange d'espagnol, de latin, et de dialecte génois, et je n'y comprenais pas grand-chose. Je me souvins de l'histoire de Babel que mon père nous lisait quand nous étions enfants, et de la façon dont les langues furent mélangées par Dieu quand l'homme tenta d'atteindre le ciel grâce à l'immense construction commencée par Nemrod. Et si le même sort nous attendait ? Pourquoi l'équipage traversait-il la mer que personne n'avait osé sillonner ? Le chef de l'expédition parlait trois langues, mais peut-être ne savait-il plus ce qu'il disait ! Sa voix était couverte par celle de l'enfant chargé de la prière sur le pont, qui commençait l'invocation nocturne : *Amén y Dios nos dé buonas noches...* Enroulé dans mes couvertures, dans mon recoin éclairé par une lampe fumeuse, je me parlais à moi-même en hébreu, ainsi étais-je sûr de ne pas être arrivé dans une nouvelle tour de Babel ; puis je tombais de sommeil. Alors commençaient mes rêves : ma femme, dans un éclat de rire, soulevait en l'air notre enfant ; ma mère, se tournant vers nous, contemplait la scène, de la cuisine ; mon fils tendait ses bras vers moi. Je pleurais dans mon sommeil, désespéré, car je savais que je ne les reverrais jamais. Réveillé, j'enviais les chrétiens pour leur croyance en l'au-delà, où les pères retrouvent leurs fils, les épouses courent étreindre leurs maris.

Toutefois, il y avait la mer, et mon souvenir de la divinité se nourrissait de cette présence. Tout en servant les repas à la table du commandant, j'écoutais les propos qui s'y tenaient, et j'avais hâte de monter sur le pont pour regarder l'horizon où le ciel rejoignait la mer, et où, la nuit, ils se fondaient l'un dans l'autre. Colomb mangeait seul et vite, sans faire attention à la nourriture. Sa table était couverte de cartes qu'il remplissait de signes, dans un grand remue-ménage de compas et de règles. Guterriez, le commandant en second, venait le trouver ; ensemble ils se plongeaient dans l'étude des cartes, discutant jusque tard dans la nuit de la route à suivre. Il me semblait clair que ni l'un ni l'autre ne savaient où nous allions ; ce qui m'importait peu, mais je savais que les marins étaient inquiets. « Et alors, me disais-je en haussant les épaules, qu'est-ce que ça peut bien changer pour moi ? » Je pensais que ma vie était finie, et ne m'intéressais pas outre mesure au sort d'autrui. Pour me consoler, en plus des livres, j'avais un instrument que j'emportais avec moi quand je montais sur le pont et m'installais sur la proue du navire. C'était une aiguille magnétique qui montrait le Nord. Ainsi, je savais toujours où nous allions et j'avais l'impression de guider moi-même le navire vers sa destination. « Quelles Indes ? » me demandais-je, me moquant des plans du capitaine ; « par là nous n'y arriverons jamais ». J'étais certain qu'il se trompait, mais cela aussi m'importait peu. Je me surpris à prononcer des phrases absurdes afin de trouver le sommeil. *L'important n'est pas de vivre mais de naviguer* ; je me souviens d'avoir pensé cela en me réveillant en sursaut.

La douleur m'ébranlait par intervalles. Je n'avais pas renié ma foi, mais j'étais désormais un déserteur, coupé de mon propre peuple. Je ne regrettais pas les cérémonies et les traditions perdues car j'avais toujours été sceptique à leur propos ; mais je ressentais le poids de la solitude. J'étais sans racines, une feuille à la merci du vent et du destin. Je pensais à mon fils dans les bras de ma femme, en route vers les Flandres où la famille avait décidé d'aller se réfugier ; qu'est-ce qui m'avait poussé à me dissocier de leur aventure ? Pourquoi étais-je monté à bord de la *Santa Maria* en route vers des montagnes d'or et de pierres précieuses ?

Je me le demandai la nuit où l'on me chargea de retourner le sablier qui était notre seul moyen de mesurer le temps à bord. Dès que l'ampoule se vidait, je la retournais et marquais sur une feuille un trait, signe qu'une autre demi-heure s'était écoulée. Si je m'étais endormi et que j'avais oublié de renverser le sablier, les heures nous auraient fui et se seraient perdues dans le ciel de la nuit. « Le temps n'existe pas, pensai-je. Le temps, c'est nous qui traversons la mer et comptons le nombre de fois qu'une ampoule se vide de son sable. Sur ce bateau, c'est moi qui décide s'il sera conservé ou perdu. » De là à me souvenir que j'étais Dieu, il n'y avait qu'un pas. Je passai une nouvelle nuit à mesurer le temps, puis tout devint compréhensible, comme les morceaux d'une mosaïque qu'on recompose : la séparation de mes proches, la solitude, la flottille en mer, telle une constellation qui traverse l'espace vers une destination inconnue, et moi qui fais une marque sur la feuille toutes les demi-heures à côté de la cabine de l'amiral, lequel ronfle ; et si je tends l'oreille je parviens à entendre, au-delà du silence, le clapotis des vagues sur la coque et, au-dessous de nous, autour de nous, les allées et venues étouffées et interminables des rats dans les escaliers et dans la cale ; en attendant je vois les cafards qui se faufilent dans les recoins et sous le lit. « Oui, je suis Dieu, pensai-je. Je n'ai plus ni père ni mère, j'ai perdu mon épouse, j'ai perdu mon enfant. Et voici mon système solaire : je suis à l'intérieur d'une comète qui se déplace sur l'eau. »

Je montai sur le pont pour contempler les étoiles, pareilles à une immense armée en marche vers un nouveau monde. J'y restai jusqu'à l'aube, descendant de temps à autre pour retourner le sablier; et, quand l'aube pourfendit le ciel derrière nous, j'entendis se lever le cri du mousse qui entonnait les matines et le réveil de l'équipage.

Bendita sea la luz
y la Santa Veracruz
y el Señor de la Verdad
y la Santa Trinidad

J'accueillis avec gratitude ce salut et ce remerciement, suivi du cri qui marquait le début de la journée de travail. J'entendis les hommes appelés à se réunir – *al cuarto, al cuarto*, criait le mousse faisant un bruit à réveiller les noyés : *al cuarto que ya es hora! leva, leva, leva!* Je circulais sur le pont, extraordinairement agité, souriais à chacun et faisais des gestes de salut au retour du soleil qui, à ce moment-là, me sembla miraculeux et certainement digne d'une telle prière. Les marins me regardèrent surpris de tant d'enthousiasme, éprouvés comme ils l'étaient par ce long voyage. J'eus du mal à ne pas rompre le silence. Je regardai les oiseaux qui suivaient le navire jour et nuit, les poissons par bandes dans son sillage : toute la constellation était en mouvement.

Si je n'avais pas été muet, je leur aurais dit de patienter, tant était grand l'espoir qui m'avait envahi. La nuit, je continuais à retourner les ampoules deux fois par heure; et, dans l'intervalle, je lisais le journal de bord de Colomb, dans lequel il admettait qu'il mentait à l'équipage sur la distance parcourue, afin de lui faire croire qu'on était près du but. Le temps était extraordinairement favorable, comme si la fortune nous protégeait et que Dieu lui-même regardait le voyage d'un œil bienveillant. Nous traversâmes la mer des Sargasses, recouverte de grandes algues vertes; et les hommes, à bord, après l'avoir passée, entonnèrent des chants de remerciement, car la légende racontait qu'on ne pouvait pas sortir de cette mer après y être entré. Nous nous aventurâmes toujours plus vers l'ouest; des plantes inconnues, flottant sur la mer, et des oiseaux mystérieux, apparurent : le firmament entier changeait de position dans le ciel. La lune se montra, telle une compagne d'autres temps; et cette nuit-là, collant mon oreille à la cloison de la cabine, j'entendis un dialogue entre Colomb et son ami le gentilhomme qui était venu le trouver au cœur de la nuit, rongé par l'anxiété commune que ce voyage soit sans fin. Leurs paroles résonnaient dans le calme qui régnait à bord de la caravelle; elles parvinrent jusqu'à moi comme le fragment d'un discours philosophique.

« Tu vois, disait Colomb, nous ne devons pas nous plaindre de notre destin. Il est vrai que nous sommes en haute mer, loin de notre point de départ et incertains quant à notre but; il est vrai que nous rêvons à la fois à l'arrivée et au retour; il est vrai que nous interrogeons les astres et que nous nous confions aux vents, et que chaque soir nous nous réconfortons par la prière; tout cela nous désole souvent. Mais dis-moi : que ferions-nous si nous n'étions pas en mer? Peut-être des choses heureuses et belles, mais peut-être aussi des choses encore plus douloureuses et tourmentées. La seconde hypothèse est la plus probable, si l'on pense à notre vie passée. Et si même nous échappons à la douleur, sais-tu ce qui nous attend de plus terrible? L'ennui! – l'ennemi mortel du genre humain; tandis que là, au cours de ce voyage, l'ennui, tu devras en convenir, n'a pas sa place. Et comme il est puissant le poids des souvenirs pendant un voyage! – ce que nous avions tous les jours à notre portée nous paraît aujourd'hui plus précieux : les fleurs et les jeunes filles, les rivières et les champs de blé. Et même le sol que nous foulons : qui donc hormis les navigateurs, y pense comme à un bien précieux? Tu vois, nous vivons dans le rêve, et celui-ci nous satisfait; nous cherchons la terre nouvelle, mais le souvenir de celle que nous avons quittée nous soutient. Notre sort n'est pas triste! »

Je ne savais plus si j'écoutais où si moi-même je rêvais. L'ampoule était vide et je me hâtai de la retourner. Le silence était absolu sous le ciel couvert de nuages. Où était l'étoile polaire? Je me mis à marcher sur le pont en proie aux réflexions les plus graves. « C'est donc vrai – me demandai-je alors – telle est la vie, un voyage interminable pour éviter de s'ennuyer et de donner de l'importance à la douleur? C'est donc pour cela que, sans le savoir, j'ai moi aussi pris la mer, abandonnant mes proches à leur sort? »

Je fus saisi d'un sentiment de culpabilité que je balayai très vite en marchant jusqu'à l'entrée de la cale où dormaient les marins. Je fixai mon regard vers l'intérieur, sans rien voir et sous l'empire d'un charme étrange. J'hésitai, puis je descendis à l'intérieur de ce monde qui me semblait aussi peuplé de soucis que la cabine de l'amiral; mais quels soucis? Je trébuchai sur les rats qui déambulaient sous le pont, navigateurs inconscients de l'être; je chancelai et avançai à tâtons, frôlai les hommes qui dormaient, entendis leurs soubresauts et leurs râles. Je m'arrêtai pour les écouter : certains craignaient le naufrage, d'autres racontaient des fables où il était question d'or et de diamants, d'autres encore invoquaient la patrie lointaine et les noms de leurs proches. J'étais debout, et recevais le vaste rugissement de l'équipage mécontent et las. Je courus sur le pont juste à temps pour retourner le sablier; dans la pièce à côté le gentilhomme était parti, et Colomb se promena longtemps de long en large avant d'aller se coucher; je l'entendis prier, comme d'habitude, avant de s'endormir. J'étais le seul qui sois resté éveillé sur ce navire, avec le mousse de garde enveloppé dans des couvertures, dans un coin du pont.

Ce fut précisément ce mousse, le lendemain matin, qui poussa le cri tant attendu : *« Tierra, tierra! Señor, albricias! »* réclamant la récompense promise à celui qui apercevrait le premier la côte. Je me souviens encore de l'énorme émotion de ce moment, et de l'équipage déchaîné sur le pont, et des premières chaloupes envoyées vers la rive; et de la découverte des îles rebaptisées avec des noms chrétiens; et des corps à moitié nus des indigènes, de leur accueil fraternel qui m'avait persuadé qu'en cet endroit il serait possible de recommencer l'histoire du monde; et de la dernière page que j'avais lue dans le journal de bord de Colomb, indiquant son intention de réduire les naturels à l'esclavage. Je décidai de m'enfuir et d'aller vivre avec eux, de tribu en tribu, devançant les conquérants qui arrivaient pour assujettir les villages; je m'enfonçai vers l'intérieur, suivant les rivières jusqu'à leurs sources, traversant les plaines, franchissant les montagnes; jusqu'à ce que se perde toute trace de mon passage, et qu'on ne sache plus si j'avais réussi à trouver le paradis que je cherchais, ou si, au contraire, j'avais été englouti au fond d'un marais ou par un rapide.

Un siècle plus tard, me voici à Londres. Métamorphosé en petit homme sédentaire et très pieux, bossu et claudicant, je dessinais des cartes géographiques. Dans le brouillard de Londres, j'avais trouvé la foi des humbles.

Je vivais seul, comme à mon habitude. Ma mère était morte l'année précédente, elle était allée retrouver mon père de l'autre côté du ciel, où il dessinait des cartes pour les anges. J'avais appris de lui cet art qui me convenait, étant donné mon corps. Je passais une grande partie de mon temps à la maison, dans la chambre tapissée de cartes, de livres et d'instruments pour géographes et voyageurs : compas, mappemondes, et un précieux astrolabe fabriqué en Italie et parvenu dans ma famille après de nombreuses péripéties. On disait qu'il avait appartenu à Colomb au cours de son premier voyage vers les Amériques, mais c'était sans doute une légende. Des années plus tôt, ma femme m'avait quitté, et j'ignorais où elle était allée; mais cela n'avait pas ébranlé ma conviction que dans le monde existait une providence divine, un fil rouge qui traverse l'histoire et relie les destins éparpillés. Mon fils aussi avait disparu, et je ne l'avais plus revu; maintenant il était déjà adulte, et peut-être vivait-il à Londres, dans le même quartier que moi. Je calculais l'âge de mon fils, détachant mon regard des cartes. Dix-huit ou vingt ans? Je n'arrivais pas à me le rappeler.

Depuis des années je travaillais à un Atlas du monde. J'avais accumulé des dizaines de cartes de continents, de régions et d'îles disséminées sur l'orbe terraqué. J'accordais une attention extrême aux reliefs côtiers, aux profondeurs marines, aux parcours fluviaux, à la ligne en dent de scie qui séparait les états et se modifiait après chaque guerre et chaque traité de paix. Je n'arrivais pas à terminer mon travail, dans la crainte de le publier lacunaire et imparfait. La forme du monde, en raison des voyages et des découvertes constantes, se modifiait sans cesse. Des comptes rendus d'explorations récentes, avec des cartes grossières, me parvenaient régulièrement ; et je travaillais à éclaircir des hypothèses hâtives, persuadé que j'avais eu la chance, moi, de remettre de l'ordre dans l'univers bouleversé par un long abandon et par une série de violences inutiles.

Je m'étais habitué à l'idée que mon travail devrait durer jusqu'à ma mort, et que je l'emporterais avec moi au ciel, pour le comparer à celui que mon père avait dessiné là-haut, avec sa vision directe des anges et des bienheureux ; à ce moment-là, j'aurais corrigé les défauts de ma création. Je m'enfonçais dans la béatitude, indifférent aux douleurs corporelles et aux malheurs qui m'avaient frappé. J'acquis la certitude d'être arrivé du ciel pour dessiner mes possessions, comme un géomètre qui prend les mesures sur le terrain puis revient chez lui pour faire les calculs et dresser son inventaire.

J'étais un Dieu souffrant, occupé à recréer le monde de la seule manière qui lui fût permise. Le jour où j'eus cette révélation, je me mis à travailler à la carte du globe tout entier, dans le réseau des longitudes qui se courbaient et se dilataient comme une orange fendue. J'étais résolument heureux : ma vie se chargeait de sens, et les grandes feuilles de dessin se remplissaient de couleurs.

Je ne sortais presque plus de mon cabinet, et me couchais dans un coin pour me reposer, dans un lit que je refaisais moi-même. Une nuit je fus réveillé par un vacarme à l'entrée ; je me levai et descendis l'escalier, m'arrêtant pour écouter à la porte. De l'autre côté, quelqu'un frappait et râlait, au milieu de phrases incohérentes. Luttant contre ma frayeur, je me résolus à ouvrir ; je fus assailli par la pluie et le vent, puis un corps roula sur moi et se renversa dans l'entrée, me faisant tomber. L'homme poussa un cri et perdit connaissance; malgré la lumière incertaine, je réussis à voir son visage; en dépit du temps passé et des signes de catastrophes et de malheurs, je n'hésitai pas à reconnaître mon fils. Je ne m'en étais pas encore remis que je sentis sur mes mains un flot de sang chaud qui sortait de son flanc; je poussai alors un cri à mon tour et, sans refermer la porte, je me précipitai dans la nuit pour chercher un chirurgien. Je réussis à en trouver un, et nous portâmes ensemble le corps maintenant inanimé sur mon lit, où le médecin lui prodigua ses soins. Il avait presque perdu tout son sang, tant la blessure du couteau était profonde. A la fin je restai seul avec lui, qui était emporté par un sommeil proche de l'évanouissement.

Avec cette apparition, un fragment de mon passé était venu me retrouver et je priais le ciel de pouvoir être à la hauteur de l'événement. Propre et vêtu d'une robe de chambre, c'était vraiment lui, mon fils, beau comme un adonis, oublieux de la laideur paternelle; je pensai que son retour était un don de la Providence. Cette nuit-là, je fis la promesse de me consacrer à lui corps et âme; peu importait d'où il venait et ce qu'il avait fait. Je le regardais dormir et taillais mes crayons sans tracer la moindre ligne.

Quand il fut en mesure de parler, il me raconta son histoire. Il partageait son temps entre un théâtre où il travaillait comme figurant, et les tavernes où se tramaient les intrigues de la vie souterraine de Londres. Il avait été poignardé au cours d'une rixe occasionnée par la répartition d'une bourse dont il ne voulut pas m'expliquer la provenance. Je l'écoutais attristé mais bienveillant. Tel avait donc été son sort; mais maintenant, le ciel l'avait mis entre mes mains et je prendrais soin de lui. Je pensai à lui comme à Jésus qui était parti dans le monde obscur et violent des hommes où il avait été blessé à mort, puis était revenu dans la maison paternelle où je l'attendais depuis toujours. Son retour m'apparut comme la preuve certaine de ma divinité acquise. Alors qu'il se reposait après le repas que je lui avais préparé, je revins à mon travail sur la carte du globe, hachurai d'une main inspirée la côte – pas encore découverte – de la terre australe, et la colorai d'un rose vif qui s'estompait vers l'intérieur de cette mystérieuse région. Je m'endormis à mon tour, l'esprit rempli de visions d'arbres inconnus.

Le lendemain matin mon fils était parti sans laisser de trace, emportant avec lui les vêtements neufs et tout l'argent qu'il avait réussi à trouver à la maison. Il ne devait pas être loin, faible comme il était; pendant deux jours, je tendis l'oreille vers la porte et vers la rue. A la fin j'eus le sentiment qu'il ne reviendrait plus; je sortis, enveloppé dans un manteau, et partis à sa recherche dans les tavernes du quartier du théâtre.

Il y en avait beaucoup, et j'allai de l'une à l'autre. Certaines accueillaient des pauvres diables et des prostituées, d'autres étaient fréquentées par des gens de théâtre, et ce fut dans celles-là que je cherchai tout particulièrement. Je scrutai chaque visage, dans un chahut assourdissant; ma recherche fut vaine. A la fin je m'assis à la table d'une taverne et commandai à boire, moi qui ne buvais jamais! j'étais tellement abattu que je me serais laissé aller à l'ivresse. Je m'aperçus alors qu'un homme s'était assis à ma table. Il était jeune, mais moins jeune que mon fils, plus petit et moins robuste; et, visiblement, il était beaucoup plus habitué au vin que moi. Il s'aperçut que je l'observais et commença à me parler. Il me raconta une histoire embrouillée; mais je compris qu'il était acteur et auteur dramatique. Il se plaignait énormément de son succès – qui lui semblait insuffisant et certainement contrarié par un complot de ses rivaux; je le laissai parler, disposé à écouter ses doléances, espérant oublier mes ennuis. Tandis qu'il buvait et parlait je regardais sa tête ébouriffée, ses moustaches humides de vin, ses épaules un peu étroites et ses mains noueuses. Mon fils était plus beau, même s'il était lui aussi mécontent et furieux; et j'aurais voulu l'avoir en face de moi, lui, au lieu de cet étranger qui me racontait sa vie.

Soudain l'homme me dit son nom et je m'aperçus que je le connaissais. J'avais entendu parler de certaines de ses œuvres, drames historiques, comédies et farces mythologiques. C'était un auteur fécond et au succès notoire; de quoi donc se plaignait-il? Je l'écoutais, l'esprit légèrement obscurci par le peu d'alcool que j'avais bu; l'acteur s'échauffa au souvenir de son œuvre, et il commença à réciter ses vers, d'une voix pâteuse mais toujours claire. C'étaient de très beaux vers, cependant je trouvais qu'ils avaient besoin de plus de fini et de moins d'emphase; on percevait partout une intention déclamatoire qui gâchait en partie l'effet qui, sans cela, eût été de premier ordre. Je le lui dis, avec une notable hardiesse, et, au bout du compte, il en fut offensé; il me fixa d'un regard plein d'antipathie moqueuse, et m'observa de la tête aux pieds. Un éclair passa dans ses yeux, et il pointa son index vers moi, tandis que, de son autre main, il faisait des gestes en direction de la salle, réclamant l'attention.

En un instant le silence se fit dans la taverne, et notre table fut comme par enchantement transformée en une scène de théâtre, avec lui et moi pour acteurs; je me demandais quel rôle j'allais être amené à jouer. Il se lança dans un monologue par lequel il entendait me décrire : boiteux, difforme, ayant peur de projeter mon ombre sur les murs; si repoussant à voir que les chiens se jetaient sur moi, et que les femmes fuyaient mon contact. J'écoutais pétrifié; pendant sa déclamation le rire commença à se répandre parmi les clients transformés en public de théâtre, pour devenir à la fin un chœur hilare qui couvrit la voix de l'acteur. Entraîné par le succès, il se leva et tendit son bras vers moi, dans un mouvement de mépris définitif. Je sentis mon visage s'enflammer; je me levai avec une grande prudence, contrôlant chacun de mes gestes. Mais la torche la plus proche projeta l'ombre de ma bosse sur la table, et mon pas fut si chancelant que le rire de l'assistance m'accompagna jusqu'à la sortie. Je disparus dans le brouillard, humilié et offensé.

Je cheminai, troublé, jusqu'au moment où je m'aperçus que je m'étais perdu. Je n'avais aucun souvenir d'avoir mis les pieds dans le quartier où je me trouvais; j'étais dans l'obscurité la plus totale, et j'avançais dans des ruelles malodorantes. Les portes et les fenêtres des masures étaient basses et très étroites, et je marchais à tâtons parmi les immondices. Je tentai de revenir sur mes pas et me perdis davantage au cœur des ruelles. Et soudain commença un défilé invraisemblable, comme réglé par le metteur en scène qui m'avait déposé de nuit dans les bas-fonds de Londres. J'entrai en Enfer; près de moi passèrent l'aveugle, l'hydropique, le manchot, l'estropié; le gangréné, le teigneux, le dément; l'ivrogne, le fistuleux, le scrofuleux; l'ulcéreux, le délirant, le colérique; le mendiant, le vagabond, l'assassin, le fugitif. J'étais dans la cour des miracles obscènes; vieillards, enfants et femmes-singes se disputaient le pain; l'air même exhalait saleté et puanteur. Personne ne s'apercevait de ma présence, chacun était prisonnier d'un rêve apocalyptique; enveloppé dans mon manteau, immobile dans la foule, j'étais l'image du Dieu qui descend incognito visiter le cloaque humain; et dans mon âme s'installa une pointe de remords. Je restai à contempler le désastre, appuyé au mur d'une bicoque; puis une main se tendit vers moi, j'entendis des plaintes se lever de plusieurs endroits de la ruelle. Je me libérai du manteau qu'une autre main avait saisi et m'enfuis à l'aveuglette, m'enfonçant en titubant dans l'obscurité.

« Le monde ne peut pas être cela », me dis-je.

Certes, si j'avais été un ange, la chose eût été simple : je me serais envolé vers ces forêts, ces lacs et ces côtes dont j'avais dessiné les contours pendant tant d'années et là, j'aurais couronné mon rêve de beauté. Mais j'étais boiteux et exténué. Je me traînai dans la nuit, jusqu'à ce que je me retrouve devant un théâtre où j'entrai pour reprendre mon souffle. Le spectacle avait commencé; je pris un billet pour une place au balcon du premier étage, grimpai les escaliers et me laissai tomber sur le banc.

On présentait une fable mythologique avec danses et musique instrumentale, dans un va-et-vient d'acteurs et de porteurs de lanternes qui se déplaçaient d'un niveau à l'autre de la scène et charmaient la bruyante assemblée. La foule participait à l'action qui se déroulait sur les différents plateaux, encourageait et menaçait les personnages, agitant le poing ou criant. Je ne me mêlai pas à cet enthousiasme, mais je fus conquis par ce que je voyais – voilà des années que je ne mettais plus les pieds au théâtre. Le mouvement, les lumières, la beauté des costumes féminins portés par les jeunes gens qui jouaient des rôles de femmes, le sentiment de magie qui animait l'édifice tout entier et qui était communiqué à chaque spectateur, tout cela me revint comme une impression de déjà-vu et me charma pendant toute la durée du spectacle. Plus tard je me mêlais à la foule qui se bousculait vers la sortie; puis je me retrouvais dans les rues de Londres, nerveux, avec un grand désir de donner libre cours à la nouvelle énergie qui était en moi. Je marchai encore, j'avais dans les yeux un tourbillonnement de vêtements et de corps. J'entrai dans d'autres tavernes, mais en vain. Peut-être mon fils m'avait-il menti et n'habitait-il pas ce quartier; en tout cas il ne voulait pas que je le trouve. Le poids de la fatigue s'abattit à nouveau sur moi, je rentrai chez moi et sombrai dans un sommeil lourd et agité.

Dans mon sommeil je me vis sur un navire en route vers les terres dont j'avais depuis peu tracé la côte sinueuse et encore incertaine sur la carte du Nouveau Monde. Je me lamentais, les yeux clos, reconnaissant le visage juste et sévère de la providence. Je tendais les bras vers ma femme et mon fils et leurs visages se confondaient.

Je me réveillai en larmes au cœur de la nuit. J'avais reconquis la divinité au prix fort; elle me présentait à nouveau le cumul de mes fautes, et mon corps s'en était aperçu avant mon âme. Les événements de la veille au soir me revenaient à l'esprit, alors que j'étais étendu sur le lit, m'agrippant aux couvertures; et le décor du théâtre m'apparut comme le monde même que j'étais en train de dessiner sur les cartes, la terre sur la scène, le ciel au-dessus, l'enfer au sous-sol, caché par une trappe; et je pensai que j'interprétai un drame qui était peut-être une comédie – je ne le saurais pas avant la fin de la représentation écrite par le Grand Auteur. Je m'agenouillai dans l'obscurité de la pièce et me plongeai dans la prière, implorant Dieu de veiller de Là-Haut sur mes proches et sur moi-même. Je lui demandai pardon des pensées sottes qui m'avaient tourmenté et Le remerciai des dons qu'il m'avait prodigués et des infirmités dont il m'avait affublé à la naissance.

Je repartis en Italie, pays de rêve quand on vit dans les brumes du Nord. Après un pénible voyage que je fus tenté d'interrompre pour continuer par des moyens divins – le vol au milieu des nuages, dans l'air d'été chaud et humide – je revins à Venise. Devant le pont des Soupirs, sous lequel passaient des gondoles aussi silencieuses que des papillons qui seraient sortis d'une chrysalide en forme de cercueil, j'eus une pensée pour les solitaires et les prisonniers que j'avais connus. L'un d'eux était resté enfermé pendant treize ans dans la tour de Londres, occupé à écrire l'histoire du monde dont j'étais le protagoniste évident et caché. J'avais passé beaucoup de temps dans son voisinage, cherchant à l'éclairer, jusqu'au jour où on le tira de là pour le porter à l'échafaud ; je ne réussis pas à savoir ce qu'il pensait de ce dernier événement : cela aussi, je l'avais voulu ? Je me souvins aussi d'un gentilhomme français qui avait choisi l'exil volontaire dans une tour de son château, où il se retirait pour lire des livres anciens et pour écrire les pensées que cette lecture suscitait en lui. Il avait couvert sa chambre d'inscriptions en grec et en latin ; mais, quand il se levait de sa table de travail, c'était pour aller regarder la campagne qu'on voyait à la fenêtre. Il avait écrit : « Il faut faire comme les animaux qui cachent leurs traces à l'entrée de leur tanière » – et son corps rivé à sa chaise avait pris la forme d'un animal qui se terre, d'un lièvre claustré dans l'ombre chaude. Chaque jour, il se préparait à l'idée de la mort, tel un moine incroyant ; il pénétrait en elle jusqu'à la respirer, et il prenait l'attitude immobile et rigide du religieux cloîtré. Puis soudain il se réveillait pour courir remplir ses fonctions de maire de sa ville, et je ne comprenais pas comment il pouvait jouer aussi bien ces deux rôles.

J'avais également fréquenté un moine italien condamné pour ses opinions hérétiques, et qui passait son temps en prison à écrire des vers où il stigmatisait le monde et louait ma justice – je ne sais pas comment il faisait pour voir dans l'obscure cellule où il était enfermé, au milieu d'une saleté indescriptible et dans la puanteur de ses fèces. Pour tromper la mort, il faisait semblant d'être fou, tant il était lié à cette vie qu'il méprisait dans ses vers. Je faisais de mon mieux pour qu'un peu d'air entre dans sa cellule fétide, et il sortait alors de son assouplissement, écrivant un nouveau chapitre sur la société parfaite il voulait construire, dominée par les prêtres – tant il est vrai que sa propre aventure ne lui avait pas appris grand-chose.

Parmi tant de souvenirs de solitaires, je me rappelle d'une histoire d'amour avec une religieuse espagnole. Elle m'adorait depuis longtemps, de sa manière bizarre et extrême, et elle imposait aux moines et aux sœurs son propre amour, avec un comportement à la fois doux et menaçant. Je l'avais vue pendant une procession, et son visage dévoré par un feu pâle et constant m'avait frappé. J'allai la trouver tandis qu'elle priait dans sa cellule et je vis la disposition de son âme, dans laquelle elle s'était recroquevillée, tel un hérisson ou une tortue : elle était en forme de château avec sept habitations concentriques; et, au milieu du palais, il y avait la chambre des époux, qui m'attendait. Je fus séduit par la beauté et par l'ardeur de la religieuse, et je l'accompagnai dans la traversée des sept appartements. L'une après l'autre les pièces furent parcourues de son pas léger et sûr; les tentations terrestres furent abandonnées, ma fidèle se désincarnait tandis qu'elle avançait vers la chambre nuptiale où devait avoir lieu notre rencontre. Nous n'échangeâmes pas un mot; elle ne me demanda rien sur la vie ni sur mes secrets. Elle voulait seulement m'aimer, et je fus heureux de répondre à son amour, dans le cœur même de son âme. Son plaisir me revient à l'esprit, dans le glissement rapide de sa prière, ses paupières renversées, son souffle court, ses membres pris d'un tremblement extatique. Je pénétrais dans les plis de son âme comme dans un vêtement, et je saisis sa virginité d'une main ferme. Un parfum d'encens enveloppa le lit nuptial, et un ingénieux carillon, en or ciselé, sonnait la tierce, la sexte, la none. Mon amante s'assoupit dans une vision d'anges au corps d'éphèbe qui lui ôtaient sa dépouille mortelle, et qui la laissèrent vêtue de sa seule âme, simple chemise de nuit.

D'autres moments étaient moins heureux. Une fois, je fus pris d'un grand découragement, et décidai de mettre fin à mes jours. C'est une idée qui me vient de temps à autre, avec une certaine force; quand elle arrive je dois chercher un réconfort pour ne pas céder à l'appel d'un long sommeil. Cette fois-là je n'en trouvais aucun, et je ne parvins pas à surmonter mon chagrin. J'étais un rapin de Pise, je gagnais de quoi vivre en dessinant des anges et des Vierges sur les murs de petites églises perdues dans les champs, et je n'avais aucun espoir d'être appelé à peindre dans les grandes églises de la ville où venaient des peintres célèbres entourés d'une petite cour; je les admirais de loin, sans m'approcher, puis je retournais à mes pinceaux et aux récipients où je mélangeais toujours les mêmes couleurs. J'étais certain de ne pas être un peintre comme eux, mais je ne savais pas à quel point j'en étais vraiment déçu. Un jour, un ami eut l'idée de me montrer un tableau de Caravage, le peintre délinquant recherché par les gardes de la moitié de l'Italie; c'était une peinture qu'il cachait en attendant le moment de la vendre. Un soir, il me fit entrer chez lui avec circonspection; dans un coin, recouvert d'un tas d'autres toiles, était dissimulé le tableau qu'il voulait me montrer, et il approcha la torche qu'il tenait à la main afin que je le voie mieux.

A mes yeux s'offrait une scène si vive que je dus me recueillir dans une stupeur religieuse – c'était précisément le sentiment que j'avais cherché à susciter auprès du peuple qui fréquentait les églises que je décorais. Je fus bouleversé par la hardiesse de la composition; au centre se trouvait une lumière qui jaillissait d'une source cachée, si forte qu'elle semblait obscurcir la torche qui éclairait la tableau. Autour de la lumière s'agitaient des silhouettes violentes et extatiques. Ce fut en tout cas ce que je perçus, dans un flamboiement de couleurs dont chacune semblait la couleur rêvée par sa voisine – si bien que le tableau était la vie, mais aussi plus que la vie; et je ne respirais plus, ressentant mon insuffisance. Mon ami me murmurait des observations professionnelles que je n'arrivais pas à entendre, perdu dans le vertige de mon échec. A ce moment-là je me vis moi-même en un point du globe, peignant des tableaux qui demandaient à être mis de côté pour laisser la place à ce que j'étais en train d'admirer; j'étais un moineau ou une grive, devant un aigle enchaîné! Je m'enfuis de cette maison comme un voleur dans l'obscurité.

Je passai une nuit blanche. Ma femme dormait à côté de moi, ignorant ce qui me tourmentait. Elle était toujours ingénument admirative devant mon travail; elle croyait que j'étais un artiste de la trempe de Raphaël et du Titien, et je vis dans sa foi une volonté d'ignorer ma personnalité, comme elle refusait de me voir tel que j'étais. Je me sentis seul au monde. Je sortis du lit et allai dans mon atelier. Sur le chevalet, il y avait une scène de l'Annonciation tout juste esquissée; la Vierge était une ébauche de lignes et de vêtements, et, jusqu'alors, j'avais surtout travaillé sur l'ange. Je le regardai avec hostilité, encore sous l'effet que produisait sur moi le tableau de Caravage. C'était un ange blond au visage féminin et au vêtement blanc et bleu; une aile était terminée, et j'en étais à la moitié de l'autre; la main qu'il tendait vers la Vierge était dépourvue de doigts, lesquels venaient tout juste d'être dessinés au crayon; et le messager céleste m'apparut comme un monstre manchot et mutilé, tendu vers un fantôme enveloppé dans un buisson. A ce moment précis, ce que je vis me sembla l'expression de mon art incomplet et de ma vie sans but, où je passais comme un voyageur aveugle qui fait semblant d'y voir. Je voulus alors mourir.

Je n'avais aucune idée de la façon dont on se donne la mort, et je sortis de chez moi pour y réfléchir. J'errai jusqu'à l'aube dans la campagne traversée par les bruits du vent. Méditant sur mon cas, j'aboutis à cette conclusion désolante : si j'avais échoué, c'était parce que je n'étais pas devenu le peintre que j'aurais dû être selon le précepte divin, parce que je m'étais perdu dans l'imitation des autres, mettant un masque que j'avais porté jusqu'à ce jour. Peut-être m'étais-je aussi dissimulé sous le masque; j'aurais dû être un marchand, un boulanger ou, simplement, un mari amoureux et fidèle. A ce moment précis, perdu dans un tel désordre de spéculations infructueuses, je me souvins de ma vrai nature et regrettai d'être tombé si bas dans la trajectoire divine.

Ma décision fut prise. Je résolus de me libérer de tout déguisement, même corporel, de sortir de moi-même pour remonter là-haut; mais comment? Le poignard me terrorisait, je ne réussirais jamais à faire pénétrer la lame. Du poison, je n'en possédais pas, et je n'aurais pas su où m'en procurer. J'allai voir les eaux de l'Arno, aux premières lueurs de l'aube; mais je reculai devant les tourbillons du courant. Je revins et me dirigeai vers la tour penchée; assaillie par le soleil levant, son ombre se détachait, très longue, sur la place. Je trouvai la porte ouverte et grimpai les escaliers jusqu'au sommet.

Le long de la balustrade, du côté où la tour s'inclinait vers le sol, me revint à l'esprit la légende de l'architecte qui l'avait construite; et qui avait été réveillé en pleine nuit par les commis boutiquiers hurlant d'effroi devant ce campanile qui s'affaissait d'un côté. L'homme accourut, monta au sommet jusqu'à l'endroit où j'étais en ce moment, mesura l'importance du désastre; et sa honte fut telle qu'il se jeta dans le vide, suivi plus tard par une longue série d'amants malheureux et de marchands ruinés. Contrairement aux prévisions, la tour ne s'effondra pas : depuis des siècles elle penche, comme si elle voulait rencontrer la terre de la manière la plus douce possible.

Il y avait une histoire plus récente liée à cette tour. Je revoyais le corps jovial de Galilée, son visage barbu et serein – une image de divinité satisfaite et seulement un peu perplexe en raison de l'agitation qui régnait autour d'elle, et à quoi elle cherchait à redonner un peu d'ordre. Un matin, à l'aube, comme en ce moment malheureux – et en attendant je fixais le vide, violemment fasciné – il avait grimpé là-haut, mais sans être en proie à des pensées de mort. L'histoire voulait que Galilée ait laissé tomber ensemble deux objets de poids différents et qu'un étudiant, posté en bas, ait témoigné par des cris et des gestes que les deux objets étaient arrivés à terre au même instant, en contradiction avec toutes les hypothèses précédentes sur la chute des corps. Je ne m'expliquais pas pourquoi les deux histoires se mêlaient, et pourquoi chacune cherchait à me signifier quelque chose en cette situation mortelle. Arrivé à un pas du vide, je m'agrippai à la rambarde avec la force de celui qui reprend goût à la vie. Je regardai Pise; la ville était baignée dans la lumière d'un soleil désormais haut; je vis au loin les îles de Capraja et de Gorgona, et de l'autre côté la ceinture des Apénins; et finalement je redescendis les escaliers et débouchai sur la place noire de monde.

Me retournant pour admirer la tour, j'eus l'impression de pouvoir deviner l'histoire de son constructeur, resté célèbre dans les siècles pour son impardonnable échec. Et même si je m'étais jeté dans le vide, cédant à ma détresse, la seconde histoire me montrait que je serais arrivé au sol dans un temps égal à celui de tous les autres désespérés : un trajet parfaitement identique pour l'artiste le plus grand et pour le barbouilleur le plus obscur! – mieux vaut échouer dans la vie qu'être à ce point semblables dans la mort. Avec ce généreux sophisme je sortis de l'âme du rapin et le vis prendre le chemin de chez lui.

D'événements petits et grands se trame mon histoire dans le va-et-vient du temps.

Cette aventure m'aida à reconnaître la vérité : je n'avais aucun talent créatif pour les choses humaines. Les hommes n'auraient jamais pu inventer le vent, le soleil, le dromadaire ou la fougère des bois; mais, sur leur terrain, ils m'avaient distancé. Leur parfaite imitation de la créativité réussissait chaque fois à me surprendre; ainsi, je me reconnaissais dans l'artiste manqué aussi bien que dans le fou qui croit être Dieu.

Pour me prouver que je valais mieux qu'eux, je me répétais les compliments qu'ils m'avaient adressés. « Tu es différent », me disais-je, traversant une fabrique où étaient confectionnés de magnifiques vêtements. « Tu ne crées rien de semblable mais, en attendant, tu es père et fils en même temps, et de cela, eux, ils n'en sont pas capables. Et alors?

me demandais-je. Et alors, poursuivais-je d'un ton piqué, je suis un et trois, immense et individuel, répandu partout, unique dans mes fragments; quel alchimiste peut faire mieux? Je suis visible et invisible, lumineux sans lumière, début et fin de tout, privé de début et manquant de fin, créateur à partir du néant, le plus haut et le plus profond; demande à un peintre de faire mon portrait, s'il en est capable!

« Veut-on passer aux mathématiques? Me trouve alors qui peut, comme moi, être disposé en chaque lieu et n'être cisconscrit en aucun, et déplacer toute chose sans se déplacer! Veut-on me comparer à un monarque? Qu'on sache donc que je suis toujours vieux et toujours jeune, et que je n'ai pas besoin de descendants. Et alors? » me répétais-je. Il n'y avait pas moyen : je pouvais tromper les hommes mais je ne pouvais pas me tromper moi-même. Peut-être pouvais-je devenir l'inspirateur de ce que je ne savais pas créer.

Je me mesurai à la musique. Jusqu'à ce moment je l'avais traitée comme une domestique plaisante et secondaire. Formé par l'expérience, je me gardai bien de composer moi-même; je préférai me glisser dans le corps et dans l'âme d'un musicien, pour en sortir à temps, quand serait fini le travail créateur. Ils me sentaient arriver mais ne savaient pas comment m'appeler, ni d'où je provenais, et pourquoi il m'était si facile de m'introduire auprès d'eux.

A force de fréquenter leurs maisons je devins un expert en instruments : violons, contrebasses, violes de gambe; épinettes et clavecins, hautbois et cuivres. J'avais l'impression d'avoir trouvé le langage que j'avais longtemps cherché dans le vent, sur la mer, dans le fracas des cascades et des rivières, ou dans la longue suite des coups de tonnerre au fond des cavernes du ciel. Le singe prodigieux avait capturé mes sons et les avait emprisonnés dans les instruments à vent, à corde et à percussion. Charmé pas cette magie, je me mis à inspirer le chant de ces prisonniers qui émanait des bois ou des cuivres.

J'avais trouvé mon refuge et mon soulagement. Tandis que j'allais de par le monde, occupé à reproduire les gestes répétitifs que l'adulte hérite de l'enfance, de différents points de la planète parvenaient des accords et des mélodies que je rendais possibles. Ô, musique! Tu as rendu ma vie infiniment plus tolérable. Sans toi mon silence eût été incomparable.

Les hommes avaient vieilli.

Je regardais mon père, tout juste revenu d'un voyage en Angleterre, sortant d'une petite malle les livres qu'il avait achetés là-bas. Certains avaient été imprimés à Amsterdam, afin d'éviter les rigueurs de la censure française. C'étaient les auteurs que j'aimais : les philosophes des Lumières radicaux et novateurs, les libertins, les démolisseurs de certitudes séculaires. Tel était son Parnasse. Combien de fois, au cours de la conversation, l'avais-je entendu citer une phrase du bien-aimé Voltaire, l'accompagnant d'un sourire et d'un hochement de tête, comme pour signifier : « Quel grand homme ! » Ce nom, tant de fois répété, finit par évoquer l'air froid et piquant qu'on respirait en montagne après avoir été enfermé dans une pièce réchauffée par un poêle à charbon.

Mon père passait des soirées à lire ses maîtres, tout en gardant sa perruque poudrée et parfaitement soignée. Je le regardais en cachette, dans la salle de lecture de l'hôtel parisien où s'étaient consumés les fastes de notre noblesse. Ma famille était si ancienne qu'elle avait mérité le vicomté – ce qui équivalait au rang de prince, et comportait une invitation à la cour toutes les trois semaines. Quand cela se produisait, mon père n'avait pas le temps de lire les philosophes, il passait sa journée à s'habiller.

A cette époque, je ne me percevais pas comme Dieu mais comme le fils adolescent d'une personne âgée, au lieu de voir ces deux choses comme les deux faces d'une même vieillesse qui usait le monde. Paris était si beau vu des quais de la Seine où se trouvait notre hôtel, et la vie en famille était pour moi si reposante que je ne voyais pas que j'étais comme les extrémités des doigts d'un corps. J'étais vieux sans le savoir, et je recherchais le passé dans la bibliothèque paternelle, lisant tout ce qui me tombait sous la main.

A présent je sais que la passion de la lecture est liée au désir de rajeunir. Il était difficile alors de s'en rendre compte parce que cette passion nous saisit dès l'enfance – et aucun enfant n'est effleuré par l'idée qu'il va vieillir. Ceci est un défaut des hommes, pas de Dieu; les hommes se voient comme des individus, mais la partie d'eux-mêmes qui vit longtemps en sait plus qu'eux, elle a des racines profondes, dépasse les limites du temps, et sait que chaque homme est une feuille sur l'arbre de l'être et du destin. Celui qui s'en rend compte atteint la grandeur, cramponné au cosmos comme un lierre sur un vaste mur.

Tout ce que je lisais me parlait de durées interminables. J'étais stupéfié d'apprendre combien de choses étaient arrivées depuis le moment où Dieu s'était jeté dans le monde pour diffuser généreusement son esprit. Ma maturité avait été comme un tremblement de terre; j'avais découvert de nouvelles contrées, inventé des machines, et combattu dans des guerres. Peu de siècles étaient passés, mais la mémoire joue des tours; l'âge adulte semble court par rapport à l'enfance. On parlait de moi comme d'un parent parti au loin, et dont arrivent des informations éparses et invérifiables. Peut-être à cause du milieu où je vivais, j'avais un sens aigu de la continuité et le passé me revenait avec l'empressement d'un serviteur.

Une preuve de notre vieillesse se trouvait dans notre manière de nous habiller, les adultes comme les enfants. J'étais opprimé par un cérémonial étouffant. Pour me libérer de ces habits qui me torturaient, je me mis à faire du cheval et de l'escrime. Mon père aurait été stupéfait s'il m'avait vu venir à table sans ma perruque; et ma mère me caressait le visage quand je paraissais devant elle tout habillé, et prêt pour m'installer dans le carrosse. Je préférais aller à cheval dans les sentiers du bois de Boulogne. Arrivé là, je me débarrassais de l'uniforme de cavalier qu'on m'avait imposé et je restais en chausses et chemise, sous les yeux du valet qui m'avait suivi. J'éperonnais le destrier avec mes talons, tel un fils de paysans, et je disparaissais au milieu des arbres. Ma chevauchée furibonde durait une heure; et chaque fois c'était comme si, au fond de moi, s'ouvrait un nouvel itinéraire et que je franchissais une barrière sur la croupe de mon animal écumant.

J'aimais aussi faire de l'escrime, et je maniais habilement l'épée. Je désirais vivement la guerre, afin de prouver ma valeur; mais des guerres, il n'y en avait pas, et les épées brimbalaient comme des pièces d'ornement aux côtés des gentilshommes. Je m'étais lié d'amitié avec André, le maître d'armes, un jeune bourgeois doué d'un talent littéraire, qui payait le loyer de sa chambre au quartier Latin en offrant ses services aux nobles comme maître d'armes. Nous nous enfermions dans la pièce de l'hôtel destinée aux exercices et restions en chemise, animés d'une volonté presque féroce d'abuser de nos forces. A la fin, nous étions trempés de sueur et courions nous désaltérer, toujours brûlants de rivalité.

Un jour survint un épisode qui dut marquer ma mémoire. Ma grand-mère maternelle était morte et j'avais été surpris par le fait que personne n'avait versé une larme pour elle; mais au retour de son enterrement, notre petit chien fut écrasé sous le carrosse maladroitement manœuvré par un cocher, et je vis ma mère se précipiter vers le petit corps, le visage inondé de larmes. J'en fus troublé pendant le reste de la journée.

A cette époque je tombai amoureux d'une jeune domestique qui changeait les draps de lit et dépoussiérait les chambres le matin. Je me surpris à épier son passage dans les couloirs, caché dans les dégagements. Je la trouvais splendide et n'arrivais pas à m'expliquer l'effet qu'elle produisait sur moi. Je la comparais aux anges dessinés dans la chapelle de notre demeure, les yeux tournés sur le côté et les lèvres pincées. Je n'arrivais pas à m'approcher d'elle ni à lui parler. Ma propre surprise d'être amoureux freinait mon élan.

Un soir, je rassemblai tout mon courage et m'aventurai dans la maison. Je n'osais presque pas m'avouer mon espoir de retrouver mon angélique servante; je passai une grande entrée puis empruntai un escalier qui descendait en spirale vers les chambres du personnel. Je me trouvai dans l'obscurité la plus complète; j'entendis des voix et des bruits provenant du fond d'un couloir semblable à un boyau, et me dirigeai de ce côté. J'arrivai devant la porte de la cuisine et, sans être vu, j'observai le mouvement des cuisiniers et des plongeurs, dans la grande lumière de la flamme du foyer. Je passai mon chemin et m'avançai jusqu'aux chambres à coucher; et soudain je la vis. Elle grimpait rapidement un escalier et tenait à la main une chandelle qui éclairait une partie de son visage. Au bout d'un instant d'incertitude elle pressa le pas, escalada les dernières marches, et, quand j'arrivai en haut, je la perdis de vue. J'errai dans l'obscurité de cette aile du palais, et j'étais sur le point de revenir sur mes pas quand je la vis devant moi. Elle tenait à la main la chandelle tout juste éteinte, d'où s'échappait un filet de fumée; et ses yeux étaient fixés sur moi.

Je tremblais d'émotion. Après un silence presque insoutenable elle sourit soudain et me demanda : « Qui cherches-tu? » Tandis que je me creusais en vain la tête pour trouver une réponse, elle me prit la main et me guida vers sa pièce.

Je passai une soirée délicieuse et mémorable, qui devait être aussi la dernière du genre car la fille se mariait dans les jours qui suivaient, et elle me demanda de ne plus revenir la trouver. Je ressentais une grande paix dans mon âme, et comme un besoin de compagnie et d'amitié; au lieu de me coucher j'allai dans le logement de ma mère. Là, je fus pris d'un désir violent de l'observer en cachette; je réussis à m'introduire dans son boudoir, assistant à son déshabillage et sa préparation pour la nuit. A l'instant où je la vis nue, dans un moment resplendissant et rapide, je sentis se renouveler le plaisir que j'avais éprouvé peu avant, et il me sembla que le monde fût habité de fées prévenantes et maternelles.

Quand elle eut fini, elle s'abandonna sur le canapé et commença à lire. De ma cachette je pouvais voir le titre du livre. C'était un roman que tout le monde s'arrachait à l'époque; il racontait l'histoire d'un précepteur qui tombe amoureux de son élève, laquelle épouse un autre homme et à la fin meurt encore jeune, accablée par le souvenir de son premier amour. J'avais entendu beaucoup d'histoires à propos de l'auteur de ce roman. C'était un homme fruste et solitaire, amoureux de la nature et ennemi de la vie sociale, et mes parents auraient dû le haïr puisqu'il détestait tout ce en quoi ils croyaient. Et pourtant, c'était l'écrivain préféré de la noblesse parisienne.

Tandis que je ruminais ce fait curieux, je fus tiré de mes réflexions par un violent sanglot. Je regardai ma mère; je ne l'avais jamais vu pleurer de cette manière et je n'aurais jamais cru qu'elle en fût capable. C'étaient des larmes amères, saccadées, mêlées à des soupirs et à des cris étouffés; sur son visage, comme sur un tableau vivant, passaient les émotions qui avaient alimenté ce livre. Je compris que la force de ces émotions était due au fait que ma mère n'aurait pas su les éprouver d'elle-même. Je me glissai hors de mon coin, et m'aperçus qu'à mon tour j'avais les yeux humides après avoir vu de vraies larmes; mais mon âme était comme desséchée.

Le désir me vint d'aller raconter à mon père ce que je venais de voir. Je le trouvai assis, presque en tenue de nuit, et lui aussi était en train de lire. Bien que surpris par ma visite, il se disposa à m'écouter et mis son doigt dans le livre pour marquer la page, ce qui me rendit nerveux pendant toute la conversation. Quand j'eus fini mon récit, il se laissa aller à une série de considérations, son regard errant sur les étagères pleines de livres, sur quoi les flammes du foyer jetaient une lumière dansante. Il me décrivit ma mère comme une personne lointaine et dont il aurait vaguement entendu parler; et il la prit comme exemple pour illustrer une théorie à laquelle il semblait tenir beaucoup.

Il m'expliqua que chaque individu est soumis à une loi inévitable qui est celle de satisfaire son propre plaisir. Celui qui est avare et accumule de l'argent en retire du plaisir, et la même chose advient pour celui qui dilapide ses biens. Celui qui est égoïste trouve en cela la source de son plaisir, celui qui est généreux et altruiste la trouve en se donnant aux autres; et c'est ainsi que les uns tuent et que les autres soignent les malades. Si ma mère lisait des histoires qui la faisaient pleurer, cela voulait dire qu'elle y trouvait une satisfaction.

Son discours calme fit bouillir mon âme. Je m'approchai d'instinct de la cheminée, comme si j'avais eu froid. « Il n'y a pas moyen de sortir de soi-même! » me surpris-je à m'exclamer d'une voix trop forte pour ce lieu et pour cette heure de la nuit.

Mon père me regarda sans rien dire. Peut-être se demandait-il pourquoi je voulais sortir de moi-même, et pour aller où. Puis il me demanda quel était le livre que ma mère était en train de lire. Je le lui dis, et il fit un geste d'approbation. Il réfléchit un moment, puis se laissa aller à un monologue.

« Un roman d'amour, dit-il d'un ton méditatif. C'est une grande tentation que celle de tomber amoureux. Moi aussi, de temps en temps, j'ai l'impression que je ne peux pas m'en passer; ce qui veut dire que l'amour doit bien donner un certain plaisir, malgré les soucis qu'il procure. L'amour est un peu comme la vie; d'ailleurs, il en suit les paraboles et les changements. Leurs débuts sont pleins de joie et d'espoir, et on se sent alors capable de conquérir le monde. Mais, dans les deux cas, le bonheur ne dure pas longtemps, car on finit par s'habituer à ce que nous sommes et à ce que nous avons; le désir finit par s'éloigner, puis l'ennui nous envahit. A l'âge mûr la vie et l'amour ne sont presque faits que d'habitudes; nous vivons pour éviter les soucis, et non pour le plaisir. Jalousie, défiance, crainte d'être abandonnés : ces sentiments s'attachent à la vieillesse de l'amour comme les maladies s'attachent à la vieillesse du corps. Parmi toutes les décrépitudes, celle de l'amour est la plus désagréable. »

Il se tut un instant, puis se remit à parler, comme s'il se racontait à lui-même une vieille aventure.

« Un amour qui se termine ressemble à la bonace, quand on est à bord d'un navire qui ne parvient pas à rejoindre la côte. Tout est calme et ennuyeux; on voit la terre, on voudrait débarquer, mais le navire n'avance pas parce que le vent ne souffle plus. Les passagers et les marins sont alors envahis d'une étrange langueur ; les vivres et l'eau n'ont plus la même saveur. Celui qui pêche ne sait que faire des poissons qu'il prend et est poursuivi par des pensées qui ne l'abandonnent jamais. On vit, mais comme à regret ; et même quand on s'efforce de désirer, de manière à sortir de cet état, ce sont des désirs éteints et sans direction qui apparaissent. A la fin, on s'allonge sur la couchette de sa cabine, et on ferme les yeux, attendant la fin de la bonace.

– Mais quand finit-elle ? » m'exclamai-je d'une voix toujours trop forte. Mon père sortit de sa rêverie ; il me regarda du coin de l'œil, ôta son doigt de la page, posa le petit volume près de lui, se leva pour aller dormir. Passant près de moi il s'arrêta, comme s'il hésitait, et je sentis qu'il était sur le point de me faire une caresse ; mais il dut se reprendre car il s'éloigna, et se tourna avant de sortir pour me dire simplement : « La vieillesse ne finit pas, si ce n'est avec la mort. » Et il disparut dans ses appartements.

Resté seul, la mélancolie m'envahit. C'était donc ça, ce que je devais attendre de la vie : que ma passion devienne une fleur fanée ? Je frissonnais à cette pensée. Pourquoi étais-je si différent d'eux ? Il ne me vint pas à l'esprit qu'une trace de divinité m'habitât. Je me réfugiai dans ma chambre, et un désir affligé me prit de la jeune fille qui dormait en bas, enveloppée dans les ténèbres, seule dans le lit où nous avions roulé et nous étions serrés l'un contre l'autre, nous appelant par notre prénom. Avec difficulté je m'interdis de retourner la voir, me rappelant ma promesse ; et je regrette encore ma résolution. Peu de temps après, elle quitta la maison, suivant son mari, et je ne la revis plus.

Ce dialogue nocturne devait rester gravé en moi comme une sorte de testament. Quelques mois après, la bonace de mon père prit fin, et le vent de la mort l'envoya s'écraser contre un rocher dont il n'avait pas soupçonné l'existence.

J'allai le voir sur son lit de mort, au centre de la chapelle ardente. Son visage avait pris un air curieusement affable, et sa mâchoire s'était détendue comme s'il n'avait plus besoin de surveiller ses gestes et ses sentiments. Je me demandai s'il n'avait pas trouvé dans un quelconque livre une définition convaincante de la mort, et les conseils utiles pour savoir comment l'affronter et se comporter en sa présence. Ou peut-être la mort requérait-elle une absolue spontanéité, et n'était-il pas possible de jouer la comédie une fois qu'elle était là. Je ressentis un élan d'affection pour lui et pour sa sincérité retrouvée. Je sortis de la pièce et de la demeure paternelle, et parcourus la ville de long en large.

Je marchai toute la journée, et le soir je me rendis à un concert public. Je ne sais ce qui me poussa vers cet endroit; peut-être la vue des gens heureux et élégamment vêtus qui entraient dans l'église transformée en salle de concerts. Je m'assis dans un coin, loin de l'orchestre, proche de la sortie, ne sachant pas si je resterais longtemps. Je regardais les femmes, avec le désir de vie qui renaît après avoir approché la mort.

Le pianiste entra pour rejoindre les autres musiciens. Je me distrayais en contemplant le plafond de l'église, si bien que les premières notes de l'orchestre me surprirent, me portant tout de suite vertigineusement haut, dans les replis prodigieux où j'avais alimenté la voix qui m'assaillait maintenant – me souvenant de ce qui arrivait au-delà de la réalité de tous les jours. Peut-être était-ce cela que je cherchais dans les galopades et dans les jeux d'escrime; ou peut-être était-ce du regret de cette voix que naissait le besoin de larmes de ma mère. Je m'aperçus que mon visage était complètement inondé de larmes; le début du concert avait produit cet effet.

Quand le piano-forte intervint, j'eus l'impression de percevoir mon dialogue avec mon père, dans la nuit de notre rencontre. Tout se trouvait là-dedans, et on ne pouvait pas dire mieux. L'orchestre tonnait dans un crescendo inexorable, et le piano continuait son œuvre de persuasion étouffée et résolue. Je me reconnus, dédoublé dans ma propre âme; j'étais comme ça depuis toujours. J'avançais à l'aveuglette, comme l'orchestre; et un instrument, arrivé en retard, tentait de rétablir un peu d'ordre. Lui aussi semblait être contaminé par l'impétuosité des violons, et il finissait par élaborer leur mélodie.

C'était cela, l'homme? J'avais conçu un être qui répète l'instinct sur le ton de la raison? Sans doute cherchais-je toujours la même chose, à des niveaux différents et férocement contradictoires, qui dialoguaient depuis que le monde existe. Aurais-je jamais trouvé l'harmonie que je cherchais à atteindre? Je ne voulus pas attendre la fin, quand les notes cessent de s'envoler, que crépitent les applaudissements des spectateurs, et que l'âme de chacun se sépare soudain du mouvement qui l'avait miraculeusement uni à l'âme de tous. Je me levai et quittai l'église, suivi par la voix du piano-forte qui imposait toujours plus sa domination sur l'orchestre. La nuit de Paris m'accueillit comme un fugitif.

Après la mort de mon père, je vécus presque toujours hors de chez moi. J'étais devenu très ami avec André qui m'introduisit dans son entourage au quartier Latin. Ses amis étaient très différents des personnages que je rencontrais au cours des réceptions qui avaient lieu chez moi : ils lisaient en groupe, discutaient avec chaleur, écrivaient des articles de presse et d'encyclopédie, buvaient et s'enivraient, jouaient aux dés, faisaient la cour aux filles, et ne prêtaient pas attention aux vêtements qu'ils portaient. Ils fréquentaient des personnages qu'il me semblait inouï de côtoyer : marchands et tonneliers, typographes et peintres, chanteurs d'opéra et saltimbanques, poètes. J'étais fasciné par ce spectacle de variété humaine et j'allais d'un monde à l'autre, sans bien savoir ce que je cherchais.

Je tombai amoureux d'une modiste que j'avais rencontrée par hasard, et que je suivis jusqu'à la porte de chez elle, rue Saint-Jacques. Nous nous rencontrions quand son mari n'était pas là; je me glissais chez elle sans faire de bruit. Nous faisions l'amour en silence, dans une suite de soupirs fébriles, craignant d'être surpris. L'image et la douceur de son corps restaient au fond de mes yeux et sur ma peau quand je me rendais sur la rive droite, pour voir jouer aux échecs les philosophes qui se retrouvaient dans un café de la place Royale. Puis je rejoignais André, et nous croisions l'épée dans les jardins du Luxembourg. Moi, Dieu, dans mon vieil âge, j'eus une jeunesse heureuse.

Le siècle touchait à sa fin. Je ne me contentais pas de vivre à Paris mon adolescence; une autre partie de moi, qui avait perdu le souvenir d'elle-même, allait rendre visite à des écrivains, leur donnant des idées pour élaborer des philosophies de l'histoire où je finissais par ne plus me reconnaître. Je ne parvenais pas à rester en place; je parcourus le monde, changeant de nom et d'état, je vis les forêts américaines, les fjords scandinaves; j'allai jusqu'à l'Orient et j'en reportai des informations sur les lointains cousins que j'avais perdus de vue.

J'eus un choc quand les hommes arrivèrent à maîtriser le courant électrique, l'une des expressions les plus anciennes et durables de mon être. Je retrouvai mon âme, dans l'anxiété des extrêmes qui se touchent et se séparent.

Au cours d'un carnaval à Venise je fus surpris de constater chez les participants une nostalgie de l'époque où chacun était étroitement dépendant des autres. J'avais créé l'individu pour contrebalancer la force du nombre; je le harcelais pour le convaincre d'être un et grand, solitaire et altruiste, humble et fier, un dieu en somme – mais il était réticent à cette idée. Les déguisements de ce carnaval me firent penser que le métier d'acteur est celui qui correspond le mieux à la nature humaine. L'homme est heureux s'il porte un masque et tient son visage caché. En d'autres périodes j'avais cru que, de cette manière, l'humanité voulait cacher une physionomie complexe et un réseau de profondes pensées, et, au contraire, elle avait honte de ne pas avoir de but dans le monde et masquait ce vide comme elle le pouvait. La médiocrité serait sans importance si elle n'aspirait pas à la grandeur.

Derrière le masque qui dissimulait mon identité divine, je me mêlai à la foule. Je me vis en reflet dans l'eau d'un canal, et m'admirai, mandarin chinois enveloppé dans un vêtement de soie, sous un large chapeau orné de décorations. Mais qui était, à côté de moi, la femme déguisée en paysanne transalpine, et qui avait du mal à me suivre dans ses sabots de montagnarde? Pourquoi tant de joie dans notre manière de nous connaître et de nous méconnaître, et cette allégresse quand nous nous dévêtîmes, le soir, comme si les corps offraient le déguisement le plus beau? Venise flottait sur l'eau, et rien ne semblait la surprendre.

Une décharge était passée dans le corps même du monde. J'étais en quelque endroit du continent américain, occupé à contempler son antique et intacte beauté. Je me demandai : « Ne vaut-il pas mieux voir l'aurore d'une vie et d'une société plutôt que de méditer sur les restes d'un volcan, les dommages que la lave cause aux villes voisines, et peut-être écrire un poème sur le triste sort du genre humain et de la nature tout entière? Est-ce l'optimisme, ou le pessimisme, qui est d'essence divine? » Je n'hésitai pas à opter pour la première hypothèse. Le pessimisme m'apparut comme une qualité grise et servile, vouée aux racontars sur le destin des hommes. « Le volcan ne te plaît pas? Fuis donc vers la plaine! A dos de cheval, parcours une étendue d'herbes sillonnées par une rivière grande comme la mer! » Je fus submergé de nouvelles en provenance d'Europe. Des gens qui n'avaient jamais été admis dans les demeures nobles descendaient dans les rues de Paris. André était l'un des protagonistes des nouveaux événements, et il s'exerçait à l'escrime oratoire dans l'amphithéâtre de l'Assemblée nationale. J'allais l'écouter, me mêlant à la foule des bourgeois et du peuple. Ma mère s'était réfugiée en Angleterre et, de là, elle m'avait écrit en vain, m'enjoignant de la rejoindre. Je suivais les événements, sans toutefois y prendre une part active; je me demandais pourquoi tant de gens se soulevaient en même temps et dans le même sens; cela ne paraissait pas bon signe. J'espérais qu'André puisse arriver au pouvoir et ramener le monde à la raison.

Je m'étais à nouveau fait des illusions. Un jour, il fut arrêté avec ses amis et enfermé dans un sous-sol où s'entassaient les prisonniers politiques. De là on ne sortait pas, si ce n'est pour être conduit à l'échafaud. Je n'hésitai pas à aller le trouver, bien que ce fût le moyen le plus sûr pour être à mon tour arrêté. Je pus entrer dans une grande cave plongée dans l'obscurité et, sur le moment, je désespérai de retrouver mon ami; puis une main saisit mon bras et une ombre surgit devant moi. C'était lui! Nous nous étreignîmes et nous mîmes à part pour parler. J'avais tant de choses à lui demander, et j'avais du mal à formuler mes questions; mais toutes se réduisaient à une seule : pourquoi donc es-tu là au lieu d'être dehors, honoré de tous? Il devina mon tourment et me donnna lui-même la réponse : il faut faire son possible, mais le résultat ne dépend pas de nous. Toutes les batailles peuvent être perdues, sauf celle qu'on livre contre soi-même. Nous chuchotions dans l'ombre, comme deux conspirateurs occupés à refaire le monde.

Quelques jours plus tard André fut guillotiné, et j'étais moi-même en danger; je m'enfuis de Paris et me réfugiai aux alentours de Chantilly, en compagnie de deux amies qui étaient venues me rejoindre. Je m'habituai bien vite à cette nouvelle vie, certes non dépourvue de charmes. Je lisais et allais à la chasse, chevauchais et m'exerçais en plein air à l'épée et à la carabine. Des crépuscules estivaux flamboyaient, ravissants; je m'asseyais dans le jardin pour écrire mes pensées sur un cahier, et j'entendais les femmes rire et converser pendant qu'elles préparaient le dîner. Nous dormions tous les trois ensemble. En me réveillant je les voyais enlacées dans leur sommeil, poitrine contre poitrine, leurs cheveux mêlés, blonds et bruns ensemble. La vie champêtre était égayée par les études et les jeux amoureux.

Je vivais dans un tel bonheur que j'oubliais qui j'étais, et j'aurais pu continuer de cette manière pendant toute ma vie, plongé dans l'inconscience qui enveloppe les mortels et les réveille dans des sursauts d'angoisse. Mais, au plus profond de moi-même, je cherchais un événement, une occasion de quitter l'oisiveté heureuse de Chantilly.

C'est au cours de cette attente que m'arriva une lettre de ma mère venant de Londres. Elle s'était remariée à un marquis et avait eu un fils de lui; j'avais un petit frère! Mais la deuxième partie de la lettre contenait une révélation inattendue. Dans un long récit, qui me sembla inspiré du style des romans qu'elle préférait, ma mère m'avouait une ancienne faute amoureuse; et j'en avais été le fruit. Ainsi, le vicomte n'était pas mon père; mon vrai père était un palefrenier pour qui elle avait eu une coupable passion et qui avait depuis longtemps disparu de sa vie.

Je pensai immédiatement à ma domestique, et au désir violent que j'avais éprouvé pour elle. Ainsi donc s'était révélée en moi mon ascendance plébéienne? Voilà pourquoi je m'étais senti si différent des miens; dans mes veines bouillait un sang vulgaire, et mon être était pétri de rudesse. « Bâtard! me dis-je, bâtard! » Le mot me blessait, mais je dus m'y habituer.

C'était le soir, un beau soir d'automne. Les voix de mes amies me parvenaient de la cour, et pénétraient dans le bureau où j'achevais de lire la lettre de ma mère. Une pie s'approcha de la fenêtre ouverte, regarda à l'intérieur de la pièce, poussa un cri rauque, et s'envola. Mon regard alla vers le portrait d'un ancêtre que je savais maintenant ne pas être mon ancêtre; puis il se posa sur un livre de poésies ouvert sur le bureau, à la page que j'étais en train de lire. Je me souvins du vers que j'avais appris ce jour-là, et qui parlait de la vie d'une manière douce et tranquille; et dans mon esprit s'installa une mélancolie glorieuse, semblable à cette saison de l'année. Je fus sur le point de me souvenir de moi-même; mais dans la pièce firent irruption mes nymphes, et je fus emporté dans leurs jeux amoureux.

Quelques temps après, l'écho des hauts faits de Napoléon en Italie arriva jusqu'à nous; je quittai immédiatement mes amies et courus m'enrôler. Je traversai la France et rejoignis l'armée dans le Piémont, me mêlant à l'ivresse de tous ceux qui faisaient partie de cette aventure. Le général apparut à tous comme un archange descendu pour reporter la justice sur terre, avec l'audace désintéressée de la jeunesse; la vieillesse fut laissée derrière nous, dans le crépuscule des siècles.

Nous combattions sans peur, comme si la mort n'était qu'un futile incident de parcours. Nous arrivâmes à Milan, et deux mois plus tard nous en sortîmes pour donner l'assaut à Mantoue, au milieu de la joie des assiégés qui ne demandaient pas mieux que d'être vaincus par nous. Puis nous franchîmes les Alpes et nous dirigeâmes vers Vienne.

Un matin d'hiver il y eut une escarmouche entre mon détachement et une avant-garde de soldats autrichiens à cheval. Je revois les montagnes à l'horizon et les sombres forêts de conifères près de nous ; je revois la crinière de mon cheval et le lac glacé au pied des montagnes. J'étais en train de crier un ordre. Soudain, je sentis le projectile se diriger vers moi, pendant un temps qui semblait interminable ; pourtant il était rapide et indistinct comme une pensée mortelle. « Allons, ne m'atteins pas », me surpris-je à penser, avec un sentiment d'ennui renfermé et féroce.

Un instant après j'étais étendu sur l'herbe et j'avais commencé un voyage intérieur compliqué, duquel je me réveillai à l'hôpital. J'entendis marmotter de l'allemand dans l'autre pièce, et quelqu'un répondait en français. Dehors, j'aperçus par la fenêtre un arbre recouvert de neige. Je me souvins alors que la mort m'avait effleuré. Je laissai traîner mon regard sur la blonde infirmière qui entrait et sortait de la chambre. Je planai au-dessus de mon lit telle une nymphe sur un lac.

« Tu es un bâtard, me dis-je dans un mouvement d'allégresse. A quoi t'attends-tu ? Dieu lui-même ne sait pas de qui il est le fils et qui étaient ses ancêtres. C'est pour ça qu'il aime tant la vie. »

Tout désir de conquête militaire m'avait quitté.

Mon être s'était évanoui sur le champ de bataille, près du lac. Je renaissais avec un esprit plus vaste, celui qui retrouve le vrai passé. Je me fondis dans divers individus, ce qui est propre à ma nature.

Les années passèrent comme le vent. Des souvenirs égarés me revinrent, comme les feuilles renaissent au printemps.

J'étais dans une ville allemande sur les bords d'une rivière et je regardais de ma fenêtre la rue, en bas, où les enfants couraient en poussant des cris de joie. Je pensai que les hommes auraient dû redevenir comme ces enfants, mais sans rien perdre de leur raison et de leur force.

Puis, émigrant vers le Nord, au cœur de la mélancolie boréale, je me retirai dans la solitude. J'avais compris la peur de la vieillesse qui avait envahi le monde; l'homme craignait de s'être éloigné du giron maternel. Je m'approchai de la nature et m'aperçus que j'avais changé d'attitude à son égard. Je passais dans les bois et les plaines comme si j'étais l'élan et le souffle du monde; tout semblait teinté de lumière céleste. J'étais rempli de nostalgie, et je ne savais pas si c'étaient les forêts ou ma propre enfance que je regrettais.

Je me suis alors tourné vers les poètes, ces hérauts de la nouvelle jeunesse du monde. C'est ainsi qu'eut lieu ma rencontre avec Hölderlin.

J'étais revenu en Allemagne, sur les rives du Neckar, entre collines et vignobles. J'apparus devant un jeune garçon à la tête frisée, un jour où mes teintes changeaient dans les champs où les moissons ondoyaient; il me vit et s'attacha à moi pour ne plus me quitter. Il pensa que j'étais l'Éther qui enlace la planète, ou le cheval qui s'ébroue, ou le cerf qui passe le torrent à gué; il m'entendit dans le vacarme que fait la rivière au printemps, semblable à un poulain qui galope; il m'aperçut dans le visage de la femme dont il était tombé amoureux. Quand je le revis, des années plus tard, je lui confiai la charge de chanter le retour de la divinité dans l'univers. Je ne m'étais pas attendu à l'effet qu'allait produire mon commandement : son esprit en fut bouleversé.

Je me rendis compte de sa folie un jour que je m'étais jeté dans la Garonne pour me baigner : il se promenait là et me reconnut. Il était depuis quelque temps à Bordeaux, précepteur du fils du consul de Hambourg, et me sembla pâle et souffrant. Il ne parut pas étonné de me voir, comme s'il m'attendait; et il ne cessa de répéter, d'une voix altérée et extatique :

« Tu vois bien que j'avais raison : les dieux passent parmi nous puis émergent de l'eau des rivières. Et ainsi revient le jour! Maintenant ne pars pas, car je crains que la nuit revienne. »

Son aspect me préoccupa tellement qu'au lieu de lui répondre je me rhabillai en toute hâte et l'accompagnai en ville, ou je cherchai à le convaincre de se faire examiner par un médecin. Nous nous échauffâmes en discutant sur la place du théâtre, au milieu des femmes qui revenaient du port, leurs sacs remplis de poissons. « Je ne veux pas voir un médecin ! » criait Hölderlin en allemand, ses pommettes enflammées par l'irritation. « Te paraît-il concevable que le Dieu retrouvé s'occupe d'une chose semblable ? Fais-moi prendre mon envol, plutôt ; fais de moi un demi-dieu ! j'ai presque l'impression de parler avec Goethe. »

Je me refermai sur moi-même, embarrassé, et il me demanda d'un ton hésitant :

« Tu l'as vu ? tu l'as rencontré récemment ? Alors, c'est pour ça que je te parais imparfait. Tu me vois inférieur à lui ! Dis-moi donc la vérité ! »

Je ne savais pas bien quoi lui répondre. Goethe était extrêmement adroit pour m'éviter chaque fois que je me proposais de lui parler. Et pourtant, il était si près de moi ! Quand je lui apparaissais dans la poésie, il se mettait à étudier les métamorphoses des couleurs et des plantes ; si je me montrais dans l'enchevêtrement labyrinthique des formes naturelles, alors il revenait du côté des poètes. Sa vie balançait entre des extrêmes par crainte de tomber dans l'abîme de l'extase, comme cela arrive souvent à ceux qui ne réussissent pas à se libérer de moi. Lui aussi aurait conseillé à Hölderlin de voir un médecin ; mais pour moi, je fus incapable de le convaincre.

Notre rencontre se termina dans une taverne, devant un repas médiocre. Hölderlin ne toucha pas à la nourriture, perdu dans un ressentiment extatique. Affamé comme je l'étais depuis ma baignade de l'après-midi, je dévorai la viande filandreuse et l'arrosai d'un vin âpre. Il me contemplait, un peu incrédule que le Dieu dont il avait rêvé depuis son adolescence manifestât une faim si vulgaire, au fond d'une pièce mal éclairée, dans ce sud-ouest de la France où le destin l'avait conduit. Le vin stimula mes souvenirs et je lui racontai une singulière aventure que j'avais vécue en Italie deux ans auparavant.

Je séjournais alors à Bologne et passais souvent dans les cuisines, attiré par l'excellente nourriture de cette ville ; une femme, peut-être énervée par mes allées et venues, laissa tomber le couteau avec lequel elle s'apprêtait à écorcher une grenouille. L'instrument tomba sur la cuisse de l'animal qui gisait dans un plat en zinc; la grenouille eut un sursaut et la femme poussa un cri. Son mari, un savant, accourut d'une autre pièce et déclara que l'incident était une découverte des lois de la nature; chez les animaux se trouve cachée de l'électricité! Le monde fut galvanisé par cette hypothèse qu'il ne réussit jamais à démontrer. Je restais inutilement auprès de lui, détournant son attention de ces cuisses de grenouille. Puis quelqu'un me vint en aide : un autre professeur italien prouva que les grenouilles étaient seulement des conducteurs de l'électricité; l'acier et le zinc avaient trouvé un interprète humide, et moi, électricité, je sautais d'une chose à l'autre, avec l'aide de la délicate substance qui rassemble la vie.

Hölderlin ne m'écoutait plus. Il avait commencé à écrire des vers sur un carnet. Mon message fut perdu. J'avais voulu lui dire de ne pas prendre les choses pour leur apparence; Dieu n'est pas ce que nous désirons qu'il soit, exactement comme une grenouille n'est pas une réserve de courant. Je renonçai à le convaincre et partis me coucher, le laissant un peu effaré et rêveur. Le lendemain matin, il avait déjà quitté Bordeaux, et personne ne savait où il était allé.

C'est seulement beaucoup plus tard que je sus ce qui lui était arrivé. Il avait pris le chemin de Strasbourg, à pied, et pendant son voyage il avait donné de nombreuses preuves de son étrange et douce folie. Plus tard, de retour dans sa ville natale, il s'était retiré dans un moulin, et c'est là qu'il avait passé, solitaire, le reste de sa vie. Bien qu'apitoyé par son sort, je n'allai pas le trouver; je pensai à lui comme à un ami malchanceux auquel notre rencontre n'avait pas été bénéfique. L'idée de ne pas être Dieu l'avait rendu amer, et il s'était enfermé dans le silence, comme un aigle dans son nid. Il se préoccupait plus de lui-même que de moi, mais je l'aimais tout de même.

Les hommes s'étaient mis à construire une quantité de machines. Peut-être espéraient-ils que celles-ci les auraient-

tôt ou tard rendus meilleurs. Une partie de moi-même fréquentait les inventeurs d'instruments et les nouveaux enfers des usines qui remplaçaient les anciens enfers des campagnes. Si je méditais pour moi-même, quelque esprit habile m'accostait dans le murmure des forêts ou dans le silence d'une pièce à l'aube. Je ne réussissais plus très bien à m'exprimer en musique; la surdité avait frappé les meilleurs.

Comme autrefois les espèces animales, les classes sociales se déchiraient maintenant pour dominer le monde. Les bourgeois, actifs et nerveux comme les mammifères, n'avaient plus de rivaux et semblaient retourner un vieux terrain duquel sortait de tout. Des torrents humains se déversaient sur les villes. Dans un faubourg, il m'arriva de revoir le soldat blessé que j'avais laissé dans l'hôpital autrichien, aux prises avec la réminiscence divine. Renonçant aux armes il s'était voué à une philanthropie active, était parti pour l'Angleterre, comme sa mère, et avait ouvert une filature où travaillait une multitude d'ouvriers. Il s'était marié et menait une vie vertueuse, consacrant son temps libre à ses enfants et à sa femme. Je ne perçus en lui aucune trace de son libertinage d'autrefois; sa passion elle-même semblait s'être modérée. Il me dit que j'aurais dû le fréquenter plus souvent et raviver le feu de son âme.

Au moment précis où j'allai le retrouver, des événements se produisirent qui l'éloignèrent de moi. Les ouvriers de la filature modèle qu'il avait construite s'étaient révoltés et avaient donné l'assaut aux installations, détruisant les métiers; il se promenait effaré sur les lieux de la révolte, suivi comme son ombre par une poignée de gardes. J'avais d'autres choses à faire, et je n'attendis pas qu'il se calme; avant de m'en aller, je lus sur ses lèvres ces phrases : « Et dire que j'ai tant fait! J'ai été comme un père pour eux! »

« Eh bien, ai-je pensé, n'y a-t-il que toi qui aies le droit d'être un bâtard? Qu'est devenue cette joie qui te rendait sympathique? »

A présent, il aurait pu expliquer au vicomte pourquoi l'homme veut sortir de lui-même, que ce soit pour construire des machines ou pour les détruire. C'est parce qu'il n'est pas heureux! – et parce qu'il sait obscurément qu'il n'a pas accompli sa mission. Mais le vicomte avait bien d'autres sujets de préoccupation, là où il était, sous terre, que celle de donner vie à une descendance innombrable et filiforme.

Quatrième partie

Dans la nature que j'avais créée s'avançaient des visiteurs qui ne daignaient même pas me jeter un coup d'œil.

Armés de loupes et de carnets, ils examinaient les feuilles des arbres les unes après les autres, étudiaient les plantes, divisaient la faune en espèces, remettaient en pleine lumière les fossiles et reconstruisaient des arbres généalogiques d'animaux à demi imaginaires. Nous nous rencontrions sur une île ou sur les rives d'un fleuve et chacun continuait de son côté, comme des étrangers qui se croisent dans une antichambre.

Pendant longtemps j'avais voulu les ignorer ; et certes je ne pensais pas qu'ils s'étaient donné la même mission que celle que j'avais confiée aux philosophes, aux musiciens et aux poètes. Je les considérais comme des techniciens du nettoiement qui remettent un semblant d'ordre à force de répertorier et de collectionner les plantes dans les jardins, les os de reptiles dans les musées, les manuscrits dans les bibliothèques. Ils exhumaient de tout : les crânes des hominidés, les corps des habitants de Pompéi conservés dans la lave, des métropoles funéraires, des arbres carbonisés. C'était comme s'ils avaient fouillé dans une malle familiale.

Bref, je ne me sentais plus vraiment chez moi dans la nature. Je me plongeai dans la vie citadine, sans doute pour trouver l'oubli de moi-même et de mes problèmes. Comme d'autres solitaires mécontents, je cherchai refuge au milieu de la foule.

Je me rendis à Boston, à Londres, à Pétersbourg. Je fis la connaissance de romanciers tourmentés qui écrivaient la nuit et finissaient par regarder à l'intérieur d'eux-mêmes, comme le font ceux qui, malgré l'obscurité, ne trouvent pas le sommeil. Je me sentis étouffer et préférai revenir parmi la foule pour me laisser ballotter par le courant humain.

Je fus tenté par l'argent et la richesse. Je pénétrai dans la vie d'un banquier et passai des nuits blanches avec lui à compter ses gains. Je fus saisi d'exaltation à l'idée de tout cet argent qui attirait mon regard, rassemblé en grappes lumineuses. Mais l'excitation fut brève et fit bientôt place à un sombre ennui. Amasser des avoirs me sembla une occupation détestable. Les gens qui font des comptes se regardent-ils dans la glace?

Une fois, seulement pour en faire l'expérience, je me glissai dans la peau d'un assassin de femmes, et j'en sortis bien rapidement, dégoûté. Il n'y avait rien à découvrir là. Il est infâme et stupide de poignarder les gens, caché dans un coin de rue; et quel plaisir peut-on connaître en possédant une femme par la violence? J'allai rejoindre un ivrogne qui dormait sous les ponts, et fus incapable de supporter la puanteur de ses vêtements. « C'est bien cela, me dis-je. Les hommes, je ne les comprends pas, qu'ils soient riches ou pauvres. »

J'eus un désir d'air pur et partis pour Vienne afin de jouir de la vue de l'ancienne ville, et de l'amabilité de ses habitants. J'avais besoin de retrouver les bonnes manières, après l'expérience des métropoles peuplées de voleurs et de poètes. Je passai des journées à visiter des musées et à déguster des gâteaux dans un café aux fauteuils larges et aux tapis moelleux. Ce fut la seule période de ma vie où je péchai par gourmandise – à cause des tartes au chocolat – ce qui me valut une nausée qui me reprend encore si mon regard tombe sur la vitrine d'un pâtissier.

A force de pâtisseries et de plaisante oisiveté je finis un jour par tomber malade et restai prisonnier dans la chambre de la pension où je logeais. Le lendemain, j'allais si mal que je fis appeler un médecin. Un jeune homme avec une barbe noire et un pince-nez arriva; sa visite fut affectée et formelle. Nous étions tous les deux habillés de pied en cap, et sa main se faufilait sous mon gilet pour me tâter le ventre et l'estomac, tandis que je contemplais le paysage d'un tableau, m'efforçant de me dominer. En dépit de ma volonté ferme, le vomissement jaillit de ma bouche et alla se déposer sur la serviette que le médecin tenait dans sa main libre, et qui fut immédiatement refermée, repliée et déposée dans une cuvette, tandis que je balbutiais quelques mots, tel un enfant surpris à se gaver de nourriture, le visage inondé de larmes.

« Bien, bredouillai-je avec dans la bouche un goût de chocolat amer, voici que s'en est allée cette nourriture de mon estomac; me voilà libéré de la nausée et j'ai besoin de camomille. » Je regardai le médecin se laver les mains, et j'avais l'impression de m'être confessé.

L'indigestion se vengea pendant mon sommeil. Une Forme Informe vint me trouver, qui se tordait et se contractait devant moi, dans un souffle inarticulé et inaudible : cela ressemblait à une bête tapie dans l'obscurité, prête à m'avaler. J'en fus effrayé; je me réveillai en sueur et tremblant, et fus certain d'avoir vu l'inconscient de Dieu. Je devais sans doute avoir subi un traumatisme à l'époque dont j'ai perdu le souvenir, dans le chaudron gazeux des origines. Avec le recul du temps cela me faisait encore peur, comme si dans ce souvenir se cachait mon véritable ennemi, l'adversaire indestructible contre lequel je continuais peut-être à combattre.

Ce fut alors que, sans le savoir, j'inventai la psychanalyse, seul et sans l'aide de qui que ce soit. Je m'enfermai chez moi avec une réserve de thé et pénétrai dans mon esprit comme le fait l'explorateur dans la caverne. Je m'enfonçai le plus loin possible, et je ne savais où je me trouvais en raison de l'obscurité des lieux; jusqu'au moment où j'eus l'impression d'être arrivé dans une grotte de l'Antarctide, de l'autre côté du globe, au nadir de Vienne. Là-dessous étaient ensevelis des squelettes d'animaux et de plantes, comme s'il s'était agi d'une salle de jeu de mon enfance divine.

Je trouvai deux fleurs congelées provenant d'une île lointaine, après un lointain bouleversement de la terre et des eaux. En les regardant, je me souvins de l'époque où j'avais créé les organes sexuels avant les animaux eux-mêmes, dessinant des modèles qui vivaient tout seuls, et avaient été conservés dans le grand réfrigérateur antarctique. L'une d'elles était si semblable à un vagin que je m'arrêtai pour la regarder avec un certain trouble.

Je descendis plus bas, j'atteignis le point où j'étais arrivé dans mon rêve, dans les boyaux de la terre; c'est à cet endroit que la grotte se fermait. J'eus le désir de revenir là-haut, où m'attendait une tasse de thé chaud; mais je m'entêtai et restai à attendre, faisant appel à mon courage. Jusqu'à ce qu'apparaisse la Forme de mon rêve, et elle fit sentir son souffle sur moi, tel un chien.

Certes, je ne la vis pas, mais je la sentis partout en moi. J'avais l'impression de pouvoir la toucher et je savais déjà que c'était une illusion, car la chose ne pouvait être ni atteinte ni vue. C'était l'ennemi qui m'était apparu quand j'étais petit enfant, et que j'avais voulu oublier! C'était lui, c'était le Néant.

Pendant tout ce temps je m'étais efforcé de croire, comme le font les hommes, que le contraire de la vie est la mort; laquelle, en vérité, fait intégralement partie de la vie. L'une sans l'autre ne pourrait exister et toutes deux se donnent le change et se soutiennent pour Le fuir, Lui – Celui qui maintenant se trouvait en face de moi, silencieux et moqueur : la bête qui vous attend au passage, le trou où, tôt ou tard, on doit tomber – bref, le Néant, contre quoi j'avais construit l'immense baraque du cosmos.

La frayeur et le froid me paralysaient, mais je réussis à me réveiller et à revenir en arrière. Je passai à côté de squelettes de baleines que je n'avais jamais vues, et d'arbres qui avaient fini la tête en bas, je piétinai des crustacés enchâssés dans la glace et des réserves d'or et de diamants baignant dans un liquide noirâtre et poisseux qui, cinquante ans plus tard, deviendrait aussi précieux que l'or, mais cela, je ne le savais pas encore.

C'est précisément à ce moment que revint me visiter le

petit docteur de la veille. J'étais tellement bouleversé par mon voyage que je dus tout lui raconter, comme quand on vide son cœur avec un ami. Je ne lui dis pas qui j'étais, mais je lui révélai ma découverte : j'avais un inconscient! Et peut-être chacun en avait-il un. Dans mon âme, il y avait une cave et un grenier; et s'il existe un univers parallèle à celui-là, quelqu'un là-haut me visitait sans doute. Je commençais à délirer, mais il ne parut pas se démonter; il m'administra un calmant et me remit au lit. Ainsi se conclut ma première rencontre avec le docteur Freud; le lendemain, je quittais Vienne.

Vers cette époque on commença à jouer au football, et je m'amusai énormément à dessiner le terrain rectangulaire sur l'herbe verte, avec les lignes qui le délimitent. La joie d'y entrer en courant me sembla infinie; mais je ne m'y attardais pas, car à la fin des matches je ne savais à qui parler. Il était impossible de philosopher avec les footballeurs; ainsi, le grand plaisir des sens était-il immédiatement effacé.

Je tombai finalement sur quelqu'un qui allait devenir important pour moi. La rencontre eut lieu par hasard. Quelques années avant la fin du siècle, j'avais entrepris un voyage à travers les régions d'Europe; j'arrivai à Nancy puis à Strasbourg et descendis à travers l'Alsace, puis en Allemagne en passant par la Forêt-Noire, jusqu'à la Bavière. Je voyageais en train, et c'était la première fois que je passais des journées entières à voir défiler des villes et des campagnes, appuyé contre la fenêtre du compartiment ou debout dans le couloir.

Quand j'arrivai à Munich, mon âme, sans doute excitée par le voyage, était remplie de hautes pensées. Je m'assis à la table d'une brasserie cet après-midi de juin, et le liquide mousseux me transmit une joie scélérate et solennelle. Pendant ce voyage, j'avais repris conscience de qui j'étais, comme si j'avais rouvert un album de photographies ou relu des lettres envoyées longtemps auparavant à des amis. Autour de moi fourmillait une foule dominicale de gens heureux et, pendant un instant, j'imaginai qu'ils percevaient ma présence discrète. Une fanfare diffusait sa musique dans les airs; l'apothéose eut lieu quand passa un détachement de soldats à cheval, en grand uniforme; la fanfare attaqua alors une marche militaire qui fut accueillie par un tonnerre d'applaudissements. Un chœur spontané se répandit des tables vers les chevaux-légers qui s'éloignaient, au-dessus des crinières ondoyantes. Les gens chantaient – « pourquoi chantaient-ils? » me demandai-je. Peut-être parce que les cavaliers étaient beaux, ou peut-être, au contraire, à cause de l'odeur de poussière soulevée par les sabots des chevaux et qui provoquait dans la bouche comme un goût de sang?

Je ne savais pas répondre à cette question; et, parmi les gens excités et rieurs, j'avais l'air d'un Dieu perplexe devant un spectacle mis en scène par lui-même. A ce moment précis, alors que, l'air pensif et un peu mélancolique, je tenais à la main mon verre de bière, Einstein me vit et il me reconnut aussitôt.

C'était le gamin assis à la table d'à côté, avec ses parents dans leurs habits du dimanche. Lui aussi semblait surpris de la scène à laquelle il assistait, et il ne savait pas se l'expliquer. Je remarquai qu'il bégayait en répondant à une question des siens, comme s'il avait eu une difficulté de langue lui interdisant de s'exprimer naturellement. Nous nous regardâmes et je le sentis pénétrer dans mon territoire. Il me contempla avec une religieuse stupeur; j'étais sans doute venu pour observer ce qui se passait et retourner ensuite dans mes lointains quartiers? Et pourquoi avais-je eu ce geste hâtif de poser mon argent sur la table, pourquoi m'étais-je levé comme s'il avait été urgent de s'éloigner? Et pourquoi me retournais-je pour le fixer de la rue? Il me regarda partir, absorbé dans sa vision, et je savais déjà que nous nous rencontrerions à nouveau.

Quand je le revis, je venais tout juste d'acheter ma première automobile. J'étais en train de rouler à sa rencontre, et je repensais aux événements.

Quelques années plus tôt je m'étais exilé dans les forêts d'Amérique du Nord, sans rencontrer âme qui vive. Ce long isolement me permit d'éclaircir mes propres intentions : je voulais tout quitter! J'entendais désormais émigrer hors du monde. Tout devenait alors clair : les fouilles acharnées des hommes dans tous les coins de la terre, et leur façon de faire ressortir au grand jour toutes les choses oubliées. Celui qui entend partir fait un inventaire pour s'assurer de ce qu'il faudra qu'il emmène, et la science est l'ensemble des préparatifs du voyage. Cette fois encore, les hommes avaient compris avant moi ce que je devais faire.

Je me demandai pourquoi je voulais m'en aller, et je trouvai la réponse. Le monde que j'avais créé était une œuvre imparfaite, une sorte d'ébauche à perfectionner; et finalement je savais que la révision ne peut être faite sur cette planète. Ce que j'ai créé peut se détériorer, mais ne peut être effacé d'un coup, et le mélange auquel on était parvenu était désormais invraisemblable. J'étais arrivé au terme de ma tentative de me servir de l'homme pour améliorer la vie, et il pouvait seulement m'aider à partir.

Après avoir abouti à une telle conclusion, je me sentis euphorique et triste en même temps. Un jour, je voulus savoir ce qui s'était passé entre-temps. Je me documentai dans les bibliothèques, feuilletant toutes sortes de journaux et de revues, à la recherche d'un signe de ma présence dans le monde.

J'avais appris à lire les journaux. Les informations importantes n'étaient jamais en première page mais toujours dans un coin, à l'intérieur, sans aucun commentaire, comme si le chroniqueur avait été pris par surprise et ne savait que dire. Ou peut-être qu'un journal rêve aussi, ses rêves apparaissent dans l'entrefilet de quatrième page, et le chroniqueur se demande quant à lui pourquoi il a laissé imprimer cette nouvelle. Après avoir passé en revue des années entières de l'histoire du monde, je réunis un certain nombre d'informations qui ressemblaient à quelque chose. Dans de nombreux points des deux continents, des hommes qui ne se connaissaient pas avaient construit des machines pour voler, dont la forme était bizarre et l'apparence fragile. L'un des articles était illustré de dessins qui frappèrent mon imagination plus que toute description. Le vieux désir me revint de planer dans les airs comme les oiseaux et les nuages.

Je découvris que je ne devais pas aller loin : en Caroline du Nord deux frères travaillaient à la construction d'un aéroplane. Ils s'étaient préparés pour cette entreprise mais il leur manquait un mécanicien et un homme de peine; ils m'embauchèrent. Je faisais un peu de tout; pendant des mois je travaillai sous leurs ordres, dans l'attente de voir se lever dans les airs l'étrange bourdon en bois que, la nuit, on enfermait dans un hangar. Bien que nous travaillions ensemble, aucun lien d'amitié ne se créa entre nous; les deux frères s'entouraient d'un secret qui me tenait à distance. Nous ne nous parlions que pour le travail, et ils n'avaient pas la moindre idée de ce qui me passait par la tête.

Le soir je prenais le frais dans le jardin, tandis que les deux constructeurs étudiaient leurs plans chez eux; et j'allumais ma pipe. Je n'ai jamais plus fumé la pipe depuis lors, et je me souviens de cette habitude comme d'une preuve de la patience qui me soutint à cette époque. Je pensais à l'aéroplane enfermé dans la boîte sans fenêtres, pareil à un insecte endormi; et je me demandais pourquoi une chose pareille était en train de se produire. J'étais certain qu'elle était le signal d'un événement plus grand, de la compréhension duquel je m'approchais.

Un matin d'hiver, dans le crépuscule humide de rosée, je me dirigeai vers le tunnel éventé où les deux frères faisaient souffler de l'air pour simuler les conditions dans lesquelles se trouverait l'avion au milieu des courants atmosphériques; c'est alors que j'aperçus les ailes du bourdon en bois vaciller au-dessus de moi, dans le ciel embrumé. J'eus le souffle coupé par l'émotion, et laissai tomber les instruments de nettoyage que je tenais en main. Je joignis mon âme à celle du frère resté à terre, occupé à suivre le vol d'un coin du pré. Le trajet de l'engin fut assez court, et, peu après, les deux frères couraient à la rencontre l'un de l'autre, ne pensant plus à moi qui agitais les bras comme si j'avais été l'auteur du miracle : une semaine avant Noël, en ce 18 décembre de l'ère de l'homme-oiseau.

J'aurais voulu monter à mon tour dans la machine

volante, mais cela ne me fut pas permis. Il n'y avait qu'une seule place pour la conduite, et je dus me contenter de les regarder faire leurs essais, allongeant chaque fois le parcours de quelques mètres. Je nettoyais le moteur à la fin de la journée, avant de rentrer l'avion. En dernier lieu, je me dis que les hommes avaient compris que je voulais partir, et qu'ils cherchaient obscurément à me suivre. C'est pour cela qu'ils construisaient des machines qui défiaient le ciel.

C'est alors que je ressentis le besoin de m'adresser au meilleur d'entre eux. Voilà comment, un an plus tard, je me trouvais au volant d'une voiture, au cœur des vallées et des lacs, en route pour Zurich, où habitait Einstein.

Quand j'arrivai chez lui, épuisé par le long voyage, je garai l'automobile au bord du trottoir et grimpai les escaliers de son immeuble. J'eus du mal à trouver son appartement et je tournai en rond dans les étages avant d'arriver devant une porte avec son nom écrit à côté de la poignée de la sonnette. Je tirai le cordon et entendis le tintement de l'autre côté de la porte, mais il n'y eut aucune réponse, et personne ne vint ouvrir. Je sonnai encore, en vain. J'étais sur le point de revenir sur mes pas quand j'eus l'occasion de toucher la porte, et je m'aperçus qu'elle était ouverte.

J'entrai dans l'antichambre éclairée par une fenêtre qui donnait sur une cour. De l'autre côté de la pièce il y avait une porte entrouverte, et, après avoir demandé la permission d'entrer une ou deux fois, après avoir frappé avec délicatesse, je me décidai à la pousser; je m'introduisis dans une pièce obscure. Les fenêtres avaient été fermées pour accorder à Albert un peu de repos, après une nuit passée à tracer des signes sur un cahier qui gisait à présent près du divan sur lequel il s'était allongé. Un flot de lumière accompagna mon entrée. Je m'arrêtai pour ne pas le réveiller, mais il était trop tard; il bougea, se réveilla, et regarda dans ma direction.

Je ne sais s'il me vit clairement, ni comment je dus lui apparaître, debout sur le seuil, au milieu de la cascade lumineuse; mais à coup sûr les doutes qui l'avaient tourmenté se dissipèrent comme par enchantement. En entrant, j'avais soulevé la poussière du tapis qui recouvrait le sol; ses yeux perçurent le rai où s'agitaient de minuscules grains, semblable à un essaim d'insectes microscopiques. Il se souleva sur les coudes pour contempler cette apparition inattendue; je sentis qu'il savait qui j'étais, et qu'il était gagné par la même émotion que moi devant cette découverte : la lumière est composée de particules, comme une vague est faite de gouttes d'eau infinitésimales. Nous revint à l'esprit le moment où, des années auparavant, glissant dans l'air comme un dauphin dans l'eau, j'avais convaincu quelqu'un d'autre que dans l'éther courent des ondes magnétiques, comme une mer où se jetteraient des fleuves de lumière.

Je m'assis à côté de lui pour savourer la joie de la découverte. Ce fut un moment poétique, interrompu par un remue-ménage dans la rue qui me rappela le stationnement irrégulier de ma voiture. Je descendis juste à temps pour empêcher qu'on me l'enlève, mais je ne pus éviter une amende, la première d'une longue série.

Ce fut le début d'une intense amitié. Il se souvenait de moi depuis ce jour lointain dans la brasserie de Munich, et depuis lors il m'avait toujours attendu. C'était un homme d'une extraordinaire douceur, et le fait d'entrer en contact avec Dieu ne lui inspira aucune fierté. Mais très vite je me rendis compte de la façon dont il m'idéalisait.

Albert était convaincu de mon honnêteté et de mon incapacité de tricher au jeu – ce qui était vrai, mais pas dans le sens où il l'entendait. Tricher est une action blâmable et je ne la commettrais pas; mais lui, il voulait dire que je ne jouais pas – ce qui n'était pas vrai car mon univers est une immense partie de cartes au cours de laquelle chacun dissimule sa donne pour mieux pouvoir l'exploiter. Un bluff est un mensonge, même si ce n'est certainement pas une escroquerie; monter des combines acceptables fait partie des règles, puisque la vie, comme une partie de poker, ne peut pas éviter la simulation et la dissimulation. Einstein me voyait au contraire comme un ange présent au ciel et sur terre, absorbé par une construction merveilleuse, un palais enchanté où l'on jouait des musiques paradisiaques.

Je le laissai croire cela, sinon il se serait démis de mon service, et j'avais trop besoin de lui. J'avais expérimenté la difficulté de trouver un bras droit à la hauteur de la tâche. J'acceptai de porter le déguisement nécessaire pour conserver son respect et sa dévotion : celle d'un maître du cosmos à qui rien n'échappe, et qui attend que les hommes découvrent la vérité qui déjà resplendit devant lui. A force de porter ce déguisement, je finis par personnifier cette espèce de divinité. Je me réveillais avec une insolence inouïe et fixais mon regard dans la lumière du jour.

La lumière fut notre grand sujet de conversation.

Une fois, je lui confiai indirectement mon souhait de partir. Nous avions passé la journée dans le bureau, et j'avais protégé de toutes les manières possibles sa tranquillité. Le soir nous sortîmes pour une promenade et nous nous assîmes sur le banc d'un parc public, au milieu des gens qui passaient. Je scrutais du coin de l'œil son profil impassible et me tourmentais à l'idée de trouver un début à mon discours.

Une scène inattendue vint à mon secours. Une mère passa devant nous, gracieuse, tenant par la main deux jumeaux vêtus de façon identique. Albert les observa d'un air amusé, et j'inventai sur-le-champ une histoire qui eut du succès. Je lui dis que j'avais moi aussi un jumeau, et que mon sosie avait fini dans une région très éloignée, de laquelle il ne voulait pas revenir. Je peignis ce frère aux couleurs de la bonté et de la sympathie, et fus presque ému en faisant cette description, comme s'il s'agissait d'une partie de moi-même quelquefois oubliée; et j'insistai sur la nécessité de le faire revenir parmi nous. Comment s'y prend-t-on pour voyager dans l'espace? Je le vis se pénétrer de ce problème comme une éponge s'imbibe d'eau. Nous étions à la veille d'une autre nuit sans sommeil.

Quand nous fûmes revenus à la maison, il s'enferma dans son bureau, comme il le faisait souvent. Je m'installai sur un petit divan dans la pièce à côté et m'étendis, les yeux tournés vers la fenêtre d'où l'on voyait s'agiter les branches d'un magnolia; au-delà de cet arbre, je vis les étoiles se réunir dans le ciel, pour une fête nocturne des constellations. Je me souvins du moment où j'avais pensé aux musiciens et aux poètes; et du hasard qui faisait que, pour mon départ, je dusse utiliser les services de ce penseur méditatif qui, à la place des mots, employait des nombres et des symboles littéraux, et prenait la mesure de l'univers avec le courage du timide.

C'est sur cette pensée que je m'endormis et que je fis un rêve : mon jumeau m'attendait de l'autre côté du ciel avec une montre en main, et moi, j'étais à bord d'un avion et je regardais l'heure à mon tour, dans la crainte d'arriver en retard et de le trouver tellement vieilli que je ne pourrais pas le reconnaître. Je m'agitais, cette idée me rendait nerveux.

Le lendemain matin, Einstein me réveilla d'un air triomphant. Au cours de la nuit, tandis que je dormais, ou que j'étais occupé à réviser les courants marins, ou encore à réactiver quelque volcan éteint, lui, il s'était approché de la solution du problème que j'avais posé. Il avait identifié le véhicule de mes voyages; ce ne pouvait être que la lumière. Non seulement parce que c'était la substance la plus rapide à laquelle j'avais réussi à penser, mais parce que sa vitesse était constante, si bien qu'on pouvait compter sur un moyen de transport extrêmement véloce et ponctuel. Nous nous étreignîmes presque, excités par cette perspective. Le soleil se répandait de la fenêtre dans la maison, et je me souvins du moment où je lui étais apparu la première fois, nimbé de lumière. J'avais toujours eu raison de me méfier de l'obscurité!

Nous prîmes ensemble le petit déjeuner, puis je le saluai en toute hâte. J'étais impatient de mettre son idée à l'épreuve. J'eus l'impression qu'il voulait ajouter quelque chose, me voyant partir de cette manière; mais j'étais déjà loin, désormais à bord de mon train de lumière.

Ce fut un voyage instantané. En un clin d'œil j'atteignis le territoire stellaire, et j'admirai l'étendue qui m'entourait. J'arrivai par la pensée à la limite de la roue majestueuse qui tournait dans l'espace, et je m'aperçus que chaque étoile s'éloignait du centre de la roue; plus elle s'éloignait du noyau, plus elle entrait rapidement dans le tourbillon. A cette hauteur j'étais un explorateur aux confins extrêmes des lieux indiqués sur sa carte. Je regardai avec étonnement autour de moi les amas d'étoiles, certains ronds, d'autres ovales, d'autres sphériques, d'autres noueux et informes comme des gibbosités lancées dans le vide; et tous fleurissaient en l'air dans un feu d'artifice ininterrompu. Pas une étoile ne restait en place, l'univers entier explosait en se projetant vers l'extérieur; j'eus l'impression d'être dans une énorme gare avec des trains qui partaient dans toutes les directions, sans la certitude de pouvoir revenir. Je donnai un coup d'œil à la terre, et mon regard se porta sur une petite halte ferroviaire perdue au milieu des forêts russes, où un vieillard s'était rendu pour prendre un train dans la nuit, afin de chercher à me rejoindre. Je le reconnus pour avoir vu plusieurs fois sa photographie dans les journaux et pour avoir lu ses livres avec admiration : c'était bien lui, c'était Tolstoï!, mais extrêmement vieilli et bouleversé. Je le vis se plier sur le banc en bois puis mourir, sans réussir à monter dans la voiturc qui menait jusqu'à moi, après sa longue et inutile recherche; et son âme se répandit dans le pollen du vent de l'éther. Je l'appelai, mais de cette distance il ne pouvait plus m'entendre. J'adressai un autre regard aux alentours avant de revenir sur terre, et en un instant dix années étaient passées dans la planète verte, blanche et bleue.

L'atterrissage fut dramatique. Je dégringolai dans un fossé boueux, sous un ciel de plomb, à côté de corps qui semblaient immobiles, plongés dans le sommeil; jusqu'à ce que je m'aperçoive qu'ils étaient morts, et que ma course avait pris fin dans une tranchée, après une incursion ennemie. Mais qui était cet ennemi, et que se passait-il? Je me hissai au niveau du sol et déambulai dans la vaste plaine qui s'étendait devant moi. Le crépuscule tombait. Je voyais au loin, presque indistincts, les arbres d'une forêt qui prirent les couleurs du mirage. « Je dois atteindre ces arbres », me dis-je en avançant péniblement dans la bourbe mêlée aux racines; je glissais à chaque pas, pirouettais sur l'herbe où l'on voyait les sillons des récents labours.

J'eus l'impression d'être tombé dans un noir cauchemar. « Et pourtant, je connais la guerre », me répétais-je, haletant, au cours de ma marche dans la fange. « Ce n'est certes pas la première que je vois! J'aurais mieux fait de lire les journaux au lieu de m'amuser dans le cosmos; je saurais maintenant qui se bat, et contre qui, au lieu d'errer comme un fantôme dans cette pâte visqueuse. »

Je continuai sur le terrain jonché de corps sur lesquels je faisais attention de ne pas trébucher. Je sentais une odeur âcre de sang et d'excréments, et je craignis de m'évanouir dans cet enfer putride. Je m'appuyai à un arbre ravagé; je vis se mouvoir des ombres humaines à quelques distances de moi, et je compris qu'elles cherchaient les blessés pour les transporter sur des brancards vers des chariots qu'on apercevait plus loin. J'entendis alors une plainte à côté de moi. J'entrevis un corps qui bougeait péniblement et douloureusement : j'allai le secourir, mais, quand je fus auprès de lui, le soldat m'aperçut et je lus de la crainte sur son visage creusé et barbu. Je n'eus pas le temps de le rassurer, ni de faire un geste pour l'aider; sa gorge émit un mot qui se perdit en l'air, dans une imprécation tarabiscotée, ou dans un début de prière, et il alla rejoindre ses camarades dans le marais herbeux, le nez fiché dans une motte de terre. Les sauveteurs étaient désormais proches, mais ils ne le ramasseraient pas.

Je me trouvais enseveli dans les ténèbres d'une campagne inconnue, sous un ciel noir dans lequel s'ouvraient des sillons et des tourbillons d'explosions. Je tombais de haut, après le vertige astral qui m'avait ravi. « Pourquoi n'ai-je plus les ailes de jadis? » me surpris-je à penser; l'impression d'avoir été reconnu, et peut-être insulté par le soldat m'inquiétait. S'il en était ainsi, alors il connaissait mon passé et celui de l'espèce – on prétend que cela arrive aux mourants qui volent au-delà d'eux-mêmes et voient tout du monde passé et du futur, pour retomber ensuite dans leur propre néant. Le soldat à côté de moi venait tout juste d'en arriver là, et je sentais qu'il me fuyait inéluctablement; je n'aurais jamais cru possible que la mort d'un fantassin sans nom puisse me concerner autant.

Quelque chose bougea dans la boue et glissa sur ma jambe. Je fus gagné par l'horreur et je pensai vraiment repartir en volant. Mais une force intérieure m'empêchait de le faire. Je distinguai son visage, à moitié enfoncé dans la terre; je le pris sur mon dos, fermai ses paupières, lui rendis un aspect plus digne. La pluie avait commencé à tomber et avait en partie nettoyé le visage du mort. Couché sur le dos, la tête tournée vers le ciel muet, il semblait proclamer, d'un ton de défi : « A présent je suis ici, mais dans peu de temps je me séparerai en dix mille morceaux; en attendant je jouis de l'unique moment de tranquillité que j'aie jamais eu. Ici, personne ne peut m'atteindre! » Sa bouche s'était rétrécie, dans une grimace. J'enlevai un grumeau de boue de son oreille et me proposai de faire quelque chose pour lui, soldat inconnu de toutes les guerres passées sur ma création.

Je fouillai dans ses poches et trouvai un portefeuille humide et sale, avec un sachet de tabac et une boîte d'allumettes qui, par miracle, étaient encore sèches. Les grattant l'une après l'autre, abritant leur faible flamme avec ma paume, je déchiffrai le nom et l'adresse du malheureux, écrits à la main sur un laissez-passer : *Otto Mueller, Goettfried Strasse, Vienne*. Je répétai son nom plusieurs fois. Je reposai chaque chose à sa place et remis le portefeuille où je l'avais trouvé. « Adieu Otto », dis-je à haute voix. Le nom résonna, étrange et solennel, dans cette obscurité fraternelle.

L'Autriche était donc en guerre; je savais au moins ça. J'atteignis un village et achetai des journaux, tous en langue française. C'était donc en territoire gaulois que le soldat Otto avait trouvé la mort; et, à force d'hypothèses et de déductions, j'arrivai à comprendre qui était en guerre contre qui. Les raisons du conflit me restèrent obscures, mais je ne m'en étonnai pas; je savais depuis longtemps que même ceux qui combattent ont l'illusion de les connaître.

J'allai de la Lorraine jusqu'à Vienne, survolant des champs de bataille et des pays pacifiques enfouis au fin fond des montagnes. La gaieté dont je me souvenais avait cédé sa place à une sévérité monotone et dépouillée, interrompue par des manifestations patriotiques qui emplissaient les avenues de foules vociférantes. Je me rendis à l'adresse que j'avais trouvée dans la poche d'Otto, et j'arrivai devant un tranquille et modeste quartier des faubourgs. Je me promenai devant la maison du soldat inconnu; j'avais décidé de porter à sa femme la nouvelle de sa mort, et de lui prodiguer les paroles de réconfort dont, je l'imaginais, elle aurait besoin. Mais avant de frapper à la porte je jetai un coup d'œil dans la maison, par la fenêtre donnant sur le jardin.

J'avais eu une prémonition, à en juger par la scène qui s'offrit à moi. Je vis une chambre où trônait un baldaquin blanc. Il ne me fut pas facile de pénétrer du regard la pénombre de la pièce; mais, quand les couleurs et les ombres se furent séparées, je vis se déplacer sur le lit un être gigantesque, presque comme un nuage qui se transforme en avançant. Je me rendis compte immédiatement qu'il s'agissait de deux formes en une, un homme et une femme faisant l'amour sur le lit d'Otto; j'en fus désespéré. Qui était l'inconnu qui avait envahi sa demeure alors qu'il se décomposait dans ce coin de nature où je l'avais abandonné? Je comparai la boue du front à la blancheur dans laquelle s'ébrouait cette silhouette unique et double. Je renonçai à la mission que je m'étais assignée, et retournai en ville où je m'assis dans un café du centre, réprimant un grand désir de chocolat.

Ce désir me fit renaître à l'esprit l'image du petit docteur qui m'avait visité à l'époque de mon indigestion de gâteaux. Je m'aperçus très vite qu'il était devenu célèbre dans le monde scientifique; le nom de Sigmund Freud courait sur toutes les lèvres. Je l'appris à la bibliothèque où j'étais allé pour étudier les causes de la guerre mondiale, entreprise que je ne menai pas à terme, tant et si bien qu'à la fin je me consacrai à autre chose. C'est là que je me rendis compte de l'importance de Freud.

Lisant ses écrits sur le sujet, je ne pus m'empêcher d'observer qu'il m'avait emprunté l'idée de l'inconscient; mais je ne me fâchai pas pour si peu. Aucune idée n'aurait pu passer à la postérité sous mon nom, autant que cette idée porte le sien. Ce que je lus ce jour-là m'intéressa beaucoup et je décidai de le rencontrer; je me mis à sa recherche. Certes, je n'aurais pu le trouver à aucune de ces manifestations patriotiques qui remplissaient les places de Vienne. Le docteur Freud passait son temps auprès de ses patients et de ses disciples, lisant et écrivant le soir jusqu'à une heure tardive. Je le suivis dans ses promenades en compagnie de sa femme à qui il adressait rarement la parole; il faisait de son mieux pour ne pas me voir, malgré mes clins d'œil aux coins des rues.

Finalement je me présentai chez lui, et tout d'abord il refusa tout net de me recevoir. Par deux fois il m'interdit l'accès à son bureau, me laissant faire les cent pas dans le couloir, sous le regard de sa femme et des domestiques, à peine intrigués par ma présence. J'avais choisi de ne pas déguiser outre mesure mon identité, et peut-être était-ce la raison de son refus; je persistai à me faire annoncer, n'obtenant que des expressions de compassion chez ses proches. Au bout de quelques jours, je pensai m'en aller, quand un soir la porte s'ouvrit : le docteur Freud apparut dans la pénombre de l'embrasure. Je le regardai sans souffler mot; lui aussi me fixa pendant quelques instants, puis rentra dans son bureau, laissant la porte ouverte derrière lui. J'interprétai cela comme une invitation, et le suivis à l'intérieur de la pièce; il s'assit derrière son bureau et je pris place sur un fauteuil à côté de sa bibliothèque, où s'entassait une invraisemblable collection d'ouvrages.

D'un recoin de la maison arriva jusqu'à nous le son d'un piano. Pendant toute une minute je m'abandonnai à mon jeu préféré : qui avait composé cette musique? Je la situai dans le temps sans difficulté; elle était de cette époque de bref rajeunissement de l'humanité dont je me souvenais avec beaucoup de nostalgie. J'aurais hasardé le nom de Beethoven; mais il y avait quelque chose d'autre, une trace de passage secret et peut-être définitif, un message laissé par un visiteur rempli de grâce, un frisson de danse qui me renvoyait à un autre moment. Je tambourinais le motif sur l'accoudoir du fauteuil quand je rencontrai l'œil attentif de Freud. Ma main s'arrêta au moment où il ouvrit la bouche.

« Mozart », dit-il, en détachant chaque syllabe, d'un ton de défi. Je ne pus m'empêcher de répliquer de la même manière.

« Mozart, tout à fait. J'étais justement en train d'y arriver. Mais certains passages vont au-delà de sa propre musique. En réalité, Mozart dépasse Mozart, comme quiconque crée vraiment ; comme Beethoven et comme toi. Comme moi autrefois. Je devrais m'y connaître dans ce domaine, me semble-t-il.

– Pourtant, tu ne l'as pas deviné », répliqua le docteur Freud, concluant l'échange de propos à son avantage, avec une satisfaction qui me parut légèrement infantile. « Tu es toujours le même ! J'aurais dû te faire attendre plus longtemps dans l'antichambre. Tu ne contrôles pas le monde, et une infinité de choses t'échappent. Ton omnipotence et ton omniscience ne sont que le fruit de l'imagination des hommes.

– Je suis le premier à l'admettre, m'exclamai-je. Je n'ai jamais prétendu avoir ni l'une ni l'autre. Mais toi, tu devrais me comprendre sur ce point. »

Je m'étais conformé à son ton calme, et seules mes gesticulations et ses fréquents froncements de sourcils révélaient la rudesse de la conversation. Freud avait un tic qui l'obligeait à plisser les yeux derrière ses lunettes. A mes paroles, il me fixa d'un air inquisiteur, et je ne ressentis de sa part aucune sympathie à mon égard.

« Qu'est-ce que je devrais comprendre ? » me demanda-t-il enfin avec une nuance d'âpreté.

J'eus comme un besoin d'amitié, et je m'enflammai en répondant :

« Tu ne me connais pas encore, et tu ne connais pas non plus ma nature. Tu ne sais pas comment je suis fait, et tu ne peux donc pas me reconnaître. »

Freud fut à nouveau en proie à son tic, et il évita de me regarder. « Alors, j'écoute, comment es-tu fait ? répliqua-t-il, rompant la pause.

Je ne sais même pas s'il y a eu un choix de ma part, commençai-je. Je suis né ainsi, et l'univers n'aurait pu être différent, à moins de tout recommencer. Je ne peux pas rester fixé à un endroit; si je m'apaise, je sens venir la fin. As-tu une idée du nombre d'affaires que je commence et que je porte à terme en ce moment même, et du nombre de celles dont je m'occuperai au moment où je me souviendrai de notre rencontre? Si j'y pense, je suis pris de vertiges. Je dois toujours faire et défaire, car détruire et conserver sont une même chose, et l'une ne peut donc pas se faire sans l'autre. »

« Ce n'est pas ce que je voulais lui dire, pensais-je, tandis que les mots s'échappaient irrésistiblement de ma bouche. Ce n'est pas cela! Pourquoi suis-je en train de faire étalage de mes occupations? Je cherche peut-être à l'impressionner? Je m'arrêtai, le temps d'une brève pause; Freud avait ôté ses lunettes et les nettoyait avec un mouchoir. Ses yeux, sans les lunettes, semblaient ceux d'un poisson tout juste pêché. Il profita du silence pour me demander, sans me regarder :

« Et alors?

– Et alors, je veux que tu me comprennes, continuai-je impulsivement. J'ai dû me servir de la création continue de la vie, à peine dissimulée sous le jeu des répétitions. La vie et les hommes sont obligés d'inventer, comme une rivière est poussée à couler, et même le gel ne peut pas l'arrêter. Il m'a fallu du temps pour comprendre que créer est un acte violent; va voir un enfant naître! Je reviens des champs de bataille, et je les ai vus couverts de morts, et j'ai compris pourquoi les gens vont à la guerre; parce que la guerre leur semble plus créatrice que la paix. Devant ces visions, j'en ai presque perdu l'espoir. J'ai fait une reconnaissance du ciel, et je peux t'assurer que l'univers est déjà parti, et que nous sommes tous un peu en retard. »

Cette partie de mon discours n'intéressait pas Freud, car il souffrait d'agoraphobie et ne supportait pas l'idée d'espaces aussi gigantesques. Il avait tendance à s'enfermer entre quatre murs, entouré de livres, fouillant dans les tiroirs et mettant de l'ordre sur son bureau et dans ses notes. Mais ma réflexion sur la vie et sur la mort l'avait piqué au vif; et, dès lors, il me révéla le résultat de ses réflexions sur la nature humaine, depuis le début du conflit.

Il n'y avait pas de quoi se réjouir. Freud évoqua une humanité hypocrite et féroce, une horde primitive et ressuscitée, assoiffée de sang sous de trompeuses apparences; et cette horde, alors que j'étais là-haut, mesurant des territoires d'une étendue invraisemblable, avait profité de l'occasion pour se répandre dans les plaines d'Europe. « Où es-tu quand on a besoin de toi ? » disait-il sur un ton coléreux, et se retenant à peine, oubliant que je n'ai jamais engagé de guerre contre qui que ce soit, même si je n'ai jamais pu les éviter. Il m'avait envoyé dans les cordes, et sa supériorité sembla alors écrasante. J'étais recroquevillé dans le fauteuil et je l'écoutais, souhaitant m'éclipser en un point quelconque de la nuit qui tombait partout sur Vienne. J'eus une nouvelle envie de chocolat que je réprimai aussitôt.

Je le regardai parcourir les feuillets de ses notes les plus récentes, à la lumière d'une lampe à pétrole. Cette scène m'en rappelait une autre. Je me concentrai pour la retrouver au fond de ma mémoire, et elle m'apparut finalement, limpide, comme je l'avais vue alors : le visage de Moïse assis devant son rocher, au sommet du mont Sinaï, éclairé par la flamme de sa torche. A ce souvenir je m'agitai dans le fauteuil. Nos regards se rencontrèrent. J'étais sur le point de lui dire que cela me revenait, quand eut lieu une chose inattendue : il eut un malaise.

Son teint était devenu terreux, et il ne me regardait plus. Sa main se posa sur sa poitrine, puis sur son visage, et il tomba finalement sur son bureau, tandis que son corps attendait que le malaise le quitte. Au bout d'un instant il se leva lentement, contourna la table et alla s'allonger sur un divan où il resta les yeux clos, sans prêter attention à moi. J'allai m'asseoir à ses côtés et lui pris la main; son pouls était très faible et presque imperceptible. Il était étendu sur le divan, vêtu de la tête aux pieds, et j'eus l'idée de le libérer de son enveloppe de vêtements diurnes.

Ce fut un déshabillage difficile, auquel il ne s'opposa pas, faisant preuve d'une passivité craintive. Je commençai par les guêtres qu'il portait même dans son bureau, au cours de ses lectures nocturnes; puis sa veste de drap pesant et un peu rugueux ; son gilet boutonné jusqu'en haut et immaculé ; sa cravate nouée sous son col empesé, ce qui demanda une opération particulière ; sa chemise amidonnée et sans un pli ; son pantalon à fines rayures que j'ôtai difficilement, car le docteur Freud se montrait d'une grande maladresse, étendu sur son grabat provisoire. Il resta en chemisette de coton, avec son caleçon en laine qui lui arrivait aux genoux, et ses chaussettes elles aussi en laine qui lui recouvraient les mollets.

J'eus la sensation d'accomplir un acte auquel il se prêtait comme un patient. Seuls ses sous-vêtements me séparaient de sa nudité ; je lui avais enlevé son pince-nez, et son regard de myope lançait des appels à l'aide. J'aperçus une robe de chambre accrochée à un porte-manteau, et j'allai la chercher. Freud la mit difficilement, avec des gestes prudents ; son visage redevenait normal, et son pouls était plus fort. Je m'installai dans le fauteuil, attendant qu'il s'endorme ; je l'observai pendant qu'il s'enfonçait dans le sommeil, s'abandonnant sur les coussins du divan, me montrant la fragilité d'une de mes inventions les plus hardies. Combien me sembla précaire le corps que j'avais créé ! J'eus l'impression qu'il était écrasé par quelque chose de trop fort pour lui ; son âme, peut-être ? Une âme vaste pour un récipient aussi limité ; une âme débordant ses propres frontières, allant jusqu'à tourmenter son propre territoire corporel.

Mais où était son âme ? « *Seele* », dis-je à haute voix en allemand, comme pour attirer son attention ; mais désormais il ronflait doucement. Sa tête oscillait sur ses épaules ; pendant que je m'affairais, sa robe de chambre s'ouvrit, et, très embarrassé, je m'aperçus que le grand homme avait mouillé ses vêtements d'un flot d'urine. Voilà une chose à laquelle je n'étais pas préparé. « Que dois-je faire ? » me demandai-je. « Peut-être vaut-il mieux que je m'en aille. » Je me dis toutefois qu'à son réveil Freud aurait certainement eu honte à l'idée de s'être laissé aller devant Dieu ; je devais lui épargner cette épreuve pénible. Je m'apprêtai, pour la première et la dernière fois, à changer le caleçon d'un adulte endormi.

Je ne pus m'empêcher de le regarder, même si ce fut un

coup d'œil rapide. Son pénis et ses testicules tombaient entre ses cuisses, comme s'ils s'étaient eux aussi endormis. Mon esprit fut traversé par une représentation graphique de la complexité des articulations qui se cachaient dans chaque partie de ce corps blême et inerte. Je concentrai mon regard sur le pénis, que j'étais en train de recouvrir d'un caleçon trouvé dans un coffre.

Je revis par l'esprit ce miracle construit par les mystérieux ingénieurs de la vie : les artères et le cordon spermatique, les tuniques vaginales, viscérales et pariétales, la tunique albuginée, le lobule du testicule, le vase déférent, la cloison, le corps spongieux, le corps caverneux. Et tout le reste était également et infiniment bariolé, jusqu'au cerveau d'où était parti le sommeil qui l'enveloppait à présent, en quelque endroit du *funiculus solitarius* ou du *nucleus gracilis*, d'où partait la cascade des nerfs qui tombait jusqu'aux phalanges de ses pieds, que je chaussais de ses pantoufles. Et l'âme – maintenant perdue dans quelque rêve ou fouillant dans l'arrière-boutique du corps – où était l'âme dans ce mécanisme perfectionné au point de ne plus se transformer, si ce n'est pour tomber dans la déchéance ou dans la maladie ? Je voyais un corps dans quoi était enfermé un être qui n'arrêtait pas de grandir, et poussait l'enveloppe à bouger, à se souvenir, à détruire.

« Voilà l'erreur, me dis-je. J'aurais dû créer un corps bien plus flexible, capable de contenter une âme indomptable. »

Quand je fus certain qu'il s'était tranquillement endormi, j'éteignis la lumière et fus à nouveau partout dans le monde.

J'allai chez Einstein pour le mettre au courant des résultats de ma reconnaissance stellaire. Je dus à nouveau traverser des territoires en guerre pour le rejoindre à Berlin où il habitait désormais.

Il écouta tout de suite le compte rendu de mon voyage éclair. Avec Albert, je redevenais ce Personnage universel qu'il désirait trouver en moi, toujours occupé à de mystérieuses et nobles entreprises. La seule nouvelle à laquelle il n'ajouta pas foi fut celle de l'univers qui s'étend à l'infini ;

dans son esprit ordonné, cette idée ne trouva pas place. Il était convaincu que, une fois parti, on devait arriver quelque part; mais puisque le cosmos explose sans fin, cela ne peut se faire. Je ne discutai pas ce point, car je ne l'aurais pas convaincu; et je lui demandai de m'illustrer les conclusions auxquelles il était quant à lui arrivé.

Il n'avait pas perdu de temps. Il m'informa, très heureux, que le problème du départ serait résolu beaucoup plus simplement que prévu, car la gravitation ne fonctionne pas de la façon dont on le croyait. Il avait découvert une loi que selon lui je connaissais déjà – et de fait, je m'ingéniai à l'écouter faisant oui de la tête, comme s'il me répétait des choses déjà connues. Cette loi disait que, si l'on abandonne un corps dans l'espace, il est impossible d'établir si le corps tombe vers la terre ou si c'est la terre qui va à sa rencontre, et cela était valable pour l'univers entier. Mais alors, était-ce moi qui étais parti, ou le monde stellaire qui était venu à ma rencontre? Bref, j'avais décidé de partir, ou d'être rejoint?

En outre, j'appris que, si je me déplaçais là-haut, je n'avancerais jamais en ligne droite, car l'espace s'incurverait; Einstein se perdit dans la description de collines entourant le soleil et les étoiles, et je voyais déjà un train de lumière grimper puis redescendre vers d'autres gares; et lui, il me disait que ces montées et descentes étaient l'effet du temps sur l'espace, comme la grande ondulation circulaire qui m'empêchait d'avoir la trajectoire d'une flèche. L'idée de l'espace incurvé l'enthousiasmait; nous passâmes des heures entières à nous creuser la tête pour savoir ce qui arriverait si une de mes fiancées et moi étions partis de points différents de la terre vers des galaxies lointaines. Si l'espace avait été droit, nous ne nous serions plus revus; mais puisqu'il était incurvé, nos trajectoires se seraient rencontrées. Il me le démontra avec un crayon et un papier, en ayant toujours l'air de répéter des choses que je savais avant même qu'il ne les énonce; et je me passionnai moi aussi à l'idée qu'il soit impossible de perdre de vue une femme aimée dans l'espace-temps de mon univers.

Nous parlâmes aussi de la nécessité de fonder une nouvelle religion dans le territoire où j'arriverais ; et Albert, timidement, l'annonçait pour ici-bas, rencontrant ma défiance. Qu'il aille voir les champs de bataille ! Je lui dis que la vraie religion ne craignait ni la vie ni la mort et que, certainement, elle ne pouvait trouver place dans une église. Je lui parlai de la parole que j'avais inscrite dans les lois du cosmos et des plantes. Je lui avouai ne pas être un humain, même si je devais me déguiser à chaque instant de ma vie. Je lui révélai qu'à mes yeux un millénaire était une heure, et peut-être que tous deux nous venions juste de commencer de vivre ; peut-être nous retrouverions-nous dans un coin du cosmos, scrutant le même endroit, nous répandant en conjectures sur l'espace incurvé et sur les lignes qui le coupent. Il était étrange, à nous entendre discuter, de penser que le vieux continent était à feu et à sang et que les hommes marchaient au son des canons et des fanfares. Nous étions très loin des autres, chacun de nous étant convaincu que l'autre était le guide.

Il me demanda quand je partirais, et je lui répondis qu'auparavant je voulais saluer quelques personnes et trouver celui qui écrirait mes mémoires.

J'attendais que prenne fin cette guerre interminable durant laquelle bien peu de gens semblaient avoir le temps de penser à moi. Je me consolais en allant trouver de vieux paysans et des curés de campagne ; mais ils étaient tellement accaparés par leurs superstitions à mon sujet que je les quittais rapidement pour me recueillir dans ma solitude.

Vers le terme du conflit je trompai le temps à bord d'un bateau norvégien qui pêchait le saumon près des embouchures des fleuves scandinaves ; et, un jour, j'entendis le récit d'événements confus et dramatiques qui étaient en train de modifier le profil du monde. Un marin russe embarqué sur notre navire raconta la révolution qui venait d'éclater dans son pays. Un frisson de crainte admirative parcourut l'équipage absorbé par ce récit ; et j'eus envie de voir moi-même ces événements déjà historiques. La pêche au saumon commençait à m'ennuyer et je n'hésitai pas à partir. Je choisis une nuit de décembre pour mon grand vol au-delà de la Baltique, jusqu'aux steppes figées par le froid glacial.

On sait comment on part mais on ignore comme on arrive. Au terme du voyage nocturne, je me retrouvai dans la peau d'une vieille femme. Mon nouveau corps se déplaçait avec une raide lenteur. Je savais que je n'avais dormi qu'une heure pendant la nuit ; j'avais cherché le sommeil en lisant des histoires de marins norvégiens qui pêchent le saumon ; lire était ma façon de combattre l'insomnie. A un moment donné je m'étais endormi, le front collé à mon livre ; et au réveil j'étais obsédée par Dieu, en proie à des douleurs articulaires.

Je me regardai dans la glace et me trouvai ridée; mes yeux étaient enfoncés dans les orbites, et je vis mon regard étonné. Le reste de mon corps était caché sous une lourde robe de chambre; j'avais sur ma tête un colback qui ne me quittait jamais. Je me regardai fixement, pris dans les affres de la contemplation : qui étais-je et qu'est-ce que je faisais dans ces habits, dans un pays aussi froid?

Dehors il y eut du vacarme. J'allai à la fenêtre et regardai dans la rue qui longeait le mur du jardin. Des chariots passèrent, j'aperçus les mousquetons et les têtes emmitouflées des soldats. Depuis des mois ce bruit accompagnait mes journées et, depuis le début, j'aurais voulu assister de près aux événements dont je recevais des témoignages confus et contradictoires. Je me battais désormais contre les maladies qui s'étaient abattues sur moi dans mon vieil âge; j'avais dû rester au lit et maintenant seulement je recommençais avec difficulté à marcher.

Je m'habillai avec prudence et restai attentif à ma divinité féminine dont il me restait encore à comprendre la nature. Je me demandai pourquoi je n'avais pas choisi une autre demeure humaine pour mon souvenir divin, mais je savais désormais que je ne peux même pas décider de mon destin à ma guise. L'homme joue un grand rôle lorsqu'il m'appelle à lui; dans ce cas, l'appel était venu d'une femme. Et dire que j'avais tant désiré habiter le corps et l'âme d'une jeune fille! Cette idée m'avait longtemps troublé, comme un désir maladif et fébrile. A présent, je me trouvais au contraire dans le vestige vénérable d'une jeunesse lointaine, moi qui aurais voulu être à bord du train révolutionnaire qui sillonnait la Russie, pour tout voir de mes propres yeux! La nervosité me monta au visage, sous forme de rougeurs qui laissèrent des traces sur mes rides.

« Voilà, me dis-je, Dieu devrait être dehors, là où l'histoire se fait, il devait se sentir jeune, de corps et d'esprit. Au lieu de ça il est aux prises avec les boutons de ses habits et les lacets de ses chaussures; et, quand il a fini, il a le souffle coupé ! » Je sentis mon corps de femme se plaindre de cette fatigue, et je regrettai de ne pas avoir accueilli Dieu du temps de ma splendeur passée.

Je m'assis sur mon lit, fermai les yeux, et poussai un profond soupir ; que je sentis monter dans mes bronches et mes poumons, jusqu'à ma gorge et mon palais ; une éphémère partie de moi me quittait. Je respirai encore, et une douce tranquillité commença à me gagner. Respirer m'était précieux pour sortir de la prison de mes maux et revenir dans le monde ; à ce moment précis, comme à travers une porte ouverte en grand d'un seul coup, j'entendis des pleurs d'enfant qui provenaient de l'autre pièce. C'est Dunja : elle pleure et tu ne l'entends pas ! Je me précipitai auprès d'elle, oubliant mes malheurs.

Mon arrière-petite-fille sanglotait dans son sommeil, en proie à un obscur tourment. J'entrevis Tania la domestique, endormie sur un fauteuil du couloir, et j'allai m'occuper moi-même du nourrisson. Je la pris dans mes bras et la soulevai jusqu'à ma poitrine ; ses pleurs s'apaisèrent immédiatement et le petit corps se tendit vers cet obscur fournisseur de nourriture qui, pour elle, représentait le monde ; je la portai dans la cuisine, réchauffai le lait, et la nourris dans le silence de la maison.

Après avoir avalé le lait du biberon, Dunja commença ses nombreux et gesticulants remerciements au monde qui l'avait nourrie et sauvée du gouffre qui s'ouvrait en elle quand la faim la tenaillait. Elle souriait tandis qu'elle cherchait à déchiffrer les traits de mon visage. Pourquoi donc avais-je tant de rides ? Je ne ressemblais pas à l'image chevelue et parfumée, à l'odeur de peau et d'herbe, d'où provenait la tiède vague de lait qui chaque jour se répandait vers elle. A cet instant, comme évoquée par le souvenir dans les yeux de Dunja, Tania se précipita dans la cuisine, effrayée de ne pas l'avoir trouvée dans son berceau, et cachant son propre sentiment de faute sous des gestes impérieux. Dunja disparut dans ses bras, ange ravi dans son océan de nuages ; et je me retrouvai seule, avec à nouveau mes douleurs lombaires. Je revins dans ma pièce et m'efforçai de reprendre la lecture de la vieille, mais je m'interrompis très vite. Je me mis à contempler le jardin et les branches glacées des pêchers et des amandiers derrière la fenêtre.

Inspirée par la présence divine qui m'habitait, le passé me revint avec la force du vent.

Je me revis enfant, des années plus tôt, devant cette même fenêtre. Notre maison de Pétersbourg avait été détruite par un incendie, et nous nous étions réfugiés à la campagne en attendant qu'elle soit reconstruite. En cette période de solitude et de découragement, j'avais découvert la lecture; celle des livres qui avaient été sauvés du feu, et qui étaient entassés dans un coffre comme des naufragés sur une chaloupe. Je les lus tous puis partis à la recherche d'autres livres; à la fin je découvris la vérité qui m'accompagnerait jusqu'à la fin de mes jours. Cette vérité m'intimida tellement que je l'enfermai au fond de moi comme une rêverie inexprimable.

Comme j'étais belle quand j'étais jeune! Le miroir de ma chambre me restituait une image bien différente de celle que je voyais maintenant; et je finis par tomber amoureuse de moi, et par épouser un homme dans les yeux de qui je vis une égale admiration de ma beauté. Faire l'amour me procura une joie pure et ondoyante, comme si pendant cet acte je m'étais connue vraiment, et sans feinte; je comparai ce moment à la découverte des livres qui remplissaient encore mes journées, avec la musique et les promenades dans les champs et les bois. J'étais aussi tombée amoureuse de ma manière de danser, au point que le visage de mes cavaliers m'importait peu, et que je distinguais difficilement l'un de l'autre.

Une nuit je m'éveillai auprès de mon mari assoupi – nous étions encore nus après l'étreinte amoureuse. Je ne le reconnus pas. Puis son nom me revint, avant de me souvenir de son visage; et je restai étendue comme en terre étrangère, couvrant ma nudité. Dans l'obscurité de la chambre pénétra un rayon de lune; je le vis effleurer les meubles, le miroir, les tapis, le couvre-lit blanc et les draps; une poussière argentée se répandit sur tout. Je l'admirai le souffle coupé, comme on voit une apparition; et je le vis disparaître de la fenêtre par où il était entré. La pièce redevint obscure et j'éprouvai un sentiment de douleur; je me levai calmement, m'habillai en silence et me glissai dehors, dans la nuit hivernale.

La lune avait disparu, et je marchai en regardant le ciel voilé, semblable à un lit en désordre. Le vent chevauchait les nuages et les composait en des formes bizarres; enveloppée dans ma fourrure et coiffée de mon colback, chaussée de mes bottes de neige, je me sentais aussi perdue sur terre que l'astre amical dans le ciel; et je me demandai à quoi servait ma vie. Je ne savais que répondre. C'était comme si je l'avais su un jour, l'espace d'un instant, et l'avais oublié. Il ne m'était plus resté que la solution de tomber amoureuse de moi-même, comme un amant déçu, parce que je n'avais pas voulu suivre la vérité! Cette idée me frappa avec une telle force que j'en fus accablée; j'errai longuement dans la nuit, tentant de suivre l'amie qui m'avait éveillée, jusqu'au moment où elle disparut derrière un banc de nuages et déclina au-delà de l'horizon; et je restai dans la nuit froide, sans savoir où j'étais. Je m'assis dans la neige et m'assoupis dans le froid glacial de l'aube.

C'est là qu'on me retrouva quand le traîneau me rejoignit. On m'avait cherchée partout et on me reconduisait maintenant chez moi. Mon mari était assis à côté du cocher qui fouettait les chiens. Ma gouvernante était près de moi et prenait soin de me recouvrir de couvertures. Je compris alors que je serais morte s'ils ne m'avaient pas trouvée, et je m'absorbai dans la contemplation du paysage qui défilait devant moi. Le soleil se levait à ma droite, se faufilant derrière un bois de chênes et de sapins, comme un oiseau qui aurait sauté d'une branche à l'autre pour ne pas me perdre de vue; de l'autre côté, la campagne s'était enveloppée d'un voile rose, solide et fin; dans la neige, les collines et les maisons ressortaient comme des fleurs qui s'éveillent. Je regardais les chiens qui couraient dans la neige, je sentais les mains de la gouvernante qui réchauffaient mes mains, puis concentrai mon attention sur le fouet du cocher, entre le soleil au galop et les champs inondés de lumière froide ; et, à ce moment précis, je me suis raccroché à la vie, dans une sorte de serment tacite. Comme il filait, le traîneau, sur la glace!

Accepter la vie voulut dire reconnaître ma vraie nature, emprisonnée dans la conscience comme une pierre précieuse que je ne montrais à personne. Moi-même, j'en supportais à grand-peine l'éclat; j'allai la regarder en des moments qui ressemblaient à la course en traîneau dans l'aube magique de mes retrouvailles avec moi. Je devais faire quelque chose pour répondre à sa présence; les livres, la musique, et les promenades au grand air ne me suffisaient pas. Je sortis de moi-même, m'étendis dans le monde, et fus semblable à la campagne envahie par la lumière du soleil qui, ce jour-là, avait couru à mes côtés. Mon corps contenait les collines, mais j'étais aussi une plante dans ses moments de solitude, et l'eau qui ne s'arrête pas sous la croûte de glace. J'allai au-delà de moi-même, comme le fait la nature à chaque saison. Quand je devins mère, il me parut clair que mon fils naissait de cet endroit intérieur où était cachée la splendeur tranquille.

En réalité, j'avais vécu plusieurs vies en une seule. Commença alors l'époque maternelle, qui me conduisit en un voyage rapide et dense aux confins de l'âge mur. J'y trouvai une joie pas moins intense que celle que je ressentais encore en me regardant dans la glace, entre mes allées et venues d'un enfant à l'autre, au milieu des soucis domestiques, dans la maison dont j'étais la maîtresse. Grâce aux enfants, je vivais une jeunesse ininterrompue; et ma jeunesse était un cadeau que j'offrais. L'amour dont j'étais la gardienne provenait de moi; pendant des années, mon mari me regarda courir dans la maison, résigné à rester dans mon ombre. Mes enfants furent les fruits de mon arbre.

Je savais ce que j'avais cherché. Dans le matin ensoleillé ma propre divinité m'était apparue, mais je ne pouvais l'accepter, si ce n'est en la renvoyant sur mes enfants. Je courus après la vie qui émanait de moi, et fus mère de mes propres rêves. Nicolaï et Anton m'envahirent pendant plus de vingt ans.

A présent j'étais vieille, j'avais saisi Dieu au passage, et je ne le laisserais pas partir sans lui parler de cette nuit, et de l'aube, de la grande attente, et de la façon dont l'espoir avait été déçu. Mes fils grandirent, comme si l'un était un outrage à l'autre, chacun des deux incomplet et malheureux. Nicolaï devint médecin, il partit vite et se replia sur une vie provinciale et médiocre d'où je cherchais quelquefois à le sortir. J'allais le trouver dans sa grande maison des faubourgs de sa petite ville de Géorgie ; je devais en passer par une conversation avec sa femme qui ne m'aimait certes pas; et par des jeux avec les enfants dont la maison fut en peu de temps remplie. Je n'arrivais pas à me rendre compte que j'étais devenue grand-mère ; chaque matin, au réveil, c'était comme si j'avais vingt ans, et j'étais frappée, toujours avec la même violence, par la perception du miracle qui se produisait au moment où j'ouvrais les yeux. Quand enfin je réussissais à parler avec Nicolaï, je me trouvais devant un homme fatigué et déçu qui avait renié ses propres espoirs et tolérait à grand-peine que je les lui rappelle. J'étais attristée de le voir boire de la vodka pendant que nous parlions et de savoir qu'il pensait déjà à une retraite tranquille, sans plus personne autour de lui, dans l'attente mélancolique du trépas. Une avalanche était passée sur son âme, la laissant meurtrie et déserte. Je m'en allais avec un sentiment de chagrin et je finis par interrompre ces visites.

Anton haïssait son frère aîné, qui incarnait tout ce qu'il aspirait à détruire. Dès le début je vis son existence évoluer dans un renversement constant de chacune des valeurs que Nicolaï personnifiait. Il refusa de se marier et de faire carrière, ne toucha pas à l'alcool désira une mort rapide sans jamais l'obtenir ; il abandonna ses études pour entrer dans une secte anarchiste puis dans un groupe de révolutionnaires qui vivaient en se cachant et en projetant des bouleversements radicaux. Je ne savais jamais où il logeait, si bien que c'était moi qui devais recevoir ses visites inattendues et courtes ; je le vis passer au travers de deux révolutions manquées, échappant chaque fois à la capture. Un jour, il se cacha chez moi, et, pendant cette période, ce fut notre seule occasion de parler un peu. J'en sortis défaite, d'une manière différente de ce qui avait lieu lors de mes rares entretiens avec Nicolaï. L'arrogance d'Anton était sans limites, comme celle d'un enfant triste; pour lui, je faisais moi aussi partie d'un monde absurde à abattre au plus vite. A ses yeux j'étais la mère de Nicolaï; il se débarrassa de moi avec des paroles dures et ironiques, et je restai seule à méditer sur mon échec. Au cours de la nuit, je fis un rêve dans lequel je vis un animal à deux têtes qui courait à travers le monde sans trouver la paix.

Ce rêve me déplut et je voulus en connaître le sens. Je partis de chez moi le lendemain et m'enfermai dans une datcha au bord d'une rivière. J'avais emporté les livres dont je m'étais nourrie à l'aube de ma vie; je relisais les romans de ma jeunesse, explorais les textes des philosophes qui me parvenaient traduits en russe; mais surtout, je restais seule. Je me retrouvai comme au temps où j'étais jeune, telle une amie qui aurait disparu depuis longtemps et à qui j'aurais pensé dans mes moments de rêverie sur le passé. J'avais été mariée trois fois, une fois avec mon mari, et deux fois avec mes fils; à ces deux derniers j'avais donné un amour que le premier n'avait pas reçu. Je regardais la neige tomber, et sentais que c'était l'attente du retour du soleil qui rendait cet événement joyeux. Je devais découvrir où je m'étais perdue.

J'appris à dormir seule. Je mis du temps à comprendre pourquoi je m'étais mariée : mon mari avait été le gardien de mon sommeil pendant les années que j'avais passées dans la peur d'une maison vide. Je ne m'étais pas sentie coupable, car j'étais certaine que Nicolaï et Anton seraient le résultat de mes nuits passées à défier les ténèbres. A présent, l'illusion s'était dissipée, et je m'affrontais moi-même dans l'obscurité. Aucun livre n'aurait pu m'enseigner ce que j'appris dans ces moments d'insomnie. J'en sortis un matin semblable à celui d'autrefois. Je me séparai de mon mari et allai vivre de mon côté.

Je passai des années dans un village sur la Volga, faisant l'école aux enfants de l'endroit. Je vivais dans une maison solitaire, pareille à celle où j'avais appris à dormir sans compagnie. Je consacrai mon temps aux enfants des autres avec la passion qui m'avait guidée pour les miens; préoccupée de ce que la vie qui s'agitait en moi restait étouffée et inutile. Je leur lisais les livres que j'aimais, leur apprenais à composer des chansons, et nous allions à la recherche de plantes rares au bord de la rivière.

J'en arrivai à me voir comme un territoire que les autres traversent pour passer ailleurs; et cette idée produisait en moi une joie insolite. Un jour, Nicolaï m'écrivit pour se plaindre du malheur de sa vie familiale et de l'ennui de la province; je déchirai la lettre, espérant qu'il ne m'écrirait plus. Une fois mon mari vint me voir; je conversai avec lui durant toute une journée et, finalement, je le raccompagnai à la gare; son visage s'éloigna derrière la vitre du train, et il ne me quitta pas du regard tant qu'il put m'apercevoir sur le quai désert.

Non loin de chez moi il y avait une scierie, et j'en rencontrai un jour le propriétaire. Il me fit visiter ses terres, puis nous allâmes voir les travailleurs qui coupaient les troncs et les jetaient dans le courant de la rivière. Trois milles plus loin, là où finissaient ses possessions, les troncs étaient recueillis devant sa maison. Boris me demanda de venir le voir, et je lui rendis visite.

Ses champs étaient presque incultes, si ce n'est un bois où il faisait pousser toutes sortes d'arbres, certains plantés par lui et suivis jour après jour avec une patience scrupuleuse. Nous nous promenâmes dans ce bois pendant tout un après-midi, et plusieurs fois il s'agenouilla à côté des arbres pour tâter le terrain et examiner les racines. Tandis que nous parlions, il ne perdait pas de vue les branches et les feuilles, et son dernier coup d'œil fut pour les nuages qui s'amoncelaient à l'est et annonçaient la pluie. Il me conduisit chez lui et cuisina lui-même le dîner qu'un de ses domestiques nous servit en silence; et il me fit part de son projet. Il voulait s'installer en Sibérie pour planter une grande pépinière avec un système d'irrigation tiède qu'il avait inventé; il en attendait le brevet pour vendre ses terres et la scierie, puis partir vers le nord. Tandis que je l'écoutais, je devais ressembler aux enfants qui me fixaient des yeux sans m'interrompre quand j'évoquais des choses pareilles à celles dont il rêvait. Les arbres à transplanter me semblèrent des animaux à suivre jusqu'aux limites du monde ; je courus l'embrasser et posai mon épaule sur sa poitrine, libérant mon désir que quelqu'un me parle des racines et de la force qu'elles ont dans la terre. Mon unique histoire d'amour commença ainsi.

Ces mois-là restèrent dans ma mémoire comme un jour d'été dont le coucher est très tardif, tandis que la lumière reste prise dans les branches de la nuit qui s'avance. Finalement je me séparai de mon corps. Devant Boris, je me débarrassai de mes vêtements avec la hâte de ceux qui se libèrent de leur passé ; j'étais moi aussi un arbre et un animal en mutation. Faire l'amour c'était sortir de moi-même, comme un papillon sort de sa chrysalide. Dans le silence qui suivait je sentais que nous nous transformions ensemble, dans des moments longs et presque figés.

Quand Boris partit, il me dit qu'il m'écrirait pour que je vienne le retrouver. Le dernier mois d'école arriva, et je commençai à faire cours en plein air, dans le pré derrière le bâtiment, près du sentier qui conduisait à la rivière. De cet endroit je voyais la scierie abandonnée ; les troncs ne descendaient plus sur l'eau depuis qu'elle avait été vendue. Un jour, alors que les garçons et les filles chantaient sur l'herbe, une péniche passa et disparut derrière le bras de rivière où la végétation s'épaississait ; c'est à ce moment qu'un grillon sauta sur ma robe et que les enfants cessèrent de chanter. Tandis que je riais avec eux, je fus certaine de l'événement impensable qui m'attendait ; je l'entourai d'une curieuse indifférence dont je ne savais pas être capable. Plus tard, à la fin des cours, je marchai dans le sentier jusqu'au bord de l'eau et, quand j'y arrivai, j'étais désormais préparée à ne plus jamais recevoir de nouvelles de Boris. Je restai jusqu'au soir à contempler la rivière qui s'enroulait dans de majestueux méandres ; je vis un poisson frétiller dans l'onde et un cri m'échappa.

Ce cri que je poussai contre ma volonté résonna en mon

âme comme un appel convenu afin que les voyageurs de la vie se reconnaissent au moment de leurs rencontres. Par la suite, j'oubliai les traits de Boris, et, une fois, il m'apparut en rêve avec un visage tout à fait inconnu; j'en vins presque à oublier son nom, et il m'arriva de le prononcer à haute voix car il n'évoquait pas une silhouette précise. Mais ce qu'il avait suscité était resté en moi et ne s'effacerait pas. L'amour se nourrissait par soi-même et semblait désormais étranger à celui qui l'avait engendré. Il m'arrivait de penser que Boris était un être fantastique ayant traversé ma vie comme un éclair, ou l'ombre d'un nuage sur un champ, souvenir mobile et changeant.

Après le départ de Boris, je devins une institutrice encore meilleure et passai des années à transmettre ce que je savais et qui s'échappait de moi avec une facilité extraordinaire. Qui me dictait cette sagesse et cette joie? C'était comme si j'étais certaine d'avoir un rendez-vous à la fin de ma trajectoire.

Un jour Nicolaï m'écrivit qu'il était très malade et qu'il avait besoin de moi. J'allai chez lui, à l'autre bout de la Russie; je le trouvai appauvri et désormais près de la mort, dans une maison désertée par sa famille. Sa femme était partie avec les enfants. Seule lui était restée sa fille de seize ans, et quelques domestiques trop paresseux pour le quitter. Quand il me vit il éclata en sanglots, et me parut beaucoup plus vieux que moi; il se mourait d'une cirrhose du foie. L'idée de la mort suffit à occuper l'esprit, et il ne pensait à rien d'autre. Il voulut me parler à tout prix. Je l'écoutai de mauvaise grâce; comment lui dire que la crainte de la mort n'accompagne que celui qui est mécontent de la façon dont il a vécu? Et pourquoi aurais-je dû le lui expliquer? Cela n'aurait servi à rien. J'étais certaine que chacun décide de son propre sort, même si j'ignorais d'où venait cette certitude. Je le vis s'éteindre, je lui tenais la main et versais des larmes froides et amères. Ma petite-fille me révéla qu'elle allait rejoindre son oncle Anton auquel elle s'était liée dans l'activité clandestine. Nicolaï était au courant mais n'en avait pas dit mot, prisonnier de l'idée de sa propre mort; mais elle tint, elle, à me le faire savoir. Alors qu'elle parlait je compris son silence hostile pendant ces journées et son absence au moment de la mort de son père. Je compris aussi l'attrait qu'Anton exerçait sur elle : tout deux aimaient une chose par haine de son contraire. Je ne tentai pas de la dissuader. Quand je montai dans la voiture qui me conduisit à la gare, je sentis le premier élancement de la maladie qui ne m'abandonnerait plus.

Ce fut le déclin de mon corps; je m'approchais moi aussi d'une transmutation importante. Je m'y étais préparée depuis longtemps, et la fin de Nicolaï en avait presque été un nouveau signal. Je tendis vers la mort comme vers un point décisif de ma rencontre avec moi-même, quand je me serais totalement reconnue; la vie était désormais l'attente de ce moment, dans des tourbillons d'indécision qui ne pouvaient pas revenir. Je voulais que ce soit un moment éclatant et ne pouvais pas le gaspiller par le remords et le chagrin. Une vague de joie me poussait en avant. Quand la guerre commença, je m'enrôlai comme infirmière et restai au milieu des soldats pendant plus de deux ans. Je fus entourée de vie et de mort à chaque instant de mes journées et tout le monde me demandait pourquoi je souriais si souvent.

J'avais présumé de mes forces, et il me fallut abandonner l'hôpital. Je me sentis si mal que je dus me retirer dans ma maison de campagne, où un jeune médecin venait me soigner. Je lui montrais mon corps, sans plus aucune pudeur; c'était désormais une carcasse qui avait du mal à se mouvoir et chancelait au cours de mes promenades. Je me moquais de lui comme on le fait d'un vieil animal domestique; je regrettais de ne pas pouvoir courir dans les prés et sur la neige, et je finis par me souvenir de beaucoup de choses, contrainte comme je l'étais à rester à la maison.

Le temps de la révolution arriva, et la Russie tout entière chavira. Tania me donnait chaque jour des nouvelles des événements. Sur les routes commencèrent à passer des convois de troupes, et j'allais à la fenêtre pour m'efforcer de les distinguer. Un jour, Tania me dit que pendant quelques heures s'arrêterait dans le village voisin le train légendaire qui parcourait les territoires de la révolution, avec ses chefs à bord. Je décidai d'aller le voir et m'apprêtai à sortir. C'est alors que je me rendis compte de ma vieillesse et de ma fatigue ; mais je ne renonçai pas, et me fis conduire en voiture jusqu'à la gare, cahotant sur la route gelée. Nous réussîmes à nous approcher à deux cents pas du train, que j'entrevoyais déjà au milieu des arbres dépouillés ; là, on nous arrêta et il nous fut impossible de continuer. Je regardai les hommes armés qui entouraient la gare, et les fenêtres barricadées du train ; j'eus soudain le sentiment qu'à l'intérieur on réglait une trouble histoire de famille dont je connaissais les origines mais pas les détails. Puis nous fîmes faire demi-tour aux chevaux et repartîmes.

A la maison m'attendaient Anton et la fille de Nicolaï, qui le suivait désormais partout où il allait. Cela faisait des années que je n'avais plus vu mon second fils, et je ne le reconnus pas immédiatement. Je le trouvai maigre, avec presque seulement la peau et les os, et animé d'une énergie froide qui contrastait dans mon souvenir avec la langueur avachie de Nicolaï. Ma petite-fille resta silencieuse au cours de notre bref entretien ; elle avait dans les bras un nourrisson de quelques semaines, paisiblement endormi. C'était Dunja, sa fillette ; voilà la raison qui les avait poussés à venir me trouver, profitant de l'arrêt du train. Ils me demandèrent de m'en occuper pendant tout le temps nécessaire ; c'était Anton qui parlait, et je regardais ses lèvres bouger sur son visage encadré d'une courte barbe. Il avait achevé de décrire la trajectoire qui l'avait éloigné le plus loin possible de son frère et de moi ; maintenant nous formions tous trois une constellation triangulaire formée d'étoiles très éloignés les unes des autres. Il ne me demanda rien à propos de Nicolaï, et je pris l'enfant des bras de ma petite-fille qui fit un pas en arrière et regarda dans le vague. Je ne répondis pas à la question d'Anton au sujet de l'argent dont j'aurais besoin ; il se tut avant de partir, puis se tourna brusquement et disparut de l'embrasure de la porte. La jeune femme courut à sa suite.

Dunja remplit ma vie de façon imprévue. J'étais habituée à

la solitude, mais je surmontai le dérangement que me causa sa présence à la maison, et rapidement se noua entre nous un lien tenace. Tania s'occupait de la nourrir et de la changer, et moi, je la tenais dans mes bras pendant des heures, jouant avec ses doigts. Elle souriait sans me voir et je la sentais me chercher et me trouver.

Je pensais à elle comme à une partie de moi qui se serait éloignée pour revenir au terme d'un parcours tortueux, après la traversée de trois générations ; et je désirais être plus jeune, pour avoir le temps de transmigrer en elle. Je savais que le corps et l'âme établissent une entente quand la vie commence ; ils s'efforcent de tomber d'accord tant qu'ils sont ensemble, puis arrive le divorce et chacun reprend son voyage au milieu de labyrinthes insondables. L'idée me procurait une satisfaction secrète.

Je repensais à ma vie comme à un mariage beaucoup plus heureux que celui entre mon mari et moi, et plus heureux aussi que ma brève et intacte histoire d'amour avec Boris. Si je voyais une personne malheureuse, je la sentais prise dans un engrenage dont elle aurait voulu se libérer ; mais seule la mort sépare les époux. Le mariage avec soi-même est indissoluble. « Si au moins quelque chose de moi restait en Dunja ! » pensais-je alors. Quelquefois je la serrais si fort que Tania venait la reprendre avec l'excuse de devoir s'en occuper.

Un matin je me sentis mieux et sortis pour une longue promenade champêtre. J'arrivai à l'orée du bois qui était resté gravé dans ma mémoire et m'arrêtai pour l'admirer ; en cet instant le soleil perça les nuages au-delà des arbres, me rejoignant comme dans ma jeunesse, dans mon retour vers la maison après la nuit lunaire. Je fus témoin de la façon dont est transmis le message de l'existence ; il était là, devant moi et à l'intérieur de moi, intact dans sa signification, et les deux aubes étaient une même aube. La lumière qui m'enveloppait resplendissait de hiéroglyphes éblouissants ; je marchais dans le soleil et j'étais sans âge. Le soir, je ne réussis pas à m'endormir et vagabondai d'un livre à l'autre jusqu'à ce que je ferme les yeux pour un bref moment de sommeil, et je rêvai de navires et de poissons.

Le lendemain je me levai épuisée et sentis que j'étais proche de la séparation. Ce matin-là, j'allai dans l'autre pièce pour donner son biberon à Dunja et je parcourus à nouveau le passé devant la fenêtre donnant sur le jardin. Au terme de mon vagabondage dans les souvenirs, je fus certaine d'être parvenue à mon rendez-vous et je l'affrontai sans appeler Tania.

Dans la splendeur de cette mi-journée je vis le Dieu que je n'avais jamais nommé ni prié franchir l'espace pour venir me trouver; et l'idée de le distraire des événements qui agitaient ma terre me remplit de tendresse. Je le retins auprès de moi jusqu'à ce que je m'assoupisse lentement. Avant de fermer les yeux, j'eus une vision curieuse, il me sembla le voir venir d'un endroit qu'il avait planté d'arbres et irrigué d'eau tiède.

Les explorateurs avaient fait le tour de la terre, les astronomes celui des étoiles. Les historiens m'avaient procuré les souvenirs indispensables, les géologues avaient fouillé partout pour m'aider à emporter l'essentiel. Dans mes réveils dorés, dans les aubes grises et les après-midi de lent soleil, je sentais tout le bonheur de partir. C'était comme naître une millième fois.

J'avais donné des recherches à faire aux chimistes et aux biologistes éparpillés à travers le monde; je trompais l'attente de leurs résultats en errant au milieu du théâtre de mes exploits. En attendant je m'étais adressé aux philosophes et aux écrivains pour qu'ils rédigent mes mémoires : en vain! Ils tenaient trop à leurs idées et voulaient que la postérité se souvînt d'eux. J'objectai qu'il n'y aurait peut-être pas de postérité pour lire ce qu'ils écrivaient, mais cela ne servit à rien. Il eût été plus facile de convaincre une mère d'abandonner son fils. Je dus chercher ailleurs.

J'entrai dans l'âme d'un Californien d'une petite ville au sud de Los Angeles. J'étais rempli de souvenirs personnels que je transformais en souvenirs cosmiques. Comme lieu de séjour privilégié, j'avais choisi Paris. Au milieu des peintres, des poètes, et des musiciens, ma présence parut étrange. Qu'est-ce que je faisais parmi ceux-là, dissimulé, donnant des réponses vagues, avec des gestes ironiques? J'étais un étranger parmi les autres, avec un passé couvert de zones obscures.

J'étais en train d'écrire une sorte de journal du monde – un compte rendu nécessaire pour comprendre les événements qui s'étaient succédé. Il me fallait une histoire claire et directe, sans le désarmant artifice de l'art. Je m'imposai d'être simple jusqu'à la nudité du vrai; j'abolis toutes sortes de drogues et m'enivrai de voyages en mer, comme à une époque lointaine.

A seize ans, j'avais vécu dans une maison en bordure d'océan avec mon frère aveugle qui passait ses journées sur la terrasse, jouant de la flûte et collectionnant des timbres de tous les pays. Il avait appris à les reconnaître au contact des doigts, et il s'orientait au milieu d'une forêt d'albums, entretenant une correspondance fournie avec d'autres collectionneurs. Je lui lisais les lettres qu'il recevait et l'aidais à placer ses acquisitions dans ses classeurs. Dans mon souvenir il était devenu l'exemple d'une vie sans issue : aveugle, têtu, occupé à jouer d'un instrument pour lequel il n'avait pas d'auditeurs, sa maison pleine de timbres de valeur arbitraire, qu'il ne reconnaissait qu'au toucher. Je le laissais seul pour m'aventurer le long du Pacifique dans un bateau à voile. Je prenais le large, sous un ciel dont le fond restait impénétrable comme l'eau sous la quille. Je méditais et bronzais en haute mer.

A un mille de notre maison habitait Jolanda, la déesse de mon adolescence. Elle était mariée à Hans, un Allemand qui se traînait sur le sable avec une jambe amputée. Hans tenait un bar à trois milles de là, et Jolanda passait sa vie sur la plage. Je la regardais de loin marcher sur la rive, les pieds dans l'eau, sous le vol des mouettes qui se poursuivaient. Mon frère et Jolanda étaient deux versants du monde, l'obstination et la beauté. Lorsque Hans revenait de son bar, il parcourait la plage pour retrouver Jolanda, et son ombre boitait avec lui; je plongeai alors pour ne pas les voir s'enlacer.

Un matin, revenant vers le rivage après une nuit passée à pêcher, je vis des hommes occupés à construire des tourelles en bois sur la plage, près de chez nous; ils me dirent qu'ils allaient commencer à extraire du pétrole. J'allai porter la nouvelle à mon frère et le trouvai jouant de la flûte ; quand il se disposa à m'écouter, il m'interrompit au bout de quelques mots car il savait déjà ce qui se passait. Il me semblait que rien n'était obscur pour lui, même s'il ne savait pas dire d'où venaient les choses et dans quel but elles avaient été projetées. Il était déjà reparti feuilleter un album et ranger une collection qu'il venait de recevoir. Je regardai ses doigts agiles, ses yeux enfoncés dans les orbites, sa peau ridée sous sa barbe, son petit chapeau mou sur sa tête ; et je fus pris de regret devant sa cécité. Ce soir-là je sortis de chez nous et allai admirer les étoiles qui peuplaient le ciel ; et je pensai que voir était un présent dont je devais rendre compte. La vie cherchait à utiliser mes yeux et je ne pouvais éviter de servir ses fins, même si une nébuleuse encore indistincte s'offrait à mon regard. Ce fut alors mon premier moment fragile de mémoire divine.

Je ne sus pas tout de suite évaluer la signification de cette arrivée des hommes sur la plage, ni le signal que cela me transmettait dans le langage codé du livre que j'avais entrepris d'écrire des millénaires avant de renaître sur les côtes occidentales du monde. Les gisements de pétroles découverts dans le ventre de la terre étaient semblables à des idées cachées qui auraient voulu revenir au grand jour, et assez fortes pour nourrir des machines puissantes. Tout, de nouveau, exprimait la volonté de partir, et je finis moi aussi par m'échapper.

Je me mis à étudier la biologie, abandonnant les lieux de mon enfance. Je travaillai pendant des années à côté d'hommes enfermés dans des laboratoires à la recherche des lois de transmission des gènes. Leurs épouses les attendaient dans les faubourgs des cités universitaires. Je respirai la mélancolie que je retrouverais des années plus tard avec les experts de l'intelligence artificielle et les héritiers de mes compagnons de travail d'alors, désormais absorbés par la question de la modification génétique. C'est la tristesse de ceux qui sont contraints à regarder la vie de près, quand celle-ci paraît dénuée de clinquant et de déguisements ; une vibration sombre et monotone, privée de la joie que je dois inspirer à tous. Ils étaient comme des mineurs à l'intérieur d'une montagne, ou des médecins dans une salle d'opération; dans des lieux où, vraiment, il n'y a pas de quoi rire.

Je me reconnus dans l'éclat de joie des retrouvailles. Ce fut à Paris, la première fois que j'y allai. Un dimanche matin je descendis de la Montagne Sainte-Geneviève vers la Seine, et traversai le Jardin des Plantes, au milieu de la foule qui se pressait dans les allées et les parcs; c'est là que j'entendis un tintement de cloches qui se répondaient joyeusement de tous les points de la ville, et j'eus l'impression que chacune cherchait à atteindre mes oreilles, comme si j'étais le point de convergence de tous les sons. Mon sentiment de bonheur fut tel que tous les regards m'enveloppèrent de bienveillance. J'avais trouvé qui pourrait écrire le livre!

Le passé convergeait lui aussi vers cet instant de splendeur. Tout n'avait été que préparation et attente. Jolanda était morte dans un incendie nocturne qui avait carbonisé les corps des deux époux, et dans les flammes avaient disparu à la fois l'objet de mon désir et celui de mon envie. Mon frère me le dit dans une lettre qui m'arriva alors que j'avais déjà quitté les laboratoires de biologie, et que je parcourais le monde à la recherche de moi-même. Mon frère aussi, bien vite, trouva la mort – cette autre cécité – et d'autres musiques et d'autres collections d'éléments divers l'accompagnèrent. J'imaginai que Jolanda l'avait rejoint sur une plage galactique, fuyant pour toujours l'étreinte bancale de son mari. Sa beauté distante resta l'emblème de la présence féminine dans mon insondable univers, ses yeux cachés sous ses boucles défaites, Diane chasseresse.

Quand je revins à Paris, ce fut pour écrire le livre. J'étais si content d'avoir trouvé mon nègre que pendant longtemps je me contentai de la solitude requise pour retrouver mes propres racines. J'allais dans les musées admirer les peintres que j'avais aimés, et inspirés, par le passé. Aux concerts je retrouvai ma passion d'autrefois, et j'aurais voulu dire aux spectateurs ravis : « La joie que vous ressentez est celle de vous reconnaître! Une partie de vous a créé cette musique. »

La solitude heureuse espère se surmonter et disparaître;

mais elle l'ignore jusqu'au moment où l'événement a lieu. J'étais dans l'atelier d'Igor, assis devant le tableau auquel il travaillait ; un ensemble de courbes et de couleurs réunies, une tempête d'atomes. Igor l'avait baptisé *Cosmos* – et moi, je fixais la toile, occupé à reconnaître les contours de ma création. Si tel était le cosmos, une catastrophe était imminente ; c'était tout autre chose que l'harmonie des sphères qui avait rempli les fables des astronomes et des théologiens qui me voyaient là-haut dans les cieux, dirigeant l'orchestre de la vie. Chaque chose se mêlait aux autres dans une sorte de vomissure, et je me demandais ce qui avait poussé Igor à une telle représentation. Je voulus rentrer chez moi pour me remettre à écrire la véritable histoire de la création et du cosmos, qui n'avait rien à voir avec cette vision d'un univers oublieux des reptiles et des oiseaux. Le sentiment de défaite qui en sortait ne me plut pas ; pour moi, même le départ se charge de victoire. Je n'aurais pas emporté avec moi ce tableau dans ma nouvelle demeure.

Alors que je réfléchissais, je m'aperçus que la lumière avait diminué, et une couleur se diffusait en apportant une nuance obscure, comme cela arrive le soir, les jours nuageux. Le grand peintre du monde était à l'œuvre ; tout à coup le voile ocre fut percé par un éclat de rire. Je levai les yeux ; une femme me regardait dans l'embrasure de la porte. Je m'aperçus immédiatement qu'elle louchait légèrement – de manière presque imperceptible, mais pas assez pour que cela échappe au regard divin. J'entrai dans le gris-bleu de ses yeux pour ne plus en sortir.

Je fus ainsi prisonnier de l'amour dès le premier coup d'œil, et il me fut impossible de sortir de cette prison enchantée tant que je restai dans la peau du jeune Californien.

Parmi tous les mirages que j'avais répandus dans le monde, l'amour devait être le plus résistant. Dès que j'avais vu, du haut des dunes, Jolanda qui soulevait sa chevelure, ses mains derrière sa nuque, j'avais désiré être pris dans ses rets. Sans m'en apercevoir, j'avais tourné autour de cette lointaine vision, espérant la retrouver. Quand je vis Denise, à l'entrée de l'atelier d'Igor, mon approche vers le château de mon souvenir commença.

Un kaléidoscope d'instants me revient à l'esprit. Denise venant vers moi sur un trottoir de Paris, le soir de notre première rencontre; le concert où nous allâmes, et l'exposition de peinture que nous visitâmes le lendemain; nos nombreuses traversées de Paris, comme des soldats en désordre qui entrent par différentes portes de la ville et se mêlent aux gens du lieu; mon entrée soudaine dans les yeux de Denise, jusqu'à ce que je me perde en elle.

Je lui montrai les pages de mon journal du cosmos et elle le constella de notes dans une calligraphie minuscule que je n'arrivai pas à déchiffrer. Nous décidâmes de partir et j'allai saluer Igor qui terminait sa tentative de détruire le monde à l'aide d'un tableau, et c'est à peine s'il se retourna pour me saluer. Nous allâmes en voiture vers la Normandie; durant le voyage, nous nous racontâmes nos passés, dans la volonté de remonter au passé commun qui nous faisait nous ressembler comme deux comètes sorties de la même nébuleuse. Nous entrâmes dans notre première chambre d'hôtel, croyant que les assiégés et les assiégeants n'existaient plus et que le monde était ouvert; et il ne semblait pas qu'il y ait jamais eu de guerre. Quand nous nous rencontrâmes sur le lit, je retrouvai Jolanda sur sa plage et revins près de mon frère pour lui ouvrir les yeux sur la mer, les mouettes, les timbres, et mon visage qu'il ne connaissait pas. Tout cela était contenu dans notre révélation et notre dévoilement.

Puis Denise me raconta sa version du monde et je l'écoutai pendant toute la soirée, enlacé à elle et oubliant le présent. Avant de m'endormir, je me proposai à nouveau d'ajouter son histoire à mes journaux inachevés.

La surprise eut lieu le matin, quand, au réveil, je me retrouvai seul comme le jour de la création. Les amants m'avaient abandonné dans le but de poursuivre l'itinéraire commencé et lui, il n'avait plus ressenti le besoin de m'emmener.

Au début, je fus bouleversé et déçu. Je formai l'idée de les suivre et de les rejoindre sur la côte bretonne où j'étais certain qu'ils étaient allés, mais un mouvement d'orgueil me retint. Je me mis à chercher le livre dans la pièce et ne réussis pas à le trouver; ils l'avaient emporté, et j'en perdis toute trace. Peut-être continua-t-elle à l'écrire, mais sans jamais le publier; ou peut-être, s'éloignant de moi, avait-elle aussi renoncé à mon journal.

Je me sentis seul et allai me promener sur la plage, dans cette grise journée normande. Je ne me souviens plus de l'apparence que j'avais prise ce matin-là, livré à moi-même comme je l'étais. Peut-être étais-je une des mouettes qui planaient au-dessus des ondes ou encore la vague qui déferlait sur la rive, en une fine rigole d'écume. A un certain moment j'étais sur le sable, habillé et le chapeau sur la tête, et je regardais des jeunes gens jouer au ballon dans un grand vacarme. Quand la balle arriva vers moi je la leur relançai, et ils reprirent immédiatement leur mêlée. Je résolus de me défaire au plus vite de cette humeur mélancolique dont je compris finalement la raison : j'avais la nostalgie de Denise! J'avais fait partie d'une histoire d'amour, et il m'en restait le regret.

Je me dis alors que je ne pourrais me passer de l'amour, pas même dans l'univers que j'appelais de mes vœux. Je regardai autour de moi; l'amour était partout, une myriade de gouttes dans l'océan de l'être. J'eus l'impression de sortir de l'onde, la tête ruisselante comme le Dieu des eaux, et je vis le tout au travers des détails. Recueillir l'ensemble des choses : c'est précisément cela, tomber amoureux.

Une fois encore je me jetai dans l'exploration amoureuse du monde et je m'aperçus que l'opération de transplantation était destinée à échouer. Il n'y avait pas moyen d'exporter une chose pareille. Chaque amour était chargé d'une histoire particulière : les aubes et les couchers de soleil, le goût de la nourriture, la couleur des murs de la chambre, le prénom de la femme aimée, le son de sa voix. Les livres et la musique de ce moment-là, le contact de sa peau. Chaque histoire d'amour était faite du monde entier; je ne pouvais pas l'arracher, je devais me charger d'un territoire immense. L'amour était une partie de la biosphère de la vieille planète, et je ne réussis pas à lui trouver de place dans aucun coin du sac que je préparais.

J'imaginai mon long voyage dans le cosmos, aux confins des constellations, avec les livres, les reproductions de tableaux, les disques, les génies humains à transplanter sur ma nouvelle planète; mais je resterais privé des plantes et de l'amour. Cette idée me donna envie de me rassasier de tout cela, comme d'un fruit qu'on savoure avant la fin de la saison.

Je courus dans les bois, les prés, et les serres du monde pour respirer l'odeur des plantes, et je me plongeai dans de vertigineuses expériences amoureuses.

Mes rencontres m'enchantaient comme si je venais de créer la femme, et comme si j'étais en proie à l'étonnement du premier jour. J'eus même l'impression qu'une moitié du monde avait été faite par des mains féminines. Je devins presque moi-même une femme qui aime les femmes, mâle saturé de langueur, Dieu satyre intimement gentil. Parmi mes nombreuses occupations de cette époque, celle-ci fut certainement la plus intense.

Mon réveil fut rapide et douloureux : un nouveau et terrible vacarme assourdit le monde. La guerre me prit par surprise, au milieu de mes expressions de tendresse qui se multipliaient. En vain je tentai de remédier à cela, redoublant mes tentatives d'amour, muret de briques devant une marée de violence; les hommes passaient à côté de moi en me repoussant. « A la force doit s'opposer la force! » les entendis-je brailler avec dérision.

Je vis défiler les œuvres d'art du temps nouveau qui supplantaient les tableaux, la musique et les livres : splendides cuirassés, avions de combat, chars d'assaut qui traversaient, surperbes, les champs de bataille. Il était difficile de se soustraire à leur charme. Après une course enivrante au fond des mers à bord d'un sous-marin, je me demandai comment feraient les hommes pour résister à l'appel de la violence si moi aussi je pouvais en être troublé.

Je savais ne pas pouvoir m'adresser au désir de bonheur des gens. Le bonheur n'était pas un bon critère pour établir qui avait raison. Je ne les avais jamais vus plus enthousiastes qu'alors. Dès lors qu'ils pouvaient compter sur la victoire. Quand la bonne fortune les abandonnait, ils semblaient changer de nature; ils devenaient des philosophes pensifs et perdus qui cherchaient à se sauver. Je traversai l'Europe et vis vraiment de tout; des armées en déroute poursuivies par les vainqueurs, des ponts coupés, des morts entassés, la fumée des fours crématoires, des champs dévastés, des villes transformées en cathédrales de décombres.

C'était insupportable. Je revins à mon projet de départ et me remis à chercher celui qui écrirait mes mémoires. Je le trouvai enfin.

Je rencontrai Rolando vers la fin de la guerre. C'était un médecin qui écrivait à ses moments perdus, un lecteur de Byron et de Stendhal. La guerre l'avait séparé de la femme qu'il aimait; elle devait le rejoindre dès qu'elle pourrait rallier Milan depuis Trieste, où elle se trouvait. Que Rolando fût amoureux et marié me rassurait; je ne courais pas le risque de me voir abandonner. Je le rencontrai en Toscane, et nous décidâmes ensemble d'aller attendre Nerina sur les bords du lac de Côme, où Rolando pourrait écrire en paix mon livre. Nous voyageâmes en train vers le nord, traversâmes l'Italie coupée en deux, et pendant le voyage nous nous reconnûmes tout à fait. En passant le Pô, dont l'eau grise tourbillonnait au-dessous de nous, je pensai : « Voilà, je suis Rolando »; lui aussi ressentit quelque chose de semblable, si bien que nous continuâmes ensemble, ayant repris courage, vers notre but.

Devenus la même personne, nous nous installâmes dans une auberge au bord du Lario. Désormais, j'étais Rolando et je me trouvais bien dans ma peau. Je me réveillais surpris de ma dernière incarnation – un homme à la barbiche grisonnante, lunettes sur le nez, pipe à la bouche dès le matin. « Comme ça je me sens bien », me dis-je.

Je commençai à écrire ce dont je me souvenais et qui était

plus conséquent que ce que je raconte à présent, car la mémoire fonctionne de façon étrange, on ne sait jamais ce dont on s'est souvenu par le passé; peut-être y avait-il aussi moins de choses alors. Je travaillais toute la journée et j'ignorais ce qui se passait dans le monde. Quand je sortais pour me promener le soir, je voyais un grand mouvement de soldats vers le nord, signe que la guerre était désormais perdue pour les Italiens et les Allemands. Je revenais chez moi et j'avais plaisir à retrouver la patronne de l'auberge, une vieille femme aux cheveux argentés que j'inscrivis tout de suite au catalogue des êtres que j'aurais voulu emporter dans le monde nouveau.

Dans mon livre je me souvins de tout, de Moïse au Christ, et ainsi de suite de siècle en siècle, jusqu'à ma dernière demeure au bord du lac aux eaux claires. En quelques semaines j'écrivis les deux tiers de mon œuvre, et je me dis que si j'avais continué de ce pas j'aurais pu rivaliser avec Stendhal quand il rédigea *La Chartreuse de Parme*. La pensée que Nerina allait me rejoindre me réconfortait; je pensais à elle comme à une récompense qui m'attendait au terme de mon entreprise, et je redoublais d'ardeur.

Je prenais mes repas dans un restaurant qui avait une terrasse en bois donnant sur le lac, surmontée d'une tonnelle. Je regardais les bateaux à voile et les montagnes sur l'autre rive, et la multitude des nuages qui descendaient soudain pour obscurcir le ciel. Je revenais à l'auberge et me plongeais dans mon travail.

Je me souviens d'une promenade au crépuscule sur un sentier qui grimpait jusqu'à un col. J'avais emporté un carnet et je m'arrêtais de temps à autre pour noter ce que j'aurais voulu conserver du monde. J'écrivis le nom de Nerina puis celui de l'homme qui m'avait poussé à devenir médecin; j'écrivis le nom des poètes que j'aimais. J'aurais voulu conserver près de moi la lumière de cette heure et le souvenir d'une religieuse qui m'avait assisté pendant des années, femme d'une abnégation illimitée quand il s'agissait d'apaiser la douleur d'autrui; et la propreté de l'auberge où j'habitais à cette époque, et le son de la voix de la patronne qui me souhaitait le bonjour. Avant qu'il fasse nuit je découvris une rose minuscule enfouie dans l'herbe et peu s'en fallut que je ne marche dessus; je m'arrêtai pour l'admirer, saisi d'une sainte stupeur. Que faisait-elle en cet endroit, si parfaite et éloignée de tout regard? Et combien de choses semblables à elle se dissimulaient dans les replis de la vie? Je me demandai si ce n'était pas la beauté cachée qui soutenait le monde! et je me dis de ne pas me faire d'illusions. Si elle se dissimulait, c'était seulement pour ne pas être anéantie. Je me gardai bien de la cueillir et retournai vers mon logis. Chemin faisant, je rencontrai un couple de vieilles gens qui se promenaient comme moi le soir. L'homme me regarda en souriant et indiqua d'un geste ma chaussure. « Votre lacet est défait, monsieur. » Je me baissai pour le renouer et éprouvai un vertige dû à l'émotion. Il m'avait dit cela! – comme s'il n'y avait rien d'autre à me reprocher; avec toutes les imperfections que j'avais disséminées sur le globe! J'imaginai que les hommes honnêtes et polis vivaient une vie retirée, mais qu'au coucher du soleil ils sortaient pour rencontrer Dieu, et lui faisaient remarquer tout ce qui n'allait pas.

Le lendemain, je traversai le village et sentis une atmosphère différente. Un sombre silence était tombé sur les maisons, rompu par des cris et des ordres lancés par des Allemands irrités. Dans les rues on ne voyait que des soldats et un événement important avait certainement eu lieu. J'appris enfin que les Américains étaient arrivés au sud de Milan, et que les troupes allemandes et fascistes évacuaient la zone du lac. Ils s'étaient immédiatement emparés de la gare, et il n'y avait plus de trains de voyageurs.

De retour à l'auberge, je trouvai une lettre de Nerina qui m'annonçait son arrivée à la gare de Milan. Je regardai le calendrier; c'était dans deux jours. Je calculai la distance à parcourir à pied et décidai de partir sur-le-champ. La patronne était sortie; je lui laissai un mot, lui promettant de revenir à la fin de la guerre. Je jetai dans un sac le manuscrit du livre et me mis en route.

Je longeai le lac jusqu'à Côme; là, je quittai la grand-route et pris un chemin au milieu des champs. Je marchai longtemps dans la solitude. Le lac avait disparu derrière moi; d'un côté je voyais une enfilade de collines, de l'autre l'étendue des terrains cultivés. Je n'entendais que les grillons et les oiseaux, ainsi que les aboiements lointains des chiens de ferme. Le monde était immergé dans le calme et on avait l'impression qu'il n'y avait jamais eu de guerre.

Je fus gagné par une sorte d'euphorie. « Ceci est la paix que je cherchais », murmurai-je à part moi, allongeant le pas sur la terre battue du chemin de campagne. « Depuis toujours tu as voulu la trouver; tu as même cherché à être médecin pour ralentir la course effrénée vers la mort, pour retarder l'arrivée du moment où tout s'arrête dans un corps. Chaque mouvement se précipite vers ce point. Tu sais, toi, que celui qui court veut atteindre le repos; c'est pour cela que tu désires ce qui bouge et ne semble pas se déplacer, comme la campagne en été, et ce jour qui mettra du temps avant de se terminer, et l'amour pour Nerina qui ressemble à un calme lac aux profondeurs agitées. Je cours vers toi, mon amour! pour atteindre la plénitude immobile. »

Alors que je délirais de passion dans le matin bleu, le silence fut soudain brisé par le ronronnement d'un moteur. Au tournant du chemin une voiture militaire chargée de soldats allemands apparut devant moi. D'un lieu invisible au milieu des buissons partit une mitraillade sèche et prolongée; la voiture fit une embardée et alla s'arrêter en dehors du chemin, sous une grêle de coups de feu. Aucun des soldats n'avait eu le temps de riposter, et tous semblaient frappés à mort; sauf un qui se dégagea péniblement de la voiture et se jeta au sol, où il fut atteint par une rafale. Je vis des hommes sortir de derrière les buissons et s'éloigner vers les collines, et de nouveau je fus seul, à cent mètres de la voiture criblée de balles. L'accrochage n'avait pas duré plus de trente secondes.

Je courus vers le véhicule et me rendis immédiatement compte que les trois hommes restés à l'intérieur étaient morts. J'entendis gémir le soldat couché par terre et allai vers lui; il avait une balle dans le côté et saignait abondamment dans la poussière, se tordant de douleur. En le maintenant tant bien que mal immobile, je sortis la baïonnette de son fusil et réussis à extraire le projectile, arrêtant le sang avec ma chemise que j'avais ôtée et découpée pour en faire des bandes. Au bout d'un moment le sang se remit à couler au travers de la bande, et le soldat perdit connaissance. Je restai à le regarder, impuissant; et soudain je me vis entouré d'un groupe de soldats fascistes. Celui qui semblait être le chef donna un rapide coup d'œil à la scène, puis m'interpella brusquement.

« Tu es médecin? » Il y avait presque de la haine dans sa voix.

A ma réponse ils me firent monter dans le véhicule et prirent la direction du Nord, du côté opposé à celui où j'allais. J'étais coincé au milieu d'un groupe d'hommes qui ne m'adressèrent ni un mot ni un regard – sauf un petit soldat qui me parut très jeune et ne cessa de me regarder avec une sympathie évidente. A un moment donné il m'offrit sa gourde d'eau; je bus une longue gorgée et lui rendis la gourde, recevant en échange un large sourire qui lui fendit le visage d'une oreille à l'autre.

Je m'enfermai dans mon angoisse. Je n'arrivais pas à chasser la pensée de Nerina en route pour Milan, et je l'imaginai errant à l'intérieur de la gare, au milieu des soldats en partance, se demandant où j'étais. Je ressentis une douleur aiguë. Il ne me restait qu'un peu plus de vingt-quatre heures avant son arrivée, j'étais prisonnier de cette armée en déroute. Je pestai en silence contre mon sort.

Nous arrivâmes rapidement à un hôpital de campagne improvisé, plein à craquer d'Italiens et d'Allemands blessés. Certains étaient dans un état très grave et attendaient d'être opérés. Il n'y avait qu'un autre médecin, et une ou deux infirmières; je ne perdis pas de temps et me mis à l'œuvre, sans plus penser à mes affaires. J'étais guidé par mon instinct le plus ancien et profond : celui de soigner partout où il était nécessaire de le faire, soigner les maux du corps, puisque les maux de l'âme, je pensais qu'ils étaient impossibles à atteindre. J'avais découvert cet instinct dès mon enfance, le jour où j'avais trouvé un chat blessé à une patte et l'avais porté à la maison pour le laver et le bander. L'hôpital de campagne était rempli d'hommes qui mouraient sous mes yeux; je luttai jusqu'à la nuit, sans m'octroyer de pause et sans manger quoi que ce soit. A la fin je m'écroulai à côté du blessé que j'étais en train d'opérer. Je sombrai dans un sommeil qui ressemblait à un évanouissement, et le monde autour de moi se dissipa comme le brouillard dans l'obscurité.

Des profondeurs de mon sommeil un rêve vint me trouver. Je m'approchais à pied de la maison de ma mère, dans une nuit sans étoiles. Je parvins chez elle mais ne la retrouvai pas, et pourtant j'étais certain qu'elle était là; j'errai de pièce en pièce, dans les escaliers et les couloirs, et finalement je la découvris au grenier où elle tricotait. Elle me sembla changée et comme insensible; quand je lui dis que je devais quitter l'hôpital de campagne pour aller retrouver Nerina, elle me regarda avec hostilité. « Tu sais que tu dois rester pour les soigner », m'ordonna-t-elle d'une voix que je reconnus difficilement. Quelle voix était donc celle-là, et pourquoi l'appelai-je « mère »? Cela ne m'était jamais arrivé auparavant. « Mère, lui dis-je agité, tu sais que je dois retrouver Nerina. C'est plus important que le reste. » Elle se leva alors et me parut menaçante. Je dus me défendre et lui criai : « Et puis ça n'a pas d'importance : de toute façon tu es morte. Tu sais que tu es morte! Je ferai ce que je voudrai. » Je me réveillai à ce moment-là, dans un sursaut d'angoisse.

J'étais couché sur un lit de camp à l'intérieur d'une tente, à côté de blessés. J'avais la gorge sèche et le visage couvert de sueur. Je me levai pour aller chercher de l'eau et sortis de la tente. Je fis une cinquantaine de pas; le campement était plongé dans le silence et il ne semblait pas qu'il y eût de sentinelles. J'arrivai près d'une grande tente d'où s'échappaient des voix; c'était sans doute le quartier général de cet hôpital de campagne perdu entre une armée en fuite et une autre qui arrivait. Je lui tournai le dos et continuai à l'aveuglette, comme je l'avais fait dans le rêve, qui me revint désagréablement à l'esprit. Je m'éloignai rapidement du camp et m'étonnai de la facilité de cette fuite; je me retournai pour regarder les lumières derrière moi, et, à ce moment, je me heurtai à quelqu'un qui rampait à terre. L'ombre inconnue et moi luttâmes quelques instants sans savoir pourquoi, et nous séparâmes très vite pour nous regarder en face. Je le reconnus : c'était le petit soldat qui m'avait donné sa gourde quand j'avais été fait prisonnier. Nous étions tous les deux ébahis.

« Mais qu'est-ce que tu fais? demanda finalement le petit soldat.

– Je m'enfuis », répondis-je, renonçant à mentir. Puis, l'implorant presque, j'ajoutai : « J'ai soif. » J'avais vraiment une soif atroce. Il sourit et je le reconnus tout à fait.

« Tiens », dit-il, et il me tendit sa gourde avec le même geste que la veille. Je la saisis et bus à grandes gorgées.

« Je m'enfuis moi aussi, m'avoua-t-il joyeusement. On peut continuer ensemble.

– Où vas-tu? »

Il donna le nom d'un village au sud de Milan.

« Je vais aussi de ce côté-là. Allons-y! » C'est ainsi que commença la partie la plus belle de cette aventure.

Au début de notre périple il me dit qu'il avait hâte de revenir chez ses parents, tant il était fatigué de cette guerre interminable. C'était le fils de pauvres gens, et ses parents ne lui avaient pas envoyé une seule lettre depuis qu'il était parti. « Ils ne savent pas écrire! » affirma mon nouvel ami; et je revis son sourire qui allait d'une oreille à l'autre. J'en vins à lui parler de Nerina, et il m'écouta sans rien dire, avec une étrange expression songeuse. Puis nous marchâmes en silence. J'entendais nos pas dans l'herbe; là-haut, en l'air, au bout de l'horizon, planait la grande ourse.

L'aube se leva. Les étoiles disparurent soudain et le ciel blanchit derrière nous pour se teindre de rose, puis de rouge vif, enfin de bleu. Nous le saluâmes par des cris de joie. Nous passâmes au milieu d'un village encore endormi, nous trouvâmes à nouveau dans les champs, cueillîmes les pommes des arbres, mangeâmes sans nous arrêter. Je sentis notre joie et me dis que tel était peut-être le secret du bonheur : aller vers la femme qu'on aime, être surpris par la lumière du matin, se nourrir des fruits des arbres, et ne plus savoir ce qui est arrivé la veille, quand la guerre s'abattait sur le monde.

Nous arrivâmes devant une clairière entourée de fil barbelé et la traversâmes pour gagner du temps. Le soleil était déjà haut et projetait nos ombres devant nous ; je le sentais sur ma nuque et sur mes épaules. Soudain, l'ombre à côté de la mienne se porta en avant ; je levai les yeux et vis mon ami courir le bras tendu vers un point éloigné. Deux chevaux, blancs et superbes, paissaient à la lisière d'un bois, au-delà du fil barbelé. Le petit soldat hurlait en courant, excité à cette vue ; et les chevaux, rendus nerveux par cette apparition bruyante, s'éloignèrent au galop.

Il poussa un nouveau cri et s'arrêta au milieu de la clairière, à une distance de cent pas. Il se tourna vers moi et je le vis haletant après sa course ; de nouveau se dessina ce sourire clownesque qui coupait son visage en deux comme une pastèque. Il mit ses mains en entonnoir autour de sa bouche et hurla :

« Mais comment elle est, cette Nerina ? »

Je simulai un geste de menace et continuai à marcher dans sa direction. Il fit semblant d'avoir peur et tourna en rond dans le champ, sur un pas de danse comique. Je le regardais en riant, et soudain je le vis sauter, enveloppé dans un nuage gris-bleu. Au bout d'un instant son corps retomba à terre, immobile, tandis que je courais vers lui à perdre haleine.

Il avait mis le pied sur une mine. Il était méconnaissable, son visage ravagé et à jamais incapable de retrouver les traits du clown affectueux que j'avais rencontré ; c'était une bouillie sanguinolente, les débris d'un visage. Je le regardai incrédule, puis levai les yeux, étonné du silence. Je vis une volée d'oiseaux qui s'était levée au vacarme de l'explosion, disparaissant derrière le bois. J'étais seul à côté de lui et ne savais même pas son nom. Alors me revint à l'esprit le soldat de la Première Guerre mondiale, et l'histoire me sembla se répéter sinistrement.

Je restai longtemps agenouillé près du corps, me sentant engourdi par la douleur. Quand je me levai je m'aperçus que les chevaux étaient repartis paître au même endroit qu'auparavant. Je m'éloignai du lieu de l'explosion, sans me retourner, séparé pour toujours de l'infortuné déserteur. Le soleil était plus haut, et mon ombre s'était raccourcie.

Mon âme divine commença à s'agiter en moi, furieuse et avide de dédommagement. J'avalai mes larmes, tant la colère qui m'étreignait était grande. Je parcourus des kilomètres, l'esprit occupé par une discussion animée; l'envie m'était venue d'aller voir en face les responsables du carnage auquel j'avais assisté pendant des années, et l'un d'entre eux au moins n'était sans doute pas loin. Rolando se rebiffait et ne voulait pas se séparer de moi; mais au bout du compte il dut se plier à ma volonté. Je lui promis de le retrouver à la gare de Milan et le laissai continuer seul. Je me tournai pour le regarder s'éloigner, tandis que je volais déjà sur la piste de Mussolini en fuite.

Je le trouvai plus vite que prévu; il montait dans un camion militaire, déguisé en caporal allemand. Je m'assis à côté de lui. Je portais l'uniforme d'un soldat de son armée, et il comprit tout de suite que je l'avais reconnu; c'est pour cela, j'en suis sûr, qu'il refusa de croiser mon regard et qu'il s'obstina à regarder le paysage. J'étais nerveux et impatient, mais il y avait trop de monde autour de nous et je ne pouvais pas lui parler. « Oui, je t'ai reconnu, me dis-je à part moi. Mais toi? T'es-tu rendu compte de l'identité de celui qui est à tes côtés? » Peut-être mes pensées parvinrent-elles jusqu'à lui, mais il n'en donna pas signe. A un moment donné il laissa glisser le bord de son casque sur ses yeux et parut s'endormir.

Je m'aperçus que dans le camion, parmi les autres soldats, il y avait une femme en uniforme. Je me mis à la regarder et je la reconnus : c'était Claretta, la fameuse maîtresse du dictateur, la compagne de ses derniers moments. Elle dut sentir mon regard, car elle me jeta soudain un coup d'œil rapide, mais sans me reconnaître du tout; elle détourna son regard et continua à fixer le vide.

Le voyage prit fin quand un groupe de partisans fit arrêter

le camion pour l'inspecter. Mussolini fut reconnu et immédiatement arrêté. Je m'étais séparé d'eux et de loin j'observai la scène ; le militaire allemand dans la peau de qui j'étais tremblait de peur. Je poussai un soupir d'irritation. Quel sens cela avait-il d'être violent si l'on avait peur de mourir ? Mais cela faisait partie des choses que je ne comprenais pas chez les hommes ; peut-être allaient-ils même jusqu'à feindre d'être violents et mauvais.

Entre-temps j'avais perdu Mussolini de vue, mais, à force de recherches, je finis par le retrouver. Je m'introduisis dans la pièce où il avait été enfermé, et, cette fois, j'évitai tout déguisement. Il venait juste de s'éloigner du lit sur lequel Claretta était tombée de sommeil, et il était assis à la table sous la lumière crue d'une ampoule suspendue à un fil accroché au plafond. Je m'assis devant lui et dès lors il n'avait aucun moyen de m'éviter ; il fixa son regard dans le mien, et je le trouvai énormément vieilli depuis la dernière fois que je l'avais vu – au début de son ascension, tandis que je traversais une place remplie de gens qui écoutaient l'un de ses discours. Il était vraiment vieux, et son visage était couvert de rides. Chacun de nous attendait que l'autre rompît le silence.

Je m'aperçus que la mort était à ses trousses. Elle avait l'apparence d'un insecte qui rampait sur le col de sa chemise, et je la suivis des yeux jusqu'à ce qu'elle disparaisse derrière sa nuque. A la fin ce fut lui qui parla :

« Comme ça, tu t'es décidé à venir ? »

Je ne dissimulai pas ma surprise.

« Tu m'attendais ? Tu m'avais reconnu dans le camion, alors ? »

Il fit un signe de la tête, comme pour interrompre cette conversation.

« Je t'attends depuis longtemps. Tu en as mis du temps pour me retrouver.

– De quoi parles-tu ? » lui demandai-je.

Il me raconta alors l'anecdote suivante. Quand il était un jeune anarchiste exilé en Suisse, il avait été invité à tenir une conférence ; à la moitié de son discours, il s'était arrêté et avait posé sa montre sur la table. « Si d'ici deux minutes Dieu ne se montre pas, avait-il clamé, cela veut dire qu'il n'existe pas. » Après que les deux minutes furent passées, il avait remis sa montre dans sa poche et avait été applaudi par l'assistance.

« Te voilà finalement, conclut-il. Tu es ici pour te venger? Tu as su attendre!

– Je ne savais rien de cette histoire, me hâtai-je de répondre. Et, cette fois-là, je ne t'avais pas entendu. Si je suis ici, c'est à cause de ce que vous avez fait depuis, tes acolytes et toi. Je viens juste de faire le tour du continent, et je suis venu pour te demander de t'expliquer. »

Tandis que je parlais je fus pris d'un fastidieux accès de toux, ce qui m'empêcha de continuer. Je dus m'arrêter, étouffé et bouleversé. L'effet de mon discours en fut diminué, mais Mussolini ne s'aperçut pas de mon malaise. Il se remit à parler, comme s'il avait préparé depuis longtemps sa réponse.

« Tu le sais, toi, à qui revient la faute. Nous n'avons fait qu'exécuter la volonté de ceux que nous étions persuadés de diriger. Le monstre à mille têtes! Quand j'étais là-haut, sur le balcon qui domine la place de Rome, je l'entendais aspirer les mots de ma bouche, si bien qu'ils sortaient avec une force irrésistible. Peut-être étaient-ce les mots eux-mêmes qui étaient cachés dans ces têtes, et qu'ils n'arrivaient pas à sortir tout seuls. Et je croyais que c'était moi qui les avais inventés.

– Au moins, tu t'es aperçu de cela, lui répondis-je, le fustigeant. Il suffisait de me demander, plutôt que de me provoquer avec cette montre sur la table.

– Tu n'étais pas là, murmura-t-il sombrement. On ne te voyait jamais. Ainsi, une personne faible, comme l'est celle qui veut le pouvoir, est-elle livrée à soi-même, et engendre nécessairement des désastres. Personne pour nous juger, si ce n'est ceux que nous avons l'illusion de guider! Maintenant ils seront enthousiastes à l'idée de me tuer, puisque je suis inutile à leurs rêves.

– C'est bien comme cela, lui dis-je. Tu étais un homme hors du commun et tu as mal utilisé ton talent. Ne te plains pas si tu ne m'as pas trouvé, puisque tu ne m'as pas cherché. »

Une nouvelle quinte de toux me réduisit au silence. Il sembla gagné par le ressentiment. Il me regarda durement et explosa en une espèce de reproche :

« Pourquoi viens-tu me demander des explications à moi précisément ? Je ne suis pas plus responsable que les autres de ce qui est arrivé. Mon tort est d'avoir perdu. Les idéaux des vainqueurs ne sont pas meilleurs que les miens, mais c'est vers eux qu'iront les bravos et la reconnaissance de tous. J'ai déjà payé pour ce qui me concerne. Pourquoi n'es-tu pas venu à l'époque ? Tu m'aurais trouvé dans des conditions plus favorables pour te faire face. »

J'avais réussi à me dominer suffisamment pour pouvoir parler.

« Je ne vais pas auprès de celui qui gagne au jeu du pouvoir ; il ne serait pas capable de me voir. Je ne fréquente pas les généraux, je ne me rends jamais chez le pape, on ne me rencontre pas chez les riches ; pourquoi donc aurais-je dû venir te voir ? Si vous vous êtes avancés dans ce labyrinthe, il n'y a aucun espoir que vous puissiez m'accoster. Ton ami Hitler, au cours du rassemblement organisé pour fêter l'invasion de l'Europe, crut voir apparaître à l'horizon les dieux chantés par Wagner : Sigfried, Brunehilde, et les Walkyries. Qu'est-ce que j'ai à voir, moi, avec des gens de cette espèce ? Si c'est toi que je viens trouver, c'est parce que tu n'as pas tout perdu, et qu'il reste un mince espoir que tu puisses me voir. Ainsi le sort t'aura rendu sage contre ta volonté. »

Mussolini semblait avoir cessé de m'écouter avant même que j'en sois au milieu de mon discours. Son visage était devenu pâle et tendu ; je revis la mort qui était revenue se promener sur son crâne, sous forme de rapides contractions de sa peau qui se propageaient jusqu'à son front. Il était concentré sur une pensée agaçante et ne s'aperçut pas que Claretta avait bougé en gémissant sur le petit lit où elle était étendue.

« Hitler n'était pas mon ami », murmura-t-il, parlant à part soi. Il s'était éloigné vertigineusement de moi, et je fus convaincu qu'il était déjà inutile de continuer la conversation. Il était de nouveau plongé dans les récriminations du pouvoir, dans une trouble histoire d'alliances et de stratégies manquées.

Je me levai pour m'en aller. Claretta bougea encore sur le lit, reprenant sa plainte. Mussolini alla vers elle, et, tandis que je le voyais traverser la pièce, je fus pris d'un accès de fureur. Je lui barrai la route avec une telle décision qu'il recula. Quand je parlai, ma voix tremblait de rage.

« Voilà que ton heure arrive, pitre du destin! Toutes ces journées passées pour éclairer ton chemin jusqu'à cet endroit : une belle réussite, vraiment! Éteins-toi, puisqu'il en va ainsi : ta vie ressemble à une ombre qui marcherait dans l'obscurité; ne te vois-tu pas comme une marionnette dans le théâtre du monde? Si tu regardes derrière toi, toute ton histoire est le récit d'un imbécile dont la mémoire est perdue : bruit et fureur, et rien qui n'ait de sens! Te voilà attendant des messagers qui viendraient t'annoncer la vraie fin; tu sais ce que tu dois dire, n'est-ce pas? Faites vite ce que vous devez faire! Dans ce cas tu auras ce que tu mérites : toute une vie sans rendre la vie meilleure, pareil à tes acolytes qui gagnent et perdent les guerres. Crétin! »

Mussolini était resté coi; son visage avait maintenant un aspect terreux, comme si la frayeur du jugement l'avait envahi. J'aurais continué ma tirade si je n'avais eu un nouvel accès de toux si violent que je dus sortir de la pièce. Je m'éloignai presque étranglé et le visage inondé de larmes dont j'ignorais d'où elles venaient.

Ainsi se termina ma rencontre avec le dictateur vaincu, qui me laissa au fond du cœur la sensation que j'aurais pu lui en dire beaucoup plus, et bien mieux. Très mécontent je rôdai dans les environs, assez longtemps pour assister à son exécution devant un muret dans un sentier au milieu des champs; cette fois-ci la mort apparut de manière arrogante, s'installant dans le canon du fusil mitrailleur qui le renversa au sol, puis l'atteignant dans ses lèvres entrouvertes et ses yeux révulsés. Je m'éloignai de cette scène pour partir à la recherche de Rolando; j'avais encore quelque chose à ajouter à son livre, après cette dernière rencontre.

Les événements se succédèrent tumultueusement. Je volai en direction de Milan, passant dans la foule désordonnée et agitée qui remplissait les rues. Je vis le monstre aux mille têtes sillonner la ville pour exécuter les idoles dont il avait été déçu. Je vis les corps de Mussolini, de Claretta et des leurs amis dignitaires fascistes pendus la tête en bas sur une place que je traversai pour aller à la gare. Je tournai le dos au lieu du sacrifice et m'appliquai à retrouver Rolando. J'attendis toute la journée dans la gare encombrée de gens qui partaient, de trains militaires et de réfugiés qui arrivaient; mais je ne parvins pas à le trouver. J'étais certain qu'il ne voulait pas m'éviter et qu'il n'avait pas fui, comme l'avait fait son prédécesseur. Peut-être s'était-il perdu ou n'avait-il pas retrouvé Nerina, et il avait couru à sa recherche; peut-être était-il déjà parti pour la Toscane après m'avoir attendu en vain. Je décidai d'aller le retrouver là-bas.

Je parcourus la péninsule en fête après la victoire d'une armée sur une autre, et je parvins sur la côte tyrrhénienne, à l'embouchure de l'Arno, par un chaud midi d'été. Je voulais laisser à Rolando le temps de retrouver Nerina, dans sa maison de campagne; je résolus d'aller le voir le lendemain. Je restai à vagabonder dans ce paysage qui m'est cher, et une foule de souvenirs me revinrent à l'esprit.

Plus de cent ans auparavant j'avais attendu le poète Shelley sur la plage où m'était arrivée la nouvelle de sa mort par noyade au cours d'une tempête; je reconnus avant tout le monde son corps restitué à la terre. Je me souvins de ma douleur au moment de cet événement désormais lointain; je parlai avec lui à travers le temps, dans les écueils au beau milieu de l'embouchure du fleuve, importuné par les cris des mouettes, sous des nuages en forme de roses.

En proie aux souvenirs et aux regrets je m'étais avancé jusqu'à la pinède qui s'étendait au-delà de Marina di Pisa. J'étais fatigué par ce voyage, et j'avais un grand besoin de repos. Je commis alors une erreur que je devais payer très cher. Je ne sais ce qui me prit au moment de fermer les yeux : comme un frisson d'autres temps, on ne sait quel retour des sommeils familiers et lointains.

J'entendais de loin les vagues qui se brisaient sur les rochers; le village était plongé dans le silence de midi et le soleil m'éclaboussait au travers des pins centenaires. J'aurais voulu devenir un pin, ou du sable, ou un arbuste, ou encore un oiseau endormi sur une branche; une faiblesse invincible me gagna, et je m'allongeai sur le sable de la pinède, cherchant le sommeil. Juste à côté de moi je vis un lézard assoupi. Il était pareil à une arabesque sur le sable, immobile, comme si la paix dessinait des arbres ou de petits animaux sur la surface de la terre. Il se montrait tellement confiant que je m'endormis en lui, cherchant le repos. Je me glissai dans son sommeil comme dans un bain de jouvence.

Quand je me réveillai j'étais dans la paume d'un gamin qui me fixait de près, avec des yeux qui me parurent immenses et froidement cruels. C'était le chef d'une bande qui traînait dans la pinède à la recherche de pignons ou d'animaux à torturer. Maintenant j'étais en l'air, suspendu, et je ressemblais à un hélicoptère capturé par un géant. Malheureux lézard! animal antique, jamais transformé en oiseau! Je m'efforçai de fuir, mais un charme maléfique me possédait. Les paupières des merveilleux animaux qui m'avaient attrapé, pareilles à des flaques d'eau immobiles, brunes et verdâtres, battaient sous leurs cils épais.

Je me débattais en l'air, espérant encore qu'ils me laisseraient partir. Une certaine incertitude planait, et je le sentais moi aussi : le bourreau doutait! Cet instant-là aussi pouvait être le tournant du monde; en dépit de cela je ne devins pas oiseau, et les gamins ne laissèrent pas s'échapper leur proie. Tout était disposé pour le jeu dont je devais être le protagoniste involontaire.

Soudain, le chef de la bande m'étendit sur le sol et commença à me couper en morceaux avec un couteau aiguisé. Quelle sensation étrange! Une douleur violente, puis seulement le doux contact de la lame qui entrait dans mon corps et le séparait en de nombreux fragments, comme des wagons qui se sépareraient d'un train. Un grand fourmillement, tandis que ma tête prenait note de tout, renonçant à comprendre les raisons ultimes de mon destin. Vous voyez que je dis « ma tête » et non plus « moi »; et, de fait, qui était ce « moi » si morcelé? Dans cet interrègne je fus séparé et pourtant entier, rassemblé par les mains qui me compressaient. Je voyais encore tout, de manière curieuse et hallucinée. Un des gamins s'était détaché du groupe et était allé vomir derrière un buisson.

Maintenant que j'étais coupé en plusieurs parties commença la seconde manche du jeu. Il y eut un moment d'attente, puis les doigts laissèrent leur proie, et mon corps explosa comme un feu d'artifice. Les fragments s'éparpillèrent sur le sable, sautant aveuglément dans tous les sens; et moi seulement (moi en tant que tête) je ne me déplaçai pas et restais à regarder. Tel était donc le divertissement auquel je n'avais su me soustraire. Je m'observai moi-même, animal ancien soumis à la torture; je sentis chaque jointure de mon corps démembré et inutilement découpé; et je considérai mes persécuteurs. Moi, crocodile nain et édenté, moi qui me nourrissais d'herbe, de chenilles et d'insectes, j'observai les géants au-dessus de moi, aux yeux pensifs et attentifs. Je les regardai comme la mouche regarde l'araignée quand elle est prise dans sa toile aérienne et multiforme; j'étais un point dans le trajet du mal, entre une mouche et un enfant, dans l'échelle interminable de la violence; là, sous les pins et sous le ciel, au vingtième siècle, à des millions de kilomètres du soleil! Ce qui est fait ne s'efface pas.

Dans le dernier tressautement de ma vie de lézard je passai par-dessus des milliards d'années d'attente et me mis dans la peau de mes lointains et inconcevables petits-enfants. Je battis le rappel des restes de mon corps, comme une armée vaincue et dispersée, et j'entrai dans les pâles animaux aux yeux profonds. Une partie de moi s'intégra à chacun d'entre eux, et je marchai dans le labyrinthe de leurs âmes. Les bourreaux de lézards furent envahis par Dieu. Certains se débarrassèrent de moi; d'autres m'emmenèrent avec eux le long d'un chemin dont j'ai perdu les traces et que je retrouverai quand sera écrite mon histoire à cent mains; d'autres encore me posèrent dans un tiroir de leur âme et m'oublièrent si longtemps que, quand ils rouvrirent le tiroir, ils trouvèrent devant eux un souvenir qui ne semblait pas leur appartenir. Les archives de ma mémoire se brisèrent en mille morceaux.

Rolando ne me verrait pas arriver chez lui, et sans doute pensa-t-il que je l'avais abandonné; son livre resterait inachevé et dispersé. Dans la pinède plana l'espoir que quelqu'un retrouverait ma trace dans un coin de la création, de telle sorte que je puisse encore me souvenir de moi après ces innombrables oublis.

Cinquième partie

Après la séance de torture et de mutilation j'avançai à tâtons, j'avais du mal à reprendre connaissance. Je me retrouvai dans tous les coins du monde, dans un flux de saisons et de transformations. Une partie de moi resta cachée dans la pinède, près du lieu du sacrifice où je demeurai longtemps, méditant comme un moinillon enfermé au fond d'un couvent d'Asie.

L'autre partie de moi put voir précisément chaque chose. Une armée de soldats revenant du front s'ébranlait sur la terre; certains fuyaient la faim, d'autres la cruauté de leurs chefs, d'autres l'énigme de l'existence. J'avais laissé des signes : aubes et crépuscules, musiques et tableaux, l'alphabet des lettres qui, de temps en temps, arrivent à destination. Beaucoup de ces lettres restent enfermées et s'amassent dans les sous-sols de la vie. Un jour elles seront brûlées, en même temps que tout le courrier non expédié; et de même partiront en cendres les feuilles, les enveloppes, les timbres, les cachets d'oblitération, les empreintes de l'employé, la poussière du sous-sol, l'allumette qui a mis le feu. J'ai envie de rire quand je pense à tout ce gaspillage.

De temps en temps je me concentre pour écouter mon existence, j'ai plusieurs moyens de le faire. Le plus simple est de devenir un objet : une montagne, une chaise, une maison au bord de la mer. Si j'atteins l'immobilité, quelque chose d'étrange m'arrive : je recommence à m'agiter dans un espace imprévu, avec des angles et des surfaces que je ne connaissais pas. Je suis dans la boule de fer du bouliste, et je ressens un besoin de remuer qui brûle en moi comme un feu qui couve, comme la glace avant qu'elle fonde, comme celui qui rêve en dormant, comme avant et après l'amour.

J'ai à l'esprit le moment où j'explosai sur le Japon, libérant l'énergie de chacune de mes particules : une bombe pas plus grande qu'un gros gâteau. Tandis que je resurgissais sous la forme d'un champignon, je m'éloignai de la terre pour ne pas entendre mes propres plaintes et sentir mes propres douleurs là-bas, dans l'enfer de moi-même. Je rattrapai le pilote qui m'avait fait tomber, pareil au père inconnu qui, dans les temps lointains, m'abandonna sur la terre pour commencer la vie. Je voulais lui parler mais je n'y parvins pas. Je revins à terre avec l'équipage, écoutant les propos et les plaisanteries dans un coin du bombardier, regardant les nuages au milieu desquels nous passions comme des archanges hâtifs.

A présent je sais pourquoi je me suis souvenu de moi devant la télévision. Je me niche là-dedans, dans les interstices des programmes, araignée dans un trou de mur, signe astral au croisement des galaxies. La télévision et la bombe atomique sont des preuves irréfutables de mon existence. Quand le champignon apparaît sur le petit écran, je me vois me lever sur la scène de la vie, pareil à l'aube d'un nuage dans lequel tout recommence de zéro. Je vois les missiles qui filent comme des chiens de chasse que les patrons rappellent juste à temps, avant qu'ils ne se perdent dans le ciel.

Tout est désormais prêt. Je me cache dans les laboratoires où l'on manipule les mécanismes de la nature, et j'envisage la mise au point d'un animal qui reproduirait la beauté et le savoir comme des organes de son propre corps. Puis je me souviens que beauté et savoir sont des remèdes à la douleur de l'existence; qu'aurais-je à faire dans un monde qui ne souffre pas? Je reste donc l'artisan de l'imperfection de la vie.

Il faut au moins que je réussisse mon départ. Pour faire des plans fiables je me sers d'un ordinateur, dernier cadeau de l'espèce active et désordonnée. Il n'occupe pas plus de place qu'une mallette, ainsi le problème du bagage est-il en passe de se résoudre. On peut me trouver m'intéressant aux derniers modèles, ceux qui contiennent toujours plus de mémoire, des siècles entiers dans une disquette. Si je pense aux efforts que devraient faire les hommes pour avoir seulement une partie de cette mémoire! Si je le lui transmets cette donnée, l'ordinateur s'illumine, brille, puis il s'arrête car il n'y a pas de réponse à ma phrase. Je n'ai jamais vu personne de moins vaniteux que lui.

En attendant je m'affaire énormément et vais çà et là pour fermer des portes et atténuer la lumière. J'enlève les livres, j'éteins la musique, je retourne les tableaux du côté du mur. Obéissant au signal, l'humanité a cessé de créer et se nourrit du passé. Avec la musique et les tableaux qui restent, voilà décorée cette gare de départ que la terre est devenue; il n'y a pas de temps pour un animal nouveau, si bien que le monde me semble un musée composé d'objets encore vivants et vibrants. Je m'arrête dans les bazars et les supermarchés où je trouve une image de ce que j'ai construit : un magasin toujours animé derrière lequel se trouve un dépôt qui accueille ce qui est périmé et ce qui vient d'arriver. Chaque croisement me rappelle moi-même. Quelquefois je pense à ce qui serait arrivé si j'avais créé au moins deux animaux pensants. Peut-être les choses se seraient-elles mieux passées! Je me perds en d'infinies conjectures.

A l'approche d'un départ, beaucoup réagissent en se disputant, comme s'ils avaient peur de ne pas avoir de place. Certains pensent que la pauvreté rendra difficile leur recherche d'une place à mes côtés, et ils s'efforcent de s'enrichir. D'autres voyagent en été, s'entraînant au parcours qui les attend. Les gratte-ciel de New York s'élèvent toujours plus haut, pareils aux tours de contrôle des aéroports. On me trouve souvent à leur sommet, comme jadis dans les forêts et le long des rivières.

J'ai fixé la date de mon départ. L'idée m'en est venue en regardant une épreuve d'athlétisme dans un stade de Barcelone. Je m'étais arrêté pour une escale entre un tremblement de terre en Chine et la migration des canards canadiens vers le golfe du Mexique. Là, à mi-chemin, j'assistai à mes épreuves préférées, le saut à la perche et le cent mètres. Elles furent toutes deux très belles et, pendant le concours de saut, un record mondial fut battu. Tandis que l'athlète parcourait la piste au milieu des applaudissements je quittai le stade et résolus de partir le jour où il deviendrait impossible de dépasser ce record – et ce jour arrivera pour toutes les disciplines. J'ouvre les journaux aux pages sportives et l'avertissement m'arrive : le record est à cinq mètres trente, cinq mètres soixante, cinq mètres quatre-vingt-dix ! Je vibre de certitude anxieuse, comme la barre effleurée par le sauteur.

Je suis à présent gagné par un sentiment royal. C'est l'été ; je vole du Colorado vers l'Alaska, au-dessus des mers, des forêts, des glaciers. Le soleil pénètre au travers des déchirures des nuages ; je débouche au-dessus de la ouate blanche et, autour de moi, s'ouvre l'azur infini. Il ne sera pas facile d'abandonner une telle beauté.

Des prières confuses m'arrivent, entrecoupées de décharges électriques. Je reconnais les mots avec difficulté.

Cet ouvrage a été réalisé par la
SOCIÉTÉ NOUVELLE FIRMIN-DIDOT
Mesnil-sur-l'Estrée
pour le compte des Éditions Payot
en novembre 1990

Imprimé en France
Dépôt légal : septembre 1990
N° d'impression : 16484
ISBN : 2-228-88321-2